영원한 사람

Originally published as
*The Everlasting Man* by G. K. Chesterton in 1925.

Korean translation copyright © 2020 by Abba Book House, Seoul, Korea

* '저자 주' 표기 이외의 각주는 모두 '역자 주'임을 알려드립니다.

# The Everlasting Man

# 영원한 사람

G. K. 체스터턴 지음

송동민 · 서해동 옮김

아바서원

## 머리말

∽

이 책의 범위를 오해하지 않도록 미리 해 둘 말이 있다. 이 책의 관점은 신학적이라기보다 역사적이다. 그리고 내 삶의 주요 사건인 종교적 변화를 직접 다루지도 않는다. 이 변화에 대해서는 현재 집필 중인 책에서 다루려고 한다. 가톨릭 신자가 책을 쓰면 저자의 가톨릭 신앙이 드러나기 마련이고 특히 이 주제를 다루는 경우에는 더욱 그렇다. 나는 가톨릭 신자지만 이 책에서 가톨릭과 개신교 사이의 차이점에 주목하지는 않는다. 이 책은 주로 여러 종파의 기독교인들보다는 다양한 종류의 이방인들에게 초점을 맞춘다.

이 책의 논지는 다음과 같다. 그리스도가 비슷한 신화적 인물들과 나란히 서는 인물이고 기독교가 유사 종교들과 병행하는 종교라고 주장하는 이들이 있는데, 이들의 주장은 케케묵은 것들이라 매우 분명한 사실들로 논박할 수 있다는 것이다. 이를 증명하려고 이미 널리 알려진 일들 이상을 살펴볼 필요가 없었다. 나는 학식이 많다고 주장할 생각이 없고, 어떤 것들에 대해서는 더 학식이 있는 사람들에게 의존하기만 하면 된다. 나는 역사관에서 웰스(H. G. Wells)[1] 씨와 의견을 달리하는 면이 조금 있지만, 방대하고 다양하고 흥미로운 작업을 이끌어 온 웰스 씨의 용기와 건설적 상상력에 대해서는 여기서 찬사를 보낼 수밖에 없다. 아울러 웰스 씨가 아마추어 역사가에게도 전문 역사학자들이 제공한 사실들을 다룰 만한 권리가 있다고 주장한 점을 높이 평가하는 바이다.

---

[1] 허버트 조지 웰스(Herbert George Wells, 1866-1946)는 영국의 저술가였다. 공상과학 소설과 역사서, 정치 서적 등 다양한 책을 썼다. 공공연한 사회주의자였고 평화주의에 동조했다.

# 차례

머리말

서론 : 이 책의 계획

서론

# 이 책의 계획

집에 가는 데에는 두 가지 방법이 있다. 하나는 집에 그냥 머무는 것이다. 다른 하나는 집으로 돌아올 때까지 지구를 완전히 한 바퀴 도는 것이다. 나는 이전에 쓴 책에서 후자의 긴 여정을 추적한 적이 있다. 이제는 그 주제에서 벗어나 또 다른 이야기를 풀어내려니 마음이 가볍다. 내가 집필한 적이 없는 책이 다 그렇듯이 그것도 단연 최고의 책이다. 내가 그 책을 쓸 가능성이 별로 없는 만큼 여기서는 그것을 하나의 상징으로 활용하고자한다. 그것은 이 책에서 다루는 것과 동일한 진리를 나타내는 상징이라서 그렇다.

영국 남부에 있던 고대 왕국 웨식스(Wessex)의 초원지대를 떠올려 보자. 골짜기가 드넓게 펼쳐진 그곳에는 푸른 언덕을 따라 커다란 백마(白馬) 형상의 지형이 있는데, 말이 어찌나 큰지 멀리 떨어진 높은 곳에서만 알아볼 수 있다. 내가 떠올린 이야기는 바로 이런 골짜기에서 벌어지는 모험담이다. 그곳 언덕에 자리 잡은 농장의 오두막집에 소년이 살았다. 소년은 거인의 조각상이나 무덤 같은 것을 찾고자 먼 길을 떠났다. 한참을 걸었을 때, 소년은 문득 고개를 돌려 자기가 살던 농장과 집 안뜰을 바라보았다. 언덕 중턱에 있는 농장과 안마당이 마치 방패에 새겨진 무늬와 문장(紋章)이 뒤로 비스듬히 누인 것 같은 모양으로 빛나고 있었고, 바로 그 모습이 자기가 살았던 곳의 거대한 형상의 일부였지만 니무나 크고 너무나 가까워서 볼 수 없었던 것이었다. 이것이 오늘날 독립된 지성이 이룬 진보를 보여주는 진정한 모습이라 생각하고, 바로 이 책에서 말하고자 하는 핵심이기도 하다.

달리 말하면, 이 책의 요점은 기독교 울타리 안에 자리 잡는 것 다음의 차선책은 바로 그 울타리 바깥에 머무는 것이라는 점이다. 특별히 짚고 넘어갈 문제가 있다. 지금 기독교를 비판하는 사람들은 사실 울타리 바깥에 있는 사람들이 아니라는 것이다. 그들의 주장은 논란의 여지가 많다. 그들이 품는 의심 자체가 무척 의심스럽다. 그들의 비판도 무지하고 임의적인 야유처럼 그 말투가 희한하다. 그저 가벼운 담소로 교회와 성직자들을 깎아내린다. 그들은 성직자가 성직자답게 입는 것도 불평할 것이다. 마치 경찰들이 다 사복 차림으로 근무한다면 우리가 좀 더 자유를 누리게 될 것처럼 말이다. 그들은 설교 중에는 간섭할 수 없다는 것을 불평하면서 강단을 '겁쟁이'의 성채라고 부를 것이다. 그런데 신문사 편집장의 사무실은 그렇게 부르지 않으면서 말이다.

그런 호칭은 언론인과 성직자 둘 다에게 불공정하지만 사실 언론인에게 더욱 해당되는 것이다. 성직자는 친히 나타나기 때문에 교회 밖으로 나올 때 쉽게 걷어찰 수 있다. 그러나 언론인은 자기 이름조차 드러내지 않기 때문에 아무도 걸어찰 수 없다. 언론인들은 왜 교회가 텅 비어있는가에 대해 터무니없는 기사를 쓰되 정말로 교회가 텅 비어 있는지, 어느 교회가 비어 있는지 현장에 가서 눈으로 확인하는 일조차 하지 않는다. 그들의 글들은 3막짜리 희극에 종종 나와 김새는 말이나 해대는 한심하고 답답한 성직자의 말보다 더 지루하고 영양가가 없다. 그래서 『밥 발라드』(Bab Ballads)[1]에서 "자네는 호플리 포터만큼 맹하지는 않네"[2]라는 말을 듣는 후퍼 목사 같은 성직자들을 위로하고 싶어진다. 그 연약한 성직자에게 아마 이렇게 말해 줄 것이다. "당신의 정신은 이 신문 저 신문에 기고한 당신의 비판가들 또는 분노한 평신도나 평범한 사람들의 정신만큼 맹하지는 않소. 그들은 자기가 뭘 원하는지도 모르고, 당신에게 뭘 받아야 할지도 모르니까요." 그들은 교회가 이번 전쟁[3]을 막지 못했다며 느닷없이 비난을 퍼부을 것이다. 정작 그들 자신이 전쟁을 막으려 하지 않았으면서도. 사실 교회의 주요 대적들의 일부, 즉 진보 성향이면서 세계주의[4]를 추구하는 회의론자들을 제외하고는 아무도 전쟁을 막을 수 있다고 공개

---

**1** 윌리엄 슈벵크 길버트(William Schwenck Gilbert)가 쓴 희극적인 시 모음집. 이 모음집은 1868년부터 1898년까지 여섯 차례에 걸쳐 개정 증보되어 출판되었다.
**2** 길버트(1836-1911)는 영국의 극작가, 시인, 삽화 작가다. 길버트의 희극적인 시 〈The Rival Curate〉(1867)에 나오는 구절이다. 호플리 포터는 이 시의 주인공인 목사 클레이톤 후퍼와 온순함(사실은 멍청함)의 측면에서 경쟁하는 인물로 나오는 목사다. 위의 구절은 한 친구가 후퍼에게 와서 멍청함의 측면에서 그보다 더 '뛰어난' 인물이 있음을 말해 주는 해학적 구절이다.
**3** 제1차 세계대전(1914-1918)을 말한다.
**4** 세계주의란 개인을 특정 국가나 민족을 초월하여 세계라는 단일 국가의 일원으로 보는 사상이다. 국가 간에 대립이나 다툼 없이 평화적으로 발전하는 세상을 꿈꾼다.

적으로 말한 적이 없다. 전 세계에 평화가 찾아오리라고 항상 예언한 사람들은 바로 성직자를 반대하는 불가지론자들이었다. 그리고 세계대전이 터졌을 때 당황해서 말문이 막혔던 것도 바로 그 세계이다. 전쟁이 일어났기 때문에 교회가 신뢰를 잃었다고들 말하는데, 차라리 대홍수가 일어났기 때문에 노아의 방주가 신뢰를 잃었다고 말하는 편이 더 낫겠다. 세상에 문제가 생기면 오히려 교회가 옳다는 게 증명된다. 교회의 성도들이 죄를 짓지 않아서가 아니라 오히려 죄를 짓기 때문에 교회가 옳다는 것이 입증되는 셈이다.

앞에서 말한 회의론자들의 태도를 보면 모든 종교 전통에 반발하는 특징이 있다. 서두에 언급한 소년은 자기 아버지의 땅에서 사는 동안은 잘 지냈다. 또한 자기가 살던 땅을 멀리 떠났다가 뒤돌아보고 그 땅 전체 모습을 보게 되었을 때도 괜찮았다. 그러나 회의론자들은 중간 상태에 빠져버렸다. 즉, 중간 골짜기에 빠져서 그들 위편의 정상도 그들 뒤편의 정상도 볼 수 없는 상태이다. 기독교에 관한 논쟁이 드리우는 그림자에서 빠져나오지도 못한다. 그들은 기독교인이 되지 못하고, 반(反)기독교인이 되는 것을 그만두지도 못한다. 또한 전반적 분위기가 반항적이라서 부루퉁해 있고 외고집을 부리거나 사소한 것을 비판하기 일쑤이다. 여전히 믿음의 그림자 속에 머물고 있으나 신앙의 빛은 잃어버렸다.

이제 신앙인으로서 영적 고향과 맺는 관계 중 최선은 고향을 사랑할 수 있을 만큼 가까이 있는 것이다. 차선책은 고향을 미워하지 않을 만큼 충분히 거리를 두는 것이다. 이 글의 주장은 기독교를 가장 잘 판단할 수 있는 사람은 기독교인이고, 그 다음으로 적합한 판단자는 유교인 같은 사람이라는 것이다. 최악의 판단자는 이미 선입관에 사로잡혀 판단하는 사람이다. 제대로 교육받지 못한 기독교인은 점점 신경질적인 불가지론자가 되고, 처음부터 몰랐던 해묵은 논쟁에 사로잡혀 있고, 무엇인지 모르는 것에 대해 따분해 하고, 한 번도 들어 본 적 없는 것에 대해 이미 피곤해져 있다. 이 사람은 유교인처럼 차분하게 기독교를 판단하지 못한다. 자신이 유교를 판단할 때처럼 기독교를 평가하지 못한다. 상상력을 발휘하여 영국에 있는 교회를 수만 리 떨어진 중국으로 옮겨 놓고 마치 중국의 사원(pagoda)을 판단하듯 공정하고 냉철하게 평가할 수 있을까? 그럴 수 없다.

성(聖) 프란치스코 하비에르(Francis Xavier)[5]는 교회를 중국에 있는 모든 사원보다 높은 탑으로 세우는 일에 거의 성공했으나 결국 실패한 이유[6]는 하비에르를 추종한 선교사들이 중국옷을 입고 열두 사도를 대변하는 듯이 행동한다고 동료 선교사들의 고발을 받았기 때문이다.[7] 하지만 차라리 그들을 중국인처럼 여기고, 중

---

5 하비에르(Francis Xavier, 1506–1552)는 스페인 북부 나바르 왕국에서 태어난 로마 가톨릭 선교사이며 예수회의 공동 창립자였다.

6 하비에르는 중국 선교를 꿈꾸며 중국 본토에 들어가고자 했다. 그러나 중국 본토에서 14킬로미터 정도 떨어진 상치안 섬에서 병을 앓다가 46세의 나이로 순교하였다. 그러므로 교회를 중국에 있는 모든 사원보다 우뚝 세울 뻔 했다는 말은 하비에르 이후의 예수회 선교사들이 중국에서 펼친 활동까지 하비에르의 선교의 연장선상에 둔 것 같다.

7 하비에르는 선교할 때 가능한 한 외래적 요소를 줄이고자 현지의 사고방식과 생활양식에 적응하는 방식을 택했다. 훗날 중국에 선교하러 간 예수회 소속 마태오 리치(1552–1610)는

국인으로서 공정하게 평가하는 편이 훨씬 나았을 것이다. 그들을 성상파괴주의자들[8]이 때려 부술 평범한 신상으로 여기거나, 런던 사람들이 심심풀이로 하는 인형 맞추기 놀이의 인형 상품 보듯 하는 것보다는 말이다.

어쩌면 그 모든 것을 멀리 떨어진 아시아의 컬트처럼 보는 편이 더 나을 것이다. 즉, 주교들이 머리에 쓰는 관은 신비한 승려들이 쓴 높고 두드러진 머리 장식처럼 여기고, 주교가 든 목자의 지팡이는 아시아의 의식 행렬에서 들고 가는 뱀처럼 동그랗게 말린 지팡이처럼 여기고, 기도서는 티베트 불교에서 기도할 때 돌리는 마니차처럼 신기한 물건으로, 십자가(✝)는 불교의 만자형 십자가(卍)로 보는 편이 나을 것이다. 그러면 적어도 앞서 말한 그 회의적인 비판가들과 달리 냉철한 분별력은 물론이고 평정심도 잃지 않을 것이다. 그들은 기독교에 대한 반감에 젖어 있기 때문에 교회와 성직자들을 배척하고 적개심을 품는 상태에서 빠져나오기가 어렵다. 그런 상태에 빠지기보다는 차라리 기독교에 관한 모든 것을 낯선 대륙이나 행성에서 벌어지는 일로 간주하는 편이 더 좋을 것이다. 주교들에 대해 쓸데없는 불평을 늘어놓기보다는 승려들을 무덤덤하게 바라보는 쪽이 더 철학적인 모습일 것이다. 교회

---

하비에르의 방식을 따랐고 선교를 위해 중국 전통사상을 적극 수용했다. 도미니코회와 프란치스코회의 선교사들은 이런 선교 방식에 반발하여 마태오 리치와 예수회 선교사들을 교황청에 고발했다.

8 성상파괴주의(iconoclasm)는 교회에서 예수, 성인, 성모를 나타내는 모든 성상(聖像)을 사용하지 못하게 해야 한다고 주장하는 사상이다.

의 안으로 들어가 봉사하지도 못하고 밖으로 나가 잊지도 못하는 우유부단한 상태로 교회 현관에 하염없이 서 있기보다는 차라리 교회를 동양 사원처럼 여기고 지나치는 편이 더 현명하다는 말이다. 강박적으로 반대를 위한 반대에 빠져 있는 이들에게, 상상력을 발휘해 열두 사도를 중국인으로 생각해보라고 진지하게 권하는 바이다. 달리 말해, 타종교의 큰 스승들을 대하듯 기독교의 성자들을 제대로 평가해 보라고 이 비판가들에게 권유하고 싶다는 뜻이다.

여기서 이 책에서 말하고자 하는 최종적이고 중요한 요점에 도달하게 된다. 그 요점은 바로 이것이다. 어떤 대상 전체를 외부에서 보고자 하는 노력을 기울이면 그 대상 내부에서 전통적으로 그것에 관해 말한 것과 매우 비슷한 것을 보게 된다는 점이다. 처음에 언급한 그 소년이 거인을 보려고 충분히 거리를 두고 떨어졌을 때 그가 정말로 거인임을 보게 되는 것이다. 저 아득히 먼 동방의 맑고 고요한 하늘 아래서 드디어 기독교 교회를 바라볼 때, 그것이 참으로 그리스도의 교회임을 보게 되는 것이다. 요컨대, 기독교를 정말로 편견 없이 대할 수 있을 때, 사람들이 왜 기독교에 대해 편견을 갖는지 알게 된다. 그런데 이 마지막 진술은 좀 더 진지하게 논의할 필요가 있어서 이에 대해 더 이야기해 보고자 한다.

신(神)의 이야기가 지닌 유일무이하고 독특한 특징 가운데 무언가 탄탄한 것이 있다는 생각이 분명해지면서, 신의 이야기로 이어진 인간의 이야기에도 그만큼 이상하고 탄탄한 특징이 있다는 생각이 떠올랐다. 왜냐하면 인간의 이야기 또한 신에게 그 뿌리를 두고 있기 때문이다. 그러니까 교회가 인류의 일반적 종교생활과 공정하게 비교될 때 더 놀라워 보이듯이, 인류도 자연계의 일반적인 삶과 비교될 때 더 놀라운 존재로 보인다는 것이다. 그리고 대다수의 현대 역사가 궤변에 가까운 논리에 치우쳐 있음을 알게 되었다. 우선 동물에서 인간으로 바뀌는 뚜렷한 변이를 두루뭉술하게 묘사하고, 다음으로 이교도가 기독교인으로 바뀌는 뚜렷한 변화도 그렇게 묘사한다. 그러나 이 두 변화 과정을 현실적으로 이해할수록 그 선명한 차이가 더욱 뚜렷이 나타나게 된다. 기독교를 비판하는 이들은 '거리를 두고' 공정하게 바라보지 못하기 때문에 그 차이점을 제대로 보지 못한다. 그들은 사물을 대낮에 보지 않기 때문에 흑과 백의 차이를 보지 못하는 것이다. 그들은 거부감과 반항심에 빠진 나머지 흰색을 전부 우중충한 회색으로, 검은색을 그리 검지 않은 색으로 간주하려 한다. 그들의 적개심을 인간적으로 이해하지 못한다는 말은 아니다. 그들에게 도무지 공감하지 못하겠다는 말도 아니다. 그들의 관점이 전혀 과학적이지 않다는 뜻이다.

우상파괴자가 화를 낼 수 있다. 정당하게 화를 낼 수도 있다. 그러나 그가 공정하지는 않다. 고등비평가[9], 과학적 진화론자와 비

---

9 성경 각 책의 자료와 연대, 저자 및 역사적·사상적 배경 등을 이론적으로 연구하되 성경의 신뢰성을 의심하는 학자들을 가리킨다. 고등비평은 18세기 독일에서 시작된 연구 분야로, 성경 본문의 진실성을 그대로 받아들이지 않는 부정적 전제에서 출발했다.

교종교학 교수 중 십 분의 구는 공명정대한 척하지만 이는 위선 그 자체이다. 어떤 것이 인류를 집어삼키는 미신인지, 아니면 거룩한 소망인지를 놓고 온 세상이 전쟁에 휩싸여 있는데, 대체 공정한 입장이라는 게 무엇이며, 그들은 왜 공정해야 하는가? 믿음의 행위가 사람의 정신을 만족시키기 때문에 그의 정신을 온전케 한다는 의미에서 나는 공정한 체하지 않는다. 그러나 내가 그들보다 훨씬 더 공정하다고 공언하는 바이다. 모든 입장에 공정한 가운데 그 이야기를 공정하게 들려줄 수 있다는 의미에서 그렇다. 하지만 그들은 그럴 수 없다.

내가 그 반대자들보다 더 공정하다고 장담할 수 있는 이유는 이렇다. 그들은 로마 교황에 대해 터무니없는 말을 하듯이 나는 티베트 라마승에 대해 그런 식으로 말하는 것을 부끄러워한다는 뜻에서, 또는 그들이 예수회(Society of Jesus)에 대해 동정심을 품지 못하듯이 내가 배교자 율리아누스(Julian the Apostate)[10]에 대해 그런 태도를 보이는 것을 부끄러워한다는 뜻에서 그렇다. 그들은 결코 공정하지 않다. 그들은 역사적으로 공평하게 판가름할 수 있을 가능성이 전혀 없다. 무엇보다도 이와 같은 진화와 변이에 대해 결코 공정할 수 없다. 그들은 모든 곳에 황혼의 잿빛이 점점 깔리고 있다고 주장하는데, 그것이 신들의 황혼기라고 믿기 때문이

---

10 본래 이름은 플라비우스 클라우디우스 율리아누스(Flavius Claudius Julianus, 331–363)로 군인이자 철학자였다. 기독교를 거부하고 신플라톤주의적인 이교주의를 받아들이려 했으며, 로마 제국의 전통적인 종교적 관습을 부활시키고자 했다.

다. 나는 지금이 신들의 황혼기든 아니든 간에 인류의 대낮은 아니라고 말하고 싶다.

나는 대낮의 환한 빛 아래서 보면 다음 두 가지 모두 그야말로 이상하고 독특하게 보인다고 주장한다. 변이의 시기에 비치는 그릇된 황혼에 비춰볼 때만 그것들은 다른 모든 것과 비슷하게 보일 뿐이다. 그 가운데 하나는 '사람'이라 불리는 피조물이고, 다른 하나는 '그리스도'라 불리는 사람이다. 그래서 이 책을 두 부분으로 나누었다. 전반부에서는 인류가 그리스도를 알지 못하던 때에 펼친 주요 모험을 간추려 보았다. 후반부에서는 인류가 기독교인이 되어서 발생한 변화를 요약했다. 이 두 주제는 특정한 방법으로 접근해야 할 텐데, 그것은 쉽게 다루기 힘들고 어쩌면 정의하거나 변호하는 일은 더 어려운 듯하다.

엄밀하게 공정을 기하고자 한다면 새로운 시각으로 사물을 바라봐야 한다. 어떤 의미에서는 무언가를 처음 대할 때 그것을 편견 없이 인식할 수 있다. 바로 이런 이유로 어린이들은 교회의 교리를 배울 때 대체로 별 어려움이 없는 편이다. 그러나 교회는 일과 싸움을 감당하는 실질적인 공동체인 만큼 아이들만이 아니라 어른들을 위한 곳이기도 하다. 실질적인 목적을 위해서 거기에는 상당한 전통, 친숙함, 그리고 심지어 판에 박힌 일상조차 있어야 한다. 교회의 근본요소들을 잘 인식하기만 한다면, 이것이 더 건전한 상태일 수 있다. 그러나 오늘날처럼 교회의 근본요소들이 의심을 받는 때에는 우리가 아이들의 솔직함과 경이감을 회복하려고 애써야 한다. 그것이 어렵다면, 적어도 관습의 먹구름 따위는 걷어내고 그것을 새롭게 보려고 노력해야 한다. 설령 그것이 부자연스럽게 보일지라도. 무언가를 친숙하게 여겨 애정이 생긴다면 계속 친숙함을 유지해도 좋다. 그러나 친숙하게 대하다 보니 하찮게 여기게 된다면 차라리 생소하게 바라보는 편이 훨씬 낫다. 여기서 다루는 주제처럼 중요한 일을 다룰 때는 그런 경멸감이 잘못된 것임에 틀림없다. 경멸은 하나의 환상임에 틀림없다. 우리는 오히려 거리낌 없이 날아오르는 상상의 날개를 펼쳐야 한다. 그렇게 날아올라야 무언가를 볼 수 있기 때문이다.

이 논점을 제시하는 방법은 하나뿐이다. 사람들이 아름답게 또는 경이롭게 생각해온 무언가를 예로 드는 것이다. 죠지 윈담(George Wyndham)[11]은 최초의 비행기 중 한 대가 처음 하늘로 날아오르는 광경을 목격했는데, 그것은 아주 놀라웠다고 나에게 말한 적이 있다. 그러나 말이 사람으로 하여금 자기 등 위로 올라타도록 허용한 것만큼 놀랍지는 않았다고 했다. 준마(駿馬)에 늠름하게 올라탄 멋진 사람의 모습은 세상에서 가장 고귀한 초상(肖像)이라고 말한 사람도 있다. 사람들이 올바른 방식으로 그렇게 생각한다면 아무 문제가 없다. 동물을 제대로 다룰 줄 아는 전통에서 성장한 이들, 특히 말과 올바른 관계를 맺는 사람들이 이 사실을 가장 잘 이해할 수 있겠다. 말을 탄 남자, 그것도 말을 아주 잘

---

11 영국의 정치가이자 문필가였던 죠지 윈담(1863–1913)을 가리키는 듯하다.

타고 능숙하게 다룬 남자의 아들은 그 관계가 만족스러울 수 있고 또 만족스러울 것임을 알리라. 소년은 말을 어떻게 다뤄야 하는지 잘 알기에 사람들이 말을 함부로 대하는 모습을 보면 더더욱 화가 날 것이다. 그렇지만 사람이 말을 타고 있는 모습은 조금도 이상하게 보이지 않을 것이다. 유명한 현대 철학자가 "말이 사람 위에 올라타야 한다"고 설명하더라도 소년은 귀를 기울이지 않을 것이다. 또한 조나단 스위프트(Jonathan Swift)[12]의 비관적인 상상을 좇아 사람들이 원숭이들로 천대받고 있듯이 말들이 신들로 경배를 받아야 한다고 말하지 않을 것이다. 소년에게는 말과 사람이 함께하는 모습이 인간적이고 문명화된 모습이라서 말과 사람을 함께 뭔가 영웅적이거나 상징적인 것으로 승화시키기가 어렵지 않을 것이다. 성 조지(St. George)[13]가 구름 속에서 보여 준 모습처럼 말이다. 날개 달린 말이 나오는 동화가 전혀 부자연스럽지도 않을 것이다. 그리고 소년은 루도비코 아리오스토(Ludovico Ariosto)[14]가 왜 그토록 많은 크리스천 영웅들을 깃털처럼 가벼운 안장에 앉히고 하늘을 달리게 했는지 이해할 것이다. 왜냐하면 우

---

**12** 조나단 스위프트(1667–1745)는 『걸리버 여행기』에서 당시의 영국 사회를 풍자하였다. 이 책 4부에서는 말(후이늠)이 사람(야후)을 지배하는 나라가 나오는데 체스터턴은 본문에서 이 이야기를 언급하였다.

**13** 초기 기독교 순교자이자 성인으로 추앙받는 사람 중 한 명으로 영국의 수호성인이다. 13세기의 성인전 『황금전설』에서 말을 타고 용과 싸워 공주를 구해낸 사람으로 묘사된다. 우첼로(Uccello)는 조지와 용이 싸우는 그림을 두 개 그렸는데, 두 번째 그림에서 구름을 배경으로 말에 올라타 창으로 찌르는 모습으로 나온다.

**14** 이탈리아의 시인(1474–1533)이다. 영웅 서사시인 『광란의 오를란도』(Orlando Furioso, 1516)가 대표작이다.

리가 '기사도'(chivalry)라는 말을 사용할 때 말이 사람과 함께 확드높여졌기 때문이다. 바로 이 '말'이라는 이름이 사람의 가장 고상한 분위기와 순간에 붙여진 것이다. 그래서 누군가에 대한 최고의 찬사로 그 사람을 말이라고 불러줘도 될 정도이다.

그러나 이런 경이감을 느끼지 못하는 상태에 빠진 사람이 있다면, 아예 반대편에서 치료를 시작해야 한다. 이제 이 사람은 흐리멍덩한 상태에 빠져 있다고 가정해야 한다. 누군가 말을 타고 있는 것과 의자에 앉아 있는 것이 다 똑같다고 느끼는 상태이다. 앞서 윈담이 말했던 놀라움, 말을 탄 사람이 마치 조각상처럼 보이게 만드는 아름다움, 더 숭고한 기사도를 지닌 기사의 의미 같은 것이 그에게는 그저 고리타분하고 따분할 뿐이다. 어쩌면 이런 것들은 한갓 유행일 수 있고, 어쩌면 한물 간 것일 수도 있고, 또는 말처럼 되는 끔찍한 위험을 무릅쓰지 않고는 말을 돌보기가 어려울 수도 있다. 어쨌든 그는 수건걸이(towel-horse)에 신경을 쓰지 않듯이 말(horse)에 신경을 쓰지 않는 상태에 빠진 것이다. 자기 할아버지가 밸러클라바(Balaclava)[15]에서 말을 타고 적진으로 쳐들어간 일도 마치 가족들 초상화 화첩처럼 별 감흥이 없고 먼지 쌓인 이야기일 뿐일 것이다. 이런 사람은 화첩을 보면서 아무것도 느끼는 바가 없을 것이고, 그저 화첩 위에 쌓인 먼지나 볼 뿐 그 이상을 보지 못한다. 이 정도로 눈이 어두워지면 그 모든 것을 완전

---

15 우크라이나 남부에 있으며 크림 전쟁의 전투지역 가운데 한 곳이다. 영국 기병대가 목숨을 걸고 돌격한 일로 유명하다(1854년 10월 25일).

히 낯설고 거의 비현실적인 것으로 보게 될 때까지는 말이나 기사를 전혀 바라볼 수 없을 것이다.

잠시 까마득한 옛날로 돌아가는 상상을 해보자. 어느 날 새벽, 어둠이 깔린 숲에서 무언가가 우리 쪽으로 다가온다. 큰 덩치로 느릿느릿 춤이라도 추듯 걸어 나오는 이 태고의 피조물은 무척이나 기묘한 동물이다. 우리는 길쭉하고 굵은 목에 어울리지 않게 작은 머리가 얹혀 있는 모습을 처음 보게 된다. 얼굴은 마치 교회 지붕 귀퉁이에 툭 튀어나온 괴물 조각상 같기도 하고, 굵은 목덜미를 타고 긴 털이 쭉 내려오며 자라나 있는데, 아무렇게나 자란 턱수염처럼 뭔가 정돈되지 않은 느낌이다. 발은 케라틴[16]으로 된 단단한 곤봉 같이 생겼는데 발굽이 갈라진 소의 발 모양과는 다르다. 그래서 갈라지지 않은 그 발굽을 보고 있으면 아주 겁이 난다. 그러므로 이 동물을 독특한 괴물로 본다는 게 단순한 구두적인 상상만은 아니다. 어느 의미에서 괴물은 독특한 무언가를 가리키는데, 이 동물은 정말 독특하기 때문이다. 여기서의 요점은 이 동물을 처음 본 사람의 시각으로 우리가 그 동물 바라볼 때, 사람이 처음 이 동물을 타고 달렸다는 사실이 얼마나 놀랍고 신선한 의미를 주었는지 다시금 이해하기 시작하게 된다는 것이다. 이렇게 상상하면 이 동물이 못 생겼을지는 몰라도 무척 인상적이라는 느낌이 든다. 그리고 그 동물의 등에 올라탄 난쟁이, 곧 다리 둘 달린 사람

---

16 케라틴(keratin)은 손톱, 발톱, 머리털 그리고 뿔 따위의 성분이 되는 경단백질이다.

이라는 생물체도 예사롭게 보이지 않을 것이다. 이렇게 생소하고 긴 길을 돌아서 우리는 사람과 말에 대한 경이로움을 되찾을 것이고, 이 경이로움은 점점 더 커질 것이다. 그리고 성 조지의 모습도 어렴풋하게 다시 볼 수 있겠다. 성 조지는 말이 아니라 용을 타고 있으니 더욱 영광스럽게 보일 것이다.

앞에서 말한 이야기는 하나의 예일 뿐이다. 태초의 사람이 숲에서 만난 괴물 같은 동물이, 분별력 있는 문명인이 마구간에서 보는 평범한 말보다 더 진실에 가깝다거나 더 경이로운 존재라는 말은 아니다. 진실에 다가가는 두 가지 극단 가운데 나는 전통적인 방식이 더 낫다고 생각한다. 그러나 진실은 이 두 가지 접근 중 어느 하나에서 발견되는 것이다. 전통을 좇다 지쳐 잊어버리는 바람에 어중간한 상태에 있으면 진실에 다가가지 못한다. 다시 말해, 말을 단순히 자동차보다 느린 이동 수단으로만 보기보다 괴물로 보는 쪽이 낫다는 말이다. 만약 말을 흔해빠진 무언가로 보는 사고방식에 빠져 있다면, 차라리 완전히 새로운 존재라서 말을 두려워하는 편이 훨씬 낫다는 뜻이다.

그런데 사람이라 불리는 괴물도 말이라 불리는 괴물의 경우와 마찬가지이다. 물론 내가 가진 철학에 따라 사람을 대하는 것이 제일 좋다고 본다. 인간 본성에 대한 기독교적 견해를 가진 사람은 그 견해가 보편적이기에 온전한 것이라고 확신할 것이며 만족할 것이다. 그러나 만약 이 사람이 온전한 관점을 상실했다면, 미친 관점과 같은 것으로만 그것을 되찾을 수 있다. 말하자면, 인간을 낯선 동물로 보고, 인간이 얼마나 이상한 동물인지를 인식함으로써 가능하다는 것이다. 말을 머나먼 옛날의 놀라운 생물체로 바라볼 때 말을 길들인 사람에 대한 경이로움이 약해지지 않고 결국 회복되었듯이, 인간이 걸어온 독특한 발자취를 초연하게 살펴볼 때 하나님의 은밀한 계획에 대한 고대의 신앙에서 멀어지는 게 아니라 그 믿음을 회복할 것이다. 다시 말해, 말이라는 네발짐승이 얼마나 기괴한지를 보게 되면 이 동물에 올라탄 인간을 칭송하게 된다. 또한 인간이라는 두발짐승이 얼마나 기묘한지를 보게 되면 사람을 만든 하나님의 섭리를 칭송하게 된다.

요컨대, 이 서론에서 말하고자 하는 바는 이렇다. 우리가 사람을 동물로 여길 때 사람이 동물이 아니라는 점을 알게 된다는 것이다. 우리가 인간을 뒷다리로 서는 일종의 말로 그려보려고 할 때, 인간은 하늘의 구름 속으로 날개를 퍼덕이며 나르는 말처럼 기적 같은 존재가 틀림없다고 한순간에 알아차릴 것이다. 모든 길은 로마로 통하고, 모든 구도(求道)의 길은 돌고 돌아 문명화된 중심 철학으로 다시 통하게 되는데, '요정의 나라'와 '모든 게 뒤바뀐 나라'(topsyturvydom)[17]를 지나는 이 길도 거기에 포함된다. 그러나 합리적인 전통의 나라, 즉 사람들이 말을 경쾌하게 타고 주님 앞에서 용감한 사냥꾼으로 살아가는 이 나라를 떠나지 않았더라면 더 나았을 뻔했다는 생각이 든다.

---

**17** 영국에서 1874년에 초연된 길버트의 오페레타 제목으로, '모든 사물의 규범이 거꾸로 된 나라'를 뜻한다.

특히 기독교 신자인 경우 우리는 신앙의 권태에서 생기는 편향된 관점에 대해 반발하지 않으면 안 된다. 기독교의 진리는 사람들에게 이미 익숙해져서 그것을 생생하게 만드는 것이 거의 불가능하다. 그리고 타락한 사람들에게는 익숙함이 권태로 이어지는 경우가 많다. 만약 그리스도에 대한 초자연적 이야기를 중국의 어떤 영웅의 이야기로 글자 그대로 옮겨 전한다면 어떻게 될까? 그리스도를 하나님의 아들 대신 천자(天子)라 부르고, 그리스도의 후광을 표현할 때도 오래된 가톨릭 성화처럼 금박으로 꾸미지 않고 중국식 자수(刺繡)처럼 금색 실로 수놓거나 중국 도자기에 금색으로 무늬를 입히듯 그려낸다면? 그러면 사람들은 이 영웅 이야기에 종교적 순수성이 있다며 입을 모을 것이라고 확신한다. 그 누구도 영웅이 다른 사람의 죄를 위해 죽은 게 옳지 않다거나 영웅의 죽음으로 인류가 대신 구원받는다는 게 이치에 맞지 않다며 고개를 젓지 않을 테고, 죄의 무게가 터무니없이 과장되었다거나 자연법칙을 깨뜨리는 것은 불가능하다고 말하지도 않을 것이다. 어떤 신이 하늘에서 내려와 용들을 물리치고, 자기의 죄와 어리석음 때문에 파멸로 치닫는 악인들을 구원했으니 우리는 그 중국식 기사도에 경의를 표해야 마땅하다. 또 인간의 모든 불완전성이 정말 긴급한 문제임을 인식하는 중국의 인생관의 섬세한 통찰력에 감탄해야 마땅하다. 그리고 우리가 아는 법보다 더 높은 우주의 법칙이 있다고 말한 중국의 심오하고 탁월한 지혜에 감동해야 할 것이다. 우리는 인도의 평범한 주술사들이 찾아와서 이와 똑같은 방식으로 말할 때마다 믿고 받아들이니까. 만약 기독교가 동양의 새로운 유행이었다면, 동양의 오랜 종교라는 이유로 공격당하지는 않았을 것이다.

성 프란치스코 하비에르는 열두 사도를 중국인으로 변모시키는 방식으로 선교했다고들 하는데, 나는 이 책에서 하비에르의 본보기를 따르라고 제의하는 것은 아니다. 그러니까 사도들을 우리 전통에서 익숙한 서양인으로 그려내지 않고 낯선 동양인으로 묘사하겠다는 의도가 아니란 뜻이다. 변발을 한 사람들이 오고가며 곳곳의 사원에 탑이 세워진 환경을 배경으로 복음에 대한 모든 이야기와 교회의 전 역사를 서술하려는 것도 아니다. 기독교 이야기가 손가락질 당하는 이 나라에서 만약 그것이 타종교의 이야기였다면 사람들이 얼마나 찬사를 보냈겠느냐고 말하는 것이다. 그러나 나는 가능한 어디서나 새롭고 이상한 것에 대한 견해를 표명하려 하고, 이런 이유로 아주 진지한 주제를 다룰지라도 때로는 일부러 기괴하고 황당한 표현을 쓰겠다.

나는 독자가 기독교 세계를 외부에서 통째로 바라보되 여러 역사적 사건을 배경으로 보도록 돕고 싶다. 이는 독자가 자연을 배경으로 삼아 인류 전체를 바라보기를 원하는 것과 같다. 그리고 이런 식으로 바라보면, 둘 다 초자연적 존재처럼 그들의 배경에서 두드러진 존재로 부각된다. 인상주의 화가들의 화폭에 보이는 색깔처럼 배경에 묻혀 안 보이는 게 아니라, 마치 가문을 상징하는 문장의 무늬처럼 배경과 대비되어 또렷하게 보이는 것이다. 흰 방패에 그려진 붉은 십자가나 황금색 대지 위의 흑사자처럼 생생한 모습으로 말이다. 붉은 흙으로 빚어진 인간은 자연의 푸른 초장 위에 뚜렷이 드러나고, 순백의 그리스도 역시 붉은 흙덩어리인 인류 위로 뚜렷이 부각된다.

그러나 사람과 그리스도를 명확히 보려면 이 둘을 통째로 봐야 한다. 이 둘이 어떻게 시작되었는지 뿐만 아니라 어떻게 발전했는지도 살펴봐야 한다. 이 이야기의 가장 놀라운 부분이 그렇게 시작된 인간과 교회가 그렇게 발전했어야 했다는 것이라서 그렇다. 그저 공상이나 실컷 하려는 사람은 다른 일들이 생길 수도 있었다거나 다른 존재들이 진화했을 수도 있다고 상상할 수도 있겠다. 어떤 일이 발생했을 수도 있다고 생각하는 사람은 진화가 모든 생물에게 평등하게 적용되었으리라고 생각할 수 있다. 그러나 실제로 발생한 일을 접하는 사람은 예외적이고 경이로운 사실을 직면할 수밖에 없다. 만약 사람이 동물에 불과했던 순간이 있었다면, 우리는 사람의 내력이 어떤 다른 동물에게 전이되었던 모습을 상상할 수 있을 것이다. 그러면 코끼리들이 자기네 건축 양식을 따라 사람이 만든 건축물보다 더 큰 도시들을 세우고, 상아나 코끼리 코처럼 생긴 탑과 성을 쌓았다고 하는 흥미로운 공상 소설을 쓸 수도 있었다. 소가 의복을 발달시켰고 네 발에 부츠를 신으며 바지 두 벌을 입고 다니는 즐거운 우화도 떠올릴 수 있다. 어떤 초인(超人)도 능가하는 초(超) 원숭이, 두 손으로 조각하고 그림을 그리며 두 발로는 요리와 목공일을 하는 원숭이도 얼마든지 상상할 수 있다.

　그렇지만 실제로 무슨 일이 일어났는지 생각해 보면, 인간이 다른 모든 것과 천문학적인 거리와 벼락같은 속도의 차이가 있다는 것을 확신하게 된다. 그리고 이와 마찬가지로, 로마 제국 말기에 서로 옥신각신하며 죽였던 미트라교나 마니교 폭도들에게 에워싸인 교회를 생각해보면, 그 싸움 속에서 죽은 교회와 교회의 자리를 차지한 다른 컬트를 생각해보면, 우리는 번쩍이는 사상의 날개와 꺼지지 않는 열정으로 세대를 거쳐 힘차게 흘러와서 이천 년 후에 교회를 다시 만나게 되면 더더욱 놀라고 얼떨떨할 것이다. 교회와 견줄 만한 것은 없고 닮은 것도 없다. 교회는 오래된 만큼 여전히 새로운 존재이다.

# 1부

THE EVERLASTING MAN

## '사람'이라 불리는
## 피조물에 대하여

# 동굴 속의 사람

까마득히 멀리 떨어진 어떤 미지의 별자리에 작은 별 하나가 있다. 천문학자들이 언젠가는 찾아낼지도 모르는 별이다. 하지만 적어도 나는 대다수의 천문학자와 과학자들의 표정이나 행동에서 그들이 이 별을 발견했다는 증거를 한 번도 포착하지 못했다. 사실 이들은 언제나 이 별 위를 걸어 다니는데도 말이다. 이 별은 무척 기묘하고 이상한 동식물의 모체이다. 그리고 그 가운데 과학자들보다 더 이상한 존재는 없다. 만약 내가 천문학적 우주에 대한 이야기를 과학적 관습에 따라 시작해야 한다면 세계의 역사를 이렇게 시작해야 한다. 심지어 이 지구를 외부에서 관찰하려고 할 것이다. 곧 태양에 대한 지구의 상대적 위치를 주장하는 게 아니라, 인간이 아닌 외부 관찰자가 멀리서 지구를 바라볼 때 어떻게 비칠지 상상해야 할 것이다.

물론 인간을 연구하기 위해 비인간적인 존재가 되어야 한다고 믿지는 않는다. 또한 지구가 우주 속의 모래알처럼 보잘것없는 존재로 보일 만큼 머나먼 거리에 떨어져 살아야 한다고도 믿지 않는다. 우주의 크기에 비하면 인간의 정신은 아무것도 아니라는 생각은 무언가 통속적인 면이 있다고 생각한다. 앞에서 나는 지구를 중요한 곳으로 만들기 위해 그것을 낯선 행성처럼 묘사했다. 이런 생각이 적합하지 않더라도, 지구를 하찮은 곳으로 만들기 위해 작은 행성으로 묘사하는 술수에도 나는 뜻을 굽히지 않겠다. 나는 차라리 이렇게 주장하겠다. 우리는 지구가 어떤 장소라는 것, 그것도 매우 특별한 장소라는 것을 잘 알지 못한다는 의미에서 지구가 하나의 행성이란 사실을 모른다고. 이것이 바로 내가 처음부터 강조하고 싶은 관점이다. 천문학적 관점은 아니라도 좀 더 익숙한 방식으로 다루기를 바라는 것이다.

내가 언론계에 종사하며 처음 겪은 모험은 그랜트 알렌(Grant Allen)[1]을 비평하는 글을 썼을 때 발생했다. 알렌은 하나님 개념의 진화에 관한 책으로 펴냈는데, 나는 하나님께서 그랜트 알렌의 사상의 진화에 관한 책을 쓰셨다면 훨씬 더 흥미로웠을 것이라고 말했다. 그리고 편집장은 내 비평이 신성모독이라는 이유로 나의

---

1 그랜트 알렌(1848-1899)은 과학 저술가이자 소설가였다. 체스터턴이 여기서 언급한 책은 『The Evolution of the Idea of God』(1897)이다.

진술에 반대했는데, 나는 적지 않게 웃고 말았다. 내가 실소할 수밖에 없었던 이유는 사실 알렌의 책 제목이야말로 신성모독이라는 점을 편집장이 알아차리지 못했기 때문이다. 그 책 제목을 풀어 옮기면 '나는 하나님이 존재한다는 터무니없는 관념이 사람들 사이에 어떻게 진화되어 왔는지 보여 주겠다'는 말이니까. 내 비평은 분명히 경건하고 적절한 것이었다. 겉으로는 가장 어둡거나 무의미해 보이는 현상에도 하나님의 목적이 있다고 고백하는 내용이었기 때문이다.

아무튼 그 일을 통해 많은 것을 배웠는데 그 중에는 이런 것도 있다. 하나님에 대한 경외심이 '사람은 하나님을 인식할 수 없다'는 불가지론에서 나온 경우, 하나님에 대한 어떤 말을 접할 때 그저 자기 귀에 어떻게 들리는지에 따라 그 말을 이해하는 경향이 있다는 것이다. 편집장이 그 점을 파악하지 못한 이유는 책 제목에서 긴 단어 'evolution'(진화)이 맨 처음에 오고, 짧은 단어 'God'(하나님)이 끝으로 갔기 때문이다. 반면 내 논평에서는 짧은 단어 'God'이 맨 처음에 왔기 때문에 충격을 받은 것이다. '하나님'(God)과 같은 단어를 '개'(dog)와 같은 단어와 한 문장에서 쓰면, 이 뜬금없는 모난 단어들이 따발총처럼 사람들에게 영향을 준다는 것을 나는 알아차렸다. '하나님이 개를 만드셨다'고 말하든 '개가 하나님을 만들었다'고 말하든 중요하지 않은 듯하다. 순서의 문제는 학문적으로 따지길 좋아하는 신학자들의 헛된 논쟁 중 하나일 뿐이다. 그렇지만 당신이 '진화' 같은 긴 단어로 시작한다면 나머지는 무난하게 통과될 것이다. 편집장은 아마도 알렌의 책 제목을 끝까지 읽지 않았을 것이다. 상당히 긴 제목이기도 했고 편집장도 바쁜 사람이었으니까.

이 사소한 사건은 일종의 비유처럼 내 마음속에 늘 남아 있었다. 오늘날 인류역사를 다룬 대다수의 책은 '진화'라는 단어로 시작해서 진화를 장황하게 설명하는 편이다. 위의 사건에서 작동한 것과 같은 이유에서다. '진화'라는 단어는 무언가 느리고 진정시키고 점진적인 느낌을 주는데, 진화의 개념도 마찬가지다. 하지만 실은 기원의 문제를 다룰 때 매우 실제적이거나 매우 유익한 개념이 아니다.

아무도 무(無)에서 유(有)가 되는 경위를 상상할 수 없다. 아무도 무언가가 어떻게 다른 무언가로 변화되는 경위를 설명함으로써 그 문제에 조금도 더 다가갈 수 없다. 오히려 "태초에 하나님이 하늘과 땅을 창조하셨다"는 말로 시작하는 편이 훨씬 더 논리적이다. 이 말을 "태초에 어떤 불가사의한 힘이 어떤 불가사의한 과정을 시작했다"는 의미로 진술했더라도 그렇다. '하나님'은 본질상 신비한 이름이니까. 아무도 여태껏 세상이 어떻게 창조되었는지를 사람이 상상할 수 있다고 생각하지 않았듯이 사람이 세상을 창조할 수 있다고 생각하지도 않았다. 그런데도 사람들은 진화를 하나의 설명으로 잘못 생각한다. 진화는 많은 이들에게 진화를 비롯한 모든 것을 잘 이해하고 있다고 착각하게 하는 치명적인 속성이 있다. 이는 많은 사람에게 자신은 이미 다윈의『종의 기원』을 읽었다는 환상 아래 살게 하는 것과 같다.

그러나 비탈길을 오르듯 어떤 일이 매끄럽고 완만하게 진행된다는 이 개념이 그런 환상의 대부분을 차지한다. 이는 환상인 동시에 비논리적인 생각인데, 느림이란 것은 기원에 대한 물음과 아무런 관계가 없기 때문이다. 어떤 사건을 본질적으로 이해할 수 있는지, 없는지의 문제는 그 사건이 진행된 속도와는 아무 상관이 없다. 기적을 믿지 않는 사람에게는 느린 기적이 빠른 기적만큼 믿을 수 없는 것이다. 그리스 신화에 나오는 마녀는 요술 지팡이로 뱃사람들을 돼지로 바꿔 놓을 수 있었다. 그런데 우리가 알던 해군 장교가 날마다 점점 더 돼지를 닮아가더니 마침내 네 발에 꼬리 달린 돼지가 되었다고 해도, 그것은 마녀 이야기보다 더 그럴듯하게 들리지 않는다. 오히려 더 섬뜩하고 무시무시할 것이다. 중세의 마법사는 탑 꼭대기에서 하늘로 날아오를 수 있었다. 그러나 어떤 노신사가 여유롭게 느릿느릿 하늘을 걸어가는 모습을 보게 되면, 여전히 모종의 설명이 필요할 것이다. 그런데도 합리주의적인 역사 서술에는 온통 이 이상하고 헷갈리는 생각이 퍼져 있다. 곧 무언가 긴 시간을 두고 아주 더디게 진행된다는 점을 내세워 설명하기 어려운 문제를 어벌쩡 넘기고 불가사의한 점을 지워버릴 수 있다는 생각이다. 구체적 사례들은 다른 데서 언급하겠다. 여기서의 문제는 그저 매우 느리게 진행된다는 이유만으로 모든 과정이 자연스러운 것처럼 몰고 가는 그릇된 풍조이다. 이는 마치 처음 자동차 여행을 떠나는 바람에 불안해하는 노부인을 안

심시키려고 건네는 말과 다를 바 없다.

H. G. 웰스는 스스로 예언자로 자처했다. 하지만 세상의 기원에 대해서는 스스로 위신을 깎아 먹은 예언자였다. 웰스의 첫 공상과학소설이 마지막으로 쓴 역사책에 대한 완벽한 대답이었다는 점이 재미있다.[2] 『타임머신』은 시간의 상대성에 기초한 모든 안락한 결론을 사전에 모두 파괴하고 말았다. 그 웅장하면서도 무서운 이야기에서 주인공은 나무들이 초록색 로켓처럼 쑥쑥 자라나고, 다양한 식물들이 녹색 불길처럼 사방으로 확 퍼져가는 광경, 또는 태양이 별똥별처럼 순식간에 동쪽 하늘에서 서쪽 하늘로 가로지르는 모습을 목격했다. 하지만 주인공의 눈에는 이 모든 것이 빠르게 움직이는데도 지극히 자연스럽게 보였다. 하지만 우리의 눈에는 그것들이 느리게 움직일 때도 초자연적 현상으로 보인다. 궁극적 질문은 그런 현상이 왜 생기느냐는 것이다. 이 질문을 제대로 이해하는 사람은 누구나 이 물음이 언제나 종교적 질문, 또는 철학적 내지는 형이상학적인 질문이었고 앞으로도 계속 그럴 것이란 사실을 알 것이다. 그리고 급격한 변화를 점진적 변화로 바꾼다고 해서 답할 수 있는 질문이 아니라고 생각할 것이다. 달리 말하면, 어떤 영화를 느린 화면으로 보든 빠른 화면으로 보든 결국 똑같은 이야기라는 점은 달라지지 않듯, 세상이 만들어질 때

---

**2** 웰스의 첫 소설은 『타임머신』(*Time Machine*, 1895)이었다. 이 책의 주인공은 수천만 년 뒤의 지구로 여행하여 지구와 태양계의 종말을 지켜본다. 역사에 관한 마지막 저서는 『정신의 한계』(*Mind at the End of its Tether*, 1945)로, 이 책에서 다른 종의 생물이 인류를 대체하는 것도 나쁘지 않다고 보았다. 웰스는 1940년대 당시를 '혼돈의 시대'라고 불렀다.

쏜살같이 진행되었든 느리게 진행되었든 속도는 이 '왜?'라는 질문과 아무런 상관이 없다.

이제 원시 생태계에 다가가 볼 텐데 여기서 필요한 것은 좀 더 단순한 원시적 사고방식이다. 최초의 상황을 떠올리기 위해 나와 함께 단순한 실험을 해보자고 요청하는 바이다. 여기서 말하는 단순함은 우둔함이 아니라 '진화' 같은 단어들보다는 '생명' 같은 것들을 보는 일종의 명료성을 뜻한다. 이 목적에 맞춰 타임머신의 가속기를 좀 더 빨리 돌려 풀이 자라나고 나무가 하늘로 쭉쭉 뻗어 가는 장면을 보도록 하자. 이 실험이 태초의 사건 모두를 축약해서 생생하게 보여줄 수 있다면 좋겠다.

우리가 알고 있는 바는 나무와 풀들이 실제로 자라났고, 그 밖에 여러 신기한 일들이 실제로 일어났다는 것이다. 괴상한 피조물들이 다양한 모양의 부채로 공중에 퍼덕거리며 텅 빈 공중에 떠다닌다. 다른 묘한 피조물들은 거센 물속을 자유자재로 힘차게 헤치며 나아간다. 또 다른 이상하게 생긴 피조물들은 네 발로 걸어 다니고, 모든 생물 중에 가장 이상한 피조물은 두 발로 걸어 다닌다. 이 피조물들은 실재하는 사물들이지 이론이 아니다. 이들과 비교하면 진화와 원자, 그리고 태양계조차 그저 이론일 뿐이다. 여기서 다루는 문제는 철학이 아니라 역사이다. 따라서 이 점만 염두에 두면 된다. 우주의 기원과 생명의 원리의 기원이라는 두 가지 대변혁에 어떤 신비로움이 여전히 깃들어 있음을 부인하는 철학자는 없다는 것을. 대다수 철학자는 이 두 신비에 인간의 기원이란 세 번째 신비를 덧붙일 정도의 통찰력이 있다. 달리 말하면 '이성'이라 부르는 것과 '의지'라고 부르는 것이 이 세상에 나타났을 때, 불가사의한 세 번째 심연에 세 번째 다리가 가로놓인 것이다. 사람은 단지 진화의 산물이기보다 혁명과 같은 존재이다. 물론 인체에 새와 물고기와 비슷한 등뼈나 다른 기관들이 있다는 것은 명백한 사실이다. 이 사실이 뜻하는 바가 무엇이든 간에 그렇다. 그러나 우리가 사람을 뒷발로 서 있는 네발짐승으로 간주하려 한다면, 사람이 물구나무를 서 있다고 가정할 때보다 다음 사실이 훨씬 더 놀랍고 전복적임을 알게 되리라.

나는 인간 이야기의 서론으로 한 예를 들고자 한다. 이는 세계의 유년기에 관한 진실을 알려면 어린아이 같은 솔직함이 필요하다는 말의 뜻을 알려줄 것이다. 또한 대중적인 과학과 언론의 상투어가 합쳐져서 최초의 것에 관한 사실을 헷갈리게 만드는 바람에 어떤 일이 먼저 일어났는지 알 수 없게 되었다는 말이 무슨 의미인지도 알려줄 것이다. 이는 그저 편리한 예일 뿐이지만, 모든 것을 동일성과 완만한 진행으로 일반화하는 진화론에 휩쓸리지 말고, 인류 역사에 모양을 부여하는 뚜렷한 차이점을 볼 필요가 있다는 말의 뜻을 알려줄 것이다. 웰스 씨의 표현을 빌리자면, 정말로 역사의 윤곽이 우리에게 필요하기 때문이다. 그러나 만탈리니(Mantalini)[3]의 표현을 빌리면, 진화론적 역사에는 그런 윤곽이

---

3 찰스 디킨스의 소설 『*Nicholas Nickleby*』(1839)에 나오는 인물.

없다고 말해도 좋다. 그러나 무엇보다, 이 예는 우리가 사람을 동물로 바라보면 볼수록 사람은 더욱 동물처럼 보이지 않을 것이란 말의 뜻을 알려줄 것이다.

오늘날 소설과 신문을 보면 '동굴인간'(Cave-Man)[4]으로 잘 알려진 존재를 암시하는 내용이 수없이 넘쳐난다. 동굴인간은 공적인 인물로뿐만 아니라 사적인 인물로도 우리에게 꽤 친근한 듯하다. 그의 심리는 심리소설과 정신의학에서 진지하게 고려한다. 내가 이해한 바로는 동굴인간이 주로 했던 일은 아내를 후려치거나 영화에 나오는 그런 '거친 행동'을 여자들에게 하는 것이었다. 하지만 나는 이런 생각을 뒷받침하는 증거를 한 번도 접하지 못했다. 원시인의 일기장이나 선사시대의 이혼 보도를 그 출처로 삼았는지 모르겠다. 내가 다른 데서 설명했듯이, 선험적으로 생각해도 그랬을 개연성을 찾을 수 없었다. 원시인이 몽둥이로 여자를 때려 눕힌 후 끌고 갔으리라는 말을 늘 듣기는 했지만 그럴듯한 설명이나 권위는 전혀 없었다. 그런데 모든 동물을 유추해보면, 숙녀 편에서 데려가도 좋다고 동의하기 전에 언제나 때려 눕히기를 고집하는 것은 마지못해 허락하는 병적인 수줍음에 가까운 듯하다. 반복해서 말하지만, 남성이 여성을 그렇게 몰상식하게 대하는데도 왜 여성은 그렇게 품위가 있었는지 나로서는 도무지 이해가 안 된다.

---

**4** 일반적으로 'cave man'을 '혈거인'(穴居人, 동굴에 사는 사람)으로 번역한다. 하지만 이 책에서는 뒤에 이어지는 내용과의 연관성을 생각하여 '동굴인간'으로 옮긴다.

동굴인간이 야만적이었을 수 있다. 그렇지만 짐승보다 더 짐승처럼 굴어야 했을 이유는 없다. 그리고 그처럼 요란하게 치고받고 싸우지 않아도 기린은 자기 짝과 사랑을 나누고 하마도 로맨스를 즐긴다. 동굴인간은 동굴에 사는 곰보다 나은 점이 없었을지 모른다. 찬송가로 잘 알려진 어린 암곰은 독신 여성에 대한 그런 편견을 갖도록 훈련받지 않는다. 간단히 말해, 동굴 속 가정생활은 혁명적 가설에 근거했든 그 반대이든 간에 나를 어리둥절하게 만든다. 아무튼 무엇을 근거로 그런 설명이 나왔는지 알아보고 싶었는데, 아쉽게도 어디에서도 근거를 찾지 못했다. 그런데 이런 의문이 든다. 과학계와 문학계가 이 불행한 인물에게 '동굴인간'이라는 이름 붙이고서 이러쿵저러쿵 허다하게 떠들면서도, '동굴인간'과 관련이 있는 한 가지 사항은 상대적으로 등한시했다는 점이다. 사람들은 이 애매한 용어를 수십 가지 방식으로 모호하게 사용했지만, 그 용어에서 정말로 알아낼 수 있는 점은 자세히 살펴본 적이 없다.

사실 사람들은 동굴인간의 모든 것에 관심을 두었으나 동굴인간이 동굴에서 무엇을 했는가는 빼버렸다. 이제 그 원시인이 동굴 속에서 뭘 했는지에 대한 실제적인 증거가 나왔다. 이 증거는 선사시대의 증거들이 다 그렇듯 턱없이 부족한 편이지만, 문학적 상상력이 빚어낸 동굴인간과 몽둥이가 아니라 진짜 동굴인간과 동굴에 관한 것이다. 실제로 나타난 증거를 간단히 생각해 보고 그 이상은 다루지 않는 편이 실재를 파악하는 데 도움이 되겠다.

동굴에서 발견된 것은 몽둥이가 아니다. 오싹한 느낌이 들 정도로 피범벅이 되고 여자를 몇 명이나 때려잡았는지 표시한 몽둥이가 나온 게 아니었다. 그 동굴은 푸른 수염(Bluebeard)[5]이 아내들을 죽인 후 해골로 채운 방이 아니었다. 여자들 두개골이 계란처럼 으스러져서 일렬로 가득 전시된 곳도 아니었다. 동굴을 두고 온갖 현대적인 표현, 철학적 의미, 문학적인 뜬소문이 우리를 헷갈리게 하는데, 그런 것들과는 관계가 없다. 만약 이 세상의 새벽 어스름의 민낯을 보고 싶다면, 이 동굴의 발견 이야기를 아침의 나라의 전설로 생각하는 편이 한결 나을 것이다. 그리고 동굴이 발견된 이야기를 황금 양털(Golden Fleece)[6]이나 헤스페리데스(Hesperides)의 정원[7]을 찾아 나선 영웅 설화처럼 들려주는 쪽이 훨씬 좋을 것이다. 그러면 논란 많은 이론들에 둘러싸인 안개에서 벗어나 새벽녘의 선명한 빛깔과 뚜렷한 윤곽을 보게 될 테니까.

고대의 서사 시인들은 적어도 이야기를 어떻게 풀어가야 하는지 알았다. 과장해서 표현하기도 했지만 왜곡하는 법은 없었다. 수백 년 뒤에나 나올 이론과 철학에 짜 맞추려고 이야기를 우그러뜨리지도 않았다. 초창기의 여행객들이 자기가 본 것을 있는 그대로 기록했듯, 오늘날의 연구자들도 자기가 발견한 내용을 그렇게

---

5 샤를 뻬로(Charles Perrault, 1628-1703)가 1697년 출판한 프랑스 민화에 등장하는 인물이다. 푸른 수염은 자기 아내들을 잔혹하게 살해한 귀족이었다.
6 그리스 신화에서 영웅 이아손이 아르고 호를 타고 찾아 나선 양가죽을 말한다.
7 그리스 신화에 나오는 헤라 여신의 정원이다. 이 정원에는 황금 사과나무가 자라는데, 여기에서 열리는 사과를 먹으면 불멸의 생명을 얻는다.

묘사해야 하고, 별 상관없는 암시와 추측으로 장황하고 애매모호하게 표현하면 안 된다. 그러면 우리는 동굴인간에 대해, 적어도 그 동굴에 대해 정확히 뭘 알고 있는지 인식하게 될 것이다.

얼마 전 어떤 제사장과 소녀이 언덕에 있는 구멍 속으로 들어가 지하 터널을 지나갔는데, 그 터널은 바위 속 은밀한 미로로 연결되어 있었다. 두 사람은 겨우 통과할 수 있는 틈새를 기어들어가 두더지 굴 같은 통로를 따라 살금살금 나아갔다. 계속 가다 보니 끝이 안 보이는 우물 같은 구덩이가 나왔는데 제사장과 소녀은 그 안으로 뛰어내렸다. 부활의 소망을 접고 스스로를 일곱 차례나 생매장하는 듯했다. 이런 일은 파란만장한 모험담에 흔히 나온다. 그러나 여기에서 누군가 이런 이야기들을 그처럼 흔하지 않은 원초적인 빛 아래서 조명해 줘야 한다. 예를 들어, 지하로 가라앉아 잠든 세계에 처음으로 침입한 이들이 제사장과 소녀이었다는 점에 무언가 묘한 상징성이 있다. 제사장은 먼 옛날을, 소녀은 세상의 소년기를 상징한다. 여기에서 나는 제사장보다는 소녀이 상징하는 바에 더 관심이 있다. 자신의 소년 시절을 기억하는 사람은 마치 피터 팬[8]처럼 온갖 나무뿌리로 이루어진 지붕 밑으로 들어가 더 깊이 땅을 파서 윌리엄 모리스(William Morris)[9]가 '산들의 뿌리'라고 부른 곳까지 내려간다는 것이 어떤 경험인지 잘 알 것이

---

**8** 제임스 메튜 배리의 동화 『피터 팬』(1904)에서 피터 팬은 해적을 피하려고 아이들과 함께 나무뿌리 속에 집을 짓고 산다.

**9** 윌리엄 모리스(1834–1896)는 영국의 건축가이자 예술가, 저술가이며 사회주의자였다.

다. 어떤 소년이 순수함의 일부인 단순한 생각으로 그 탐험을 끝까지 해 나갔다고 생각해 보라. 즉, 잡지에서 오가는 흙탕물 설전에서 하는 식으로 무언가 추론하고 증명하려는 목적이 아니라 그저 무엇을 보게 될지 궁금해서 계속 나아갔다고 가정하라. 소년이 마침내 보게 된 것은 커다란 동굴이었다. 그 동굴은 햇빛에서 너무나 먼, 마치 해저에 있던 전설의 동굴 '돔대니얼'(Domdaniel)[10]일 수도 있었다.

억겁(億劫)의 밤 동안 잠들어 있던 이 비밀 석실(石室)에 빛이 비취자, 벽에 색색의 흙으로 그린 듯한 커다란 윤곽 같은 게 드러났다. 제사장과 소년은 윤곽선을 따라가면서 알아차리게 된다. 기나긴 세월의 간극을 가로지른 사람의 움직임과 제스처였다는 것을. 벽에 있는 형상은 동물을 스케치하거나 그린 것이었다.[11] 이런 작업을 한 주인공은 사람일 뿐 아니라 예술가이기도 했다. 그 옛날 어떤 한계가 있었든지 간에, 고대인들이 길게 굽은 선이나 살아 움직이는 듯한 선을 얼마나 애정을 담아 그렸는지 알 수 있다. 그림을 그려 봤거나 그리고자 했던 사람이라면 그것을 알아차릴 것이다. 만약 어떤 과학자가 이 점을 부인한다면, 어느 예술가도 잠자코 있지 않을 것이다. 벽화에서 원시 예술가의 실험 정신과 도

---

10 마법사가 그의 제자들과 만났다는 투니스 근처에 있던 상상의 동굴로 해저에 있었다고 한다. 1788–1793년에 돔 셰브스(Dom Chaves)와 카조트(Cazotte)가 쓴 연재소설 『아라비안 나이트』에서 처음 언급되었다: 저자 주

11 원시시대 동굴 벽화 중 유명한 것으로는 1879년 스페인에서 발견된 알타미라 동굴 벽화와 1940년 프랑스에서 발견된 라스코 동굴 벽화가 있다. 이들 벽화에는 황토색과 검은색 등으로 표현된 들소. 사슴. 말 등이 그려져 있다.

전 정신, 까다로운 작업을 피하지 않고 시도하는 예술 혼을 느낄 수 있다. 특히 사슴이 고개를 휙 돌리고 코를 꼬리 쪽으로 갖다 대는 동작을 그린 부분에서 이런 정신이 잘 드러난다. 이런 행동은 말에게서 자주 보는 것이다. 현대의 동물 화가는 흔히들 동물을 사실적으로 묘사하려고 한다. 이 점을 포함해 여러 세부 사항을 종합하면, 동굴 벽화의 장본인은 그 나름의 관심을 갖고 동물들을 지켜봤을 것이며, 그 과정에서 어떤 즐거움 같은 것을 맛보았을 법하다. 이런 점에서 원시 화가는 예술가일 뿐만 아니라 자연주의자, 그것도 정말로 자연스러운 자연주의자였던 것 같다.

이제는 굳이 다음 사실을 언급할 필요가 없을 듯하다. 현재 언론이 동굴인간을 다루는 기류를 보면, 동굴 생활이 뭔가 음침하고 부정적인 분위기였으리라고 줄기차게 되풀이하는데, 실제 동굴을 살펴보면 그런 분위기를 떠올리는 것은 하나도 없다. 동굴에 남은 과거 흔적을 단서로 당시 사람들의 특성을 추측해 보면 더없이 인간적이고 인도적이기까지 하다. 교양과학 분야에서는 동굴인간을 비인간적 존재의 본보기처럼 표현하는데, 이런 관념적인 설명은 실제 모습과는 거리가 멀다. 소설가와 교육자, 심리학자가 동굴인간을 다루는 걸 보면, 그들은 동굴 안에 실제로 남아 있는 무언가와 연결 지어 생각하는 법이 없다. 만일 섹스 소설을 쓰는 사실주의 작가가 "다그마 더블딕의 머릿속에서 불꽃이 춤을 췄다. 자기 안에서 동굴인간의 본능이 깨어나는 것을 느꼈다"라고 표현할 때, 다그마가 걸어 나가 거실 벽에 암소 무리를 그렸다면 독자는 "에계, 이게 뭐야?"라며 크게 실망할 것이다. 정신분석학자가 환자에게 "당신의 잠재의식 속 '동굴인간' 본능이 꿈틀거려 포악한 충동이 일어나는 게 분명하다"라고 진단 소견서를 쓴다면, 그는 물감으로 그림을 그리고픈 충동을 말하는 게 아니다. 또는 소가 풀을 뜯을 때 고개를 어떻게 돌리는지 세심하게 연구하고 싶은 충동을 뜻하는 것도 아니다.

하지만 우리는 동굴인간이 이런 온건하고 순수한 활동을 했다는 사실을 안다. 거칠고 무자비한 사람이었다는 증거는 손톱만큼도 없습니다. 달리 말하면, 흔히 사람들 입에 오르내리는 '동굴인간'은 그야말로 신화, 아니 잠꼬대 같은 것이다. 신화는 적어도 진실의 윤곽은 갖고 있는 상상의 산물이니까. 현재 통용되는 원시인의 모습은 그저 착각하고 오해한 것일 뿐이다. 거기에는 어떠한 과학적 증거도 없고, 현대의 혼란한 분위기를 변호하는 핑계로만 보인다. 어떤 남자가 여자를 후려치고자 한다면, 그는 날건달일 뿐이지 동굴인간의 성품과는 아무런 상관이 없다. 동굴인간에 대해 아는 것이라고는 동굴 벽에 그린 흥미로운 그림 몇 개에서 유추한 게 전부이다.

그러나 이것은 벽화에 관한 논점이 아니고 그로부터 이끌어 낼 수 있는 특별한 교훈도 아니다. 진짜 교훈은 훨씬 더 크고 단순하다. 너무나 크고 단순해서 처음 들으면 유치하다고 느낄 것이다. 그리고 최고의 의미에서 유치하다고 할 수 있다. 그래서 나는 이 우화에서 그것을 어린이의 눈으로 본 것이다. 이는 소년이 동굴에서 직면한 사실들 중에 가장 큰 사실이고 아마 너무 커서 보지 못했을 것이다. 소년이 제사장의 신도로서 가르침을 받았다면 어느 정도의 상식은 갖추었을 것이다. 이런 상식은 전통의 형태로 우리에게 전해 내려오는 경우가 많다. 이 경우 소년은 원시인의 그림을 보고 사람의 작품임을 인식할 터이고, 원시시대 작품이라 흥미롭게 느낄지언정 결코 믿기 어렵다고 생각하지는 않았을 것이다. 소년은 동굴 안에 있는 것을 있는 그대로 보려고 할 것이고, 진화론적인 흥분이나 요즘 유행하는 억측에 따라 거기에 없는 것을 보고픈 유혹은 받지 않을 것이다. 만일 소년이 그런 억측에 대해 들었다면, 물론 그 억측이 옳을 수 있고 사실적 진실과 양립할 수 없는 것은 아니라고 수긍할 수도 있다. 그 원시 예술가는 그의 예술 작품에 홀로 남긴 것 말고도 다른 면모를 갖고 있었을 가능성도 있다. 그 원시인은 동물을 그릴 때뿐만 아니라 여자를 때리면서도 재미를 느꼈을지 모른다. 그러나 우리가 말할 수 있는 바는 동굴 그림이 가리키는 것이 예술성이지 폭력성이 아니라는 것이다.

　동굴인간이 어머니나 아내를 학대한 후 동굴 밖으로 나와 자그마한 시냇가에 앉아 물이 졸졸 흘러가는 소리에 귀 기울이거나 사슴이 목을 축이는 모습을 지켜보며 행복해 했을지도 모른다. 이런 일이 생기지 말라는 법은 없지만 상관이 있는 것은 아니다. 소년에게 상식이 있다면 사실이 가르치는 것만 배울 터이고, 벽화만이 동굴 안에 실재했던 것이라고 말해도 무방하다. 증거에 관한 한, 소년은 자기가 목탄이랑 빨간 분필로 동물을 그리곤 했듯이 원시

화가도 돌멩이와 붉은 흙으로 동물을 그렸으리라고 생각할 것이다. 소년이 말을 그렸듯 선사시대 사람도 사슴을 그렸다. 재미있었으니까. 소년이 두 눈 감은 돼지를 그린 것처럼 원시인 화가도 고개 돌린 사슴을 그렸다. 그리기 까다로운 모습이니까.

소년과 동굴인간 모두 사람이므로 인류의 형제애로 하나가 될 것이다. 그리고 형제애는 계급의 간극을 이어줄 때보다 시대 간의 심연을 이어줄 때 더 고상하다. 아무튼 소년은 선사시대 사람한테서 허접스런 진화론의 증거 따위는 발견하지 못할 것이다. 그런 증거가 하나도 없으니까. 만약 누군가 소년에게 "동굴 안 벽화는 아시시의 성 프란치스코(St. Francis of Assisi)[12]가 동물을 순수하고 거룩하게 사랑하는 마음으로 전부 그린 거란다"라고 말해도, 동굴 안에는 이 말을 딱히 부정할 만한 것이 없을 것이다.

언젠가 어떤 숙녀가 반농담조로 그 동굴이 탁아소였을 것 같다고 말한 적이 있다. 무엇보다 아기들이 안전하게 지내도록 동굴 안에 모아놓고, 그들을 즐겁게 하려고 색색으로 벽에 동물을 그려놓았다는 뜻이다. 마치 요즘 유치원들이 코끼리와 기린 같은 동물 그림으로 예쁘게 꾸며진 것처럼 말이다. 그녀는 그저 웃자고 한 말이지만, 그 말은 우리가 쉽게 만드는 다른 가설들을 되짚어 보게 한다. 사실 벽화만으로는 동굴인간이 거기에서 살았다는 것을 증명하지 못한다. 영국 남부의 발함 지역이 인간이나 하나님의 진

---

12 아시시의 성 프란치스코(1181-1226)는 이탈리아의 아시시 지역에서 태어나 프란치스코 수도회를 만든 사람으로 동물들과 이야기를 나눴다고 전해지는 동물들의 수호성인이다.

노를 사서 그 일대가 쑥대밭이 되고 오랜 시간이 흘렀다고 가정하자. 그곳에서 지하 포도주 저장실이 발견되었다고 해서, 빅토리아 시대의 중산층 모두가 지하에서 살았다는 증거가 아닌 것과 같은 논리이다. 그 동굴은 포도주 저장고처럼 특수 목적 시설물이었을지도 모른다. 제사 처소나 전시 피난처, 비밀 회합 장소 등 온갖 용도로 쓰였을 수 있다. 그러나 동굴 안을 예쁘게 잘 꾸민 것으로 봐서는 통제 불능 상태에서 날뛰거나 두려움에 떠는 모습으로 점철되는 불길한 분위기보다는 탁아소 느낌이 훨씬 더 많이 나는 것이 사실이다. 동굴 안에 서 있는 아이 한 명을 생각해 보았다. 아이가 동굴 벽에 그려진 동물들을 쓰다듬어 보려는 듯 해맑게 폴짝거리는 모습이 자연스럽게 떠오른다. 오늘날의 아이든 까마득한 옛날의 아이든 그런 행동은 차이가 없다. 나중에 살펴보겠지만, 아이의 그런 모습에서 또 다른 동굴과 아이를 미리 내다볼 수 있다.

그런데 이제는 동굴 탐험을 하는 소년이 제사장이 아니라 어떤 교수로부터 지도를 받았다고 가정해보자. 교수는 사람과 동물의 관계를 단순히 진화의 변이일 뿐이라고 보는 학자이다. 소년도 그 자신을 그렇게 본다고 가정하자. 또한 소년은 자기를 마치 『정글북』에 나오는 늑대소년 '모글리'와 다름없이 자연적인 본성에 따라 살아가는 존재일 따름이라고 여긴다. 최근의 상대적인 변이를 제외하면 나머지 동물과 다를 게 없는 존재로 보는 것이다. 그렇다면 소년은 동굴 속 이상한 돌 그림책을 보고 뭘 느꼈을까? 소년이 밑딕뜨린 지극히 단순한 교훈은 무얼까? 결국 이 문제로 돌아올 것이다. 소년은 땅을 매우 깊이 파내려가서 어떤 사람이 사슴을 그려 놓은 곳을 발견했다. 그러나 사슴이 사람을 그려 놓은 곳을 찾으려면 더더욱 깊게 파내려가야 할 것이다. 자명한 진리처럼 들리겠지만, 이와 관련해서는 엄청나게 중대한 진실이다. 소년은 상상도 못할 정도로 깊은 곳까지 내려가야 할지 모른다. 저 멀리 떨어진 별들만큼 생소한 가라앉은 대륙으로 가라앉아야 할지 모른다. 달의 뒷면만큼 멀리 떨어진 지구의 내부로 들어가야 할지 모른다. 그곳에서 심하게 갈라져 음산한 느낌이 드는 지형이나 거대한 단층을 접할지도 모른다. 생명체가 한 시대를 풍미하고 사라지면서 남긴 유적, 바로 화석이 흐릿한 상형문자처럼 남아 있는 곳 말이다. 화석은 하나의 세계가 운영되는 과정에서 남은 것으로 보이기보다는, 각기 독립된 생태계에서 끊임없이 생명체가 만들어지면서 남은 것으로 보일 것이다. 흔히 떠올리는 물고기와 새의 전형에서 벗어나 마구 진화해가는 괴생물체의 흔적도 보게 되겠지. 그 괴생물체는 사방팔방으로 뿔이랑 혀, 촉수를 자유자재로 쭉쭉 뻗으면서 더듬거리고 낚아채며 툭툭 건드리는 생명체일 것이다. 마침내는 집게발과 지느러미, 발가락이 이상야릇한 형태로 여기저기에서 자라나는 모습까지도 보여 줄 테고.

그러나 소년은 그 어디에서도 모래 위에 중요한 선을 그은 손가락을 찾지 못할 것이다. 어떤 모양 같은 것이라도 긁적이기 시작한 발톱도 발견하지 못할 것이다. 아무리 생각해도, 현재의 포유류나 조류처럼 눈으로 확인 가능한 동물들에게서도 그런 흔적을 기대할 수 없듯이, 수십억 년의 시간에 묻혀 사라진 무수한 변이 생물체들에게서 비슷한 흔적을 기대하는 것은 허황된 일이겠다. 소년도 그런 흔적을 보길 기대하지 않을 것이다. 고양이가 앙심을 품고 벽에다 발톱으로 개를 우스꽝스럽게 그리는 모습을 볼 수 없는 것과 마찬가지다. 진화론을 열렬하게 지지하는 소년이라도 유치한 상식이 있는 만큼 그런 것을 보길 기대하지 않는다. 하지만 소년은 최근에 진화한 인류의 조상의 흔적에서는 바로 그 모습을 보게 된다. 소년은 자기로부터 너무도 먼 과거의 사람이 그토록 가깝게 보이고, 자기와 너무나 가까운 짐승들이 너무나 멀게 느껴지는 것이 이상하다고 생각할 것이다. 소년의 단순한 마음에 비춰보면, 어떤 동물 가운데서도 어떤 예술이 태동한 흔적이 전혀 나오지 않아서 무척 이상하게 느낄 것이다. 바로 이 점이 벽화가 그려진 동굴 안에서 배울 가장 단순한 교훈이다. 너무나 단순해서 배우기가 어려울 뿐이다. 이는 단순한 진리로서 사람과 동물의 차이점은 진화의 정도가 아니라 종류에 있다는 것이다. 그 증거는 이렇다. 가장 원시적인 사람이 원숭이를 그렸다는 말은 지극히 당연하게 들리는데, 가장 똑똑한 원숭이가 사람을 그렸다고 하면 농담으로 들린다는 것. 사람과 동물을 구분하고 양자가 동급이 아님을 보여주는 것이 나타났다. 바로 예술이 인간의 특징이다.

초기 인류를 살펴보려면 이 단순한 진리와 함께 시작해야 한다. 진화론자는 동굴 벽화를 뚫어지게 관찰하지만 정말 중요한 것은 너무 커서 보지 못하고 너무 단순해서 이해하지 못한다. 그는 그 그림들의 세세한 부분들로부터 온갖 간접적이고 의심스러운 것들을 끌어내려고 하는데, 그 모든 것의 일차적 의미를 보지 못하기 때문이다. 즉 당시는 종교가 없었다거나 미신을 따르던 시대였다는 얄팍한 이론적 추론을 하고, 부족 중심 정부와 사냥과 인신제사 등에 관한 추론을 한다. 인간의 관념, 특히 종교 관념이 선사시대에 어떻게 생겨났는지를 두고 갑론을박이 있지만, 이 문제는 다음 장에서 좀 더 자세하게 다뤄 보겠다. 여기에서는 이 동굴의 사례를 인류 기원에 관한 이야기가 시작돼야 할 단순한 진리의 상징으로 논의할 뿐이다. 결론적으로, 사슴 인간의 기록이 다른 모든 기록과 더불어 입증하는 것은 사슴 인간은 그림을 그릴 수 있었지만 사슴은 그림을 그리지 못했다는 점이다. 만약 그 사람이 사슴처럼 동물에 불과했다면, 그는 다른 어떤 동물도 하지 못한 일을 해냈으니 더욱 놀라운 일이다. 만약 그 사람이 다른 짐승이나 새처럼 평범한 생물학적 산물에 불과하다면, 그가 다른 어떤 짐승이나 새와 전혀 비슷하지 않다는 것은 더욱 놀라운 일이다. 그는 초자연적 존재로서 더욱 초자연적이기보다는 자연적 산물로서 더욱 초자연적으로 보이는 것이다.

내가 플라톤이 거론한 동굴처럼 이 이야기를 동굴에서 시작한 것은 진화론의 서론이 잘못된 것임을 보여주는 일종의 모델이기 때문이다. 진화론은 모든 것이 느리고 원만했고 단지 발달과 정도의 문제였다는 식으로 말하는데, 이는 쓸데없는 서두이다. 왜냐하면 벽화에서 명백히 알 수 있듯이, 거기에는 그런 발달과 정도의 흔적이 전혀 없기 때문이다. 원숭이가 그림을 그리기 시작했고 사람이 마무리한 것이 아니다. 피테칸트로푸스(Pithecanthropus)[13]는 사슴을 유치하게 그렸고, 호모 사피엔스(Homo Sapiens)[14]는 멋지게 그린 것이 아니다. 더 고등동물이라고 점점 더 나은 초상화를 그렸던 것이 아니다. 가령, 자칼(jackal)과 같은 진화 초기의 개보다 최상의 시기의 개가 그림을 더 잘 그린 것이 아니다. 야생마는 인상파 화가에 속했고 경주마는 후기 인상파 화가가 아니었다. 이처럼 사물의 초상이나 상징적 형태를 재생산할 줄 아는 개념은 자연계에서 오직 사람에게만 있다고 말할 수 있다. 그리고 우리는 사람을 자연계와 구별된 존재로 다루지 않고는 이에 관해 얘기조차 할 수 없다. 달리 말해, 건전한 역사는 사람을 사람으로, 절대로 홀로 서 있는 존재로 다루며 시작하지 않으면 안 된다. 사람이 어떻게 그런 차원에 이르렀는지, 또는 그 밖의 피조물들은 어떻게 그 수준에 이르렀는지의 문제는 신학자, 철학자, 과학자의 영역이지 역사가의 영역이 아니다. 그런데 이 구별되고 신비한 특성을 아주 잘 시험할 수 있는 사례가 바로 예술의 충동이다. 사람이라는 피조물은 다른 모든 피조물과 확연히 달랐다. 그는 피조물인 동시에 창조자이기도 했으니까. 이런 의미에서 아무것도 사람의

---

**13** 자바원인으로 호모 에렉투스(직립원인)에 속한다. 1891년 인도네시아의 자바 섬에서 발견되었다.
**14** 현생인류를 가리키는 학명이다. 라틴어로 '지혜로운 사람'이라는 뜻이다.

형상이 아닌 다른 형상으로 만들어질 수 없었다. 그러나 이 진리는 너무나 분명해서 종교적 믿음이 없어도 어떤 도덕적 원리 또는 형이상학적 원리의 형태로 전제되어야 한다.

다음 장에서 우리는 이 원리가 요즘 성행하는 역사적 가설과 진화윤리학 전반에 어떻게 적용되는지 살펴볼 것이다. 아울러 부족사회나 신화적인 믿음의 기원에 어떻게 적용되는지도 살펴볼 것이다. 그렇지만 출발점으로 삼을 만한 가장 분명하고 가장 편리한 예는 바로 동굴인간이 동굴 안에서 대체 무엇을 했는가 하는 것이다. 이는 동굴 속 암흑 같은 자연계에 웬일인지 새로운 것이 등장했다는 뜻이다. 바로 거울과 같은 지성(mind)이다. 이 지성을 거울과 같다고 한 이유는 무언가를 반영하는 것이기 때문이다. 또한 이 지성 속에서만 다른 모든 형상이 환상 속의 찬란한 그림자처럼 투영되기 때문이다. 무엇보다 이 지성은 유일무이한 것이기에 거울과 같다고 할 수밖에 없다. 다른 것들이 이 지성을 닮을 수 있고 서로 여러 모로 닮을 수도 있다. 다른 것들이 지성을 능가할 수 있고 서로 여러 모로 능가할 수도 있다. 마치 방의 탁자는 거울처럼 둥글고 찬장은 거울보다 더 큰 것처럼 말이다. 그러나 거울은 그 모든 것을 다 담아낼 수 있는 유일한 것이다. 사람은 우주의 축소판이고, 만물의 척도이며, 하나님의 형상이다. 바로 이런 것들이 동굴에서 배워야 할 유일한 참 교훈들이다. 이제는 동굴을 떠나 열린 길로 나아갈 때가 되었다.

이쯤에서 '사람은 모든 것에 예외적인 존재이고 거울이며 만물의 척도'라는 말이 무슨 뜻인지 한 번 정리하면 좋겠다. 사람을 있는 그대로 바라보려면, 구름처럼 뭉쳐 있는 궤변을 말끔히 걷어낼 그 단순함을 다시금 주시할 필요가 있다는 말이다. 사람에 관한 지극히 단순한 진리는 사람은 매우 이상한 존재라는 것이다. 지구상에서 정말 낯선 존재로 보인다는 뜻이다. 냉철하게 살펴보면, 사람은 이 세계에서 토종으로 자란 생물이기보다 다른 세계의 별난 습성을 지닌 외부의 모습에 더 가까운 존재이다. 사람은 편향된 이점과 편향된 약점을 갖고 있다. 알몸으로 잘 수 없고, 자기 본능을 믿지 못한다. 놀라운 손과 손가락을 움직이는 창조자인 동시에 일종의 절름발이다. 그는 옷이라는 인공 천으로 몸을 감싸며, 가구라는 인공물에 의존하여 살아간다. 그의 정신은 믿기 어려울 정도로 자유로우면서도 터무니없는 한계를 갖고 있다. 동물 중에 오직 사람만이 웃음이란 멋진 광기로 몸을 들썩인다. 마치 우주 자체로부터도 감춰진 우주의 모양에서 어떤 비밀을 포착한 것처럼 말이다. 동물 중에 오직 사람만이 육체적 존재라는 근원적 실재로부터 자기 생각을 돌릴 필요성을 느낀다. 그리고 부끄러움이란 신비를 창조하는 더 높은 가능성의 현존에서 그것을 감추고픈 필요를 느낀다. 우리가 이런 것들을 사람의 천성으로 칭송하든지 자연계에서 인위적인 것으로 비난하든지 간에, 이 특성들은 변함없이 독특한 것들이다. 이는 종교라고 불리는 대중적인 본능에 의해 인식되어 왔는데, 훗날 특히 '간소한 삶'을 열렬히 지지하는 사람들이 흔들어놓았을 뿐이다. 사실 궤변가 중의 궤변가는 나체 수도자들이다.

사람을 자연의 산물로 보는 것은 자연스럽지 않다. 사람을 시골이나 바닷가에서 흔히 볼 수 있는 존재로 부르는 것도 상식이 아니다. 동물로 보는 것 역시 사람을 제대로 직시하는 것이 아니다. 이는 건전한 판단이 아니다. 이는 빛을 거슬러 죄를 짓는 것이다. 모든 실재의 원리에 해당하는 대낮의 햇빛을 거스르는 것이다. 이런 사고방식은 어떤 논점을 과장하고, 어떤 입장을 편향되게 주장하고, 인위적으로 특정한 빛과 그림자를 골라내고, 어쩌다 비슷하게 된 더 낮은 것들을 두드러지게 만듦으로써 도달하게 된다. 그러나 햇빛 안에 서 있는 탄탄한 것, 우리가 그 주위를 돌며 사방에서 볼 수 있는 것은 완전히 다르다. 그것은 또한 매우 비범한 존재이고, 우리가 더 많은 면을 보면 볼수록 더 비범한 존재로 보인다. 사람은 다른 무언가로부터 자연스럽게 따라오거나 흘러나오는 그런 존재가 절대로 아니다.

비인간적 또는 비인격적인 지성이 처음부터 비(非)인간 세계의 전반적인 속성을 관찰하면서 생물들이 어떤 식으로든 진화할 과정을 보았다고 가정해 보자. 그 모든 자연세계에서는 그런 지성, 그토록 자연스럽지 않은 새로운 것을 준비할 만한 것을 도무지 찾지 못했을 것이다. 그런 지성에게 사람은 더 기름진 목초지를 찾는 일백 개의 짐승 무리에서 떨어져 나온 한 무리와 같이 보였을 리가 없다. 또한 일백 마리 제비 틈에서 홀로 이탈하여 낯선 곳에서 여름을 나려는 제비처럼 보이지도 않았을 것이다. 사람은 동물과 동급이 아니며 동일한 차원에 있지도 않다. 심지어 사람은 동일한 우주에 있지 않다고 말해도 무방하겠다.

그 지성의 눈에는 사람이 오히려 이렇게 보이지 않았을까? 백 마리 소들 틈에서 느닷없이 솟구쳐 달까지 뛰어올라간 소, 또는 일백 마리 돼지 떼 속에 있다가 순식간에 날개가 돋아나서 하늘을 나는 돼지 같은 존재, 풀밭을 찾는 소를 보는 게 아니라 자기가 살게 될 축사를 세우는 소를 보는 듯했을 것이다. 또는 여름을 나는 제비가 아니라 여름 별장을 짓는 제비를 본 기분이었겠다. 새들이 둥지를 짓는다는 점은 사람과 동물 간의 놀라운 차이를 뚜렷이 보여주는 유사점들 가운데 하나이다. 새가 둥지 치기까지만 할 수 있고 그 이상 나아가지 못한다는 사실은 새가 인간이 가진 지성을 갖고 있지 않다는 점을 증명한다. 새가 아무것도 짓지 않을 경우보다 오히려 더 완전하게 그 점을 입증하는 것이다. 만일 새가 아무것도 만들지 않는다면, 새는 아마 정적주의[15]나 불교 학파에 속한, 내면의 지성을 제외한 모든 것에 무관심한 철학자로 비칠 수도 있다. 그렇지만 새가 자기 방식대로 둥지를 치고 흡족해서 소리 높여 지저귈 때, 우리는 새와 사람 사이에 유리창처럼 보이지 않는 장막이 있음을 알게 된다. 새가 부딪쳐 깨뜨리려고 해도 꿈쩍도 안 하는 창문 같은 것 말이다.

앞에서 가상의 관찰자로 설정한 지성이 다음과 같은 장면을 목

---

**15** 정적주의(靜寂主義, quietism)는 영혼의 온전한 평화를 이루려면 명상으로 신과 하나가 되어야 한다면서 도덕이나 종교를 포함하여 인간적인 노력은 아무런 쓸모가 없다고 주장한다.

격했다고 가정해 보자. 새들 중 한 마리가 사람처럼 건축술을 펼치기 시작한다. 눈 깜짝할 사이에 한 가지 유형의 둥지를 짓는 데 건축 양식 일곱 가지가 적용된다. 새는 고딕 양식의 첨탑이 풍기는 경건함을 표현하고자 끝이 갈라진 나뭇가지와 뾰족한 나뭇잎을 조심스레 선별한다. 그러나 기분이 가라앉자 벨(Bel)[16]과 아스다롯[17](Ashtaroth) 신전의 거대한 기둥을 만들어 보려고 활엽수 가지와 까만 진흙을 쓰기로 마음을 바꾼다. 그리고 드디어 자기 둥지를 바벨론 제국의 '공중정원'[18]처럼 만들었다. 또한 문예나 정치 분야에서 명망 높은 새들의 형상을 작은 점토상(像)으로 제작하여 자기 둥지 앞에 세워 놓았다. 이처럼 수천 마리 새 중에서 한 마리가 사람이 세상의 여명기부터 해왔던 수천 가지 일 가운데 하나를 시작했다고 가정하는 것이다. 그럼 이 모습을 지켜본 지성은 이 새가 단순히 진화 과정에서 나온 변종(變種)일 뿐이라고 받아들일까? 그렇지 않으리라고 확신한다. 오히려 관찰자의 눈에는 이 새가 무시무시한 날짐승 같을 것이다. 어쩌면 불길한 징조라고 볼 수도 있겠다. 뭐가 되었건 어떤 징조임이 분명하다. 예언자는 징조를 알아채고 앞날을 예견하는 사람이지만, 이 새가 존재함으

---

**16** 벨은 특정 신의 이름이기보다는 '주', '주인'을 뜻하는 호칭이다. 바벨론 종교에서 다양한 신들이 이 호칭을 썼다. 북서 셈어의 '바알'(Ba'al)과 같은 뜻이다.

**17** 수메르의 신 가운데 금성의 여신 인안나(Inanna)가 있다. 이를 아카드어에서 '이쉬타르'로 불렀고, 히브리어에서는 '아쉬토레트'(또는 아쉬타로트)라고 하였으며, 한글 성경에서는 '아스다롯'으로 옮겼다.

**18** 공중정원은 세계 7대 불가사의 중 하나로 높은 곳에 지은 옥상 정원이다. 성경에 나오는 바벨론의 왕 '느부갓네살'(네부카드네자르 2세)이 왕비 아미티스를 위해 만들었다고 전해진다. 앗수르(아시리아)의 왕 산헤립(센나케리브)이 건축했다고 보는 의견도 있다.

로써 예언자들은 앞으로 생길 일이 아니라 이미 일어난 일을 알게 될 것이다. 곧 깊은 차원, 그것도 아주 새로운 차원의 지성이 나타났다고 말이다. 사람의 지성과 같은 지성이다. 하나님이 없다면, 다른 어떤 지성도 그런 일을 예견하지 못했을 것이다.

　사실 이 존재가 진화했다는 증거는 전혀 없다. 진화라는 이 변화 과정이 완만하게, 그것도 자연스럽게 일어났다는 것을 보여 주는 증거 역시 눈곱만큼도 없다. 과학적 의미에서 엄밀히 말하자면, 이 존재가 어떻게 성장했는지, 또는 과연 성장하긴 한 것인지, 또는 도대체 무엇인지에 대해 우리는 전혀 모른다. 인간 몸의 발달과정을 어렴풋이 암시하는 부러진 돌과 뼈의 흔적은 있을 수 있다. 하지만 사람의 지성의 그런 발달과정을 어렴풋이나마 암시하는 것은 하나도 없다. 그것은 존재하지 않았다가 존재하게 된 것이다. 그 일이 순식간에 일어났는지, 한없이 기나긴 시간동안 이루어졌는지 아는 사람이 없다. 무슨 사건이 일어나긴 했지만, 그 사건은 모두 시간의 영역 밖에서 진행된 것처럼 보인다. 그러므로 그 사건은 흔히들 말하는 역사와 아무런 관련이 없다. 역사가는 이 점을 당연시해야 한다. 그 사건에 대한 설명은 역사가의 몫이 아니다. 그런데 그가 만약 역사가로서 설명할 수 없다면, 생물학자로서도 설명할 수 없을 것이다. 둘 중 어느 경우든 간에, 그 사건을 설명하지 못한 채 받아들이는 것이 부끄러운 일은 아니다. 어찌되었건 그 사건은 실제로 일어났고, 역사학과 생물학은 실재하는 것들을 다루기 때문이다. 그가 날개 달린 돼지와 달까지 뛰어오른 소가 현실에 존재하기 때문에 이 동물들을 차분하게 대한다면, 이는 정당한 일이다. 그는 사람을 있는 그대로 받아들이기 때문에 사람을 유별난 존재로 받아들이는 것도 합리적이다. 그는 제각기 분리된 미친 세계 또는 그런 제각기 분리된 미친 것을 산출할 수 있는 세계에서 편안하게 있을 수 있다. 왜냐하면 그 실재가 다른 무엇과도 연결되지 않은 듯이 보일지라도 우리는 그 속에서 안식할 수 있기 때문이다. 하지만 다음과 같은 의문이나 생각이 든다면 어떻게 해야 할까? '저 이상한 생물체가 어떻게 저기에 있게 된 것일까?', '실질적으로 다른 피조물들과 어떤 연관이 있는 것일까?', '자기 본성에 더 잘 맞는 환경으로부터 우리 눈앞에서 진화한 과정을 보고 싶은데.' 이렇게 되면 전혀 다른 길을 택해야 한다. 만약 우리가 사람을 괴물이 아닌 다른 존재로 만들 수 있는 기원을 알고자 한다면, 우리는 매우 낯선 기억을 떠올려야 하고 아주 단순한 꿈으로 돌아가야 한다. 우리는 사람이 인과관계의 피조물이 되기 이전의 전혀 다른 원인을 발견해야 할 것이다. 아울러 사람을 합리적인 존재로, 또는 충분히 존재할 수 있는 피조물로 변모시킬 만한 다른 권위를 불러와야 할 것이다.

그 길에는 두려우면서도 낯익은, 기억에서 사라진 모든 것이 놓여 있다. 또한 떼로 밀어닥치는 무시무시한 얼굴들과 불같은 무기들도 있다.[19] 만약 우리가 불가해한 사실에 만족한다면 사람도 있

---

19 이 구절은 존 밀턴의 『실낙원』(1667) 끝부분에 나오는 말이다. 아담과 하와가 하나님의 계명을 어기고 선악과를 따먹음으로 죄를 짓고 에덴동산에서 쫓겨날 때, 하나님이 천사들과

는 그대로 받아들일 수 있다. 우리가 전설적인 동물과 함께 살 수 있다면 사람을 하나의 동물로 받아들일 수 있다. 그러나 우리가 만일 연쇄작용과 필연성을 요구한다면, 따라서 다른 위계에 속한 칠층천에서 천둥번개를 몰고 온 기적들의 전주곡과 크레센도를 우리가 제공해야 한다면, 사람은 실로 평범한 존재일지 모른다.

---

불 칼을 두어 에덴동산을 지키게 하셨던 이야기(창 3:24)를 묘사한 것이다.

# 교수들과 선사시대의 사람들

과학은 이런 선사시대의 것들에 대해 잘 모르는데도 우리가 그것을 알아채지 못했다. 현대 과학은 끊임없이 자료를 축적함으로써 크게 성공한다. 이런저런 쓸모 있는 발명품을 만드는 경우와 자연법칙을 발견하는 경우에도 과학은 늘 실험을 통해 증거를 쌓아갈 수 있다. 그러나 과학이 사람을 만드는 실험은 할 수 없고, 최초의 사람이 무엇을 만드는 광경을 관찰하는 실험도 할 수 없다. 발명가는 비행기를 만들려고 할 때, 설령 자기 집 뒷마당에서 금속 조각과 막대기로 실험을 할지라도, 순서에 따라 단계별로 조립할 수 있다. 그러나 그는 뒷마당에서 '잃어버린 고리'(the Missing Link)[1])가 진화하는 모습은 목격할 수 없다. 만일 그가 비행기를 설계할 때 계산상 오류가 있었다면, 비행기는 추락함으로써 그 오류를 수정할 것이다. 그러나 발명가가 먼 옛날 자기 조상이 살았던 나무 위의 집을 설계할 때 오류가 있었다고 해서, 그 조상이 나무 아래로 떨어지는 모습을 볼 수는 없다. 그는 동굴인간을 뒷마당에서 고양이처럼 키우면서 정말로 사람을 잡아먹는지, 또는 결혼하려고 여자를 납치해서 질질 끌고 오는지는 관찰할 수 없다. 또한 원시인들을 개떼처럼 사육하면서 원시인들이 얼마만큼 무리 본능에 영향을 받았는지도 조사할 수 없다. 만약 그가 특정한 새가 특정한 방식으로 행하는 것을 본다면, 다른 새들을 잡아 와서 똑같이 행동하는지 살펴볼 수 있다. 그러나 설사 그가 언덕 골짜기에서 두개골이나 뼛조각을 찾아내더라도, 그 뼈들을 배가시켜 '마른 뼈 골짜기'의 환상[2])을 재생시킬 수는 없다. 거의 사라진 과거를 다룰 때, 그는 실험을 할 수 없고 오직 남아 있는 증거에 의존할 수밖에 없다. 하지만 증거 자료로 채택할 만큼 충분한 증거는 아니다. 따라서 대부분의 과학 분야는 새로운 증거들에 의해 끊임없이 수정되면서 곡선으로 움직이는데 비해, 선사

---

1 '잃어버린 고리'는 진화 과정에서 어떤 생물이 다른 생물로 진화할 때 중간 단계에 해당하는 생물이 존재했다고 추정할 뿐 화석으로는 발견되지 않은 것을 말한다. 그리고 링크(link)는 기계장치에서 동력을 전달하고 운동 방향과 범위를 결정하는 부품이다. 이를테면, 여기에서는 비행기 엔진에 들어가는 링크를 생각해 볼 수 있다. 링크가 제대로 갖춰지지 않으면 기계가 오작동을 하거나 아예 작동하지 않는다. 체스터턴은 기계에서 링크가 빠지면 안 되듯, 진화론에는 잃어버린 링크(고리)가 있기에 불안정함을 꼬집는 듯하다.
2 겔 37:1-14에 나오는 환상.

2장 교수들과 선사시대의 사람들 61

시대를 연구하는 과학은 아무런 수정도 없이 곧장 공중으로 솟구친다. 그런데 과학적 결론은 충분한 자료를 근거로 활발히 연구한 후 도출해야 함에도 불구하고 이 분야의 연구자들은 학문적 관점이 이미 굳어져서 다음과 같은 입장을 취한다. 그들은 뼈 한 조각을 갖고 마치 그것이 수많은 부품 더미에서 완성해 낸 비행기라도 되듯이 자기 견해를 내세운다. 선사시대를 연구하는 교수들이 안고 있는 문제는 그의 작은 조각을 폐기시킬 수 없다는 것이다. 놀라운 비행기는 백 번의 실수를 거쳐 완성된다. 기원을 연구하는 학자는 고작 한 번의 실수를 범하고도 그것을 고수할 수 있다.

우리는 과학이 인내의 결정체라는 말에 공감한다. 그러나 이 분야에서는 과학의 성급함을 말하는 쪽이 더 적합할 것이다. 위에 언급한 연구의 어려움 때문인지 학자들은 이론을 세울 때 너무 서두른다. 이렇게 나온 가설들은 너무 섣부른 것이라서 환상이라 해도 과언이 아니다. 그리고 그 가설들은 어떤 경우에도 사실에 근거하여 수정될 수 없다. 가장 경험론적인 인류학자라 해도 인류의 기원 문제에서는 골동품 연구가 수준에서 벗어나지 못한다. 그저 과거가 남긴 단편에 집착할 뿐 미래를 위해 그것을 증대시킬 방법이 없다. 원시인이 부싯돌을 손에 쥘 때처럼 인류학자도 거의 이런 모양새로 증거 조각을 꽉 움켜쥘 뿐이다. 그리고 원시인과 똑같은 이유로, 똑같은 방식으로 증거를 다룬다. 증거는 인류학자의 도구, 그것도 유일한 도구이다. 증거는 또한 인류학자의 무기, 그것도 유일한 무기이다. 과학자들은 경험을 통해 더 많은 사실을 수집하고 실험에 의해 새로운 자료를 덧붙이곤 하는데, 인류학 교수는 광포하게 증거를 휘두르는 경우가 많다. 이 교수가 뼛조각을 틀어쥐고 있을 때는 개가 뼈다귀를 입에 물고 있을 때만큼 위험해지기도 한다. 그런데 개는 적어도 뼈다귀에서 어떤 이론을 추론하진 않는다. 인류가 개가 될 것이라든가 인류가 개로부터 파생되었음을 증명하진 않는다는 말이다.

예컨대, 나는 원숭이를 키워서 사람으로 진화하는 과정을 관찰하기는 어렵다고 지적했다. 실험으로 이런 진화의 증거를 얻기가 불가능한데도, 인류학 교수는 우리 대다수와 달리 어쨌든 진화는 충분히 있을 법한 현상이라는 말로 만족하지 못한다. 조그마한 뼛조각이나 뼈 무더기를 산출해서 그로부터 깜짝 놀랄 만한 것들을 추론한다. 그는 자바 섬에서 두개골 파편을 발굴했는데, 생김새로 봐서는 사람의 두개골보다 작은 것 같았다. 그 근처 어딘가에서 쭉 뻗은 넓적다리뼈도 파냈고, 여기저기 흩어져 있는 이빨 몇 개도 찾아냈는데 이빨은 사람의 것이 아니었다. 이 뼈들이 전부 한 동물에게서 나왔는지 의심스러운데, 그 피조물에 대한 우리의 개념 역시 의심스럽다. 그러나 이 발굴 소식은 대중과학 분야에 큰 영향을 미쳐 완전하고 복잡한 형체, 머리털부터 습성 하나하나에 이르기까지 완성된 하나의 피조물이 탄생한다. 학자들은 그 피조물에게 평범한 역사적 인물인 것처럼 이름까지 붙여 주었다. 그래서 사람들은 피트나 폭스, 나폴레옹을 이야기하듯 이 피테칸트로푸스에 대해 얘기한다. 대중 역사서에는 이 자바원인의 초상화가 실렸는데, 마치 찰스 1세나 조지 4세의 초상화처럼 정교하다. 머리카락 하나하나까지 다 헤아리고 있음을 보여 주려고 명암까지 넣어 자세한 그림으로 재생했다. 잘 모르는 사람이 섬세하게 묘사된 얼굴과 상념에 잠긴 듯한 눈을 보면 그 초상화가 넓적다리뼈 한 개나 이빨 몇 개와 두개골 파편을 보고 그린 초상화라고는 상상도 못할 것이다. 마찬가지로 사람들은 그 원시 인류를 두고 마치 우리가 그 성격과 영향력을 잘 아는 누군가를 가리키듯 말하곤 했다. 나는 방금 한 잡지에서 자바 섬에 대한 이야기를 읽었다. 현재 자바 섬에 사는 백인 거주민들이 어떻게 무례하게 굴게 되었는지를 설명하면서 그것은 그 옛날 가련한 피테칸트로푸스의 개인적인 영향을 받은 결과라고 했다. 자바 섬의 현 거주자들이 무례하게 행동한다는 내용은 내가 쉽게 받아들일 수 있다. 하지만 무척 의심스러운 뼈 몇 개의 발굴을 근거로 섬 거주민의 성향을 설명할 수 있다고는 생각하지 않는다.

아무튼 그런 뼈는 (이성적으로, 실제적으로) 사람과 (이른바) 짐승 같은 조상들 사이에 놓인 방대한 공백을 메우기에는 너무나 적고 단편적이고 의심스러울 뿐이다. 현생인류가 피테칸트로푸스의 후손인지도 확실하지 않고. 이런 진화상 연결 관계를 가정할 때 (나는 그 연결성을 부인하는 데는 관심이 없다), 정말로 놀라운 사실은 그런 연결성을 기록한 유물이 존재하지 않는다는 것이다. 다윈도 이 점을 솔직하게 인정했다. 그래서 '잃어버린 고리' 같은 용어를 쓰게 된 것이다. 그러나 다윈주의자들의 독단론은 다윈의 불가지론에 대해 너무 강경한 자세를 취해왔다. 그리고 사람들은 완전히 부정적인 이 용어를 긍정적인 이미지로 변모시키고 말았다. 그들은 현재 잃어버린 고리의 습성과 서식지를 찾는 일에 대해 얘기하고 있다. 마치 한 이야기 속의 간격이나 논리 속의 구멍에 대해 우호적으로 말할 수 있는 것처럼, 또는 불합리한 추론과 산책하거나 '부주연의 중개념'(undistributed middle)[3]과 함께 식사할 수 있는 것처럼 말이다.

이 책은 인간의 종교적이고 역사적인 문제와 관련하여 인간을 다루고 있다. 그러므로 나는 사람이 사람으로 되기 전에 지녔을 본성을 추론하는데 지면을 더 낭비할 생각은 없다. 어쩌면 사람의 몸은 동물에서 진화했을지도 모른다. 그러나 사람이 역사에서 보여주었던 그의 영혼에 실낱같은 빛이라도 비춰주는 그런 진화 과정에 관해서는 전혀 아는 바가 없다. 안타깝게도 다윈학파의 저술가들은 실존했던 최초의 사람에 대한 최초의 증거에 다가갈 때도 자기네의 추론 방식을 그대로 고수한다. 엄밀히 말해 우리는 선사시대 사람에 대해서는 당연히 아무것도 모른다. 그는 선사시대에 속한 사람이었으니까. 선사시대의 역사라는 말은 분명히 모순이다. 이는 오직 합리주의자들만이 빠져들 수 있는 일종의 불합리이

---

**3** 논리학의 삼단 논법에서 중개념 즉, 중개자가 되는 개념이 한 번도 주연되지 않아서 생기는 오류를 말한다. 이는 중개자가 문장의 주어 개념으로 나오지 않기 때문이다. 예를 들어 '모든 돼지는 동물이다. 모든 인간은 동물이다. 따라서 모든 인간은 돼지다'라는 추론에서 중개념인 '동물'이 어느 문장에서도 주연되지 않으므로 오류가 생긴다.

다. 어떤 교구 목사가 무심결에 "대홍수는 대홍수 이전에 발생했다"고 말했다면, 사람들은 그의 말이 논리적이지 않다고 빈정거릴 것이다. 또 어떤 주교가 "아담은 아담 시대 이전에 생존했다"고 말한다면, 우리는 주교의 말이 이치에 맞지 않는다고 할 것이다. 그러나 회의적인 역사가들이 '선사시대의 역사'를 거론할 때는 우리가 그런 실없는 소리를 알아채지 못하게 되어 있다. 그들은 '역사'와 '선사'라는 용어를 마음속에서 명확히 따져보거나 정의하지 않고 그냥 쓰는 게 확실하다. 그들이 말하고자 하는 바는 인간의 이야기가 시작되기 전에 사람이 살았던 흔적이 있다는 것이다. 그리고 그런 의미에서 우리는 인류가 역사 이전에 존재했다는 점은 적어도 알고 있다.

인간의 문명은 인간이 남긴 기록보다 더 오래되었다. 이것이 우리와 먼 옛날 있었던 일의 관계를 진술하는 건전한 방식이다. 인간은 글로 된 기록보다 더 오래된 다른 기술의 흔적을 남겼다. 온전한 글이 아니더라도 적어도 판독 가능한 어떤 문자의 자취보다 더 오래된 예술의 흔적들이다. 그러나 원시시대의 예술도 예술이었던 것은 분명하다. 그리고 원시문명 역시 문명이었을 가능성이 높다. 원시인은 사슴 그림을 남겼다. 그러나 사슴을 어떻게 사냥했는지에 대한 이야기는 남기지 않았다. 그러므로 원시인에 대한 우리의 말은 가설이지 역사가 아니다. 그러나 그 사람이 남긴 예술품은 꽤 예술적이고, 그의 그림 또한 매우 지적이다. 따라서 사냥에 관한 그의 이야기 역시 꽤 지적이었으리라는 점은 의심할 이유가 없다. 혹시 그런 이야기가 남아 있다 해도 우리가 이해하지는 못했을 테지만.

요컨대, 만약 원시시대가 야만적이거나 짐승 같은 시대라는 뜻이라면, 선사시대가 반드시 원시시대를 의미할 필요는 없다. 선사시대는 문명 이전 시대 또는 예술과 기술 이전 시대를 뜻하지 않는다. 단지 우리가 읽을 수 있는 짜임새를 갖춘 이야기가 있기 이전의 시대를 의미한다. 이는 참으로 기억과 망각 사이의 온갖 실질적인 차이를 만들어낸다. 그러나 온갖 잊힌 야만성의 형태들뿐 아니라 온갖 잊힌 문명의 형태들도 존재했을 가능성이 아주 높다. 그리고 모든 것은 이런 잊힌, 또는 절반쯤 잊힌 사회적 단계들의 다수가 오늘날 흔히 생각하는 것보다 훨씬 더 문명적이고 훨씬 덜 야만적이었을 것임을 가리킨다. 그러나 사람들이 분명 사람답게 살았을 때, 즉 기록되지 않은 인류의 역사에 관해서도, 우리는 최대한 의문을 품고 조심스럽게 추측만 할 뿐이다. 그리고 불행히도, 의심하고 조심하는 태도는 오늘날 어설픈 진화론에서 가장 꺼리는 태도이다. 현대의 문화는 호기심으로 가득 차 있어서 불가지론의 고통을 감내하지 못한다. 불가지론이라는 용어는 다윈주의 시대에 와서 처음으로 알려졌고[4], 또한 처음으로 불가능하게 된 것이다.

이 모든 무지가 뻔뻔스러움에 가려져 있다는 점을 분명히 말할

---

4 불가지론의 개념은 고대 그리스철학이나 중세의 신학사상에서 나왔다고 보지만, 불가지론이라는 용어 자체는 1869년에 헉슬리(T. H. Huxley, 1825–1895)가 처음으로 사용하였다.

필요가 있다. 진화론자의 설명을 듣고 그 내용을 생각해보고 거기에 근거가 없다는 점을 깨달아야 하는데, 진화론자들이 워낙 분명하고 단호하게 말하기 때문에 사람들은 그럴 만한 용기가 없다. 얼마 전에 발표된 논문 중에 선사시대 부족의 생활상을 다룬 과학 논문을 읽었는데, "그 사람들은 옷을 입지 않았다"는 단정적인 표현으로 시작했다. 이 논문 독자 중에 읽다가 잠시 멈추고서 '남은 거라고는 뼈 부스러기랑 돌 몇 개가 전부인데, 선사시대 사람이 옷을 입고 살았는지 여부를 어떻게 알 수 있다는 말인가?' 하고 자문해 본 사람이 몇이나 될까? 아마 거의 없을 것이다. 우리는 틀림없이 돌도끼뿐만 아니라 돌로 만든 모자도 발견할 것으로 기대했을 것이다. 또한 돌로 만든 영구 보존 바지가 발굴되기를 바랐을 것도 분명하다. 그러나 이보다 덜 낙관적인 사람들은 이 논문의 맹점을 바로 알아차릴 것이다. 말하자면, 사람들은 수수한 옷차림을 하거나 치렁치렁 장식한 옷을 입어도 선사시대 사람들처럼 거의 아무 것도 남기지 않을 수 있다는 것이다. 예를 들어, 왕골과 볏짚을 엮어 세공품을 만들 때 점점 더 정교하게 작업을 하지만 보존성까지 높이지는 않았을 수 있다. 어떤 문명은 직물과 자수처럼 곧 사라지는 분야에는 전문화되었으나 건축이나 조각처럼 오랫동안 남는 분야에는 그렇지 못했을 수 있다. 그렇게 전문화된 사회의 예는 얼마든지 들 수 있다. 미래의 어떤 사람이 현 인류가 남긴 기계설비 공장을 객관적으로 관찰하고서 '당시의 사람들은 금속만 활용하고 다른 물질은 다루지 않았다'고 판단할 수 있다. 그리고 '이 공장의 소유주와 관리자들은 틀림없이 벌거벗고 돌아다녔거나 금속으로 만든 모자와 바지 차림으로 다녔다'고 발표할 것이다.

여기에서 주장하는 바는 선사시대 사람들이 왕골을 짰다는 것도 아니고 옷을 입고 다녔다는 것도 아니다. 다만 증거가 충분하지 않기 때문에 선사시대 사람들이 그렇게 했는지 여부를 판단할 수 없다는 것이다. 그래도 그들의 행위 중에 우리가 알고 있는 몇 가지를 잠시 살펴보는 것도 의미가 있겠다. 이 증거들을 살펴보면, 당시 사람들이 옷을 입고 꾸밀 줄 알았으리라는 생각과 충돌하지 않는다는 점을 틀림없이 알게 될 것이다. 그들이 스스로를 치장했는지는 모르지만 다른 것들을 치장했다는 점은 우리가 확실히 알고 있다. 그리고 자수를 놓았는지는 알 수 없지만, 자수를 놓았다고 해도 그 공예품이 지금까지 남아 있으리라고 기대하기는 어렵다. 그러나 우리가 아는 것이 있는데, 바로 선사시대 사람들이 그림을 그렸다는 점이다. 또한 그 그림은 지금 남아 있다. 앞에서 이미 언급했듯이, 무엇인가 절대적이고 독특한 것에 대한 증거가 그 그림들과 함께 남아 있다. 이는 사람에게만 속하는 것이고 사람 외에 그 어떤 동물에게도 속하지 않는 것이다. 이 특성은 정도의 차이가 아니라 종류의 차이다. 원숭이는 그림을 서툴게 그리고 사람은 영리하게 그리는 게 아니다. 원숭이가 표현 예술을 시작하고 사람이 이를 완성한 게 아니다. 원숭이는 그림을 전혀 그리지 않는다. 그림 그리기를 시작하지도 않는다. 그리기를 시작하기를 시작하기도 않는다. 최초의 희미한 선이 시작되기에 앞서 모종의 선이 그어진 셈이다.

또 다른 유명 저자는 신석기시대의 순록기(the reindeer period) 사람들이 그렸다고 하는 동굴벽화에 대해 논의했다. 그 벽화 중 종교적인 목적을 가진 듯 보이는 그림은 없다고 했고, 그 신석기 사람들에게 종교가 없었다고 추론하는 것 같았다. 나는 이보다 더 논거가 빈약한 주장이 또 있을까 싶었다. 저자는 누군가 바위 위에 몇 개의 스케치를 했다는 사실로부터 선사시대 사람들의 내면 가장 깊숙한 곳을 재구성한다. 사실 석기시대 사람들이 어떤 동기로 그림을 그렸는지, 어떤 목적으로 그렸는지, 어떤 관습이나 전통에 따라 그렸는지는 알 수 없다. 어쩌면 종교를 그리는 것보다 사슴을 그리기가 더 쉽다고 생각했을지도 모른다. 그는 사슴이 자기 종교의 상징이라서 사슴을 그렸을 수도 있다. 아니면, 사슴이 자기네 종교적 상징이 아니기에 사슴을 그렸을 수 있고, 그의 종교적 상징을 제외한 다른 것들만 그림으로 나타냈을 수도 있다. 자신의 진짜 종교적 상징을 다른 곳에다 그렸을지도 모른다. 또는 동굴 안에 종교적 상징을 그린 뒤에 일부러 지웠는지 누가 알겠는가? 석기시대 사람은 수만 가지 일을 했을 수도 있고, 안했을 수도 있다. 하지만 어떤 경우든지 그 사람에게 종교적 상징이 없었다고 보거나, 종교적 상징이 없었다는 것에서 종교가 없었다고까지 추론한다면 그것은 어이없는 논리적 비약이다. 이 동굴벽화의 사례는 이런 식의 추측이 얼마나 엉성한지 잘 보여준다.

얼마 지나지 않아 그 동굴 안에서 동물 그림뿐만 아니라 동물을 새긴 조각도 발견되었다. 그 조각 중 일부는 움푹 파였거나 구멍이 나 있었는데, 학자들은 이를 화살 자국으로 여겼다. 그리고 이 손상된 동물 조각은 주술 의식 중에 살아있는 동물 대신 동물 모형을 죽이는 의식에 쓰이고 남은 것이라고 추측했다. 한편, 멀쩡한 동물 조각품은 가축의 다산을 염원하는 다른 주술 의식과 관련이 있다고 설명했다. 여기서 다시금 양 방향 모두로 다루는 과학적 습관은 뭔가 좀 우스운 면이 있다. 만약 조각품에 흠이 있으면 동물 모형을 죽이는 미신을 드러내는 것이고, 멀쩡하면 가축의 다산을 기원하는 미신을 보여준다는 것이다. 이때도 성급하게 결론을 짓는데 그 과정이 꽤 터무니없다. 탁상공론이나 하는 학자들 머릿속에서는 도무지 다른 가능성이 떠오르지 않는 것일까? 어쩌면 사냥꾼들이 겨울에 동굴 속에 틀어박혀 지내다가 심심풀이로 화살을 쏴서 동물 조각을 맞히며 놀았으리라는 상상도 가능하다. 일종의 고대 실내스포츠인 셈이다. 아무튼 동물 조각이 미신에 따른 것이라면, 원시인들이 종교와 거리가 먼 사람들이었다는 주장은 어떻게 되는가? 문제는 학자들의 이런 추측이 그 어떤 것과도 관련이 없다는 것이다. 이런 추론은 동굴 벽에 그린 사슴 그림을 화살로 맞히는 놀이보다 한참 뒤처진다. 학자들이 쏜 화살은 허공만 가르고 있으니까.

그런 학자들은 예컨대 현대인도 이따금 동굴에 흔적을 남긴다는 사실을 잊어버린 것 같다. 여행객들이 무리를 지어 '신기한 암석 동굴'이나 '마법의 종유석 동굴'[5]의 미로를 지나고 나면 그 동굴 벽에 상형문자가 남기도 한다. 이 분야를 아는 사람이라면, 거기 새겨진 대문자와 장난삼아 쓴 글이 먼 옛날의 기록이 아님을 알아차릴 것이다. 그러나 시간이 흘러 이 낙서가 정말로 먼 과거의 것이 될 때가 오겠지. 그리고 미래의 학자들이 현재의 학자들과 비슷하다면, 그들은 20세기의 동굴 낙서에서 매우 명확하고 흥미로운 점들을 수두룩하게 추론해 낼 것이다. 내가 이런 유형의 학자들에 대해 무언가를 알고 있다면, 또한 미래의 학자들이 조상들의 원기왕성한 자신감을 그대로 품고 있다면, 그들은 'Arry(Harry의 약자)와 'Arriet(Harriet의 약자)가 동굴에 새긴, 서로 엉켜있는 A라는 머리글자로부터 우리에 대해 무척 흥미로운 사실들을 발견할 것이다. 이로부터 다음 사실들을 추측하리라.

(1) 무딘 주머니칼로 거칠게 글자를 새긴 것으로 보아, 20세기에는 정교한 조각 도구가 없었고 조각 기술도 발달되지 않았을 것이다. (2) 벽에 새겨진 글자가 대문자이므로 우리 선조들은 소문자나 필기체 따위를 쓰지 않았을 것이다. (3) 첫 자음들이 발음할 수 없는 형태인 것으로 보아, 그 시대의 언어는 웨일스어(Welsh)[6]의 친족어이거나 모음을 무시했던 초기 셈어[7]에 더 가까웠을 것 같다. (4) 'Arry와 'Arriet의 머리글자가 어떤 식으로든 종교적 상징

---

5 '신기한 암석 동굴'과 '마법의 종유석 동굴'은 실재하는 곳이 아니지만, 체스터턴은 마치 실제 고유명사인 것처럼 대문자로 표현했다.
6 영어의 자음 모음 체계로 웨일스어를 이해하려고 들면 잘 통하지 않는다.
7 초기 셈어는 자음으로만 구성되었다.

으로 보이지 않기 때문에 그 시대에는 종교가 없었을 것이다. 마지막 사항이 진실에 가장 가까운 듯하다. 종교가 있는 문명이었다면 좀 더 이성적인 사회였을 테니까.

일반적으로 사람들은 종교가 아주 느리게, 진화의 방식으로 성장했다고 믿는다. 게다가 종교는 한 원인에서 생긴 것이 아니라 우연의 일치로 불릴 만한 어떤 조합에서 나왔다고 생각한다. 보통 이 조합의 세 가지 요소를 다음과 같이 설명한다. 첫째, 종족의 우두머리에 대한 두려움이다. [웰스는 유감스럽게도 그 사람을 노인장(the Old Man)[8]으로 부르자고 한다] 둘째, 꿈을 꾸는 현상이다. 셋째, 옥수수 재배에 상징적으로 나타나는 추수와 부활의 제사적인 연상이다. 한 마디 언급하자면, 이 셋이 서로 분리된 죽은 원인들에 불과하다면, 단 하나의 살아있는 영을 서로 분리된 세 가지 죽은 원인들의 탓으로 돌리는 것은 무척 의심스러운 심리학인 듯 보인다. 웰스 씨가 재미있는 미래 소설을 썼다고 가정하자. 그 책에서 웰스는 사람들 사이에서 아직 이름이 없는 새로운 열정이 생길 터이고, 그들은 첫사랑을 꿈꾸듯 그 열정을 꿈꿀 것이고, 조국과 국기를 위해 목숨을 바치듯이 그 열정을 위해 목숨을 내놓을 것이라고 한다. 만일 이 특별한 정서가 우드바인 담배[9]를 피우는 습관, 소득세 인상, 그리고 과속할 때의 짜릿함이 조합된 결과라

---

8 '노인장'은 웰스가 쓴 미래사회 소설 『*When the Sleeper Wakes*』(1899)의 열한 번째 장 'The Old Man Who Knew Everything'에 나오는 'the old man'을 가리키는 것 같다.
9 20세기 전반에 영국에서 생산된 담배다. 1, 2차 세계대전 중 군인들이 많이 피웠다.

고 한다면, 우리는 어리둥절해질 것이다. 이게 어떤 상태를 말하는지 상상하기가 쉽지 않다. 왜냐하면 이 셋 사이에 어떤 연관성이 있는지, 이 셋을 모두 담아내는 어떤 공동의 감정이 있는지 도무지 상상할 수 없기 때문이다. 옥수수와 꿈, 창을 든 늙은 족장 사이에도 어떤 연관성이 있는지 상상할 수 없다. 이 셋을 모두 포함하는 어떤 공통의 감정이 이미 있지 않았다면, 이 셋 사이에는 어떠한 연관성도 없다. 그러나 만약 어떤 공통의 감정이 원래 있었다면, 그것은 종교적 감정일 수밖에 없다. 그런즉 이 셋은 이미 존재했던 종교적 감정의 기원이 될 수 없는 것이다. 상식적으로 생각해도, 이런 신비한 정서는 이미 존재했을 가능성이 훨씬 높다. 그리고 종교적 정서의 빛에 비춰보면 꿈과 왕과 옥수수 들판이 신비롭게 보일 수 있었고, 이 셋은 지금도 신비롭게 보일 수 있다.

사실상 이 모든 추측은 우리가 분명히 이해하고 있는 것을 이해하지 못하는 체 하면서 그것을 먼 과거의 비인간적인 것으로 만들려는 일종의 책략이다. 그것은 마치 우리가 먹는 행위에 대해 들어본 적이 없는 것처럼, 선사시대 사람들은 보기 흉하고 해괴한 버릇이 있어서 이따금 입을 크게 벌리고 이상한 것을 입에 집어넣었다고 말하는 것과 같다. 마치 우리가 걷는 행위에 대해 들어본 적이 없는 것처럼, 석기 시대의 무시무시한 동굴인간들은 다리를 번갈아 들어 올렸다고 말하는 것과 같다. 만일 그 의도가 신비감을 자극하여 걷는 행위와 먹는 행위의 경이로움을 일깨우려는 것이었다면, 그것은 정당한 상상일 수 있다. 그러나 여기서는 신비감을 말살하고 종교의 경이로움에 무감각해지게 만들려는 의도가 있기 때문에, 그런 추론은 불합리한 헛소리이다. 그것은 우리 모두가 이해하는 정서들 중에서 이해할 수 없는 무언가를 발견한 것처럼 가장한다. 꿈을 신비로운 것으로 생각하지 않는 사람, 꿈이 존재의 어두운 경계에 놓여있다고 느끼지 않는 사람이 과연 있을까? 땅에서 자라나는 생명체가 죽고 부활하는 현상을 우주의 신비와 가깝다고 생각하지 않는 사람이 과연 있을까? 종족의 영혼에 해당하는 권위와 유대감에 어떤 신성한 기운이 깃들어 있음을 이해하지 못하는 사람이 과연 있을까?

만일 인류학자 가운데 이런 것들을 도무지 알 수 없는 먼 과거의 것으로 생각하는 사람이 있다면, 우리는 그 과학자에 대해 원시인만큼 크고 계몽된 정신이 없다고 말할 수밖에 없다. 내가 보기에는, 이미 실재했던 영적 정서가 서로 관련이 없는 갖가지 것들에 신성함을 부여했던 것이 분명하다. 종교가 족장을 추앙하는 행위나 추수 때 제물을 바치던 일로부터 생겨났다고 말하는 것은 정교한 근대식 마차를 원시적인 말 앞에 두는 꼴이다. 이는 그림을 그리고픈 충동이 동굴 속 사슴 그림을 바라보다 생겼다는 말과 같다. 다시 말해, 그림을 그리는 행위를 설명할 때 그것이 화가의 작품으로부터 생겼다고 말하는 셈이다. 또는 예술이 예술로부터 생겨났다는 설명과도 같다. 그것은 시(詩)라는 것이 어떤 관습의 결과로 생겨났다고 말하는 것이다. 예컨대, 봄의 도래를 축하하기 위해 공식적으로 만든 송시(訟詩)의 관습, 또는 종달새의 노래를 들으려고 규칙적으로 일어나서 종이에 리포트를 쓰는 젊은이의 관습에서 생겼다고. 물론 젊은이가 종종 봄철에 시인이 되는 것은 사실이다. 그리고 일단 시인들이 존재하게 되면 그 어떤 권력도 종달새에 관해 그들이 글을 쓰는 것을 막을 수 없는 것도 사실이다. 그러나 시는 시인보다 앞서 존재하지 않았다. 시라는 것이 시적인 형식에서 생겨난 게 아니다.

다른 말로 하면, '무언가가 세상에 어떻게 처음 나타났는가?'라는 물음에 '이미 세상에 있었다'라고 대답하는 것은 적절한 설명이 아니다. 이와 비슷하게, 우리는 종교가 종교적인 형식에서 발생했다고 말할 수 없다. 이는 종교가 이미 존재했을 때 종교가 생겨났다는 말을 달리 표현한 것뿐이니까. 꿈이나 죽은 자에게 무언가 신비적인 면이 있음을 알려면 어떤 종류의 지성이 필요했던 것과 같이, 종달새나 봄에 무언가 시적인 면이 있다는 것을 보려면 특정한 종류의 지성이 필요했다. 그 지성은 추정컨대 바로 우리가 인간 지성이라 부르는 것이고, 이는 오늘까지 존재하는 지성과 매우 비슷하다. 지금도 여전히 시인들이 봄과 종달새를 글감으로 시를 쓰듯이 신비주의자들도 여전히 죽음과 꿈에 관한 명상에 잠기니까 그렇다. 그러나 사람의 지성에 못 미치는 어떤 것이 이런 신비적인 연상을 느낀다고 암시하는 것은 티끌만큼도 없다.

들판에 있는 소는 누구보다도 자주 종달새 노랫소리를 들을 테지만, 시를 쓰고픈 충동을 느끼거나 무언가를 배우는 것 같지는 않다. 이와 비슷하게, 살아 있는 양이 죽은 양을 이용해 정교한 조상 숭배 제도의 토대로 삼기 시작하리라고 추정할 이유도 없다. 봄철이 되면 젊은 네발짐승은 사랑을 나누고픈 생각으로 향하겠지만, 해마다 봄이 거듭되어도 그 욕구가 문학에 대한 생각으로 바뀐 적은 없다. 이와 마찬가지로, 대부분의 네발짐승과는 달리 개가 꿈을 꾼다는 것은 사실이다.[10] 그래서 우리는 개가 자기 꿈을 정교한 종교 의식으로 발전시키기를 너무나 오래 기다리다 이제는 그 기대를 확실히 접었다. 그리고 개가 정신분석의 원리에 따라 자기 꿈을 분석하리라고 기대하지 않듯이 자기 꿈을 교회 건축에 적용하는 모습을 보기를 기대하지 않는다. 요컨대, 이런저런 이유로 이런 자연적인 경험들과 자연적인 자극은 오직 사람만 갖고 있는 미술과 종교 같은 창조적 표현물로부터 그들을 떼어놓는 선을 결코 넘지 못한다. 그들은 그런 표현물을 결코 만들지 못하고 소유한 적도 없으며, 앞으로도 만들 가능성은 거의 없는 듯하다. 자기 모순적인 의미에서, 소들이 금요일마다 금식을 하는 모습이나 옛 전설에 나오듯이 크리스마스이브에 무릎을 꿇고 가는 모습을 우리가 보는 것이 불가능하지는 않다. 그런 의미에서, 소들이 늙은 소가 죽었을 때의 곡조에 맞춰 숭고한 탄식의 시편을 올려드릴 수 있을 때까지 그들이 죽음을 생각하는 것이 불가능하지는 않다. 그런 의미에서, 소들이 달을 뛰어넘은 소를 기념하여 상징적인 춤으로 천국에 대한 소망을 표현하는 것이 불가능하지

---

10 개가 꿈을 꾸는지를 알려고 기원전부터 여러 학자들이 가설을 세우며 연구하였다. 현대의 의료 장비로 개의 뇌파를 연구한 결과 개가 꿈을 꾼다는 것이 증명되었다.

는 않다. 개가 아주 많은 꿈을 꾸고 난 끝에 '견공 삼위일체' 격인 케르베루스(Cerberus)[11]를 섬기는 사원을 지을지 모른다. 개의 꿈들이 언어로 풀어낼 수 있는 통찰력으로 바뀌어, 잃어버린 개들의 영적 고향인 '개의 별'에 대한 계시를 받을지도 모른다. 논리적으로는 이런 일들이 가능하다. '불가능성'이라 부르는 전칭부정[12]은 논리적으로 입증하기가 어려우니까. 하지만 가능한 일이 무엇인지 알 수 있는 본능, 흔히 '상식'이라 부르는 이 본능은 동물들이 앞에서 언급한 것 같은 방향으로 진화하지 않는다는 사실을 오래 전부터 우리에게 알려 주었다. 적어도 동물들이 동물로서의 경험 차원을 뛰어넘어 인간처럼 시도하는 모습을 목격하게 될 것 같지는 않다는 것이다. 단지 경험의 측면에서만 본다면 동물들도 사람들 못지않게 봄철과 죽음, 심지어 꿈까지 경험하지만 말이다. 유일하게 가능한 결론은 이런 경험들이 인간의 지성을 갖지 못한 생명체에게는 종교의식을 불러일으키지 못한다는 것이다. 우리는 특정한 종류의 지성이 이미 홀로 살아있었다는 사실로 되돌아오게 된다. 이 지성은 유일무이한 것이었고, 동굴에 벽화를 그렸듯이 신조를 만들 수 있었다. 종교에 쓰일 재료들은 다른 온갖 용도의 재

---

**11** 그리스 로마 신화에 나오는 머리가 셋 달린 개. 스틱스 강을 건넌 사람들이 도망치지 못하도록 지하 세계의 문을 지켰다. 성부, 성자, 성령의 삼위일체를 믿지 않는 자들은 삼위일체를 믿는 사람들더러 '그리스 신화의 괴물인 케르베루스'를 숭배하는 자라고 공격하였다.

**12** '전칭부정'(universal negative)은 '전칭'이면서 '부정'인 것을 뜻한다. 이를 명제로 풀면 전칭은 '모든 S는 P다'이고 부정은 'S는 P가 아니다'가 된다. 이를 전칭부정으로 나타내면 '모든 S는 P가 아니다'가 된다. 즉, 체스터턴은 '모든 동물은 P가 아니다'를 논리적으로 증명하기가 쉽지 않다고 말한다.

료들과 마찬가지로 까마득한 세월이 흐르는 동안 거기에 놓여 있었다. 그러나 종교의 힘은 그 지성 안에 있었다. 사람은 봄, 꿈, 죽음 같은 것들 안에서 불가사의, 암시, 희망을 이미 예전부터 보았다. 지금도 똑같은 경험을 한다. 인간은 꿈을 꿀 뿐만 아니라 꿈에 대한 꿈도 꿀 수 있었다. 그는 죽은 자를 볼 뿐 아니라 죽음의 그림자도 볼 수 있었다. 그리고 죽음을 믿을 수 없는 것으로 여기는 신비로운 신비화(mysterious mystification)에 사로잡혔다.

우리가 사람에 관한 이런 암시들을 포착하는 것도 사람이 사람다운 모습을 보일 때인 것은 사실이다. 우리는 본래 인간과 짐승을 연결했다고들 하는 그 동물에 대해서는 아무것도 단언할 수 없다. 왜냐하면 그 존재가 동물이 아니라 증거 없는 주장에 불과하기 때문이다. 자바원인이 예배를 드렸는지 확신할 수 없다. 그가 정말로 지구에 살았는지 밝혀낼 수 없다. 자바원인은 상상의 산물이다. 분명 인간이었던 최초의 피조물[13]과 다른 피조물들(원숭이 또는 다른 동물들) 사이의 엄청난 간극을 메우려고 만들어 낸 산물이란 뜻이다. 특정한 철학이 요구한다는 이유로 학자들은 그런 중간 피조물이 존재했음을 시사하려고 매우 의심스러운 몇 개의 조각들을 한데 모았다. 그러나 그 철학을 지지하기 위해서라도 이런 조각들이 철학적인 무언가를 입증하기에 충분하다고 생각하는 사람은 없다. 자바 섬에서 발견된 머리뼈 조각으로는 종교에 대

---

13 창 2:7-19를 보면 사람이 먼저 빚어진 뒤에 다른 동물들이 창조된 것처럼 나온다. 체스터턴은 이 구절을 따라 사람을 최초의 피조물로 표현한 것 같다.

헤, 또는 종교의 부재에 대해 아무것도 입증할 수 없다.

혹시 원숭이 인간(ape-man)이 존재했다면, 그는 사람만큼 종교 의식을 과시했을 테고 원숭이만큼 단순한 모습을 보였을 것이다. 그는 혹시 신화학자였을지 모르고, 하나의 신화였을지도 모른다. 이 신비로운 속성이 원숭이에서 사람으로 바뀌는 과정에 나타났 는지 조사하면 재미있을 것이다. 만일 조사할 만한 그런 변화과정 이 정말로 있었다면 그렇다는 것이다. 달리 말해, 만약 원숭이 인 간이 실종되지 않았다면, 그 잃어버린 연결고리는 신비로운 존재 일 수도 있고 아닐 수도 있었을 것이다. 그러나 우리가 실제 인간 에 대해 가진 증거와 비교해보면, 원숭이 인간이 사람이었는지, 반쪽 사람이었는지, 아니면 존재하기는 했는지에 대한 아무런 증 거가 없다. 가장 극단적인 진화론자들조차 그 원숭이 인간으로부 터 종교의 기원에 관한 진화론적 견해를 도출하려고 하지 않는다. 진화론자들은 종교가 투박하거나 불합리한 자원에서 천천히 성 장했음을 입증하려 할 때도 이미 인간이었던 최초의 인간을 놓고 증명하기 시작한다. 그러나 그들은 이미 인간이었던 인간들이 이 미 신비주의자였음을 입증할 뿐이다. 오직 사람과 신비주의자만 이 투박하고 불합리한 자원들을 사용할 수 있는 만큼 그들도 그것 들을 사용했다. 우리는 여기서 다시금 단순한 진리로 뒤돌아오게 된다. 즉, 이 비판가들이 추적할 수 없는 먼 옛날에 뼛조각과 돌 조 각이 결코 증언할 수 없는 어떤 변이가 일어났다는 것, 그리고 사

람은 생령(生靈)이 되었다는 것이다.[14]

종교의 기원 문제를 다룰 때, 그것을 설명하고자 하는 이들이 실은 대충 얼버무리고 있는 것이다. 잠재의식적으로 그들은 그 기원을 길게 늘어뜨려서 점진적이고 거의 안 보이는 과정으로 만들면 덜 어려운 것으로 보인다고 생각한다. 그러나 이런 관점은 사실 우리가 경험하는 실재를 완전히 왜곡한다. 그들은 전혀 다른 두 가지, 곧 진화론적 기원을 가리키는 산만한 암시들과 인간에 관한 탄탄하고 자명한 덩어리를 함께 묶고 둘이 하나로 보일 때까지 그들의 관점을 바꾸려고 애쓴다. 그러나 그것은 착시 현상일 뿐이다. 아무리 그런 사슬을 만들지라도 사람이 사람과 맺는 상관관계를 원숭이나 잃어버린 고리와는 맺을 수 없는 법이다. 사람과 동물 사이의 거대한 공백의 여기저기에 희미한 흔적이 있는 중간 피조물이 존재했을지도 모른다. 만약 그런 피조물이 혹시 존재했다면, 그는 사람과는 매우 다른 존재였거나 지금의 우리와 매우 다른 사람이었을 것이다. 그러나 동굴인간 또는 순록기 인간이라 불리는 선사시대의 사람들은 어떤 의미에서도 그런 존재가 아니었다. 선사시대의 사람들은 사람과 아주 똑같은 존재였고, 현재의 우리와 지극히 비슷한 사람이었다. 다만 그들이 역사 기록이나 문헌을 남기지 않았다는 단순한 이유 때문에, 그들은 우리가 모르는 미지의 사람들이 되었을 뿐이다. 그러나 우리가 그들에 대해 분명

---

14 "여호와 하나님이 땅의 흙으로 사람을 지으시고 생기를 그 코에 불어넣으시니 사람이 생령이 되니라"(창 2:7).

히 아는 바를 종합하면, 그들은 중세의 영지나 그리스의 도시에서 살던 사람들과 똑같은 평범한 인간들이었다.

우리가 장기적인 안목으로 인류를 조망해보면 그 존재가 바로 인간임을 인식하게 된다. 만약 우리가 그 피조물을 동물로 인식해야 했다면, 그를 비정상적인 동물로 인식했어야 했다. 앞서 여러 차례 생각해 봤듯이, 우리가 만약 망원경을 거꾸로 놓고 본다면, 만일 우리가 비인간의 세계에서 인간이 출현하는 것을 투사하기로 한다면, 우리는 단지 동물들 중 하나가 분명히 미쳤다고 말할 수 있을 뿐이다. 그러나 망원경을 다시 뒤집어 원래 방향에서 그 피조물을 바라본다면, 아니 오히려 망원경 내부에서 바라본다면, 그 피조물이 온전하다는 것을 알게 된다. 그 원시인들이 온전한 존재였음을 알게 되는 것이다. 우리가 야만인이나 외국인이나 역사적 인물 등 어디서나 어떤 인간적인 유대를 발견하면 환호하게 된다. 예컨대, 우리가 원시 전설로부터 추론할 수 있는 모든 것과 야만적인 생활에 관해 알고 있는 모든 것은 어떤 도덕적 관념과 신비적 관념을 지지하는데, 그 가운데 가장 흔한 상징은 옷이다. 옷은 말 그대로 몸을 감싸는 의복으로, 사람은 제사장이기 때문에 의복을 입는다. 사람을 설사 동물로 보더라도 이 점에서 사람은 동물과 다르다. 벌거벗는 것은 사람에게 자연스럽지가 않다. 그래서 알몸은 사람에게 생명이 아니라 죽음이다. 추우면 얼어 죽는다는 일반적 의미로 봐도 그렇다. 그러나 옷은 꼭 체온 유지 목적이 아니라도 품위나 예의, 몸단장을 위해서도 입는다. 의

복은 때때로 실용성보다 장식용으로 더 가치가 있는 것 같다. 항상 예절과 관련이 있는 것으로 보인다. 이런 관습은 시대와 장소에 따라 무척 다양하게 나타난다. 그리고 이 생각을 받아들이지 못해서 모든 관습을 무시하는 사람들이 있다. 그들은 태평양의 카니발 아일랜드와 런던의 캠던 타운에서 사람들이 입는 옷이 다르다는 사실을 입이 닳도록 반복해서 말한다. 그들은 더 이상 나갈 수 없어서 절망한 채 예절의 개념을 내던져버린다. 이 사람들은 이렇게 말하는 편이 나을 것이다. "이제껏 아주 다양한 모자가 많이 있었고, 그 중에는 모양이 좀 이상한 것들도 있다. 따라서 모자는 중요하지 않거나 존재하지 않는다고 볼 수 있다." 또 이렇게 덧붙일 수도 있다. "일사병이나 대머리가 되는 일은 없다"고.

어디에서든 사람들은 특정한 형식이 필요하다고 생각했다. 개인적 영역에 울타리를 쳐서 남에게 모욕을 받거나 단단히 오해받는 일이 없도록 하려는 것이다. 형식의 내용이 무엇이든 간에 형식을 지키는 까닭은 품위를 지키고 서로 존중하며 살아가기 위함이다. 이 형식들은 정도의 차이는 있지만 대부분 남자와 여자 사이의 관계와 관련이 있으며, 이를 통해 인류의 기록 서두에 기록되어야 할 두 가지 사실을 알게 된다. 첫 번째는 원죄가 참으로 원초적이란 사실이다. 신학에서뿐만 아니라 역사에서도 원죄는 기원에 뿌리박고 있다. 사람들이 무엇을 믿었든지 간에 모두 인류에게 무언가 문제가 있다는 사실을 믿었다. 이 죄의식 때문에 사람은 자연 그대로 옷을 벗고 살 수 없었다. 자연 상태 그대로 아무 법도 없이 사는 것이 불가능했듯이 말이다. 그러나 무엇보다도 그것은 또 다른 사실에서 발견된다. 이 사실은 모든 법의 아버지와 어머니에 해당되고 그 자체가 아버지와 어머니에 기초를 두고 있는데, 이는 모든 왕좌와 모든 국가들보다 앞서는 것이다.

이 두 번째 사실은 바로 가족이다. 여기서도 마치 산 둘레에 붙어있는 구름처럼 가족을 둘러싼 다양한 변형과 정도(程度)와 합리적인 의심을 제거하고 정상적인 모습을 견지할 필요가 있다. 어쩌면 우리가 가족이라 부르는 것이 다양한 무정부상태와 탈선에서 빠져나오고 또 그런 것을 통과하느라고 싸워야 했을지 모르겠다. 그러나 가족은 확실히 그것들보다 오래 살아남았고 그것들보다 앞섰을 가능성이 높다. 우리가 살펴볼 공산주의와 유목생활의 경우처럼, 좀 더 무형의 것들이 고정된 형태를 취했던 사회의 측면에 놓여있을 수 있었고 또 실제로 그랬다. 그러나 그 형태가 무형 이전에 존재하지 않았음을 보여주는 것은 전혀 없다. 중요한 점은 형태가 무형보다 더 중요하다는 것이다. 그리고 인류라고 불리는 유형이 이 형태를 취했다는 사실이다. 이를테면, 성(性)과 관련하여 최근 언급된 풍습 가운데 남자산욕(couvade)[15]이라는 야만적인 풍습만큼 신기한 것이 없다. 이 풍습은 마치 '모든 게 반대인 나

---

15 아내가 분만할 때 남편도 함께 자리에 누워 산고를 흉내 내거나 음식을 가려 먹는 풍습이다. 아내가 출산할 때 남편이 가족과 떨어진 곳에서 잠을 잔다거나, 산모처럼 식단 관리를 하며 그 밖의 금기사항을 지키는 것 등을 포함한다. 아내가 산후에 일을 나가기 시작하면 남편이 집에서 갓난아기를 돌보기도 한다.

라'[16]에서 온 규정 같다. 아버지가 마치 어머니처럼 행동하니 말이다. 어쨌든 이 풍습은 성에 대한 신비로운 의식을 담고 있는 게 분명하다. 그러나 많은 사람이 남자산욕은 아버지가 아버지 신분에 따른 책임을 받아들이는 상징적 행위라고 주장해왔다. 그렇다면 이 우스꽝스럽고 별난 모습은 정말로 매우 엄숙한 행동이다. 남자산욕이 가족이라는 집단 전체와 모든 인간 사회의 토대가 되기 때문이다.

인류의 아득한 기원을 더듬어가는 사람들 중에 인류가 한때 모계사회였을 것이라고 주장하는 이들도 있다. 나는 모계사회에서는 사람들이 남류(mankind)가 아니라 여류(womankind)로 불렸으리라고 본다. 그러나 어떤 사람들은 이른바 여가장제는 도덕적으로 무질서한 사회였을 것이라고 생각한다. 그런 제도 아래서는 어머니만 고정되어 있고 모든 아버지들은 도망자라서 무책임했을 것이기 때문이다. 그러다 남자들이 자기가 낳은 자식을 보호하고 이끌어야겠다고 결심하는 때가 찾아왔다. 그래서 한 가족의 우두머리가 되었다. 힘 약한 여자들한테 몽둥이나 휘두르며 괴롭히던 망나니짓을 그만두고 가정을 책임지려는 훌륭한 사람이 된 것이다.

이런 모든 가설이 충분히 진실일 수 있고, 그것이 최초의 가족의 모습이었을지 모르고, 남자는 그때 처음으로 남자답게 행동했

---

**16** 서론 17번 각주 참고.

고, 따라서 처음으로 온전한 남자가 되었을 수도 있다. 그런데 그에 못지않게 모계제나 도덕적 무정부상태는 역사 시대에 확실히 그랬듯이 선사 시대에도 간헐적으로 발생했던 백 가지 사회적 해체 또는 야만상태로의 퇴보 중 하나였을 가능성도 많다. 남자산욕과 같은 상징-만일 이것이 정말로 그런 상징이었다면-은 최초의 종교 발흥보다는 이단의 억압을 기념하는 행위였을 수 있다. 이런 것들이 인류의 건설을 초래했다는 것 말고는 우리가 확실한 결론을 내릴 수 없지만, 인류의 상당부분과 최상의 부분이 어떤 방식으로 건설되었는지는 우리가 분명히 말할 수 있다.

가족은 국가의 구성단위이며 공동체를 이루는 세포이다. 사실 가족 둘레에 사람을 개미와 벌과 구별시키는 신성한 것들이 모여 있다. 품위는 가정이라는 장막에 드리운 휘장이고, 자유는 가정이라는 도시의 성벽이다. 재산은 가족의 농장이며, 명예는 가족의 깃발이다. 우리가 인류 역사의 실제적인 부분을 다룰 때는 아버지와 어머니와 자녀라는 기초로 돌아오게 된다. 앞서 언급했지만, 인류의 기원에 대한 이야기를 종교적인 전제에서 시작할 수 없을지라도 도덕적이거나 형이상학적인 전제들과 함께 시작해야 한다. 그렇지 않으면 인간의 이야기를 도무지 이해할 수 없기 때문이다. 이것은 도덕적 또는 형이상학적 전제를 대안으로 받아들일 필요성을 매우 잘 보여주는 예이다. 신적 삼위일체를 끌어들여 인간의 역사를 풀어나가지 않는다고 해도 적어도 아버지와 어머니와 자녀라는 인간적 삼위일체를 불러와야 한다. 그러면 이 삼각형이 세계의 모든 곳에서 반복되었다는 사실을 알게 된다. 인류 역사상 최고의 사건, 모든 역사가 고대하고 또 귀결되는 그 사건은 바로 이 삼각형이 역전되는 동시에 새로워지는 그 사건뿐이다. 아니, 오히려 그것은 인간적 삼위일체(▽) 위에 신적 삼위일체(△)라는 또 다른 삼각형이 교차하도록 겹쳐 놓아 성스러운 별 모양을 이루는 것인데[17], 이 별은 마법사가 쓰는 마법진의 별보다 더 강력해서 마귀들이 두려워하는 것이다. 옛 삼위일체는 아버지와 어머니와 자녀로 구성되어 인간 가족이라고 불렸다. 새로운 삼위일체는 자녀와 어머니와 아버지로 구성되어 거룩한 가족(Holy Family)[18]이란 이름을 갖고 있다. 이 삼각형은 위아래가 완전히 뒤집힌 점만 빼면 조금도 바뀌지 않았다. 마치 변형된 세계가 거꾸로 뒤집힌 것만 빼고는 이전의 세계와 조금도 다르지 않았던 것처럼 말이다.

---

**17** 이런 별(✿) 모양을 말한다. 이 개념이 앞으로도 계속 나오므로 여기에서 미리 설명한다. 사람의 삼위일체(▽)에서 삼각형의 윗변의 꼭짓점은 아버지와 어머니를 말하고 아래 꼭짓점은 아기 예수다. 뒤에서는 예수의 아버지 요셉과 어머니 마리아와의 관계를 말할 때 이 삼각형을 쓴다. 신적 삼위일체(△)는 이와 반대다. 맨 위 꼭짓점이 아기 예수인데, 위치상 요셉과 마리아의 조상이 된다. 마법사들이 마법진을 그릴 때 육각 별(✿) 모양을 자주 쓰는 것으로 묘사된다.

**18** '성가족' 또는 '성가정'이라 부른다. 보통은 아기 예수와 예수의 어머니 마리아, 예수의 아버지 요셉이 이루는 가정을 말하며, 가톨릭에서 기독교 신자 가정의 원형이자 모범으로 삼는다. '성가족'을 주제로 한 아이콘과 그림이 매우 많다.

CHAPTER 3

# 문명의 고대성

가장 오래된 문명의 기원을 바라보는 현대인. 이 사람은 마치 미지의 땅에서 새벽을 기다리는 사람과 같다. 헐벗은 골짜기나 인적 없는 산꼭대기 너머로 여명이 밝아오기를 기다리는 사람이기도 하다. 그런데 이 새벽은 어두컴컴한 거대 도시들 뒤에서 밝아온다. 이 거대한 도시들은 새벽빛이 비추기 전, 즉 문명이 태동하던 밤 동안 오랜 시간에 걸쳐 건설되었다가 사라져 지금은 남아 있지 않다. 이 도시들은 거인이 사는 집처럼 규모가 엄청나게 크고, 심지어 도시 벽에 새긴 동물 형상도 야자수보다 더 크고, 초상화 벽화는 실제 사람 크기의 열두 배에 이른다. 정사각뿔 모양으로 산처럼 만든 무덤들은 천체를 가리킨다. 그리고 날개가 달리고 턱수염이 난 황소는 육중한 몸집으로 신전 문 앞에 서서 노려본다.[1] 황소는 발을 구르는 것만으로도 세상을 뒤흔들어 버릴 듯한 기세로 지금도 변함없이 서 있다.

이렇듯 역사의 여명은 이미 문명화된 인류를 보여준다. 이 새벽이 보여주는 문명은 이미 오래된 것이다. 중요한 것들이 더 있기는 하지만, 무엇보다 위에서 언급한 고대 문명의 흔적은 사람이 아직 알지 못하는 초창기 인류에 대한 일반적인 생각이 얼마나 어리석은지 알려준다. 비교적 믿을 만한 자세한 기록이 남아 있는 최초의 인류 사회는 바벨론과 이집트 두 곳이다. 고대의 지성이 빚어낸 거대하고 찬란한 두 문명의 업적은 현대 문화에 널리 퍼진 아주 흔하고 어설픈 두 가지 가정(假定)을 뒤집는다. 그저 이집트와 바벨론이라는 견고하고 엄청난 두 가지 실체를 착실하게 살펴보기만 하면, 유목민과 동굴인간, 숲속의 옛사람에 대한 얼토당토않은 주장 중 절반은 꺾을 수 있다.

물론 원시인에 대해 논하는 학자들은 대개 현대의 미개인들을 생각한다. 그들은 인류의 상당부분이 발전 또는 진화하지 못했다고, 또는 어떤 식으로든 조금도 변하지 않았다고 가정함으로써 자기들의 점진적 진화론을 증명하려 한다. 그러나 나는 학자들의 진화 이론에 동의하지 않고 불변성에 대한 신념에도 찬성하지 않는

---

1 고대근동에서는 날개 달린 황소 형상이 어느 한 나라만의 독창적인 개념은 아니다. 지역에 따라 생김새가 약간 다르기는 하지만 공통분모는 같다. 본문에서 나오는 황소는 '사르곤 궁전의 날개 달린 황소 주조'를 떠올리면 어떤 모양인지 알 수 있다. 황소 높이는 4미터를 훌쩍 넘는다.

다. 나는 사람이 최근에 급격히 진보하여 문명화되었다는 주장을 믿을 수 없다. 게다가 문명화되지 못한 사람들이 어째서 신기할 정도로 그렇게 불멸하고 불변하는 존재여야 하는지 도무지 이해할 수 없다. 이를 확인하는 동안에는 좀 더 단순한 사고와 서술 방식으로 접근해야겠다. 현대의 미개인들은 원시인과 똑같을 수 없다. 원시시대에 살았던 사람들이 아니니까. 현대의 미개인들은 고대인일 수가 없다. 현 시대에 살아가고 있기 때문이다. 우리 인간이 이 땅에 존재한 수많은 세월 동안, 우리에게 무슨 일이 일어난 만큼 그들에게도 일어났다. 그들은 어떤 경험을 했고, 우리처럼 그 경험에서 어떤 유익을 얻지 못했을지라도 그에 따라 행동했을 것이다. 그들은 어떤 환경을 갖고 있었고 환경의 변화를 경험했을 테고, 아마도 적절한 진화의 방식으로 변한 환경에 적응했을 것이다. 그것이 가벼운 경험이든 황폐한 환경이든 이는 사실일 것이다. 왜냐하면 그것이 도덕적으로 단조로운 형태를 취할 때에도 시간이 흐르면 어떤 결과가 생기기 때문이다.

그러나 명석하고 유식한 사람 중에 상당수는 어떤 문명이 쇠퇴하면서 미개인의 경험이 생겼을 가능성이 많다고 보았다. 이 견해를 비판하는 사람 대부분은 문명이 쇠퇴한다는 것이 무엇인지 제대로 알지 못하는 것 같다. 하늘에 계신 분이 이 비판가들을 인도하셔서 이들도 곧 진실을 알게 될 것이다. 비판하는 이들은 선사시대의 동굴인간과 현재 섬에 사는 식인종들에게 어떤 공통점이 있는지, 가령 이 두 집단이 쓰는 도구 중 흡사한 게 무엇인지 찾아내는 것으로 만족하는 듯하다. 그러나 어떤 이유에서든 더 미개한 삶으로 퇴보하게 된 사람들에게는 공통분모가 있으리라는 관점은 얼핏 보기에는 그럴듯하다. 만약 사람들이 화약무기를 전혀 쓸 수 없게 된다면, 그 대신 활과 화살을 만들어야 할 것이다. 그렇지만 반드시 모든 면에서 활과 화살을 처음 만들었던 선사시대 사람들과 비슷한 방식으로 살아야 하는 것은 아니다. 러시아인들은 전쟁터에서 대대적으로 후퇴할 때 무기가 너무 부족해서 숲의 나무를 잘라 곤봉을 만들어 싸웠다고 한다. 그런데 훗날 어떤 교수가 1916년의 러시아 군대는 벌거벗은 스키타이족으로서 숲 밖으로 나온 적이 없다고 가정한다면 잘못 짚는 게 되리라. 이는 마치 '두 번째 유년기'라 하는 노쇠 상태에 접어들어 아이 같은 성향을 보이는 사람더러 정말로 아이였던 첫 번째 유년시절의 행동을 똑같이 따라해야 한다고 강요하는 것과 다름없다. 갓난아기는 노인처럼 대머리이다. 그렇다고 해서 아기에 대해 모르는 사람이 아기도 턱에 흰 수염이 길게 자란다고 유추한다면 그것은 오판이다. 아기와 노인 모두 느릿느릿 겨우 발걸음을 옮긴다. 그러나 노신사가 아기처럼 드러누워 신나게 발길질을 하리라고 내다본다면 기대에 어긋날 것이다.

그러므로 인류 최초의 선구자들이 가장 변화가 더딘 최후의 미개인들과 똑같은 사람임이 틀림없다고 주장하는 것은 어불성설이다. 이 두 집단은 서로 매우 다르거나 정반대의 유형이었음을 보여주는 예들이 어느 정도 있었고, 어쩌면 상당히 많았을 것이다. 이런 차별성을 보여주는 한 가지 예이자 우리의 논증에 필수적인 예는 바로 정부의 본질과 기원이다. 나는 이미 웰스 씨와 노인장을 언급한 바 있는데, 그는 후자와 무척 친밀한 것 같다. 우리가 만일 선사시대의 부족 추장의 초상화에 대해 선사시대의 증거가 있는지 냉철하게 판단한다면, 우리는 그 뛰어나고 다재다능한 저자가 역사를 쓰고 있음을 잠시 잊은 채 아주 멋진 상상의 작품을 쓰고 있다고 착각했다고 볼 수밖에 없다. 선사시대의 통치자가 '노인장'(the Old Man)이라고 불렸다는 점과 통치 예법상 지도자의 이름을 대문자로 표기해야 했다는 점을 웰스 씨가 어떻게 알아냈는지 도무지 알 수 없다. 웰스 씨는 그 통치자에 대해 쓰기를 "그 누구도 노인장의 창에 손대거나 노인장의 자리에 앉아서는 안 된다"고 했다. 나는 혹시 누군가가 노인장의 선사시대 창에 붙어 있던 "방문자는 손대지 마시오"라고 쓴 선사시대의 라벨을 찾아냈다거나, '노인장용 예약석'이라는 팻말이 붙은 의자를 온전한 상태로 발굴했을 것이라고는 도저히 못 믿겠다. 하지만 웰스 씨가 순전히 자기 머릿속으로만 상상해서 이런 글을 썼으리라고 보기는 어렵다. 아마 선사시대 사람과 현대의 미개인이 서로 비슷할 것이라는 불확실한 가정을 그냥 받아들인 듯하다. 물론 지구 어딘가에 미개 종족 중 지도자를 '노인장'이라 부르고, 아무도 노인장의 창을 만지거나 노인장 의자에 앉아서는 안 되는 부족이 있을 수도 있다. 이런 경우에 지도자는 미신과 대대로 내려오는 두려움 때문에 범접할 수 없는 사람일 것이며, 어쩌면 독재자이자 폭군일지도 모른다. 그러나 선사시대의 통치 체제가 독재 정치와 폭정이었다는 증거는 조금도 없다. 물론 그 시대의 통치 체제가 이런 모습이었을 수도 있다. 아니 다른 모습이었을 수도 있고 심지어 아무런 모습도 아닐 수 있다. 아니면 통치 체제 자체가 아예 없었을지도 모른다. 아무튼 20세기를 사는 어떤 종족 내에 부정부패가 만연하여 폭정에 신음한다 해도, 이것이 초기 인류가 독재자의 그늘 아래 있었다는 것을 증명해 주지는 않는다. 그런 것을 시사하지도 않고 심지어 암시하지도 않는다.

우리가 분명히 아는 역사로부터 확실하게 입증할 수 있는 한 가지 사실이 있다면, 독재 정치는 문명 발달의 산물일 수 있다는 것이다. 문명 발달의 후기에 종종 나타나며, 매우 민주주의적인 사회의 말기에 매우 자주 등장하는 정치 형태일 수 있다. 독재 정치는 '지쳐 버린 민주주의'라고 정의해도 무방할 것이다. 공동체에 피로감이 몰려오면서 시민들은 자유를 누리는 데 필요한 대가인 지속적인 불침번에 싫증이 나게 된다. 그래서 그들이 잠을 자는 동안 도시를 지켜줄 단 한 명의 보초를 무장시키는 것을 선호하게 된다. 아울러 때로는 갑작스러운 군사 개혁을 단행하기 위해 그런 사람이 필요한 것도 사실이다. 그리고 그 사람이 종종 무장한 강자의 지위를 이용해 동양의 술탄[2]처럼 전제 군주가 되는 것도 똑같이 사실이다. 그러나 술탄이 왜 다른 다수의 인물보다 더 일찍

---

2 술탄은 이슬람국가의 지도자를 말한다. 오스만 제국의 황제를 가리키기도 한다.

역사에 등장했어야 했는지 그 이유를 나는 모르겠다. 군사력을 갖춘 실력자는 분명히 무기의 우수성을 기반으로 하기 마련인데, 이런 무기는 문명이 더 복잡하게 발달하면서 나타난다. 기관총을 쓰면 혼자서 스무 명을 죽일 수 있다. 하지만 부싯돌로는 그만큼 죽일 가능성이 당연히 낮다. 요즘에 떠도는 말을 들어보면 절대 권력자가 폭력과 두려움으로 다스렸다고 하는데, 이런 생각은 그저 유아용 동화에 나오는 팔이 백 개 달린 거인[3] 이야기나 다름이 없다. 고대나 현대 할 것 없이, 어떤 사회에서건 장정 스무 명만 있으면 제아무리 힘 센 사람도 제압할 수 있다. 물론 낭만적이고 시적인 의미에서 최강자였던 사람을 동경할 수도 있다. 하지만 이것은 별개의 사실이다. 이것은 가장 순결하거나 가장 지혜로운 자에 대한 동경만큼 순전히 도덕적이고 신비적인 사실이다. 그러나 기존의 폭군의 잔인함과 변덕을 견디는 정신은 정착되고 경직된 고대 사회의 정신이지 새로운 사회의 정신은 아니다. 노인장이란 이름이 암시하듯이 그는 옛 인류의 지배자이다.

원시사회는 순수한 민주주의 체제와 비슷했을 가능성이 훨씬 더 많다. 오늘날에도 비교적 단순한 농업사회는 단연 가장 순수한 민주주의 체제를 유지한다. 언제나 문명의 복잡성이 민주주의를 무너뜨린다. 이를 두고 민주주의는 문명의 적이라고 표현할 수도 있겠다. 그런데 꼭 명심해야 할 점은 어떤 사람들은 진실로 문명

---

**3** 그리스 신화에 나오는 '헤카톤케이레스'(Hekatonkheires)를 말하는 것 같다. 우라노스(하늘 신)와 가이아(대지 신)의 자식들로 팔이 100개, 머리가 50개 달린 거인 삼형제다.

보다 민주주의를 더 원한다는 사실이다. 복잡성보다는 민주주의를 좋아한다는 의미에서 그렇다. 아무튼 비교적 평등한 관계에서 자기 땅을 경작하는 농부들이 마을의 큰 나무 밑에 투표하러 모이는 것이 진정한 의미의 자치가 아닌가! 이런 단순한 개념은 십중 팔구 틀림없이 훨씬 단순한 사람들로 구성된 초창기 공동체 안에 자리 잡았을 것이다. 우리가 선사시대 사람들을 사람으로 간주하지 않는다 해도 그들이 독재 체제 하에 있었다고 보는 것은 분명히 지나치다. 가장 유물론적인 종류의 진화론을 가정하더라도, 사람들이 적어도 쥐나 까마귀 정도의 동지애도 품을 수 없었다고 추정할 만한 이유는 전혀 없다. 그들은 군거하는 동물들처럼 모종의 리더십을 갖고 있었음에 틀림없다. 그러나 그들이 노인장에 관한 미신 때문에 분별력 없이 지도자에게 굴종하는 모습을 보였을 것으로 생각할 이유는 없다. 테니슨(Alfred Tennyson)[4]의 표현을 빌리자면, 찍찍거리는 까마귀 떼를 집으로 인도하는 노련한 까마귀에 상응하는 누군가가 분명히 있었다. 그런데 만일 그 훌륭한 새가 고대 아시아의 술탄들의 방식을 좇아 행동하기 시작한다면, 그 무리는 정말로 시끄러운 까마귀 떼가 되고 그 노련한 까마귀는 수명이 별로 길지 않을 것이다. 이런 점에서 동물들 사이에서도 다른 어떤 것이 잔인한 폭력보다 더 존중을 받는 듯이 보인다. 이는 사람들 사이에서는 전통이라 불리는 친숙함 또는 지혜라고 불리

---

**4** 영국의 유명 시인(1809–1892)이다. 인용된 구절은 1835년에 쓴 시 〈Locksley Hall〉의 34연에 나온다.

는 경험을 말한다. 나는 까마귀들이 정말로 가장 늙은 까마귀를 따르는지는 모른다. 하지만 만일 그렇다면 그들은 가장 힘센 까마귀를 따르지 않는 것이 확실하다. 그리고 내가 확실히 아는 바가 있다. 인간의 경우에는, 만일 연장자를 받드는 의식이 미개인으로 하여금 노인장이라고 불리는 누군가를 경외하도록 만든다면, 우리처럼 강자(the Strong Man)를 숭배하려고 취하는 굴욕적인 감상적 연약함은 적어도 없다는 것이다.

원시시대의 예술, 종교 등 모든 것이 그러하듯, 원시시대의 정치 체제는 상당히 막연해서 그저 추측할 수 있을 뿐이다. 그렇지만 원시시대의 정치 체제가 발칸반도와 피레네 산맥의 마을에서 볼 수 있듯 민주적이었을 것이라는 추측은, 당시의 정치가 터키의 추밀원에서 벌어지는 변덕스럽고 비밀스러운 정치였을 것이란 추측만큼 타당성이 있다. 산간마을의 민주주의와 동방 궁정의 정치는 지금도 여전히 존재한다는 의미에서 현대적이다. 그러나 둘 가운데 궁정의 정치는 많은 것들이 축적되고 변질된 모습을 많이 보여주는 데 비해, 산간마을은 모든 면에서 전혀 바뀐 것이 없는 원시적인 모습을 지니고 있다. 그러나 여기서는 오늘날 널리 퍼진 추측에 대해 조심스레 의문을 제기하는 선에서 멈추겠다. 내가 흥미롭게 생각하는 것이 있다. 예를 들어, 현대인조차도 진보적인 제도의 원형을 찾고자 할 때 미개 사회나 아직 문명이 발달하지 않았던 사회까지 거슬러 올라간다는 점이다. 어떤 종족이나 나라, 사상을 옹호하고자 할 때 도움이 되기 때문에 그런 시도들을 하는 것이다. 그래서 사회주의자들은 자기네가 내세우는 공동 소유의 이상(理想)이 아주 먼 옛날에도 있었다고 주장한다. 유대인들은 율법에 있었던 희년 제도나 부의 공정한 재분배 제도를 자랑스럽게 여긴다. 튜튼 족은 북쪽 게르만 종족에게서 물려받은 의회와 배심원 제도 등 잘 알려진 여러 유산에 자부심을 느낀다. 그래서 켈트족을 비롯해 아일랜드의 학대를 증언하는 이들은 스트롱보우(Strongbow)[5] 앞에서 아일랜드 추장들이 증언했던 친족 제도의 더욱 평등한 정의를 실현해달라고 호소했던 것이다. 각 사례의 설득력은 경우마다 차이가 난다. 하지만 그 모든 사례가 어느 정도 존재하므로 모종의 대중적 제도들이 초기의 단순한 사회들에 결코 드물지 않았다는 일반 명제를 충분히 개진할 수 있다고 나는 생각한다. 이 학파들은 제각기 어떤 특정한 현대적 논지를 증명하려고 했다. 그러나 다함께 묶으면 그들은 보다 오래된 일반적인 진실을 시사하고 있는데, 내용인즉 선사시대의 회의에는 잔인함과 두려움 이상의 그 무엇이 존재했다는 것이다. 이런 이론가들은 제각기 고유한 도끼를 갖고 있었으나, 그는 기꺼이 돌도끼를 사용하려고 했다. 그리고 그는 돌도끼가 단두대[6]만큼 공화주의적일 수 있었

---

5 스트롱보우(1130-1176)은 펨브룩의 두 번째 백작 리처드의 별칭. 그는 노르만디, 잉글랜드, 웨일스에 있는 거대한 토지를 물려받았고, 헨리 2세에 의해 아일랜드의 관리인으로 임명받았다: 저자 주

6 1789년 일어난 대혁명 이후의 프랑스 사회. 유혈 혁명으로 왕정을 전복시키고 공화주의 체제를 수립했다. 단두대는 사형수의 고통을 최소화하려고 인도적 차원에서 도입되었다. 도끼로 목을 베던 시절에는 사형수가 극심하게 고통을 겪었고, 사형집행인도 트라우마에 시달렸다. 도끼날이 내려와 벤다는 점에서 단두대는 도끼의 확장 개념이다. 체스터턴이 돌도끼와 단두대를 비유로 든 것도 이런 이유 같다.

다고 시사한다.

그런데 막이 오르면 연극은 이미 진행 중이다. 어떤 의미에서, 역사 이전에 역사가 있었다는 말은 하나의 역설이다. 그러나 이는 '선사시대의 역사'라는 말처럼 불합리한 역설은 아니다. 그것은 우리가 알지 못하는 역사이기 때문이다. 아마 그 시대도 우리가 아는 역사와 매우 비슷했을 가능성이 아주 높다. 다만 상세한 내용을 모를 뿐이지만. 그것은 아메바에서 유인원까지 그리고 유인원에서 불가지론자까지 일관된 경로로 모든 것을 추적한다고 공언하는 주제넘은 선사시대의 역사와 정반대되는 것이다. 따라서 이는 우리와 매우 다른 묘한 피조물들에 대해 알아가는 문제와 전혀 다르다. 역사 이전 시대 사람들은 아마 현재의 우리와 매우 비슷했을 가능성이 아주 많다. 단지 우리가 그들에 대해 아무것도 모르긴 하지만. 달리 말하면, 가장 오래된 역사 기록도 인류가 이미 오랫동안 사람으로 살아왔고 심지어 문명화된 지도 한참 지난 시점으로 거슬러 올라가는 것뿐이라는 말이다. 가장 오래된 기록은 왕과 제사장, 군주와 민중 집회 등을 언급할 뿐만 아니라 당연시한다. 그 기록을 보면 우리가 가진 공동체와 거의 유사한 공동체를 묘사한다. 그들 중 일부는 독재적이지만 항상 독재적이었는지는 우리가 알 수 없다. 어떤 공동체들은 이미 쇠퇴기에 접어든 상태였을 수 있고, 거의 대부분은 이미 역사가 오래되었다고 나온다. 우리로서는 그 역사 기록 이전의 세상에서 실제로 무슨 일이 일어났는지 모른다. 그러나 우리가 조금 알고 있는 바에 따르면,

당시의 현상이 오늘날의 세상에서 일어나는 현상과 매우 흡사했다는 것을 알더라도 우리는 놀라지 않을 것이다. 그 미지의 시대에 군주제 아래서 공화주의자들이 쓰러졌다가 다시 일어나고, 제국들이 영토를 확장해서 식민지를 만들었다가 다시 잃고, 왕국들이 다시 합쳐져서 세계국가들을 만들었다가 다시 나눠져서 작은 국가들이 되고, 여러 계급이 스스로 노예로 전락했다가 다시금 행진하여 자유를 되찾는 등 이런 현상들을 발견해도 결코 혼란스럽지 않을 것이다. 인류가 걸어온 이 모든 길은 진보일 수도 있고 아닐 수도 있지만, 분명히 무척 흥미로운 이야기이다. 그러나 이 재미있는 이야기의 제1장은 뜯겨 나갔기 때문에 다시는 그 부분을 읽을 수 없을 것이다.

진화와 사회적 안정에 관한 좀 더 특별한 상상도 마찬가지다. 남아 있는 기록에 따르면, 미개함과 문명은 세상의 발달 과정에서 순차적으로 이어지는 단계가 아니었다. 이 둘은 오늘날과 마찬가지로 예전에도 함께 존재했다. 현재 문명들이 있는 것처럼 그때도 문명들이 있었다. 그때 미개인들이 있었던 것처럼 지금도 미개인들이 있다. 모든 인류가 유목 생활 단계를 거쳐 왔다고 주장하는 사람들이 있다. 그러나 지금도 유목 생활을 하는 사람들이 분명히 있고, 이전 시대에도 유목 생활을 해 본 적이 없는 사람들이 있었을 것이다. 아마도 아주 오래전부터 한곳에 터 잡고 땅을 일구는 농부들과 이리저리 떠돌아다니는 유목민들이 따로 구별되었을 것이다. 유목민과 농부를 연대순으로 재배열하려는 것은 진보의 단계를 확립하는 데 혈안이 된 사람들의 생각일 뿐이고 이 때문에 역사가 크게 왜곡되었다. 이들은 사유 재산이 어디에도 존재하지 않았던 공산주의 사회가 있었다고 주장한다. 온 인류가 소유 개념을 부정하며 살았다는 것이다. 그러나 소유 개념을 부정한다는 증거들 자체가 오히려 부정적이다. 소유의 재분배와 희년 제도, 그리고 토지를 고르게 나누는 법들은 여러 시기에 다양한 형태로 나타난다. 하지만 인류가 불가피하게 공산주의 단계를 거쳤다는 주장은 인류가 불가피하게 공산주의로 돌아가리라는 유사한 명제만큼 의심스러워 보인다.

이런 생각이 특히 흥미로운 이유는 미래에 대한 혁신적인 계획도 과거의 권위에 기대려 한다는 점 때문이고, 혁명분자조차 자기는 반동분자이기도 하다는 것을 내세우며 스스로 만족하려고 하는 모습 때문이다. 페미니즘이라 불리는 운동에서도 이와 비슷한 예를 찾을 수 있다. 결혼은 동굴 남성이 몽둥이로 동굴 여성을 때리고 붙잡아서 이뤄졌다는 사이비 과학적 잡담에도 불구하고, 페미니즘이 유행을 타기 시작하자마자 인류 문명의 첫 단계는 모계 사회였다는 주장이 제기된 것은 주목할 만하다. 이 주장이 옳다면 곤봉을 갖고 다녔던 인물은 분명히 동굴 여성이었다. 아무튼 이 모든 생각은 그저 추측일 뿐이다. 이런 생각은 신기하게도 현대적 이론들과 유행들의 운명을 따르게 된다. 아무튼 그런 생각은 기록되었다는 의미의 역사가 아니다. 기록에 관한 한 우리는 다음과 같이 반복해도 무방하겠다. 폭넓은 진실에 따르면, 미개함과 문명은 언제나 세상에 나란히 존재했고, 문명이 때로는 널리 퍼져서 미개인을 흡수했고 때로는 상대적인 미개함으로 전락했으며, 문명인들은 거의 모든 경우에 야만인들이 조야한 형태로 소유하던 사상과 제도들을 좀 더 완성된 형태로 소유했다는 것이다. 이를테면, 정부나 사회적 권위, 예술과 특히 장식용 예술, 특히 성(性)의 문제를 둘러싼 다양한 미스터리와 금기, 이 탐구의 주관심사인 종교라는 근본적인 것의 형태 등이다.

이제 본격적으로 이집트와 바벨론으로 들어간다. 아주 먼 옛날의 이 두 거대한 제국은 이 점에서 특별히 모델로 제시되어 왔고, 두 나라는 이런 현대의 이론들이 왜 틀렸는지를 보여주는 실제적인 모형이라 할 수 있다. 이 위대한 두 문명에 대해 아는 두 가지 중요한 진실은 앞서 살펴본 현재의 두 가지 오류를 정면으로 반박한다. 이집트 이야기는, 사람이 미개했기 때문에 반드시 전제주의와 함께 시작하는 것이 아니라 문명화되었기 때문에 자주 전제주의로 빠진다는 교훈을 지적하기 위해 만들었을 가능성이 많다. 사람들은 경험이 많기 때문에 전제주의를 도입한다. 또는 인내심이 고갈되었기 때문이라고 할 수 있다. 그리고 바벨론 이야기는, 사람이 농부나 시민이 되기 전에 유목민이나 공산주의자가 될 필요가 없다는 교훈을 지적하기 위해 만들었을 가능성이 많다. 아울러 그런 문화들은 언제나 연속적 단계들이 아니라 동시대에 공존하는 상태들일 경우가 많다는 교훈도 가리킨다. 물론 기록된 역사의 출발점인 이들 거대한 문명을 다루다 보면 너무 독창적으로 접근

하거나 너무 확실해지고 싶은 유혹이 있다. 우리는 컵과 고리가 새겨진 돌들(the Cup and Ring stones)[7]을 연구하며 가설을 세울 때와는 매우 다른 관점으로 바벨론의 벽돌을 해독할 수 있다. 그리고 우리가 신석기 시대의 동굴에 그려진 동물 그림이 무슨 의미인지 모르지만, 이집트 상형문자의 동물 그림이 무엇을 뜻하는지는 잘 안다. 그러나 심지어 이집트 상형문자의 경우에도 방대한 기록을 한 행씩 해석하는 존경스러운 고고학자들도 행간의 의미를 지나치게 해석할 소지가 있다. 바벨론 쐐기문자가 전혀 남지 않은 것보다는 그 문자가 새겨진 벽돌 조각 하나라도 남은 것이 더 낫기는 하지만, 바벨론 문명의 최고 권위자라고 해도 자기가 힘겹게 알아낸 지식이 얼마나 단편적인지를, 또한 바벨론 문명이 자기에게 던져 준 게 고작 벽돌 조각 하나뿐이라는 사실을 잊어버릴 수 있다. 그래도 선사시대가 아닌 역사적인 진실, 진화적이 아닌 독단적인 진실, 상상이 아닌 사실에 관한 진실들이 실제로 이집트와 바벨론으로부터 출현한다. 이 두 가지 진실도 그 가운데 속해 있다.

이집트는 사막의 검붉고 황폐한 땅 주변을 흐르는 강을 끼고 있는 초록색 띠 모양이다. 아주 오랜 전부터 전해오는 말에 따르면, 이집트 문명은 나일 강의 신비한 풍요로움과 불길한 자비로움 덕

---

**7** 주로 영국 북부와 스코틀랜드, 아일랜드와 스위스 등지에서 발견되는 선사시대 예술의 한 형태로, 돌에 컵과 고리 모양의 무늬들이 새겨져 있고 후기 신석기 시대에서 후기 청동기 시대까지 사용된 것으로 추정된다. 그 용도에 대해 가상적인, 종종 모순적인 가설들이 나오는 바람에 진지한 고고학자들은 잘 모르겠다고 시인했다: 저자 주

택에 생겨났다[8]). 이집트에 대한 첫 기록에 따르면, 이집트인들은 강 주변을 따라 끈처럼 이어지는 마을들을 이루고 살았다. 나일 강 기슭을 따라 자리 잡은 이 작은 마을들은 서로 떨어져 있었지만 협력하며 살아갔다. 나일 강이 넓은 삼각주로 퍼져 나가는 지역에는 나일 강 유역에 사는 이들과는 약간 다른 사람들이 공동체를 이루기 시작했다고 전해진다. 그러나 강 하류 지역 사람들과 상류 쪽에 사는 사람들[9]이 약간 달랐다는 점 때문에 여기서 논하려는 주요 진실을 복잡하게 만들 필요는 없다. 상호의존적이되 다소 독립적이었던 그들은 이미 상당히 문명화된 상태였다. 이들은 일종의 문장(紋章), 즉 상징적이고 사교적인 목적으로 사용된 장식 미술을 갖고 있었다. 배로 나일 강을 오가는 사람들은 각각 어떤 새나 동물을 상징하는 깃발을 달았다. 문장은 평범한 사람들에게 매우 중요한 두 가지 요소를 내포하고 있다. 이 둘이 합쳐져서 협동이라는 고귀한 것을 낳으며, 모든 농민과 자유인들은 협동에 의존한다. 문장의 그림은 독립성을 뜻하며, 그 이미지는 자신의 개별성을 나타내고자 상상력을 발휘한 결과이다. 또한 문장의 과학은 상호의존을 의미하며, 서로 다른 집단들이 서로 다른 이미지

---

**8** 이집트는 비가 거의 오지 않는 지역이라 농사지을 땅이 넉넉하지가 않다. 나일 강은 6월 말쯤 범람하는데 이때 검붉은 흙이 강 주변 지역에 쌓여 기름진 땅이 된다. 그러므로 강의 범람이라는 재앙이 결국 이집트인들에게는 나일 강이 베푸는 자비가 된다. 체스터턴은 이런 의미로 강의 범람을 자비로움으로 표현한 것 같다.

**9** 북쪽에 위치한 나일 강 하류 지역의 하(下)이집트와 남쪽에 위치한 나일 강 상류 지역의 상(上)이집트를 말한다. 상하 이집트가 나중에는 통일되나 이집트는 원래 두 개로 시작하였다. 참고로 성경에 나오는 '애굽'은 히브리어로 '미쯔라임'(한글 성경에서는 '미스라임')인데 '두 개의 이집트'라는 뜻이다. '미쯔라임'이라는 말에서도 이집트가 원래 두 나라였음을 알 수 있다.

를 식별하기 위해 합의한 결과이다. 이를 이미지의 과학이라 부른다. 그러므로 여기에 인류의 가장 정상적인 생활양식에 해당하는, 자유로운 가족들이나 집단들 간의 협동이란 타협이 있는 것이다. 이는 사람들이 자기네 땅을 소유하고 그것으로 먹고 사는 곳이면 어디에나 나타나는 현상이다. 새와 짐승의 이미지를 언급하면 신화를 공부하는 학생은 잠결에서도 '토템'(totem)[10]이라는 단어를 중얼거릴 것이다. 그런데 내가 보기에는 잠결에 그런 단어들을 중얼거리는 습관에서 상당한 문제가 발생하는 듯하다. 나는 이렇게 개관하는 가운데 줄곧 그런 것들의 외면보다 내면에 관해 얘기하려는 부적절한 시도를 해왔다. 말하자면, 가능하면 그런 것들을 단지 용어의 견지가 아니라 사유의 견지에서 숙고하려고 애쓴 것이다. 토템을 갖는 것이 실제로 어떤 느낌이었을지 도무지 감이 잡히지 않는다면 토템을 논하는 것은 별 의미가 없다. 고대 이집트인들은 토템을 갖고 있었고 우리에게는 토템이 없다고 가정해 보자. 그렇다면 이집트인들이 토템을 갖게 된 이유가 우리보다 동물을 더 두려워했기 때문일까, 아니면 우리보다 동물과 더 친숙했기 때문일까? 늑대를 토템으로 삼은 사람은 자기가 늑대 인간이 된 것처럼 느꼈을까, 아니면 늑대 인간으로부터 도망치는 사람인 것처럼 느꼈을까? 또는 리머스 아저씨(Uncle Remus)[11]가 브러 울

---

10 '토템'은 미개사회에서 씨족이나 부족, 또는 씨족 집단의 구성원과 특별한 혈연관계에 있다고 보아 신성시하는 특정 동식물이나 자연물을 말한다. 각 부족이나 씨족의 상징물이 되기도 한다. 하지만 토템을 토대로 한 토테미즘의 정의와 적용 범위는 조금씩 다르다.

11 리머스 아저씨는 허구적 인물로, 조엘 챈들러 해리스(Joel Chandler Harris)가 1881년

프(Brer Wolf)[12]에 대해 느끼듯 느꼈을까, 아니면 성 프란치스코가 늘대 형제[13]를 대할 때처럼 느꼈을까? 그것도 아니면 혹시 모글리[14]가 함께 자란 늘대들을 볼 때의 느낌이었을까? 토템은 영국의 사자[15]나 불도그[16] 같은 것이었을까? 토템을 숭배하는 것은 흑인들이 멈보 점보(Mumbo Jumbo)[17]를 떠올릴 때의 느낌 같았을까, 아니면 아이들이 코끼리 점보(Jumbo)[18]를 볼 때의 느낌과 비슷했을까? 이 질문은 무척 중요한데도 민간전승 서적에서도 이에 대해 뭔가 도움이 될 만한 내용을 본 적이 없다. 나는 단지 다음과 같은 사실만 되풀이하는데 그칠까 한다. 가장 초창기의 이집트 공동체들은 각 국가들을 상징하던 형상들에 대해 공통된 이해를 갖고 있었다는 것과, 이만큼의 의사소통은 그런 것이 이미 역사의 시작부터 있었다는 의미에서 선사시대적인 성격을 띠고 있다는

---

편집하여 출판한 흑인들의 민화 모음집의 제목이자 그 이야기 전체를 꾸려 나가는 해설자로 등장한다.

**12** 해리스의 이야기책에서 토끼를 괴롭히는 동물로 나오는데 결과적으로는 늘 토끼의 꾀에 당한다.

**13** 굽비오 마을에 사나운 늘대가 나타나 주민과 가축을 해치자 성 프란치스코는 늘대에게 다가가 '늘대 형제'라 부르며 그리스도의 이름으로 사람들을 해치지 말라고 명한다. 또한 굽비오 주민들에게는 늘대에게 먹이를 주도록 하여 늘대와 주민들 사이를 중재한다. 늘대는 마을에 해를 입히지 않았고 주민들은 늘대를 학대하지 않았으며 개들도 늘대를 보고 짖지 않았다. 2년 후에 늘대가 늙어 죽자 굽비오 사람들이 몹시 슬퍼하였다.

**14** 『정글북』에 나오는 늘대소년이다. 늘대 무리에서 늘대들과 함께 자랐다.

**15** 영국에서 사자는 왕을 상징한다.

**16** 영국의 토종견으로 영국 해군의 마스코트이기도 하다. 원래는 수렵용으로 쓰일 만큼 사납고 용맹했으나 현재는 많이 온순해졌다. 1835년 투견 경기가 불법이 되기 전에 불도그 여러 마리와 사자가 철창 안에서 싸우는 경기도 있었다.

**17** 서부 아프리카의 흑인들이 숭배했던 수호신.

**18** 커다란 아프리카 코끼리(1861−1885)로 서커스에 이용되어 유명해졌다.

것이다. 그러나 역사가 진행되면서 이 의사소통의 문제는 강변의 공동체들 사이에서 분명히 주요 현안이 되었다. 의사소통을 체계적으로 개선할 필요와 함께 공동 정부의 필요가 생기고 왕의 위대함이 커지고 그 그림자도 더 널리 퍼진다. 왕 이외에 공동체 사람들에게 구속력을 행사할 수 있는 사람들, 왕보다 더 오래전부터 있었던 것으로 보이는 사람들은 제사장이었던 것 같다. 제사장들은 의사소통을 목적으로 예전부터 널리 써온 상징과 기호를 발전시키는 데 왕보다 더 영향력이 있었을 것이다. 그리고 이곳 이집트에서 아마 최초로 대표적인 문자 발명 작업이 이루어졌고 모든 역사가 그 덕을 입었을 것이다[19]. 이때 역사시대와 선사시대 사이의 중요한 차이점이 나타났다. 바로 원형(原形) 문자와 글 쓰는 기술이다.

　이 원초적인 제국들에 대한 대중적인 그림은 생각보다 그리 대중적이지 않다. 그 제국들 위에는 이방인의 정상적이고 건강한 슬픔보다 더한 과장된 어두운 그림자가 드리워져 있다. 이는 원시인을 기어 다니는 피조물로, 그 몸을 오물덩어리로, 그 영혼을 두려움으로 만들길 좋아하는 일종의 은밀한 비관주의의 일환이다. 이것은 물론 사람들이 주로 그들의 종교에 의해 움직인다는 사실로부터 유래한다. 특히 그것이 비(非)종교일 경우가 그렇다. 이런 사람들은 초보적인 것이면 무엇이든 악한 것임에 틀림없다고 생

---

**19** 지금은 수메르인들이 최초로 상형문자와 쐐기문자를 발명했다고 본다.

각한다. 그런데 우리는 원시적 로맨스에 대한 아주 무모한 실험에 흠뻑 젖어있는데도 그들이 원시적 존재의 진정한 로맨스를 모두 놓쳤다는 것은 신기한 결과가 아닐 수 없다. 그들은 순전히 상상력을 발휘하여 이런저런 모습을 묘사했다. 석기 시대의 사람은 걸어 다니는 석상처럼 돌로 만든 사람이라고, 아시리아 사람이나 이집트 사람은 가장 오래된 그들의 미술에 그려진 만큼 뻣뻣하다고 묘사한 것이다. 그러나 이처럼 상상력으로 원시시대의 사람을 재현한 이들 가운데, 지금 우리가 당연시하는 것들을 당시의 사람들이 처음 발견했을 때 어떤 느낌이었을지 상상하려는 사람은 하나도 없다. 처음으로 불꽃놀이를 본 아이처럼, 처음으로 불을 발견하고서 경이감에 차 있었을 옛 사람의 마음을 상상해 본 적이 없다. 무선 통신기를 처음으로 작동시키는 소년처럼, 바퀴라는 놀라운 발명품을 처음으로 갖고 놀면서 신기해했을 원시인의 얼굴을 떠올려 본 적이 없다. 이 세상의 유년기를 묘사하면서도 결코 유년기 아이의 마음으로 바라본 적이 없는 것이다. 그래서 이 사람들이 상상한 원시시대나 선사시대에는 해학이라고는 조금도 없다. 쓸모 있는 발명품을 만들고도 이와 관련해서 장난조차 치지 않는다. 특히 상형 문자의 경우에 이처럼 해학이 부족하다는 점이 아주 잘 나타난다. 문자를 쓰고 기록하는 고급 기술, 인간에게 중요한 이 기술이 장난에서 시작되었을 것임을 암시하는 중요한 증거가 있는데도 말이다.

그런 기술이 익살에서 시작되었으리라는 점을 뒤늦게야 깨달을 사람도 있을 것이다. 이집트인들이 살던 땅은 길고 좁은 형태라 육로로 모든 마을을 일일이 찾아다니기가 불편했다. 따라서 강을 이용해서 오고가며 연락을 주고받았다. 왕이나 제사장, 또는 어떤 일의 책임자가 강을 따라 다른 지역에 전갈을 보내고 싶을 때, 그림으로 그려서 보내면 좋겠다는 생각이 떠올랐을 것이다. 마치 북미 원주민들이 그랬던 것처럼 말이다. 재미로 그림문자를 그려 본 사람들이라면 대개 경험했듯이, 이집트인들은 자기가 그린 문자가 원하는 뜻과 항상 잘 들어맞진 않는다는 것을 알았다. '세금'이라는 단어가 마치 '돼지'랑 상당히 비슷하게 들린다면, 장난스럽게 돼지를 과감히 그려 넣었고 뜻이 잘 통할지는 운에 맡겼다[20]. 현대에 상형문자로 의사소통을 하려는 사람은 '즉시'라는 뜻을 나타내고자 할 때 모자 모양을 대충 그리고 그 옆에 작대기 몇 개를 그릴 수도 있다. 파라오에게는 돼지 그림으로 충분했고 또 충분해야 했다. 이런 그림 메시지를 쓰고 나아가 그 뜻을 읽어내는 것은 무척 재미있었을 것이다. 그때는 읽고 쓴다는 게 완전히 새로운 경험이었을 테니까. 만약 고대 이집트 이야기를 꼭 써야 한다는 사람들이 있다면(기도하고 눈물로 호소하며 저주를 퍼부을지라도 그들의 관습을 바꾸지는 못할 것이다) 다음과 같은 장면들이 고대 이집트인들도 우리 같은 사람이었다는 사실을 일깨워 줄 것이다.

---

**20** 이집트 상형문자 중에 '오리'(duck)를 그린 문자가 있는데 있는 그대로 '오리'를 나타낸다. 그런데 이 문자는 '아들'이라는 뜻도 있다. 오리와 아들의 발음이 같았기 때문에 오리 그림 하나로 양쪽 의미를 다 나타냈다고 본다. 그러므로 태양(파라오)과 오리를 같이 그려 놓으면 '파라오의 오리'가 아니라 '파라오의 아들'이 된다.

나는 누군가가 이런 장면을 꼭 묘사해야 한다고 생각한다. 곧 위대한 왕이 제사장들 사이에 좌정하고 있으며 왕이 그린 문자에 담긴 장난이 점점 더 엉뚱해지고 주체할 수 없게 되자 그 자리에 모인 사람들 모두가 포복절도하는 장면이다. 왕이 보낸 그림 문자에 담긴 수수께끼 같은 의미를 찾아내는 자리에서도 사람들은 거의 비슷한 반응을 보였을 것이다. 그림 문자를 보며 추리를 하고 실마리를 찾으며 뜻을 알아맞히는 과정에서 마치 탐정소설을 읽으며 느끼는 짜릿함을 다함께 느꼈을 테니까. 고대의 이야기와 역사는 바로 이런 방식으로 쓰여야 한다. 아득히 먼 옛날의 종교적 삶이나 도덕적 삶의 수준이 어떠했든지 간에 흔히 생각하는 것보다 훨씬 더 인간적이었을 것이고, 그 시대에도 과학에 대한 관심은 분명 강렬했을 것이다. 고대 이집트인들에게 새로운 문자를 만드는 것은 무선 통신 기술보다 더 놀라운 발명이었을 테고, 평범한 사물로 하는 실험도 전기 충격 같은 희열을 안겨 주었을 것이다. 우리는 누군가가 원시적인 삶을 생동감 넘치게 써 주기를 지금도 기다린다. 이런 이야기는 어느 의미에서 하나의 여담이다. 그러나 이것은 정치적 발전과 관련이 있다. 이는 과학에 관한 가장 환상적인 최초의 이야기들 중에 가장 활발히 논의되는 기관에 의한 정치 발전을 말한다.

과학 발전의 대부분은 제사장들 덕분이라고 일반적으로 입을 모은다. 웰스 씨 같은 현대 저술가들이 가톨릭의 성직 체계를 인정하지 않는 것을 비난할 수는 없다. 하지만 이 저술가들조차도 고대 이방종교의 제사장들이 예술과 과학 발전에 기여했다는 사실은 인정한다. 그런데 계몽된 자들 중에 좀 더 무지한 이들 사이에서는 사실 제사장들이 모든 시대에 진보를 가로막았다고 말하는 전통이 있었다. 언젠가 어떤 정치인이 논쟁석상에서 고대의 제사장들이 바퀴의 발견에 저항했던 것처럼 나도 현 시대의 개혁에 저항하고 있다고 내게 말한 적이 있다. 이에 나는 아마 고대의 제사장들이 바퀴를 발명했을 가능성이 훨씬 더 많다고 응수했다. 고대의 제사장들이 문자 발명에도 깊이 관여했을 가능성이 매우 높다. 상형문자를 '신성문자'(神聖文字, hieroglyphic)[21]라고도 부르는데, 이 용어 자체가 성직자 계급 제도를 뜻하는 'hierarchy'와 유사하다는 점에서도 충분히 알 수 있다. 이집트 제사장들의 종교는 대체로 여러 신화가 혼합된 다신교 형태였을 것임이 분명하며, 이 내용은 다른 데서 좀 더 상세히 다룰 것이다. 제사장의 종교는 왕과 협력할 때도 있었지만, 왕이 단독으로 유일신 종교를 채택하고 종교계의 일인자로 오를 때는 제사장들을 박해하기도 했다[22]. 이후 제사장들의 종교가 다시 왕을 무너뜨리고 왕 대신 제사장들이 다스리는 때가 오기도 했다.

아무튼 우리 세상은 생활에 꼭 필요한 여러 물건을 만들어 준 이집트 종교를 고마워해야 한다. 그러므로 이 평범한 것들을 발명

---

**21** 고대 이집트에서 사용된 문자는 서체에 따라 신성문자(神聖文字, hieroglyphic), 신관문자(神官文字, hieratic), 민중문자(民衆文字, demotic)로 나뉜다. 보통 신성문자와 상형문자를 같은 의미로 쓴다.

한 제사장들은 진정 인류의 위인 가운데 한 자리를 차지해야 마땅하다. 만약 우리가 아무 생각 없이 기독교에 반발하며 우왕좌왕하는 대신 고대 이방종교에 뿌리내렸다면, 이름도 남기지 않고 인류 문명에 이바지한 이들을 이방종교의 방식으로 높였을 것이다. 맨 처음 불을 발견한 사람, 최초로 배를 만든 사람, 처음으로 말을 길들인 사람을 기리며 동상을 세웠을 것이다. 그들 동상 앞에 화환이나 제물을 바치는 쪽이 흔해빠진 정치인과 자선가의 동상을 런던에 세워 도시 미관을 망치는 것보다 좀 더 의미가 있을 것이다. 그런데 기독교가 지닌 강점의 이상한 특징 하나는 기독교가 등장한 이래 우리 문명에 속한 어느 이방인도 정말로 인간다운 존재가 될 수 없었다는 사실에 있다.

여기서 요점은 종교지도자이건 왕이건 간에 이집트 통치 세력이 의사소통 체계를 확립할 필요성을 점점 더 깨달았다는 것이다. 의사소통에는 언제나 어떤 강압 요소가 뒤따랐다. 그러나 국가가 문명화될수록 정치 체제가 반드시 점점 더 전제군주정치로 갈 수밖에 없었던 것은 아니다. 문명화를 좀 더 이루려면 독재 체제를 좀 더 채택해야만 하는지는 논란의 여지가 있다. 그런데 독재정치를 지지하는 자들은 언제나 이런 식의 주장을 펴왔다. 이들은 독

---

**22** 이집트 제18왕조의 제10대 왕인 아멘호텝 4세를 말하는 것 같다. 원래는 아멘호텝이었으나 아케나텐(또는 이크나톤, '아톤의 광휘'라는 뜻)으로 이름을 바꾸었다. 아버지인 아멘호텝 3세의 뜻을 이어받아 종교개혁을 단행하였다. 유일신 '아톤'을 섬기도록 하면서, 기존에 종교뿐만 아니라 정치에서도 세력을 과시하던 제사장들의 입지를 크게 줄였다. 본인이 아톤의 제사장이 되면서 제사장들이 누리던 실권을 파라오가 다시 갖게 되었으나 급진적으로 추진하던 사회개혁이 힘을 잃으면서 왕권이 흔들렸다. 제18왕조 제12대 왕인 투탕카멘(원래 이름은 투탕카텐) 때에는 다시 제사장들의 세력이 강해졌다.

재정치가 인류 역사의 가장 이른 시기에 나타났다고 주장하는 것이다. 그러나 인류의 정치가 초창기에 최고로 독재적인 성격이었다가 시간이 흐르면서 점점 자유주의로 성장했다는 주장은 결코 옳지 않다. 실제로 역사가 진행된 과정은 이와 정반대이다. 노인장과 노인장의 권좌, 번뜩이는 창에 대한 극심한 공포 때문에 부족이라는 공동체가 생겨났다는 주장은 진실이 아니다. 적어도 이집트에서 노인장(the Old Man)은 오히려 새로운 상황에 대처하고자 무장 세력으로 봉기한 '새로운 사람'(the New Man)이었을 것이다. 이집트가 복잡하고 완전한 문명국으로 발전함에 따라 지도자의 창은 더욱 길어지고 권좌는 더욱 높아졌다. 이 점에서 이집트 지역의 역사가 지구의 역사와 같다는 나의 말은 바로 이런 뜻이다. 이런 사실은 공포 정치가 오직 역사의 초기에만 나타나고 역사의 말기에는 일어날 수 없다는 기존의 가정을 정면으로 부인하는 것이다. 우리로서는 나일 강 주변의 작은 연방 부족들, 곧 지주와 농부, 노예 등 여러 계층이 섞여 살아가는 공동체, 거의 봉건제에 가까운 이 사회가 맨 처음에 어떤 모습이었는지 알 길이 없다. 오히려 농부 중심의 농업 사회에 더 가까웠을지도 모른다. 우리가 아는 바는 공동체 운영의 경험이 쌓이고 교육이 이루어지면서 이 작은 연방 부족들은 자유를 잃었다는 것이다. 절대 군주는 인류 초기에 생성된 것이 아니라 오히려 후대의 산물이다. 그리고 문명 발달이라는 길의 끝에 다다르면 사람들은 왕에게 귀속된다. 이집트의 기원에 대한 간단한 기록에서 자유와 문명의 상관관계에 대한 주요 문제를 볼 수 있다. 사람들은 실제로 복잡성 때문에 다양성을 잃어버린다. 당시 사람들이 이 문제를 풀지 못했던 것처럼, 우리도 이 문제를 제대로 풀지 못했다. 그러나 전제 정치가 오직 부족사회의 공포심 때문에 생겼다고 주장한다면, 이는 인간의 존엄성을 비하시키는 것이다.

이집트가 전제 정치와 문명 사이의 잘못된 해석을 반박하듯, 바벨론은 문명과 미개함 사이의 엉뚱한 해석을 논박한다. 바벨론 역시 첫 기록이 쓰인 시점은 이미 문명화된 상태였다. 바벨론 문명이 의사전달 체계를 갖출 정도로 충분히 성장한 뒤에야 기록을 남길 수 있었다는 간단한 이유에서 알 수 있다. 바벨론은 쐐기문자(cuneiform)로 기록을 남겼다. 쐐기문자는 이집트의 그림 같은 문자와 대조되는데, 신기하게 생긴 뾰족뾰족한 삼각형 기호로 이루어진다. 그러나 이집트 예술은 비교적 경직되었을지 몰라도, 지나치게 경직되어 어떤 예술 분야도 꽃피우지 못한 바벨론의 분위기는 언제나 이집트의 분위기와 달랐다. 이집트 상형문자를 보면 연꽃 모양을 그린 선에는 늘 생동감 넘치는 우아함이 있고, 화살과 새의 움직임을 묘사한 그림에는 민첩함뿐만 아니라 정밀함도 나타난다. 상형문자에는 절제된 듯하면서도 생동감 있는 나일 강의 곡선미가 담겨 있는 것 같다. '옛 나일 강의 뱀'(the serpent of old Nile)[23]을 이야기할 때, 우리는 대개 뱀 몸통의 곡선 때문에 나일

---

23 클레오파트라의 별칭. 셰익스피어가 쓴 희곡 〈Antony and Cleopatra〉(1623) 1막에 로마에서 돌아온 안토니우스가 이집트에 도착한 후 클레오파트라를 찾으면서 "내 옛 나일 강의

강을 마치 큰 뱀처럼 떠올리게 된다.[24]

바벨론은 그림의 문명이기보다는 도형의 문명이었다. 윌리엄 예이츠는 역사적 상상력 못지않게 신화적인 상상력도 있는 사람이었다(사실 신화적 상상력 없이는 역사적 상상력을 발휘할 수 없다). 예이츠는 시에서 '현학적인 바벨론'[25]에서 별을 관찰하는 사람들[26]을 표현했다. 쐐기문자는 벽돌에 새겨졌고, 바벨론의 모든 건축물이 이 벽돌로 세워졌다. 이 벽돌은 진흙을 구워 만든 것으로, 아마도 재료 자체의 성질 때문에 조각이나 부조가 발달하지 못했던 것 같다. 바벨론은 정적이지만 과학적인 문명이었다. 생활 장비는 훨씬 진보되어 있었고, 어떤 면에서는 매우 현대적이었다. 그들은 독신 여성을 숭배하는 현대적 풍습을 갖고 있었고 독립적인 근로 여성들로 구성된 공식적 계층을 인정했다고 전해진다. 단단한 진흙 벽돌로 쌓아올린 웅장한 성에는 거대한 벌통에서 이뤄지는 실리적인 활동이 있었음을 암시하는 게 있다. 그러나 바벨론이 거대했을지라도 결국 인간의 문명이었다. 바벨론 문명에도 고대 이집

---

뱀은 어디 있나?" 하고 부르는 장면이 나오는데, 여기서 유래한 것으로 보인다.

**24** 문자의 형태는 사상이 반영되기도 하지만 필기 재료에도 영향을 받는다. 이집트는 파피루스를 종이처럼 썼으므로 쿡쿡 눌러 찍는 방식의 필기는 적당하지 않고 선을 그리는 게 유리하다. 바벨론은 점토판을 썼는데 선을 그리는 형태의 문자보다는 삼각형 모양의 철필을 눌러 찍는 방식이 적당하였다. 즉 구하기 쉬운 필기 재료가 무엇인지에 따라 문자 모양도 달라진다.

**25** 아일랜드의 유명 시인(1865–1939). 인용된 구절은 예이츠의 시 〈Dawn〉(1914) 6행에 나온다.

**26** 성경에 나오는 '동방에서 온 박사들'(마 2:1–12)은 현자, 점성가 등으로 간주되며, 페르시아의 종교인 조로아스터교의 제사장들로 여겨지기도 한다. 바벨론의 별을 관찰하는 사람들도 점성가이자 천문학자로서 별자리를 해석하고 꿈을 해몽하며 예언하는 일에 관여했다. 따라서 학식과 신분이 높은 사람들이었다.

트나 현대의 영국과 똑같이 사회적 문제가 많았다. 바벨론 사회의 부조리가 무엇이든, 바벨론 역시 인류 초기의 걸작이었다. 바벨론은 거의 전설적인 티그리스 강과 유프라테스 강 사이의 삼각 지대에 있었다. 바벨론 제국의 도시들은 대규모 농업에 의존하였는데, 고도로 발달된 과학적인 운하 시스템으로 인해 농업이 개량되었다. 바벨론 문명은 전통적으로 지적인 면이 매우 발달하였기에 전반적인 성향이 예술보다는 철학에 가까웠다. 그리고 이 문명이 태동한 토대에는 별을 관측하는 고대의 지혜를 상징하게 된 사람들, 곧 아브라함을 가르친 갈대아인들이 있었다.

이름 없는 유목민 군대가 벽돌로 된 거대한 성벽처럼 견고한 국가 바벨론에 여러 세대에 걸쳐 밀어닥쳤다. 이 군대는 유목민들이 처음부터 살아왔고 오늘날에도 여전히 살고 있는 사막에서 왔다. 그들의 삶의 방식이 어떠했는지를 자세히 설명할 필요는 없을 것이다. 풀을 뜯길 목초지를 찾아 별 어려움 없이 소떼와 양떼를 몰고 다녔고, 소와 양에서 나오는 고기와 우유를 먹고 살았음이 분명하다. 이렇게 살아감으로써 집을 제외하고 사람이 살아가는 데 필요한 거의 모든 것을 제공받았음은 의심의 여지가 없다. 인류의 초창기부터 많은 양치기와 목동들이 읍기에 나오는 온갖 진리와 수수께끼와 같은 말을 들려주었다. 아브라함과 자손들도 그들 중에 있었다. 아브라함과 후손들은 히브리인들의 편집증 같은 유일신 신앙을 현대 세계에 영원한 수수께끼로 남겼다. 하지만 이 유목민들은 자연 속에서 살아 왔기 때문에 복잡한 사회 조직을 이해하지 못했다. 유목민 안에 깃든 바람 같은 영혼 때문에 바벨론을 공격하고 또 공격했다. 바벨론의 역사는 주로 사막 유목민들의 공격을 방어하며 흘러온 역사이다. 유목민 군대는 한두 세기마다 한 번씩 쳐들어왔다가 물러갔다. 바벨론을 침략했던 유목민들이 한데 뭉쳐 니느웨에 오만한 제국 아시리아(Assyria)를 세웠다고 하는 사람들도 있다. 이들은 자기네 신전에 그룹(cherubim)[27]처럼 날개가 달리고 턱수염이 난 거대한 괴물 같은 황소를 새겨 놓았다. 그리고 사방에 군대를 수없이 보내 황소가 커다란 발굽으로 짓밟듯 세상을 정복했다. 이렇듯 아시리아는 위풍당당한 간주곡이었지만, 결국 간주곡 중 하나일 뿐이었다. 이 지역의 주요 이야기는 떠돌아다니던 사람들과 한곳에 정착해서 살던 사람들 사이에 벌어진 전쟁에 대한 것이다. 이 떠돌이 집단은 눈에 띄는 것은 무엇이든 쓸어버리려고 서쪽으로 이동했다. 아마 선사시대에도 이런 식으로 살았을 것이고, 역사 시대에는 분명히 서쪽으로 움직였다. 그런데 이들이 마지막으로 바벨론에 다다랐을 때, 바벨론은 이미 사라지고 없었다. 이때는 역사 시대였고, 이 유목민 무리를 이끈 지도자의 이름은 무함마드(Muhammad)[28]였다.

여기서 잠시 멈추고 이 이야기를 생각해 볼 필요가 있다. 앞서 다루었듯이, 이 이야기는 여전히 널리 퍼진 통념, 곧 유목생활은

---

**27** 그룹(cherub, 히브리어로는 '케루브')은 하나님의 영광과 존엄과 거룩함을 지키는 일종의 호위 천사이다. 창 3:22-24, 출 25:18, 민 7:89, 삼상 4:4, 히 9:5 등을 참고하라.
**28** 이슬람교의 창시자(570-632).

선사시대의 것이고 사회적 정착은 비교적 최근의 것이라는 통념과 정면으로 상충되기 때문이다. 바벨론 사람들이 떠돌아다닌 적이 있었다는 증거는 하나도 없다. 사막에 사는 유목민 부족이 정착해서 살았던 적이 있었다는 증거도 거의 없다. 학자들이 연구한 덕택에 우리는 많은 것을 알게 되었는데, 이 믿음직하고 성실한 학자들도 유목민 단계를 거쳐 정착 생활이 등장했다는 관념을 이미 폐기한 것 같다. 그렇다고 여기서 성실하게 수고하는 학자들을 문제시하는 것은 아니다. 다만 제대로 된 연구를 거치지 않고 성급하게 도출된 견해, 이미 널리 퍼져버린 확실치 않은 견해를 짚고 넘어가려는 것이다. 이 견해 때문에 사람들은 인류의 역사에 대해 잘못 생각하게 되었다. 원숭이가 사람으로 진화했고, 야만인이 문명인으로 진화했기 때문에 모든 역사 단계에서 뒤로 갈수록 더 미개하고 앞으로 갈수록 더 발전했으리라는 생각인데, 이는 완전히 뜬구름을 잡는 관념이다. 이 견해는 이중적인 의미에서 허황된 생각이다. 그런데 이는 사람들이 지지하는 견해라기보다 일상적인 분위기인 것 같다. 이런 분위기라면 사람들을 설득할 때 이론을 내세우기보다 눈에 보이는 무언가를 제시하는 게 훨씬 효과적이다. 누군가 어설픈 글이나 말로 이런 억측을 하려고 한다면, 그 사람에게 잠시 눈을 감고 마치 사람들로 가득한 절벽처럼 거대한 바벨론 성벽, 대규모의 사람들이 어렴풋이 보이는 그 경이로운 성벽을 상상해 보라고 하는 편이 좋을 것이다.

한 가지 사실은 바벨론의 그림자처럼 우리를 드리운다. 인류 문명 초기의 이집트와 바벨론 이 두 제국에서 얼핏 보이는 게 있는데, 국가 구성원들 사이의 관계를 처음으로 복잡하게 만든 제도가 그것이다. 다소 비인간적이었지만 다른 제도들처럼 자연스러운 것으로 받아들여졌다. 바로 노예 제도라는 어두운 거인이었다. 이 거인은 '요술램프의 거인 지니'처럼 소환되어 벽돌과 돌로 대규모 공사를 진행하고 있었다. 여기서 다시 우리는 예전에 있었던 것은 다 야만적이었다고 너무 쉽게 단정하지 말아야 한다. 노예 해방의 관점에서 보면, 인류 초창기의 노예는 어떤 면에서 그 이후의 노예보다 더 자유로웠던 것으로 보인다. 아마 앞으로 생길 어떤 노예 상태보다도 더 자유로웠을 것이다. 결국 모두가 먹을 식량을 확보하려고 일부 사람에게 강제로 일을 시키는 것은 매우 인간적인 방편이었다. 그래서 아마 앞으로도 계속 이런 수단을 쓰려고 할 것이다. 어떤 의미에서 옛 노예 제도에는 중요한 점이 있다. 그 노예 제도는 그리스도가 오기 전에 존재했던 모든 고대 사회의 본질적인 참모습을 상징한다. 이는 시종일관 취해야 할 가정(假定)이다. 그 참모습은 바로 국가 앞에서 개인은 하찮은 존재라는 것이다. 바벨론의 전제 정치 아래서나 고대 그리스의 가장 민주적인 도시 국가에서나 개인은 그런 존재였다. 개인으로 구성된 계급 전체가 하찮을 수 있고 심지어 눈에 보이지 않는 것처럼 여겨졌다는 사실은 이런 정신의 징표이다.[29] 이런 현상은 현대 용어

---

29 고대 사회에서 노예 계급 전체가 무시당했던 것에 대한 지적으로 보인다. 참고로 고대 그리스의 스파르타는 10%의 소수 귀족과 시민이 90%의 노예를 지배하였다.

로 '사회복지' 사업을 위해 필요했기 때문에 당연한 일로 받아들였을 것이다. 누군가 "사람은 아무것도 아니고 일이 전부다"라고 말했는데, 이는 칼라일(Carlyle)[30]이 했던 말과 같은 상투어이다. 그리고 이는 노예를 부리던 이방종교 제국의 사악한 좌우명이었다. 이런 의미에서 끝없는 하늘 아래 거대한 기둥과 피라미드가 쭉쭉 치솟아 올라가는 모습, 그리고 이름 없는 무수한 사람들이 개미처럼 수고하고 파리같이 죽어 가며 자기 손으로 쌓은 건축물 아래에서 사그라져가는 모습을 묘사한 옛 그림에는 진실이 채색되어 있다.

그런데 인류 문명에 관한 이야기를 이집트와 바벨론이라는 두 고정된 지점에서 시작하는 데는 다른 두 가지 이유가 있다. 첫 번째 이유는 두 나라가 고대 문명의 전형으로 전통 속에 확고부동하게 자리 잡고 있기 때문이다. 전통이 없는 역사는 죽은 것이다. 바벨론은 여전히 아기를 잠재우는 자장가 후렴구에 나온다. 그리고 이집트는 (환생을 기다리는 엄청나게 많은 공주들과 함께)[31] 지금도 필요 이상으로 많이 출간된 소설에서 다루는 소재가 된다. 전통은 일반적으로 진리이다. 그 전통이 충분히 대중적인 한 그렇다는 말이다. 거의 통속적인 경우라도 그렇다. 이렇듯 자장가와 소설에 바벨론과 이집트의 요소가 있다는 사실은 분명 의미심장하다. 그렇

---

**30** 토머스 칼라일(Thomas Carlyle, 1795–1881)은 영국의 비평가이자 역사가이다. 칼라일은 당시 노동자들의 열악한 생활 상태를 동정하면서도, 인간이 구제받으려면 강하고도 정의로운 영웅이 지배하고 중세 때처럼 질서 있는 경제생활을 해야만 가능하다고 주장했다.
**31** 고대 이집트인들은 환생을 믿었다.

기 때문에 대체로 시대 흐름에 한참 뒤처지는 신문들조차 벌써 투탕카멘의 통치까지 다루는 것이다.[32] 첫 번째 이유는 대중적인 전설에 대한 상식으로 가득 차 있다. 우리가 오늘날의 다른 사항들보다 이런 전통적인 것들에 대해 더 많이 알고 있다는 사실이다. 우리는 항상 그랬다. 헤로도토스(Herodotus)부터[33] 카나본 경(Lord Carnarvon)[34]에 이르기까지 모든 여행자가 이 전통의 길을 따른다. 오늘날의 학자들은 과학적 추측을 통해 고대의 세계지도를 상세하게 그려낸다. 이 지도 위에는 인종이 이동하거나 섞이는 경로가 여기저기에 점선으로 표시된다. 지도 제작자가 과학에 근거하지 않은 중세 사람이었다면 어땠을까? 궁금증을 유발하는 이 빈 지역을 순례자들이 방문하면 어떤 대접을 받게 될지 알려 주려고 용을 그려 넣은 게 아니라면, 이 지역을 '미지의 땅'이라고 표시했을 것이다. 하지만 그런 추측들은 어디까지나 추측일 뿐이다. 최악의 경우 그 점선 표시는 용 그림보다 훨씬 더 허황된 것이 될 수도 있다.

안타깝게도 여기에는 사람들이 빠지기 쉬운 함정이 있다. 매우 지적인 사람이라도 예외가 아니며, 특히 상상력이 아주 뛰어난 사

---

**32** 투탕카멘의 무덤을 발굴하기 시작한 때는 1922년이고 발굴 작업은 1928년까지 이어졌다. 이 책 초판이 1925년에 나왔으니 체스터턴이 이 책을 쓸 무렵에는 투탕카멘에 대해 고고학적으로 알아낸 것이 그리 많지도 않았고 체계적으로 정리가 되지 않은 상태였다. 그런데도 신문기자들이 성급하게 투탕카멘의 통치를 기사로 다루자 이를 지적한 것 같다.

**33** 그리스의 역사가로 '역사의 아버지'로도 불린다. 페르시아 전쟁사를 다룬 『역사』를 썼다.

**34** 카나본은 이집트의 파라오 투탕카멘의 무덤을 발굴하는 데 재정을 후원한 영국 귀족이다(1866-1923). 그는 무덤 발굴 후 몇 달이 지난 1923년 이집트의 카이로에서 죽었는데, 이 사건 때문에 '미이라의 저주'라는 말이 생겨났다.

람이 빠지기 쉬울 것이다. 다름 아니라, 어떤 아이디어가 더 클 경우에 그것이 더 크다는 이유로 더 근본적이고 고정적이고 확실하다고 추정하는 오류이다. 만일 한 남자가 티베트 중부의 어떤 건초 오두막에 홀로 살고 있다면, 그는 중화제국에 살고 있다는 말을 들을 수 있다. 그리고 중화제국은 확실히 방대하고 찬란하고 인상적인 곳이다. 또는 그 대신에 그 사람이 대영제국에 살고 있다는 말을 들을 수 있고, 따라서 깊은 감동을 받을 것이다. 그런데 신기한 것은, 어떤 정신 상태에서는 그 사람이 눈에 보이는 오두막보다 보이지 않는 중화제국에 대해 훨씬 큰 확신을 품을 수 있다는 점이다. 그는 마음속에서 이상한 요술을 부려서 그의 경험은 오두막과 함께 시작하는 데도 그의 주장은 그 제국과 함께 시작하게 된다. 때로는 그 사람이 미쳐서 건초 오두막이 중국 황제가 다스리는 영역에는 존재할 수 없음을 증명하는 듯이 보인다. 즉, 용의 권좌[35]가 다스리는 땅에는 자기가 거주하는 그런 오두막집이 있을 수 없다는 것이다. 그의 광기는 지적인 과실, 곧 중국은 모두를 포괄하는 큰 가설이기 때문에 그것이 가설 이상의 것이라고 추정하는 잘못에서 생긴다. 오늘날 현대인은 끊임없이 이런 식으로 주장하고 있다. 그리고 범위를 넓혀 중화제국보다 훨씬 더 불확실한 것까지 그렇게 주장한다. 예를 들어, 어떤 영국인이 사우스 다

---

**35** 용의 권좌(the Dragon Throne)는 중국 황제의 보좌를 가리키는 영어 표현이다. 중국에서는 용이 제국의 힘을 상징하였기 때문에 이런 표현을 쓴다.

운즈[36]를 잘 아는 것만큼 태양계를 잘 알지는 못한다는 점을 잊어버리는 것과 같다. 태양계는 추론해낸 것이며, 확실히 추론물이 맞다.[37] 그러나 여기서 요점은 태양계가 매우 거대하고 지대한 영향을 가져오는 추론이기 때문에 그는 결국 현재의 태양계 모형이 추론이라는 것을 잊고 그것을 제1원리로 다룬다는 데 있다. 그리고 그는 언젠가 모든 계산이 오산임을 알게 될지도 모른다. 그래도 태양과 별, 그리고 가로등은 지금과 똑같은 모습으로 있을 것이다. 그러나 그는 그것이 계산이라는 점을 잊어버리고, 만약 그것이 태양계에 들어맞지 않는다면 태양의 존재를 부정할 듯한 기세이다.[38] 태양계와 중화제국처럼 아주 잘 확인된 실체에도 이런 태도를 보이는 것이 오류라면, 실제로 확인된 바가 없는 이론과 그 밖의 것들에 대해 이런 태도를 보이는 것은 훨씬 더 심각한 오류이다.

이와 같이 사람들은 역사, 특히 선사시대의 역사를 다룰 때 여

---

**36** 영국 남부에 있는 낮은 구릉지대.

**37** 사람들은 흔히 태양계는 명백히 객관적인 진실이라고 믿으나 태양계도 추론을 거쳐 점차 확립되었다. 1781년 허셜이 천왕성을 발견했고, 천문학자들은 천왕성의 궤도를 계산하였다. 하지만 '만유인력의 법칙'만으로 설명할 수 없는 불규칙한 움직임이 있었기에 이를 두고 만유인력의 법칙이 완전하지 않다고 주장하는 학자들이 있었다. 만유인력의 법칙을 고수하던 학자들은 천왕성의 궤도에 영향을 줄 만한 미지의 행성이 있으리라고 가정하여 궤도를 계산하였다. 1846년에 이 궤도에서 해왕성이 발견되어, 미지의 행성이 천왕성에 영향을 준다는 추론이 옳다는 게 증명되었다. 명왕성도 마찬가지다. 해왕성 하나만으로는 천왕성의 궤도에 영향을 주기 어렵다고 판단한 학자들이 또 다른 행성이 있을 것이라고 추론하였고 1930년에 명왕성이 발견되어 이 추론이 증명되었다. 이렇듯 객관적 사실로 보이는 태양계도 실은 학자들의 추론을 바탕으로 더 구체화된 셈이다. 체스터턴이 이 책을 집필하던 때는 명왕성이 발견되기 전이므로, 이 당시에 명왕성은 그저 추론일 뿐 실체는 아니었다.

**38** 1930년에 태양계로 편입된 명왕성은 국제천문연맹이 정한 행성의 기준에 맞지 않는다는 이유로 2006년 9월에 태양계에서 제외되었다. 이렇듯 태양계도 인간이 설정한 기준에 따라 범위가 확대되거나 축소될 가능성이 있다.

러 인종을 특정 유형으로 일반화하는 것부터 시작하는 아주 나쁜 버릇이 있다. 이렇게 사실과 추론이 뒤바뀌는 바람에 현대 정치 상황이 얼마나 엉망이 되고 비참해졌는지 자세히 설명하지는 않겠다. 흔히 인종이 나라를 형성하였다고 모호하게 가정하기 때문에, 사람들은 마치 나라가 인종보다 더 모호한 존재인 듯 말한다. 그들은 스스로 어떤 결과를 설명하려고 어떤 이유를 꾸며냈기 때문에 그 이유를 정당화하기 위해 그 결과를 부인하다시피 한다. 그들은 먼저 켈트족을 명백한 진리로 취급한 뒤에 아일랜드 사람을 추론으로 취급한다.[39] 그리고 나서 아일랜드 사람들이 추론으로 취급당한 것에 분개하여 절대 가만두지 않겠다고 거세게 항의하면 움찔한다. 아일랜드 사람이 켈트족이든 아니든, 켈트족이 존재하든 존재하지 않든지, 아일랜드 사람은 아일랜드 사람이라는 것을 그들은 보지 못한다. 사람들을 다시 한 번 착각에 빠지게 하는 것은 자기들이 주장하는 이론의 크기이다. 그리고 곧 머릿속으로 상상해낸 존재가 실제 대상보다 더 크다고 느끼는 것이다. 학자들은 큰 세력을 이뤘던 켈트족이 사방으로 흩어졌고, 그 흩어진 무리 중에 아일랜드 사람이 있다고 본다. 따라서 아일랜드 사람의 존재 여부는 당연히 켈트족에 의존해야 한다는 것이다. 이와 같은 혼동 때문에 영국인과 독일인은 튜튼족의 범주 안으로 흡수되고,

---

**39** 역사학자들은 켈트족이 원래 유럽 내륙에 살다가 지금의 영국 땅으로 건너가 스코틀랜드와 아일랜드에 거주한다고 본다. 본문에 따르면 켈트족이라는 인종이 더 확실한 실체이고, 켈트족이 이룬 아일랜드라는 나라는 인종보다 모호한 추론이 된다.

물론 영국인과 독일인 자체는 사라져 버렸다. 그리고 한 인종에서 여러 나라가 갈라져 나왔으므로 이 나라들끼리는 서로 전쟁을 벌이지 못한다고 주장하며 증명하려던 사람들도 있다. 내가 이 통속적이고 진부한 예들을 슬쩍 드는 것은 보다 친숙한 오류의 실례들이기 때문이다. 여기서 쟁점이 되는 문제는 그것을 현대적인 것에 적용하는 게 아니라 가장 오래된 것에 적용하는 것이다. 이 인종 문제에서 연대가 더 오래되고 기록이 적을수록, 빅토리아 시대[40]의 과학자들은 사실과 추론이 뒤바뀐 이 유별난 확신을 더 굳건하게 붙든다. 빅토리아 과학 전통에 속한 학자들은 이 문제에 대해 누군가 의문을 제기하면 지금도 노발대발한다. 자기들이 제1원리로 생각하는 것도 실은 최후의 추론일 뿐인데 말이다. 그는 잉글랜드 사람이기보다 앵글로색슨이란 것을 더 확신하듯이, 앵글로색슨이기보다 아리안족이란 것을 여전히 더 확신한다. 그는 자기가 유럽인이란 것을 결코 깨달은 적이 없지만, 자기가 인도-유럽인이란 것을 결코 의심한 적이 없다. 이런 빅토리아 이론들이 그 모양과 범위는 상당히 바뀌었으나 가설을 이론으로 재빨리 굳히고, 이론을 가정으로 굳히는 습관은 아직도 한물가지 않았다. 사람들은 정신적 혼동, 즉 역사의 토대는 전혀 흔들림이 없다고, 첫 발걸음은 확실히 안전하다고, 최대의 일반화는 자명하다고 생각하는 혼동에서 쉽게 벗어날

---

**40** 영국의 빅토리아 여왕이 통치한 시대(1837–1901).

수 없다. 그런데 그 모순이 그들에게 하나의 역설로 보일지 몰라도 이것은 진실과 상반되는 것이다. 비밀스럽고 눈에 보이지 않는 것은 큰 것이고, 분명하고 굉장한 것은 작은 것이다.

지구상의 모든 인종이 이런 추론의 주제가 되어 왔다. 이 주제에 대해서는 윤곽을 제시할 수 없을 정도다. 그렇지만 유럽 인종만이라도 살펴보겠다. 내가 살아온 시간이 길지 않은 데도 역사학계는 유럽 인종의 역사, 또는 선사(先史)를 설명하면서 과거로의 혁명을 여러 번 거쳤다. 이 인종을 코카서스 인종(Caucasian race)[41]이라 부르곤 했었다. 나는 어린 시절에 이들이 몽골 인종과 충돌한 이야기를 읽었다. 그 책은 브렛 하트(Bret harte)[42]가 쓴 것으로 "코카서스 인종은 사라진 것인가?" 하는 물음으로 시작하였다. 얼핏 보면 코카서스 인종은 사라진 것 같다. 삽시간에 이름이 인도-유럽인으로 바뀌었으니까. 말하기가 꺼려지는데, 때로는 인도-게르만인이라는 이름으로 자랑스레 제시되었다.[43] 힌두 인종과 게르만족은 어머니나 아버지를 가리키는 단어가 비슷해 보인다.[44] 산스크리트어와 다양한 서구 언어들 사이에는 다른 유사점들도 있었고,[45] 그래서 힌두 인종과 게르만족 사이의 모든 표면

---

**41** 일반적으로 유럽과 북아메리카 지역의 백인종을 가리킨다.

**42** 미국의 소설가(1836-1902).

**43** 독일이 유럽의 대표성을 띠는 것처럼 보이는 용어이기에 다소 거부감이 들 수도 있고, 제1차 세계대전의 전쟁국가였던 독일에 대한 좋지 않은 분위기 때문에 이렇게 표현한 듯싶다.

**44** 산스크리트어: pitar, 라틴어: pater, 영어: father.

**45** 동화 작가이면서 독일의 언어학자인 야콥 그림(Jacob Grimm)은 산스크리트어, 라틴어, 그리스어, 게르만어 간의 규칙적인 음의 대응관계를 명시한 네 권짜리 연구서를 출판했다 (1819-1822).

적 차이점들이 갑자기 사라진 것 같다. 일반적으로 이 혼혈인은 편의상 아리안족(Aryan)으로 묘사되었다. 정말로 중요한 점은 아리안족이 인도의 고원지대를 떠나 서쪽으로 행진했었다는 것인데, 그 지대에는 지금도 그들 언어의 단편이 남아있다. 내가 어린 시절 그 이야기를 읽었을 때, 아리안족이 그들의 언어를 남겨두고 서쪽으로 이동할 필요가 없었을 것이라고 상상했었다. 오히려 자기네 언어를 그대로 갖고 동쪽으로 갈 수도 있었을 테니까. 만약 내가 지금 그 이야기를 다시 읽는다면, 이 문제에 대해 잘 모른다고 고백하는 것으로 만족해야겠다. 그러나 이제는 그 내용을 다루는 저자가 없어서 지금은 그것을 읽기가 무척 어렵다. 현재는 아리안족 역시 사라진 것처럼 보인다. 아무튼 인종의 이름만 바뀐 게 아니라 주소도 달라졌다. 아리안족의 출발지도 바뀌었고 이동 경로도 달라졌다. 한 새로운 이론은 우리 인종이 동쪽에서 오지 않고 남쪽에서 왔을 것이라고 한다. 유럽인들이 아시아에서 온 것이 아니라 아프리카 대륙에서 왔다고 주장하는 사람들도 있다. 심지어 유럽인들은 유럽에서 왔거나 유럽 대륙을 떠난 적이 없다는 황당한 주장을 펴는 이들도 있다. 일부 증거에 따르면 선사시대에 북쪽에서 밀고 내려온 세력 때문에 그리스인들은 크레타 문명을 물려받았고, 갈리아인들은 종종 언덕을 넘어 이탈리아 평원으로 이동했다. 나는 유식한 학자들이 지금쯤 거의 원점으로 돌아왔음을 지적하려고 유럽의 인종학을 예로 든 것뿐이다. 나는 그런 유식한 학자가 아니라서 잠시나마 그들이 의견을 달리하는 곳을 판단할 수 있는 체 할 수 없다. 그렇지만 나는 상식을 사용할 수는 있어서 그들이 상식을 사용하지 않는 바람에 판단력이 녹슨 게 아닌가 하는 생각이 들곤 한다. 상식이 취하는 첫 번째 행위는 구름과 산의 차이점을 아는 것이다. 내가 하고 싶은 말은 이렇다. 이집트에 피라미드가 있다는 것은 누구나 아는 사실이지만, 아무도 앞에서 언급한 민족의 기원이나 이동 등에 대해서는 그렇게 알지 못한다는 것이다.

거듭 말할 수 있는 진실은 다음과 같다. 우리가 합리적으로 추측하는 것과는 별개로 우리가 보게 되는 것은, 역사의 초기 단계에 어둠이 땅을 덮고 큰 어둠이 사람들을 덮고 있고 사람들이 사는 지역 여기저기에 불빛이 한두 개씩 반짝이는 모습이다. 그 가운데 불꽃 두 개가 먼 옛날의 거대한 도시 두 곳에서 활활 타오른다. 그 두 곳은 바로 바벨론의 공중정원[46]과 나일 강 유역의 거대한 피라미드이다.[47] 물론 다른 오래된 빛들도 아주 멀리 떨어진 칠흑 같은 황무지에서 반짝인다. 동쪽으로 멀리 떨어진 곳에는 중국의 아주 오래된 고도의 문명이 있다. 멕시코와 남미 그리고 다른 지역에도 문명의 잔해가 남아 있는데, 이중 어떤 곳은 문명 수준이 높아서 지극히 정교한 악마 숭배 단계까지 이르렀던 것으로 보인다. 그러나 차이점은 그 고대 전통이 지금까지 남아있는지 여

---

**46** 1부 1장 18번 각주 참고.
**47** 공중정원과 피라미드는 각각 바벨론과 이집트 문명이 얼마나 발달했는지를 보여주는 상징물이다.

부에 있다. 잃어버린 문화의 전통은 단절되었고, 중국의 전통은 지금도 남아있지만 우리가 그 전통에 대해 알고 있는지는 의문이다. 더 나아가, 중국 고대 문명을 평가하려면 중국식 평가의 전통을 사용해야 한다. 그렇게 하면 다른 시공간의 법칙을 따르는 전혀 다른 세계로 건너간 듯 생소한 느낌을 받게 된다. 시간은 망원경으로 보는 것처럼 아득해지고 수백 년의 기간도 마치 영겁(永劫)처럼 천천히 흘러갈 것이다. 서양인이 동양인의 시각으로 중국 전통을 보고자 하면 머리가 빙빙 도는 기분일 테고 자기 머리에서 변발이 자라고 있지는 않은지 무척 불안할 것이다. 어쨌든 백인은 천자(天子)들 중 첫째가 세운 파고다까지 올라가는 그 이상한 관점을 과학적 의미에서 수용할 수 없다.

중국은 지구상에서 영국의 정반대편에 위치한 곳이며, 기독교 세계와는 완전히 다른 세계이다. 따라서 영국인의 눈에 중국인은 마치 물구나무를 서서 거꾸로 걷는 사람처럼 보인다. 나는 앞서 중세의 지도 제작자와 그의 용을 언급했다. 그런데 중세의 여행객이 아무리 괴물에 관심이 많아도, 용을 관대하고 호의적인 영물(靈物)로 여기는 나라가 있으리라고 어떻게 예상했겠는가? 중국 전통에 대해서는 관련 부분이 나올 때 더 깊이 살펴보겠다. 그런데 여기서 나는 중국을 서양인으로서는 다가갈 수 없는 고대 문명으로 언급하는 것뿐이다. 서양인에게는 중국과 서양 사이의 간극을 건너갈 다리가 되는 전통이 없기 때문이다. 그런데 바벨론과 이집트에게는 그런 다리가 있다. 헤로도토스는 우리와 같은 사람이다.

이런 의미에서 런던의 찻집에서 중절모를 쓰고 맞은편 자리에 앉아 있는 중국인은 우리와 같은 사람이라고 말하기 어렵다. 우리는 다윗과 이사야가 어떤 감정이었을지 공감할 수 있다고 생각한다. 하지만 중국의 이홍장(李鴻章)[48]이 정확히 어떻게 느꼈을지는 전혀 감을 잡을 수 없다. 헬레나 왕비[49]나 밧세바[50]를 앗아간 죄악은 우리에게 각 사람의 인간적인 약점, 정념, 용서에 관한 격언이 되었다. 그러나 중국인들이 기리는 미덕은 무언가 충격적인 면이 있다. 이것이 바로 고대 이집트에서 현대 유럽에 이르는 경우에서 볼 수 있듯 역사적 전통이 지속적으로 보존되었는가, 아니면 단절되었는가에 따라 생기는 차이다. 그런데 우리가 물려받은 세계는 어떤 곳이며 왜 특정한 사람들과 장소들이 그 세계에 속하는지 물어볼 때는 서양 문명의 역사적 중심지로 향하게 된다.

그 중심은 바로 지중해였다. 지중해는 대륙에 둘러싸인 바다라기보다는 어떤 세계에 가까웠다. 그렇지만 바다와 같은 특성을 지닌 세계였다. 낯설고 매우 다양한 문명의 흐름들이 만나 점점 더 통합되는 곳이었으니까. 나일 강과 티베르 강 둘 다 지중해로 흘

---

**48** 이홍장(1823~1901)은 중국 청나라 말기의 한족계 관리로서 중국의 현대식 군사체계의 조직가, 현대식 해군의 창설자, 최초의 철도의 건설자였다. 1871년 중국 북부의 한 지방이 홍수로 큰 피해를 입자 이홍장은 물뱀에게 화목의 기도를 올린 후 그 뱀을 잡았는데 그 뱀은 강의 신으로 밝혀졌다: 저자 주

**49** 『일리아스』에 따르면 헬레나는 고대 스파르타의 왕비로서, 트로이의 왕자 파리스의 유혹에 넘어가 함께 트로이로 떠났으며 이는 트로이 전쟁의 원인이 되었다.

**50** 고대 이스라엘 다윗 왕의 신하 우리아의 부인. 우리아가 전쟁터에 나갔을 때 다윗 왕이 밧세바의 아름다움을 보고 반하여 궁궐로 데려와서 간통하고, 그 사실을 숨기기 위해 우리아를 전쟁터에서 죽게 만들었다.

러들었기에 이집트인들과 에트루리아인들[51]도 모두 지중해 문명을 이루는 데 한몫을 했다. 이 위대한 바다가 지닌 매력은 아주 먼 곳까지 퍼져 갔고, 지중해가 주는 일체감은 사막에 홀로 사는 아랍인과 알프스 산맥 너머 북쪽에 사는 갈리아인의 마음속까지 전달되었다. 이 대륙 깊숙이 들어온 바다의 모든 해안을 하나로 묶는 공통 문화를 차차 형성해 가는 것이 고대 사회의 주요 과업이었다. 앞으로 살펴보겠지만, 이 과업은 좋은 면도 있었고, 때로는 나쁜 면도 있었다. 이 '세계'(orbis terrarum),[52] 곧 둥근 고리 모양의 땅에는 극단에 치우친 악과 경건이 모두 존재했다. 서로 차이가 나는 인종들이 있었고, 더 차이가 나는 종교들이 있었다. 지중해는 페르시아 함대와 그리스 해군이 격전을 벌인 살라미스 해전[53]부터 터키 함대가 패주한 레판토 해전[54]에 이르기까지 아시아와 유럽 사이에 끊임없는 힘겨루기가 벌어진 곳이었다. 뒤에서 좀 더 구체적으로 다루겠지만, 이곳에서 두 종교가 궁극적인 영적 투쟁을 벌였다. 이 두 종교는 로마와 페니키아의 도시들, 그리고 로마의 광장과 카르타고의 시장에서 서로 맞부딪쳤다. 지중해는 전쟁과 평화의 세계였고, 선과 악의 세계였으며, 매우 중요한 온갖 일이 벌어지는 세계였다. 이에 비하

---

**51** 에트루리아는 고대 이탈리아의 지명으로 현재 이탈리아의 토스카나에 해당한다.

**52** 라틴어 orbis terrarum은 '둥근 땅'이라는 뜻으로, '지구' 또는 '세계'를 의미한다.

**53** B.C. 480년 9월 23일, 제3차 페르시아 전쟁에서 아테네 함대를 주력으로 한 그리스 연합해군이 살라미스 해협에서 자기들보다 전력이 우세한 페르시아 해군을 괴멸시킨 해전이다.

**54** 1571년 10월 7일, 베네치아, 제노바, 에스파냐의 신성 동맹 함대가 투르크 함대를 격파한 해전이다.

면, 멕시코 고원의 아스테카 문명과 극동 아시아의 몽골 문명은 그리 중요하지 않았다. 지중해의 전통이 과거에 중요했고 지금도 여전히 중요하다는 점과 비교하면, 그 두 문명의 중요성은 그렇게 크지 않았다. 지중해와 극동 사이에는 물론 흥미로운 사고들과 다양한 종류의 정복이 있었고, 어느 정도의 접촉이 있었으며, 이에 비례해 그들이 우리에게도 알려져 있었다. 페르시아인들은 낙타를 타고 몰려와 바벨론을 멸망시켰다. 그리고 그리스의 어떤 이야기를 통해 야만인이나 다름없던 그리스인들이 어떻게 활 쏘는 법과 진실을 말하는 법을 배우게 되었는지 알게 된다. 위대한 그리스인 알렉산드로스 대왕은 휘하의 마케도니아 군대를 이끌고 해가 뜨는 동쪽으로 진군했다. 그리고는 이름 모를 왕들의 궁궐 정원과 보물 창고에서 빼앗은 것들, 즉 아침노을의 구름 빛처럼 색깔이 신기한 새와 처음 보는 꽃, 보석들을 가지고 돌아왔다. 이슬람 세력은 서쪽에서 지중해 세계로 침입해서 서양인에게 자기 존재감을 어느 정도 알렸다. 서양 세계가 이슬람교를 알 수 있었던 이유는 바로 이슬람교가 우리 선조들이 살았던 고대 바다에 인접한 둥근 모양의 땅에서 생겨났기 때문이다. 중세에는 무굴 제국[55]이 신비감을 유지한 채 위세를 확장시켜 나갔다. 타타르인들[56]이 중국을 점령했지만 중국인들은 타타르인들을 무시하다시피 했다.

---

**55** 16세기 전반에서 19세기 중엽까지 인도 지역을 통치한 이슬람 왕조(1526〜1857)다.
**56** 13세기 중반부터 14세기 중반 무렵까지 중국 본토를 중심으로 거의 동아시아 전역을 지배한 대제국을 세운 몽골족을 가리키는 말이다.

이 모든 역사적 사건이 그 자체로는 흥미롭지만 중력의 중심을 유럽의 지중해에서 아시아 내륙으로 옮길 수는 없다. 결국, 지중해 연안 사람들의 언행, 기록, 건축물만 남고 모든 게 사라진다고 해도 우리가 몸담은 세계가 여전히 가장 중요하고 가치 있는 것들을 다 간직하게 될 것이다. 남쪽 문화가 북서쪽으로 퍼져 나갔을 때, 이 문화는 여러 가지 아주 놀라운 것들을 만들어냈다. 물론 그것들 가운데 우리 자신이 가장 놀라운 결과물이다. 그래서 그 문화가 식민지들과 새로운 나라에 퍼졌을 때는 그것이 문화인 한 여전히 똑같은 문화였다. 그러나 호수 같은 그 작은 바다 둘레에는 그 모든 확대판과 모방품과 논평과 상관없이 그 본연의 것들이 존재했다. 지중해 연안에는 공화국과 교회가 있었고, 성경과 영웅 서사시들이 있었으며, 이슬람과 이스라엘과 사라진 제국에 대한 기억이 있었으며, 아리스토텔레스와 만물의 척도가 있었다. 이 세계에 비친 최초의 빛은 참된 빛이기에, 우리는 오늘날에도 여전히 햇빛처럼 환한 그 빛 안에서 거닌다. 그 빛은 미지의 별들이 찾아와 밝혀주는 정체 모를 빛이 아니었다. 그래서 나는 여기서 빛이 처음으로 지중해 동부에 우뚝 솟은 도시들에 임했다는 말로 시작했던 것이다.

그런데 바벨론과 이집트가 우리에게 친숙하며 전통적인 국가들이었다는 점, 그리고 우리뿐만 아니라 우리 조상들에게도 매혹적인 수수께끼였다는 점을 놓고 보면 최초의 문명이라 할 수 있겠으나, 바벨론과 이집트가 지중해 남쪽에 있던 유일한 고대 문명이었다고 상상해서는 안 된다. 또는 모든 문명이 그저 수메르 문명,[57] 셈족 문명,[58] 또는 콥트 문명[59]뿐이었다고 생각해서는 안 되며, 그보다는 덜한 정도로 아시아 문명이나 아프리카 문명뿐이었다고 생각해서도 안 된다. 실제로 연구를 해나가면서 학자들은 점점 더 고대 유럽 문명에 감탄한다. 특히 지금도 막연하게 그리스인이라 부르는 사람들이 세웠던 문명에 그런 반응을 보인다. 이 점을 역사상의 '그리스인'들이 있기 이전에 이미 선사시대의 '그리스인'들이 있었다는 뜻으로 이해해야 한다. 마치 여러 그리스 신화에서 신들이 있기 전에 이미 어떤 신들이 있었던 것과 같다. 크레타 섬은 현재 '미노아'라고 부르는 문명의 중심지였다. 미노아라는 이름은 고대 그리스 전설에서 지금까지 사라지지 않고 전해지는 미노스(Minos) 왕[60]에게서 따왔다. 현대 고고학자들은 미노스 왕이 만든 미궁을 실제로 발굴했다. 미노아는 항구가 있었고 하수 시설이 갖춰졌으며 각 가정에서는 가정용 기구를 사용할 정도로

---

**57** 지금으로서는 역사 기록이 있는 최초의 문명을 수메르로 본다. 전설의 뮤(Mu)대륙에 인류 최초의 문명이 있었다고 주장하는 사람들도 있으나 증거가 전혀 없다. 새롭게 고고학적 발견이 나오기 전까지는 수메르가 증거가 남은 최초의 문명이다.

**58** 노아의 큰 아들 '셈'에서 따온 종족 이름이다. 셈의 후손이 사용하였다고 보는 언어가 셈어이며 히브리어도 넓은 범위에서 셈어에 속한다.

**59** 콥트족은 고대 이집트인의 후손이다. 이들이 썼던 콥트어는 초기 기독교 문헌에도 쓰였으나 지금은 사어가 되었다.

**60** 그리스 신화에 나오는 크레타의 왕. 포세이돈과 한 약속을 지키지 않아 포세이돈의 저주로 자기 아내가 괴물 미노타우로스를 낳았는데 반은 사람이고 반은 소였다. 미노타우로스는 자라면서 점점 거칠어져서 통제하기가 어려웠다. 이에 왕은 미궁을 만들어 이 괴물을 가두고 아테네가 조공으로 보낸 젊은이들을 괴물의 먹이로 주었다. 아테네의 왕자 테세우스가 크레타 섬에 찾아와 미노타우로스를 물리쳤으며, 미노스의 딸 아리아드네는 테세우스에게 반해 미궁에서 빠져나오는 방법을 알려 주었다.

정교한 사회였다. 그런데 미노아는 북방의 인접국, 곧 역사에 나오는 그리스 문명을 세웠거나 계승한 종족이 쳐들어오기 전에 이미 쇠퇴기에 접어든 것 같다. 그러나 그 문명은 예전에 세상에 너무나 큰 선물을 준 나머지 세상은 그 이후로 도무지 되갚을 길이 없어서 표절만 반복할 뿐이다.

크레타 섬을 비롯한 여러 섬들 맞은편에 있는 터키 남서부 해안 어딘가에 어떤 도시가 있었다. 아마도 촌락이나 담벼락 있는 마을로 부를 만한 크기였을 것이다. 이 도시는 '일리온'(Ilion)이라는 이름이 있었지만, 나중에는 '트로이'(Troia)라고 불렸다. 그리고 트로이라는 이름은 지구상에서 절대로 사라지지 않을 것이다. 민간에 내려오는 전설을 노래하고 다녔을지도 모르는 한 거지 시인[61]의 전승에 따르면 이 시인은 시각장애인이었고 읽고 쓸 줄도 몰랐던 것 같다. 호메로스는 세상에서 가장 아름다운 여인을 되찾고자 트로이와 전쟁을 벌이는 그리스인들을 노래한 시를 지었다. 세상에서 가장 아름다운 여인이 트로이라는 작은 도시에서 살았다고 하면 전설처럼 들린다. 그러나 이 작은 도시보다 더 큰 곳에 가 본 적이 없는 누군가가 세상에서 가장 아름다운 시를 썼다는 것은 역사적 사실이다.[62] 이 시는 트로이 시대의 막바지에 나왔다고 한다. 일반적인 생각으로는 전성기 때 이 아름다운 시가 쓰였을 것 같은

---

**61** 고대 그리스의 작가 호메로스(B.C. 800?-750)를 말한다. 『일리아스』와 『오디세이아』의 저자로 알려져 있다.
**62** 호메로스가 실제로 『일리아스』를 썼는지는 알 수 없지만 보통은 호메로스를 저자로 간주한다.

데, 트로이는 쇠퇴기에 이 시를 내놓은 것이다. 여하튼 인류 최초의 서사시[63]인 이 시는 또한 우리의 마지막 시가 될 가능성이 크다. 이 시는 인간이 유한한 관점으로 보았을 때 자기가 죽을 수밖에 없는 운명임을 토로한 최초의 시구(詩句)인 것처럼, 최후의 시구가 될 수도 있다. 만약 기독교가 아닌 다른 종교가 이 세상을 휩쓸고 인류가 멸망한다면, 최후의 생존자는 『일리아스』를 인용하고 죽어도 좋을 것이다.

그런데 인간적인 면을 아주 잘 드러낸 이 고대 작품에는 역사적인 중요성이 큰 또 다른 요소가 있다. 하지만 이 요소의 중요성은 역사적으로 제대로 평가받지 못했다. 시인은 분명 승자보다는 패자의 심정에 공감하면서 시상(詩想)을 가다듬었다. 이 시의 독자도 시인과 같은 마음일 것이다. 그리고 이 감정은 이 작품이 시의 기원이 되었다는 사실 자체가 희미해지는 순간에 시의 전통에서는 오히려 강렬해지는 정서이다. 아킬레우스(Achilleus)[64]는 그리스 신화 시대에 거의 반신반인(半神半人)이나 다름없었지만, 후대에 가서는 완전히 잊히고 말았다. 그러나 헥토르(Hector)[65]는 세월이 흐를수록 더 위대해졌다. 원탁의 기사 중 한 사람은 헥토르와 이

---

**63** 현재는 『길가메쉬 서사시』가 인류 최초의 서사시라고 본다. 『일리아스』보다 적어도 1500년 이상 앞선 것으로 평가받는다.

**64** 그리스 신화에 따르면 트로이 전쟁 때 그리스 군의 영웅이었다고 한다. 『일리아스』의 중심인물이자 가장 위대한 용사다.

**65** 그리스 신화에 나오는 트로이의 왕자로서, 트로이 전쟁 당시 트로이 군의 가장 위대한 용사였다.

름이 같았다.[66] 전설에 따르면 롤랑(Roland)이 손에 쥐고 있던 무기는 바로 헥토르의 검이었다고 한다.[67] 롤랑은 패자였던 헥토르의 검을 손에 쥐고 최후의 싸움터에서 영예롭게 전사했다. 그 이름은 우리 인종과 종교가 거치게 될 모든 패배를 미리 내다보고 있다. 백 번의 패배에도 불구하고 그 이름이 살아남은 것이 곧 승리이다.

트로이 멸망에 관한 이야기는 끝이 없을 것이다. 왜냐하면 우리의 절망과 희망이 불멸의 것이듯이 그 이야기도 영원히 살아있는 메아리로 울려 퍼지기 때문이다. 트로이는 작은 도시로 유지되어 왔기에 오랫동안 세상에 알려지지 않았을 것이다. 그러나 트로이는 무너지면서 화염에 휩싸였고, 멸망하는 순간 불멸이 되어 멈췄다. 트로이는 불에 타서 사라졌으므로 이 불은 결코 사라지지 않을 것이다. 영웅 헥토르도 마찬가지이다. 태곳적 황혼녘에 쓰인 오래된 시구를 따라가 보면, 기사의 원형을 발견한다. 내가 헥토르에게 붙인 '기사'라는 칭호에는 예견한 듯한 우연의 일치가 있다. 1장에서 '기사도'(chivalry)라는 단어를 언급하면서, 이 단어가 어떻게 말 탄 사람과 말을 어우러지게 하는지 살펴보았다.

---

**66** 원탁의 기사들은 6세기경 영국에 군림했다는 전설인 군주 아서왕 휘하의 기사들이다. 이 원탁은 카멜리아드왕 레오데그란스가 딸 기니비아와 아서가 결혼할 때 선물로 백 명의 기사와 함께 아서에게 넘겨 준 것이라 한다. '헥토르'는 이 기사단 중 한 사람이다.

**67** 12세기 전반에 지어진 프랑스의 시 『롤랑의 노래』에 나오는 롤랑의 칼은 이름이 '듀렌달'(Durendal)이었다. 루도비코 아리오스토(Ludovico Ariosto)가 지은 Orlando Furioso 에 따르면 이 칼은 트로이의 헥토르가 갖고 있었던 것으로서 나중에 롤랑에게 전해졌다고 한다.

사람과 말의 조화는 아주 오래전 호메로스가 쓴 육보격 시[68] 『일리아스』에서 이미 예견된 것과 다름없다. 시간을 훌쩍 뛰어넘어간 이 단어는 시 전체의 끝맺는 구절에 잘 나타난다.[69] 이는 '기사도를 상징하는 성스러운 켄타우로스'(the holy centaur of chivalry)[70]라고 부를 수밖에 없는 결합이다. 그런데 고대를 살펴보면, 이 신성한 도시[71]를 불멸하는 빛이라고 부른 다른 이유가 있다. 트로이 같은 도시에 서린 신성함은 지중해 북쪽 해안과 섬 여기저기로 마치 불길처럼 번져나갔고, 영웅들은 높게 울타리가 쳐진 그 도시를 지키려다 죽었다. 이 작은 도시 트로이에서 위대한 시민들이 생겨난 것이다. 그리스는 조각상을 수없이 만들었지만, 그리스가 만든 것 중에서 살아서 걸어 다니는 조각상, 곧 자기 자신을 다스리는 이상적 인간만큼 위엄 있는 존재는 없었다. 수많은 조각상을 가진 그리스는 전설이자 문학으로 남았다. 그리고 도시 국가들 간에 생기는 온갖 대립과 갈등의 현장에는 트로이의 애가가 울려 퍼졌다.

---

**68** 육보격(hexameter). 한 행이 여섯 개의 운율 단위로 구성되는 시. 『일리아스』와 『아에네이드』(*Aeneid*) 같은 고전 그리스와 라틴 문학에서 표준으로 쓰인 운율법이다.

**69** 『일리아스』의 마지막 문장은 "그렇게 해서, 그들은 말을 길들인 자인 헥토르의 장례식을 치렀다"로 끝난다.

**70** 켄타우로스는 그리스 신화에 나오는 괴물로서 상반신은 사람이고 하반신은 말이다. 말을 길들여 올라탄 사람을 '기사도'로 설명하면서 켄타우로스에 비유한 것 같다.

**71** 『오뒷세이아』(천병희 역, 도서출판 숲)의 23쪽에서 "트로이의 신성한 도시를 파괴한 뒤"라는 문장에 딸린 각주 내용을 그대로 옮긴다. "'신성한'이라는 형용사는 호메로스의 서사시에서는 인간에 의해 만들어지지 않아 인간의 힘 밖에 있거나 신에게 바쳐진 모든 사물들에 대해 사용된다. 트로이의 성벽은 포세이돈과 아폴로가 쌓은 것이다."

훗날의 전설[72]에 따르면, 트로이를 떠난 방랑자들이 이탈리아의 해안 지방에 공화국을 세웠다고 한다. 이는 때늦은 생각이지만 우연은 아니다. 공화국의 미덕이 그런 뿌리를 갖고 있다는 것은 옳았다. 신비로운 영광이 이 신생 공화국에서 헥토르의 방패처럼 빛났다. 그 영광은 바벨론이나 이집트가 느꼈던 자부심에서 생겨난 것이 아니었고, 방패의 빛은 아시아와 아프리카를 노렸다. 마침내 새날의 아침이 밝아 왔고, 독수리들이 힘차게 전진하면서 이 공화국의 이름이 널리 알려졌다. 이 이름은 천둥소리처럼 울려 퍼졌고, 사람들은 로마(Rome)라는 이름을 알게 된다.

---

**72** 「아이네이스」서사시를 말한다.

# 하나님과 비교종교

언젠가 한 교수랑 고대 영국의 어떤 도시에 있는 로마 제국의 유적을 찾아간 적이 있다. 나를 그곳까지 안내한 교수는 다른 여러 학자들에 대해 풍자하듯 말했는데, 시종일관 꽤 진지하게 이야기했지만 농담이 섞인 것 같았다. 본인은 비교종교학의 상당 부분을 두고 농담했다는 것을 잘 모르는 듯했다. 나는 어떤 조각상을 가리켰다. 흔히 그렇듯 후광 때문에 태양 모양이 머리 뒤에 있고, 얼굴 모양은 아폴로(Apollon) 같은 소년의 느낌이 아니라 포세이돈(Poseidon)이나 주피터(Jupiter)처럼 턱수염이 난 조각상이었다. 교수는 아주 정확하게 설명했다. "예, 그 신상은 이 지역의 신(神)인 술(Sul)을 조각한 것이라고 합니다. 이 분

야 최고 권위자들은 술을 미네르바(Minerva)[1]와 같은 신으로 보는데, 그 신상은 그들의 판단이 완전하지 않음을 줄곧 보여주었답니다."

이게 바로 절제된 표현이라는 것이다. 현대 사회는 그런 풍자보다 더 미친 상태이다. 오래전에 벨록(Belloc)[2]의 풍자극에 나온 어떤 교수는 현대 학자들이 아리아드네(Ariadne)[3]의 흉상을 연구한 결과 실레누스(Silenus)[4]의 흉상으로 밝혀졌다고 했다. 하지만 이런 풍자도 미네르바의 실제 외모를 바넘(Barnum)[5]의 '수염 난 여인'[6]에 비유한 것보다 더 어처구니없지는 않다. 이 두 사례는 비교종교학 분야의 최고 권위자들이 알아낸 여러 사실들과 매우 비슷하다. 누군가 가톨릭 신조를 갖가지 터무니없는 신화들과 동일시하더라도 나는 웃음을 터뜨리거나 욕을 하거나 무례하게 굴지 않는다. 그저 점잖게 그런 동일시가 완전하지는 않다고 말할 뿐이다.

나의 젊은 시절에 유행한 콩트의 실증주의(Comtism)[7]를 흔히

---

1 그리스 신화의 아테나에 해당하는 로마 신화의 여신이다.

2 힐레어 벨록(Joseph Hilaire Pierre Ren Belloc, 1870-1953). 프랑스의 저술가이며 역사가로서, 1902년에 영국으로 귀화했다.

3 그리스 신화에서 아테네의 왕자 테세우스에게 실 꾸러미를 주어 미궁 탈출을 도운 크레타 섬 미노스 왕의 딸.

4 그리스 신화에서 술의 신 디오니시우스의 친구이자 스승으로 나오는 뚱뚱한 노인.

5 피니어스 테일러 바넘(Phineas Taylor Barnum, 1810-1891)은 미국의 예능인이자 기업가였다.

6 애니 존스(Annie Jones, 1865-1902). 선천적으로 털이 많이 나는 다모증을 앓았던 여성.

7 실증주의 철학의 창시자인 오귀스트 콩트(1798~1857)가 만든 세속적 종교를 가리킨다.

'인류교'(the Religion of Humanity)라고 불렀다. 이 사상은 인류 공동체를 최고의 존재로 떠받드는 일부 합리주의자들의 이론이었다. 젊을 때였지만 나는 무언가 좀 이상하다고 진술했다. 그들은 일단 삼위일체 교리를 신비적이고 심지어 미친 모순이라며 멸시하고 배척하고는 우리에게 수억 명의 인간들로 구성된 하나의 신, 게다가 그 인격들을 분간하지도 그 본체를 나누지도 못하는 그런 신을 경배하라고 요구했으니 이상할 수밖에 없었다.

그런데 또 다른 종교가 있다. 인류라는 수많은 머리가 달린 괴물 같은 우상보다 더 정의하기 쉽고 마음속으로 그려보기도 쉬운 종교이다. 그리고 이것은 합리적인 의미에서 인류의 종교라고 불리기에 훨씬 더 적합하다. 사람은 분명 우상이 아니다. 그러나 거의 어디서나 우상숭배를 하는 존재이다. 인간의 다양한 우상숭배는 오늘날의 형이상학적인 추상 개념들보다 여러 면에서 더 인간적이고 공감이 간다. 만약 아시아의 어떤 신이 머리가 셋이고 팔이 일곱 개라면, 적어도 그 속에는 미지의 권세를 우리 가까이 가져오는 물질적 성육신의 개념이 있는 셈이다. 그러나 만약 친구인 브라운과 존스, 로빈슨이랑 함께 일요일에 산책하러 나갔는데 이 친구들이 눈앞에서 모습이 변하고 합쳐져서 아시아의 어떤 우상이 되어 버린다면, 분명히 이전보다 더 멀게 느껴질 것이다. 브라운의 팔과 로빈슨의 다리가 이 합체된 몸뚱이에서 흔들거린다면, 아마 친구들이 작별 인사를 하느라 슬프게 손을 흔드는 듯 보일 것이다. 만약 세 친구의 얼굴이 같은 목 위에서 미소를 짓는다면,

우리는 이 괴상한 친구를 뭐라고 불러야 할지 망설일 테다. 머리와 팔이 많이 달린 아시아의 우상에는 신비로움이 약간은 이해할 수 있는 것으로 바뀌는 느낌이 있고, 형태가 없는 자연의 세력들이 어두운 물질적 형태를 띠고 있다는 느낌을 받는다. 그러나 이것이 여러 모양의 신에게는 해당되지만 여러 모양의 사람에게는 해당되지 않는다. 사람은 분리될수록 인간적인 존재가 된다. 아마 사람은 고립된 존재가 될수록 더 인간적이라고 할 수 있겠다. 사람은 서로 떨어져 있지 않으면 알아보기가 더 어렵다. 사람들이 우리에게서 더 가까울수록 더 멀어진다고 말해도 좋겠다. 앞서 언급한 인류교라는 인본주의 종교에서 윤리적 찬송가집을 만들면서 인간적인 것은 모두 보존하고 신적인 것은 없앤다는 원칙에 따라 신중하게 곡을 선정하고 편집했다. 그리하여 어떤 곡은 '내 인류를 가까이 하게 함은[8]'이라는 제목으로 개정되어 나왔다. 나는 이 제목을 들을 때마다 마치 런던 지하철에서 손잡이를 잡고 서서 가다 충돌사고라도 당한 기분이다. 그러나 사람들의 몸은 그토록 가까이 있을 때 그들의 영혼이 얼마나 멀리 있는 것처럼 보이는가 하는 것은 참으로 이상하고 놀라운 사실이다.

내가 여기서 다루는 인간의 하나됨을 현대 산업 사회의 인간에게서 볼 수 있는 단조로움, 우르르 몰려다니는 모습과 혼동해서는 안 된다. 산업 사회의 인간은 상호교통을 하는 공동체라기보

---

8 새찬송가 338장 '내 주를 가까이 하게 함은'(Nearer, my God, to Thee, Nearer to Thee)을 각색한 것이다.

다는 떼 짓는 무리에 가깝다. 내가 말하는 하나됨은 인간 집단들이 홀로 남았을 때, 또 각 사람이 홀로 남았을 때, 인간적인 본능에 따라 어디에서나 추구했던 모습이다. 인간의 모든 건강한 것들이 그렇듯이, 이것 또한 일반적인 특성 내에서 아주 다양한 형태로 나타났다. 그것은 노예로 살아가는 산업 도시의 앞과 그 둘레에 놓여있는 옛 자유의 땅에 속하는 모든 것의 특징이기 때문이다. 산업주의는 생산품 모두가 한 가지 패턴에 따라 만들어진다는 점을 자랑으로 생각한다. 곧 자메이카에서나 일본에서나 사람들은 다 똑같은 포장을 뜯고, 똑같이 맛없는 위스키를 마신다는 것이다. 북극에서든 남극에서든 사람들은 제대로 만들었는지 알 수 없는 똑같은 연어 통조림을 보면서 다들 똑같이 괜찮으려니 하고 먹는 것이다. 그러나 신들이 사람에게 준 선물인 포도주는 골짜기마다, 그리고 포도원마다 다양한 품종이 생산될 수 있다. 수백 종이 넘는 포도주가 있지만, 그 중 어느 포도주도 위스키 맛을 연상시키지 않는다. 그리고 치즈도 지방마다 다양하게 생산되지만, 치즈마다 확연하게 다르다는 것을 안다. 그러므로 내가 지금 말하는 것은 분명 매우 다양한 차이점을 포함하는 어떤 것이다. 그럼에도 나는 여기서 그것이 하나라고 주장하고자 한다. 현대의 골치 아픈 문제 중 대부분은 바로 이것이 정말로 하나임을 깨닫지 못하는 데서 오는 것이다. 비교종교학과 세계 각 종교의 창시자에 대해 논하기 전에, 가장 중요한 점은 먼저 '인류'라는 거대한 공동체가 거의 타고난 이 전형적인 본성이 있음을 통째로 인식하는 것이다.

이 공통 본성은 바로 이방종교이다. 나는 여기서 그것이 바로 그리스도의 교회에 맞서는 유일한 경쟁자임을 보여 주고자 한다.

비교종교학은 정말로 매우 비교적인 학문이다. 말하자면, 그것은 주로 정도, 거리, 차이의 문제이기 때문에, 비교종교학이 비교하려고 애쓸 때는 그저 '비교적' 성공할 뿐이다. 비교종교학을 자세히 살펴보면, 실제로는 전혀 비교할 수 없는 것들을 비교한다는 사실을 알게 된다. 우리는 세계의 주요 종교들을 나란히 비교한 표나 목록을 보는 데 익숙해져서 그 종교들이 정말로 병행한다고 생각하게 된다. 그래서 그리스도와 무함마드, 석가모니와 공자 등 주요 종교의 창시자들의 이름이 한 줄로 나열된 것을 보는 데 익숙하다. 하지만 사실 이것은 하나의 속임수에 불과하다. 관점을 바꿈으로써 어떤 대상들이 서로 특정 관계에 있는 것처럼 보이게 만드는 착시현상일 뿐이다. 이 종교들과 종교의 창시자들, 또는 이와 동급으로 분류되는 것들을 보면 실제로는 아무런 공통점이 없다. 이런 착각은 부분적으로 종교 목록에서 이슬람교가 기독교 바로 뒤에 나오기 때문에 생긴다. 실제로 이슬람교가 기독교의 뒤를 이었고 기독교를 많이 따라 했기 때문이다. 하지만 동양의 다른 종교들, 또는 종교라고 부르는 것들은 기독교와 닮지 않았을 뿐 아니라 서로 간에도 유사성이 없다. 종교 목록의 끝에 있는 유교까지 오면, 그 사상이 전혀 다른 세계 속에 있는 신념 체계를 만나게 된다. 기독교와 유교를 비교하는 것은 유신론자를 영국의 대지주와 비교하는 것과 같다. 또는 누군가에게 불멸을 믿는지, 아니면 백 퍼센트 미국인인지 묻는 것과도 같다. 유교는 문명일 수 있으나 종교는 아니다.

사실 교회는 너무 독특해서 스스로 독특한 것을 입증할 수 없다. 가장 대중적이고 쉬운 방법은 비교하는 것인데, 교회는 비교 대상이 없기 때문이다. 그러므로 무언가 정말로 독특하면, 이 독특한 것을 압도하려고 만든 잘못된 분류법에 어떤 오류가 있는지 드러내기가 쉽지 않다. 이와 완전히 똑같은 사실이 어디에도 없듯이, 이와 똑같은 오류도 어디에도 없다. 하지만 나는 그런 유일한 사회현상과 가장 가까운 것을 취해 그것이 어떻게 그처럼 압도되고 동화되는지를 보여주려고 한다.

우리 대부분은 유대인에게 무언가 유별나고 독특한 점이 있다는 데 동의할 것이다. 사실상 유대인처럼 국제적인 민족은 아예 없다. 유대인은 여러 나라로 뿔뿔이 흩어졌으면서도 여전히 정체성을 분명히 유지하고 생명력이 끈질긴 고대 문화이다. 이제 여기서 해야 할 일은 유대인의 이상한 독특성을 흐려놓기 위해 방랑생활을 하는 민족들의 목록을 만드는 것이다. 우선 그럴듯해 보이는 비슷한 민족들을 목록에 올리고, 전혀 다른 결과에 이를 때까지 조금씩 다른 민족을 계속 덧붙여 나가면 되니까 쉬운 작업이다. 방랑 민족이라는 새로운 목록에서 유대인 바로 뒤에 올 사람들은 집시이다. 집시들이 국가를 이룬 적은 없지만 적어도 방랑하는 민족인 점은 분명하다. 그러고 나서 이 신생 학문인 비교방랑민족학을 연구하는 교수는 다른 민족들로 쉽게 옮겨간다. 전혀 다른 민족들까지 목록에 집어넣을 것이다. 이제는 영국인이 사방의 바다로 나아가 세상 도처에 식민지를 세우면서 이곳저곳 떠돌아다녔다는 점에 주목한다. 그리고 영국인을 방랑민족으로 분류한다. 영국인 다수가 이상하게도 영국 본토에서 가만히 있지 못하는 듯 보이는 건 분명 사실이다. 영국인 모두가 국익을 위해 영국을 떠난 게 아니라는 점도 분명하다. 방랑제국 영국을 언급했으니, 석연치 않게 추방된 아일랜드 제국을 덧붙여야 한다. 영국의 식민지 확장과 부단한 움직임이 영국인의 진취성과 업적을 보여주는 동시에 아일랜드인들이 겪은 무기력함과 좌절을 보여 주기에, 이는 영국 역사에 나와 있듯 복잡미묘한 문제라서 그렇다. 이후 방랑민족학 교수는 주위를 주의 깊게 둘러본다. 그리고는 최근에 영국과 미국, 남미의 공화국들로 귀화하는 독일인들, 곧 독일 출신 웨이터, 이발사, 점원에 대해 많은 이야기가 오고간다는 사실을 떠올린다. 독일인은 다섯 번째로 방랑민족 목록에 낙점된다. 독일어에서 온 단어 '방랑벽'(wanderlust), '방랑하는 민족'(Folk-Wandering)이라는 단어가 여기서 아주 유용하게 쓰인다. 실제로 역사학자 중에는 독일인들이 팔레스타인 인근에서 방랑했던 것이 발견되었다며(경찰들이 쓰는 표현처럼) 이를 십자군과 연결 지어 설명하려던 사람들이 있었으니까. 이쯤 되면 교수는 거의 한계에 다다랐음을 느끼고 자포자기하는 심정으로 마지막 도약을 시도한다. 그리하여 프랑스가 유럽의 거의 모든 주요 도시를 정복했던 사건을 기억한다. 샤를마뉴 대제나 나폴레옹의 군대가 수많은 점령지를 지나 진군했던 사건을 떠올리는 것이다. 그래서 '프랑스인은 방랑벽이 있었을 것이다. 프랑스인도 방랑 민족의 특징이 있다'라고 결론을 내릴 것이다. 이렇게 해서 방랑민족학 교수는 방랑민족 목록 여섯 개를 탄탄하게 완성했다. 이제 유대인은 이상한 존재도 아니고 이례적으로 신비한 민족도 아니라고 생각할 것이다.

하지만 좀 더 상식이 있는 사람은 이 교수가 방랑민족의 의미를 확대함으로써 단지 방랑민족의 범위를 넓혔을 뿐이고, 따라서 방랑민족 개념은 이제 아무런 의미도 없어졌음을 깨달을 것이다. 프랑스 군인들이 전쟁사에 길이 남을 정도로 무척 당당하게 유럽 대륙 전역으로 진군해 나갔다는 점은 분명하다. 그러나 만일 프랑스 농부가 프랑스에 실제로 뿌리박은 사람들이 아니라면 이 세상에는 뿌리박은 사람들과 같은 것은 없는 것이 사실이며, 이는 훨씬 더 자명하다. 달리 표현하면, 만약 프랑스 농부가 유목민이라면 이 세상에는 유목민이 아닌 사람이 없다는 뜻이다.

이런 속임수는 비교종교학에, 그리고 세계의 종교 창시자들을 전부 그럴듯하게 한 줄로 배열한 목록에도 시도되었다. 비교종교학은 위에서 유대인을 분류한 것처럼 예수를 분류하려고 한다. 이를 위해 새로운 등급을 만들고 나머지는 임시방편과 이등급 모조품으로 채우는 식이다. 그렇다고 다른 종교들이 종종 그 자체로 위대하지 않다는 뜻은 아니다. 유교와 불교는 위대한 사상이지만 교회라고 부르는 것은 옳지 않다. 프랑스인과 영국인은 대단한 민족이기는 하지만, 그들을 유목민이라 부르는 것은 어불성설이다.

기독교세계와 기독교를 모방한 이슬람교 사이에는 어느 정도 닮은 점이 있다. 이런 점에서는 유대인과 집시 사이에도 어느 정도 닮은 점이 있다. 그러나 이후에는 손에 닿는 것이면 무엇이든 끌어와서 목록을 만든다. 즉 동일한 범주에 속하지 않아도 동일한 목록에 넣을 수 있는 것은 무엇이든 끌어온다는 말이다.

이처럼 나는 종교 역사를 개관하면서 나보다 훨씬 유식한 이들을 존경하는 마음으로, 역사적 사실을 왜곡한 이런 현대식 분류법을 무시하자고 제안하는 바이다. 여기서 나는 하나의 대안적인 종교 분류법을 제안할 터인데, 이는 모든 사실과 (여기서 그만큼 중요한) 모든 상상의 산물을 포함하는 것으로 밝혀지리라 믿는다. 곧 지리적 방식, 그리고 이를 테면 수직적 방식으로 기독교, 이슬람교, 브라만교, 불교 등으로 나누는 대신에 심리학적 방식, 그리고 어떤 의미에서 수평적 방식으로 종교를 분류하겠다. 그리고 때로는 같은 나라, 심지어 한 사람 안에 있을 수도 있는 영적 요소와 영향력의 층위에 따라서도 분류하려 한다. 교회는 잠시 논외로 하고, 인류 다수가 따르는 자연종교를 다음과 같은 항목으로 구분해 보자. 하나님(God), 그 외의 신들(the Gods), 악마들(the Demons), 그리고 철학자들(the Philosophers). 이런 분류는 비교종교학에서 지금까지 해왔던 방식보다 사람들의 영적 경험을 훨씬 더 잘 설명해 줄 것이다. 비교종교학에서는 유명한 종교 창시자들을 분류하면서 엉뚱한 위치에 억지로 끼워 맞췄는데, 내가 제안하는 분류법에서는 자연스레 원래 자리를 찾게 될 테니까. 이 글에서 앞서 언급한 네 가지 주제 항목이나 용어를 여러 번 언급하고 암시할 것이므로, 각 항목이 뜻하는 바가 무엇인지 지금 단계에서 정의하는 편이 좋겠다. 그래서 이 장에서는 가장 순전하면서도 고귀한 첫 번째 항목부터 시작하겠다.

이방종교의 요소들을 살펴볼 때는 반드시 묘사될 수 없는 것을 묘사하려는 시도로 시작해야 한다. 많은 이들은 그것을 묘사하는 어려움을 피하고자 그것을 부인하거나 적어도 무시하려고 한다. 그러나 중요한 점은 그것은 무시당할 때조차도 결코 사라지지 않았다는 데 있다. 그들은 진화론적 편집증에 사로잡혀 거대한 것들은 하나같이 씨앗이나 그보다 더 작은 무언가에서 생겨났다고 믿는다. 그들은 모든 씨앗이 나무에서 나온다는 사실, 또는 씨앗 자체보다 더 큰 어떤 것에서 나온다는 사실을 잊어버린 것 같다. 종교가 이미 기억에서 사라진 어떤 사소한 것, 너무 작아서 흔적조차 찾을 수 없는 무언가에서 나온 게 아니라고 생각할 만한 아주 좋은 근거가 있다. 아마도 이 근거가 되는 개념은 사람이 감당하기에는 너무 큰 것이라 포기했을 가능성이 훨씬 더 많다. 많은 사람이 단순하되 압도적인 관념, 곧 모든 것을 다스리는 한 하나님의 관념과 함께 시작했다고 추정할 만한 매우 타당한 이유가 있다. 그리고 나중에 일종의 비밀스런 일탈로 귀신 숭배와 같은 것에 빠져버린 것이다. 민속학 학자들이 선호하는 방식대로 미개인들의 신앙을 검증해 보면 미개인들의 믿음조차도 순수했던 사람들이 악마를 섬기는 데까지 타락하였다는 견해를 지지한다는 걸

알 수 있다. 아주 야만적인 미개인들, 어떤 의미에서 보아도 인류학자들이 말하는 '원시적'인 사람들, 이를 테면, 호주 원주민은 도덕적 수준이 높은 순수 유일신론자라는 사실이 밝혀졌다. 구체적인 예를 들어보자. 어떤 선교사가 다신교를 따르는 아주 미개한 부족에게 설교하고 있었다.[9] 이 부족은 선교사에게 자기 부족의 여러 신에 대한 이야기를 전부 들려주었다. 선교사는 답례로 선하신 한 분 하나님, 곧 영이시며 사람을 영적 기준으로 판단하시는 하나님의 존재에 대해 말해 주었다. 그러자 좀처럼 감정을 드러내지 않던 미개인들이 갑자기 흥분해서 웅성거리는 것이었다. 함부로 입에 담으면 안 되는 비밀을 누군가가 발설해 버리기라도 한 듯 당황했다. 그리고는 서로 소리쳤다. "아타호칸(Atahocan)이다![10] 이 사람이 아타호칸에 대해 이야기하고 있어!"

아마도 이 다신교 부족민들 사이에서는 아타호칸을 입에 올리지 않는 것이 예절 바르고 품위 있는 태도였을 것이다. 그 이름은 우리가 사용하는 이름들처럼 엄숙한 종교적 권면에 알맞도록 개조되지 않은 듯하다. 그런 단순한 개념을 여러 사회적 세력이 항상 뒤덮고 무언가 아리송한 대상으로 만들고 있는 것이다. 문명의 성숙기에는 예부터 내려오는 도덕률을 상징하는 오래된

---

**9** 이 일화는 페레 레 젠(Pre Le Jeune)이라는 프랑스 선교사가 알곤퀸 인디언들과 만났던 경험을 기록한 책(1633)에 나온 것으로 보인다.

**10** 지금의 캐나다 지역에 살았던 알곤퀸 인디언들이 믿었던 신. 위대한 영으로서 눈에 보이지 않는 비물질적 존재였다. 그 누구의 손도 거치지 않고 스스로 존재하는 만물의 창조주였다고 한다.

신이 아마 짜증나는 존재 같았을 것이다. 마치 현대에 심령주의 (spiritualism)가 인기를 끌 듯, 최선의 사람들 사이에서는 귀신과의 교섭이 더 유행했을 것이다. 아무튼 이와 비슷한 예들이 많다. 그런 예들은 입에 오르내리는 것과 구별되는, 당연시되는 것이 존재했음을 보여준다. 미국 캘리포니아 지역의 인디언들이 들려준 내용을 그대로 받아 적은 이야기에 인상적인 예가 있다. 그 이야기는 마음이 포근해지는 전설적인 내용과 문학적 감수성을 바탕으로 시작한다. "해는 아버지이자 하늘의 통치자이다. 그는 큰 추장이다. 달은 해의 아내이고, 별들은 해와 달의 자녀이다." 이러한 식으로 아주 독창적이고 정교한 이야기가 진행된다. 그러다가 중간에 갑자기 삽입구가 나온다. "모든 곳보다 높은 곳에 사는 위대한 영이 해와 달에게 명령했기 때문에" 해와 달이 그 말을 따라야 했다고 말이다. 이것이 대다수 이방종교의 하나님에 대한 태도이다. 하나님은 그들의 생각 속에 암묵적으로 전제되며 잊혔다가 우연히 다시 기억나는 존재이다. 이는 이방인들에게만 국한되는 습관이 아닐 것이다. 때로는 더 차원 높은 신이 더 높은 도덕적 수준에서 기억되고, 그는 불가사의한 존재이다. 그러나 계속 지적했듯이, 미개인들은 늘 자기네 신화에 대해서는 잘 알려 주지만 종교에 대해서는 입을 다문다. 호주의 미개인들을 보면 고대 유럽인들이 정말로 전부 다 뒤집힌 곳으로 생각했던 '모든 게 반대인 나라'의 사람들을 대하는 것 같다. 그들은 대수롭지 않다는 듯 아기가 둘로 나뉘어 해와 달이 되었다는 이야기를 한다. 또 우주에 거대한 소가 있는데, 그 소가 젖을 짜서 비가 내리게 한다는 전설도 담소로 주고받는다. 이런 이야기는 그저 자기들끼리 서로 어울리려고 가볍게 나누는 것이니까. 그러고 나서는 이런 일이 벌어질 것이다. 이 미개인들은 여자와 백인은 들어갈 수 없는 비밀 동굴로 들어가 버린다. 그 안에는 참석자들을 압도하는 신전이 있고, 신전에서는 의식용 악기 소리가 천둥처럼 울려 퍼지고 희생제물의 피가 뚝뚝 떨어진다. 그리고 제사장은 궁극의 비밀을 속삭인다. 제사 참석자에게만 허락된 비밀이다. 비밀의 내용은 이렇다. "정직이 최선의 방책이다. 작은 친절을 베푸는 건 그 누구에게도 해가 되지 않는다. 모든 사람은 형제다. 오직 한 하나님, 전능하신 아버지, 눈에 보이는 것과 보이지 않는 것 모두를 만드신 분이 계신다"는 가르침이다.

　다른 말로 하면, 종교 역사를 보면 미개인들이 그 믿음의 가장 불쾌하고 불가능한 부분은 과시하고 가장 현명하고 칭찬할 만한 부분은 은폐하는 이상한 면이 있다는 것이다. 하지만 그들이 드러내 표현하는 부분들은 그들의 신앙의 일부가 아니라고, 적어도 그들이 숨기고자 했던 것과 같은 믿음은 아니라고 설명한다. 미개인들이 공공연하게 밝히는 신화는 푸른 하늘이나 용오름, 열대 지방의 폭우처럼 엄청난 이야기이지만 터무니없는 이야기일 뿐이다. 반면에 비밀스레 전해진 이야기는 신뢰할 만한 것으로서, 듣는 사람이 진지하게 받아들이게끔 하려고 은밀하게 전한다. 정말로 유신론에는 사람을 두근거리게 하는 것이 있다는 점을 잊기가 너무나 쉽다. 소설에서 서로 다른 여러 등장인물이 실은 한 사람으로 밝혀지면 독자는 틀림없이 깜짝 놀랄 것이다. 해, 나무, 강이 여러 신이 위장한 게 아니라 유일신 한 분이 위장한 것이라는 생각 또한 놀랍다. 아 슬프도다, 우리는 아타호칸을 당연하다는 듯 여기기가 얼마나 쉬운가. 그러나 아타호칸이 점점 흐릿해져 케케묵은 존재가 되었든, 아니면 베일에 가려 경이의 대상으로 남았든 간에, 아타호칸은 늘 그 부족에게 원래부터 있었던 신이거나 오랜 전통 속에 내려오는 신이라는 게 분명하다. 아타호칸이 단순히 신화로부터 진화한 산물이라는 증거는 전혀 없다. 오히려 온갖 정황으로 볼 때, 아타호칸은 신화가 생겨나기 전부터 존재했음을 알 수 있다. 아타호칸을 믿는 부족은 아주 단순한 사람들이다. 유령을 섬기지도 않고 무덤에 제물을 바치지도 않는다. 또한 허버트 스펜서(Herbert Spencer)[11]와 그랜트 알렌(Grant Allen)[12]이 찾고자 했던 것, 곧 모든 개념 중 가장 순전한 개념의 기원이 되는 복잡한 양상도 없다. 이 부족의 신앙에 무엇이 있었든지 간에, 하나님의 개념이 진화했다는 흔적은 전혀 없다. 하나님의 개념은 감추어졌고, 함부로 마주하지 못하게 되었고, 기억에서 사라지다시피 했으며, 설명을 듣더라도 사람들은 대충 얼버무리며 에둘러댔다. 그러나 하나님의 개념은 결코 진화하지 않았다.

---

11 허버트 스펜서(1820–1903)는 영국의 철학자이자 고전적인 자유주의 정치이론가이며 빅토리아 시대 영국의 사회이론가다.

12 그랜트 알렌(Charles Grant Blairfindie Allen, 1848–1899)은 과학 저술가이자 소설가이며 진화론 지지자로 유명하다.

아타호칸처럼 유일신이 사람들 머릿속에서 점차 흐릿해지는 변화 과정은 다른 데서도 꽤 많이 찾아볼 수 있다. 예를 들어, 다신론조차도 여러 유일신론이 합쳐진 것으로 보이는 때가 많다는 사실에서 이런 변화를 알아차릴 수 있다. 어떤 신이 자기만의 작은 골짜기에 살 때는 하늘과 땅, 모든 별을 다스렸을지라도, 올림포스 산에 가면 그저 눈에 잘 띄지 않는 말석(末席)이나 차지할 것이다. 여러 작은 나라들이 거대한 제국에 합병되듯이, 그 신도 널리 알려진 거대한 신계(神界)에 속하고자 자기 골짜기에서 누리던 절대 권능을 포기한 것이다. 판(Pan)[13]이라는 신의 이름 자체가 한때 온 세상의 신이었다가 나무의 신이 되었음을 암시한다. 주피터라는 이름은 사실상 '하늘에 계신 우리 아버지'를 이방종교 방식으로 옮긴 것이나 다름없다. 사람들이 지금도 '어머니 대지'(Mother Earth)라 부르는 '위대한 어머니'(the Great Mother)[14]도 '하늘'로 상징되는 '위대한 아버지'(the Great Father)의 경우와 마찬가지다. 데메테르(Demeter)[15]와 케레스(Ceres)[16]와 키벨레(Cybele)[17]는 신이 주관하는 모든 일을 넘겨받아 사람들에게 다른 신이 필요 없게

---

**13** 그리스 신화에 나오는 목신(牧神)이다. 그리스어로 '판'(παν)은 '모든'이라는 뜻이다. 상반신은 머리에 뿔이 달린 사람의 모습이고 하반신은 염소 다리다. 산과 들에 살면서 가축을 지킨다.

**14** 그리스 신화에 나오는 땅의 여신 '가이아'(Gaia)를 말한다. 가이아는 최초로 존재한 창조의 어머니 신이다.

**15** 그리스 신화에 나오는 대지의 여신. 크로노스(Cronos)의 딸로 곡물의 성장과 농업 기술을 관장하며, 로마 신화의 케레스에 해당한다.

**16** 로마 신화에 나오는 풍작의 여신으로, 그리스 신화의 데메테르에 해당한다.

**17** 그리스 신화에 나오는 프리기아(Phrygia)의 여신. 생식력이 풍부한 대모신(大母神)으로 곡물의 결실을 상징한다.

만들 정도의 능력은 없는 것 같다. 꽤 많은 사람들이 셋 가운데 한 신만을 만물의 창조주로 받들고 다른 신은 섬기지 않았을 가능성이 상당히 많다.

중국처럼 영토가 엄청나게 넓고 인구가 아주 많은 지역에서는 '위대한 아버지'란 단순한 관념이 경쟁적인 컬트들과 복잡하게 얽힌 적이 없었던 것 같다. 어떤 의미에서는 그 관념 자체가 컬트로까지 나아가지는 않았지만 말이다. 유교의 최고 권위자들은 비록 유교가 어떤 의미에서 불가지론이지만 원래의 유신론과 직접 대립하지는 않는다고 보는 것 같다. 바로 유교 자체가 다소 모호한 유신론이 되었기 때문이다. 유교에서는 하나님을 '하늘'(天)이라고 부른다. 마치 교양 있는 사람들이 공식 석상에서 맹세할 때 쓰는 표현처럼 말이다. 그러나 '하늘'이 아주 높은 곳에 있다고 해도 하늘은 여전히 사람들 머리 위에 있다. 한 단순한 진리가 여전히 진리이긴 해도 저 멀리 물러갔다는 인상을 우리가 받는다. 이 사실만으로도 우리는 서양의 이방종교의 신화에도 같은 관념이 있음을 떠올리게 된다. 신비롭고 상상력이 넘치는 이야기, 곧 하늘과 땅이 분리되는 이야기를 전하는 모든 신화 속에는 더 높은 차원의 어떤 힘이 세상에서 멀어졌다는 관념 같은 것이 분명히 있다. 수백 종류의 이야기를 보면 하늘과 땅이 한때 연인 사이였거나 서로 하나였다고 한다. 그런데 갑자기 어떤 천둥벌거숭이 같은 존재, 말썽쟁이 아이로 묘사되는 존재가 나타나서 하늘과 땅을 마구 갈라놓았다. 그리고 이 세상은 거대한 암흑 공간 위에 만들어졌다.

곧 하늘과 땅이 나뉘고 헤어지면서 생긴 공간에 지어진 것이다. 하늘과 땅이 멀어진 이야기들 가운데 무척 난잡한 형태로는 그리스의 우라노스(Uranus)와 크로노스(Chronos) 신화가 있다.[18] 그리고 아주 매력적인 형태로는 어떤 흑인 미개 부족들 사이에 전해온 이야기인데, 작은 후추나무가 점점 자라서 뚜껑을 들어 올리듯 온 하늘을 들어 올렸다고 한다. 열대의 새벽녘을 사랑하는 화가들에게는 참으로 아름다운 세상의 새벽 이야기이다. 이런 신화들과, 현대인들이 제공하는 신화들에 대한 고도의 신비적인 설명은 다른 장에서 다룰 것이다. 나로서는 신화학 대부분이 실제 신화와는 별개의 차원에, 그리고 더 얄팍한 수준에 있다고밖에 생각할 수 없으니까.

그러나 하나의 세계를 둘로 쪼갠 태고의 환상에는 무언가 좀 더 궁극적인 관념이 분명히 들어있다. 이 관념이 무엇인지 알려면, 아주 전문적이고 유용한 민속학 서적을 두루 섭렵하기보다는 들판에 드러누워 그저 하늘을 바라보는 편이 훨씬 효과적이다. 그러면 다음 말이 무슨 뜻인지 알게 될 것이다. "하늘은 현재 상태보

---

18 헤시오도스의 『신통기』(Theogony)에 나오는 우주 창조의 신화를 말한다. 우라노스는 '하늘의 신'이며 '땅의 여신' 가이아의 아들이면서 남편이다. 우라노스와 가이아는 '티탄' 열두 신과 '키클로페스' 삼형제, '헤카톤케이르' 삼형제를 낳았다. 크로노스는 티탄 중 막내아들이다. 우라노스와 가이아는 키클로페스 삼형제와 헤카톤케이르 삼형제 때문에 갈등을 겪고, 가이아는 티탄 열두 신에게 우라노스를 없애달라고 하였다. 이 중 크로노스만이 가이아의 뜻에 따랐고, 가이아는 크로노스에게 반월도(harpe)를 주었다. 우라노스가 자고 있을 때, 크로노스는 반월도로 우라노스의 성기를 잘랐다. 그러자 우라노스는 가이아와 결합할 수 없게 되어 영원히 멀어졌다. 우라노스는 도망치면서 크로노스를 저주하였다. 크로노스가 가이아와의 약속을 지키지 않자 가이아 역시 크로노스에게 저주하기를 '크로노스 역시 우라노스처럼 자식에게 당할 것'이라고 하였다. 이 때문에 크로노스는 자식들이 태어날 때마다 잡아먹었다.

다 우리에게 더 가까이 있어야 한다," "어쩌면 하늘은 예전에 지금보다 우리와 더 가까이 있었을지 모른다," "하늘은 그저 낯설고 끝을 알 수 없는 공간이 아니라 우리에게 작별 인사만 남기고 어떤 식으로든 멀어진 존재이다." 아마 이런 생각이 마음속에 슬그머니 떠오를 것이다. 신화를 만든 사람들은 그저 쓸데없는 생각을 하는 사람이나 구름을 케이크처럼 자를 수 있다고 믿는 바보 같은 시골 사람이 아니라는 생각이다. 그들에게는 흔히 생각하는 동굴인간의 속성보다 더 수준 높은 무언가가 있었을 것이다. 이런 생각도 떠오를 수 있을 것이다. 토마스 후드(Thomas Hood)[19]는 시간이 흐르면서 나무 꼭대기들이 후드에게 "당신은 소년일 때보다 하늘로부터 더 멀리 떨어졌다"라고 말했다는데, 후드가 동굴인간처럼 그런 얘기를 한 것이 아닐 수 있다는 것이다.

아무튼 시간의 신(神) 크로노스가 하늘의 신 우라노스를 왕좌에서 쫓아냈다는 신화는 이런 서사시를 지은 이에게는 무슨 의미가 있을 것이다. 무엇보다도 최초의 아버지 같은 존재가 쫓겨났음을 의미한다. 과거에 신들 이전에 신들이 있었다는 생각에는 하나님의 관념이 있다. 더 오래된 질서를 가리키는 모든 암시 속에는 더 큰 단순한 관념이 있다. 이런 시사점은 우리가 역사 시대에 보게 되는 번식의 과정에 의해 지지를 받는다. 신들과 반신반인의 존재들과 영웅들이 눈앞에서 청어처럼 번식하는 모습을 보니 그들에

---

**19** 토마스 후드(Thomas Hood, 1799~1845)는 영국의 유머 작가이자 시인이다: 저자 주

게 아마도 단 하나의 원조(元祖)가 있었을 것이다. 신화는 점점 더 복잡해지는데, 바로 그런 모습에서 신화가 처음에는 좀 더 단순했으리라는 점을 알 수 있다. 그러므로 과학적 증거, 곧 외적 증거만 봐도 사람들이 유일신에서 시작해서 다신론으로 발전 또는 타락해 갔다는 견해를 지지할 만한 타당한 근거가 있다. 하지만 나는 외적 진실보다는 내적 진실에 더 관심이 있다. 그리고 이미 말했듯이 내적 진실은 사실상 설명이 불가능하다. 우리는 사람들이 전혀 거론하지 않은 어떤 것에 관해 말해야 한다. 우리는 단지 이상한 말에서 번역할 뿐 아니라 이상한 침묵으로부터 번역해야 한다는 뜻이다.

나는 모든 다신교와 이방종교 뒤에는 방대한 함의가 있다고 본다. 미개인들의 신조나 그리스 문명의 기원이 되는 신화들 속 여기저기에 그에 대한 힌트가 있다고 생각한다. 그 힌트는 우리가 말하는 '하나님의 현존'을 뜻하지 않는다. 어떤 의미에서는 '하나님의 부재'라고 부르는 편이 더 정확할지 모른다. 그러나 '부재'는 '존재하지 않는다'는 뜻은 아니다. 어떤 사람이 지금 자기 곁에 없는 친구들을 위해 건배한다는 것이 그 사람의 인생에 어떠한 친구 관계도 없다는 의미는 아니니까. 이는 비어 있다는 뜻이지 존재를 부정하는 것이 아니다. 오히려 텅 빈 의자만큼 실재하는 그 무엇이다. 이방인들이 올림포스 산보다 더 높은 텅 빈 왕좌를 보았다고 말하는 것은 과장일 터이다. 이보다는 구약성경에 나오는 거대한 표상, 곧 선지자[20]가 하나님의 뒷모습을 본 그 표상을 택하는 쪽이 진실에 더 가까울 것이다. 그 모습은 마치 헤아릴 수 없을 정도로 거대한 존재가 세상에 등을 돌리고 있는 것 같았다. 하지만 그것이 모세와 이스라엘 백성의 유일신교처럼 의식적이고 생생한 것이었다고 본다면, 이 또한 오해일 것이다. 그 관념이 압도적이기 때문에 이방 민족들이 그에 의해 조금 압도되었다는 뜻은 아니다. 이와 반대로, 우리 모두 하늘의 짐을 지고 가듯이, 그 관념이 너무도 커서 그들이 그것을 가볍게 지고 갔다. 하늘에 있는 새나 구름 같은 구체적인 사물을 바라볼 때, 새와 구름 뒤로 보이는 하늘, 그 드높고 놀라운 푸른 배경에 조금도 관심 두지 않을 수 있다. 하늘을 별 생각 없이 보는 것이다. 정확히 말하자면, 하늘이 사람들을 어마어마한 힘으로 압도하기 때문에 오히려 하늘이 아무것도 아닌 것처럼 느끼게 되는 것이다. 그런 힘은 매우 인상적이지만 반대로 알아차리기가 어렵다. 하지만 내게는 이방인의 문학과 종교가 매우 강한 인상으로 남아있다.

반복하건대, 우리가 말하는 성례전적 의미에서 하나님의 현존의 부재라는 것이 물론 있다. 그러나 아주 진정한 의미에서 하나님의 부재의 현존이란 것이 있다. 우리는 그것을 이방의 시에 담긴 헤아릴 수 없는 슬픔에서 느끼게 된다. 왜냐하면 고대의 놀라운 남성다움에 성 프랜시스만큼 행복한 사람이 과연 있었는지 의

---

**20** 모세를 말한다. 출 33:20-23 참고.

심스럽기 때문이다. 우리는 그것을 황금시대의 전설에서 느끼고, 신들이 궁극적으로 다른 무엇과 연관되어 있다는 어렴풋한 암시에서 다시금 느끼며, 알지 못하는 신이 운명의 신으로 퇴색되었을 때에도 그러하다. 무엇보다도 그 불멸의 순간, 즉 이방 문학이 더욱 순수한 고대로 되돌아가서 보다 직접적인 목소리를 낼 때, 그래서 우리의 일신교적 단음절어(God)를 제외하면 그에 합당한 단어를 찾을 수 없는 그 순간에 그것을 느끼게 된다. 즉, 소크라테스가 자기를 재판한 사람들에게 작별을 고할 때 쓴 '하나님'이란 단어를 쓸 수밖에 없다는 것이다. "나는 죽기 위해, 여러분은 살기 위해 각자의 길을 갑니다. 그러나 누가 더 나은 길로 가는지는 오직 하나님만 아십니다."[21] 우리는 마르쿠스 아우렐리우스(Marcus Aurelius)[22]가 맞이했던 최고의 순간에 대해서도 다른 단어를 쓸 수 없다. "그 사람들은 케크롭스(Cecrops)[23]의 소중한 도시에 대해 말할 수 있거늘 그대는 하나님께서 아끼시는 도시에 대해 말할 수 없다는 말이던가?"[24] 그리고 버질(Vergilius)[25]이 마치 그리스도의 초림 전에 살았던 기독교인처럼 진심으로 탄식하며 고통 받는 모

---

**21** 플라톤이 쓴 『소크라테스의 변명』 마지막 부분에 나오는 구절이다.

**22** 마르쿠스 아우렐리우스 안토니우스(Marcus Aurelius Antonius, 121~180). 로마 제국의 '현명한 다섯 명의 황제' 중 마지막 사람이며, 아주 명망 높은 스토아 철학자로 평가된다. 로마 제국 변방의 야만족들과 전쟁을 치르는 와중에 『명상록』이라는 명저를 썼다.

**23** 전통에 따르면 고대 그리스의 아티카의 첫 번째 왕으로 상반신은 사람이었고 하반신은 용이었다고 한다: 저자 주

**24** 마르쿠스 아우렐리우스가 쓴 『명상록』 제4권에 나오는 구절.

**25** 버질(Publius Vergilius Maro, B.C. 70-19)은 로마의 위대한 시인으로 로마의 건국 서사시인 『아이네이스』(*Aeneis*)를 썼다.

듯 이를 향하여 읊었던 위대한 시구에서도 마찬가지이다. "오, 더 끔찍한 일들을 견뎌 온 그대여! 하나님께서 이것 또한 끝내시리라."[26]

요컨대, 이방인들은 신들보다 더 높은 어떤 존재가 있다고 생각했다. 그러나 그 존재가 더 높이 있기 때문에 자기들에게서 더 멀리 떨어져 있다고 느꼈다. 버질조차도 그 다른 신적 존재, 곧 더 높이 있는 동시에 더 가까이 계신 분에 관한 수수께끼와 역설을 이해하지 못했다. 그들이 볼 때 진정으로 신성한 존재는 아주 멀리 떨어져 있었다. 그래서 그 성스러운 존재를 점점 더 마음속에서 지웠다. 그 거룩한 존재는 내가 나중에 다룰 신화들과도 점점 더 관련이 없어졌다. 그러나 대부분의 신화에 있는 특성을 살펴보면, 이런 신화들 가운데에는 그 신성한 존재 안에 있는 불가해한 순수성에 대해 암묵적으로 인정하는 분위기가 깔려 있다. 유대인들이 그 거룩한 존재의 형상을 만들어서 모독하는 일이 생기지 않게 했듯이, 그리스인들 또한 상상으로라도 이 절대자를 모독하지 않았다.

신들이 점점 못된 장난과 허랑방탕한 행실로만 사람들의 기억에 남게 되자, 신들의 이런 어긋난 행동으로 인해 그 고결한 존재는 상대적으로 높아졌다. 하나님을 잊은 채 살아가는 것이 일종의 경건한 행동이었다. 달리 말하면, 당시 사회의 전반적인 분위기

---

26 버질이 지은 서사시 『아이네이스』 제1권에 나오는 구절.

에서 사람들이 좀 더 수준 낮은 쪽을 받아들였으며, 이 사실을 흐릿하게나마 의식하며 살았음을 암시하는 무언가가 있다. 표현하기가 쉽지는 않지만, 그 상황을 설명하기에 제격인 단어가 딱 하나 있다. 그리스인들이 다른 것은 알아채지 못했더라도 '타락'(the Fall)은 알아차렸다. 이런 점에서는 모든 이방인 역시 마찬가지이다. 추락한 자들은 추락하기 전에 원래 있었던 곳을 잊더라도 그들이 추락했다는 사실은 기억할 것이다. 그런 기억상의 공백 내지는 단절이 모든 이방의 정서 배후에 있다. 모든 이방종교 신자들의 정서에는 떠오를 듯 말 듯 기억이 깜깜하거나 끊긴 부분이 있다. 그리고 우리가 중요한 사실을 잊고 지낸다는 점을 잊지 않도록 순식간에 일깨워 주는 어떤 힘 같은 것이 있다. 세상에서 가장 무지한 사람들도 땅을 쳐다볼 때 자기가 하늘을 잊어버렸음을 알게 된다. 그런데 이런 무지한 사람들조차 어린 시절을 회상할 때처럼 자기들이 더 단순한 문장과 표현으로 이야기했던 과거를 떠올리는 순간이 분명 있었다. 또 앞서 인용한 버질의 시구처럼, 로마인들이 칼 같은 노래로 엉망으로 뒤엉킨 신화의 정글을 뚫고 나가는 순간이 있었다. 잡다한 군중 같은 남신과 여신 무리가 시야에서 순식간에 사라지고, '하늘-아버지'(the Sky-Father)만 홀로 하늘에 계셨던 순간이었다.

로마의 실례는 다음 단계로 진행되는 것과 밀접한 관련이 있다. 잃어버린 아침의 하얀 빛이 여전히 주피터와 판, 또는 원로 아폴로의 형상 위에 머물러 있다. 그리고 이미 밝혔듯이, 이 신들 각각은 한때 여호와나 알라처럼 유일신이었을지 모른다. 이 세 신은 어떤 과정을 거쳐 자신만의 절대 권능을 잃어버렸는데, 그 과정이 무엇이었는지 여기에서 꼭 언급하고자 한다. 이는 나중에 혼합주의(syncretism)라고 부른 사상과 매우 비슷한 융합 과정이었다. 이방세계 전체가 열심히 만신전(Pantheon)[27]을 세웠다. 로마인들은 더욱 많은 신을 받아들였다. 그리스의 신들뿐만 아니라 미개인의 신들도 만신전에 모셨다. 또한 유럽뿐 아니라 아시아와 아프리카의 신들도 마다하지 않았다. 아시아와 아프리카에서 온 어떤 신들은 웃으며 받아들일 수 있는 신이 아니었는데도 로마인들은 신들이 더 많아질수록 웃고 즐겼다. 그리고 외부에서 온 신들에게 로마의 신들과 동등한 권위를 부여했다. 더러는 로마의 신들과 동일시되기도 했다. 아마 그렇게 하면 자기들의 종교적 삶이 더 풍성해진다고 여겼을 것이다. 하지만 그런 상황은 사람들이 현재 종교라고 부르는 모든 것을 완전히 상실했음을 의미했다. 그리고 태양처럼 단 하나의 광원(光源)을 가지고 있던 태고의 순수한 빛이, 서로 휘황찬란하게 겹치며 간섭 현상을 일으키는 빛과 색깔의 향연 속에서 마침내 희미해지는 것을 의미했다. 하나님은 실로 신들에게 희생되었다. 불경스럽긴 해도 있는 그대로 옮겨 보면, 하나님이 감당하시기에 신들의 수가 너무 많았다.

　그러므로 다신론은 일종의 저수지였다. 이방인들이 이방종교

---

**27** 만신전(萬神殿)은 말 그대로 모든 신을 모신 신전이다. 그리스어 '판'(pan: 모든)과 '테이온'(theion: 신, 신 같은, 거룩한)이 합쳐진 말이다.

들을 그곳에 몰아넣기로 동의했다는 점에서 그렇다. 이 점은 옛날과 오늘날의 여러 논쟁에서 매우 중요하다. 현대인은 타인이 믿는 신이 자기가 믿는 신처럼 선한 존재일 수 있다고 보는 것을 관대하고 계몽된 관점으로 여긴다. 또한 이방인들도 자기네 도시나 가정의 신들 틈에 낯선 신들, 곧 산에서 내려오는 거칠고 환상적인 디오니소스(Dionysus)[28]나 숲에서 기어 나오는 텁수룩하고 촌스러운 판(Pan)을 기꺼이 받아들이면서, 자기들이 매우 관대하고 계몽된 사람들이라고 생각했을 것이다. 그러나 바로 이 더 '관대한' 사고방식 때문에 잃어버린 것은 그 무엇보다도 '광대한' 개념이었다. 즉, 온 세상을 하나로 만드는 아버지의 개념이다. 그리고 이를 거꾸로 뒤집어도 타당하다. 고대의 어떤 민족은 자기 민족의 유일신과 그 신의 독특하고 신성한 이름들을 고수하며 살았는데, 그들은 무지몽매하고 시대에 뒤처져서 미신이나 좇는 미개인들로 취급받았다. 하지만 그 미개인들은 철학 또는 과학이 생각한 우주적 능력에 훨씬 더 가까운 무언가를 보존하고 있었다. 무례한 반동분자가 일종의 선지자적 진보주의자였다는 이 역설은 매우 적실한 한 가지 결과를 낳는다. 순전히 역사적 관점에서, 그리고 이와 연관된 다른 모든 논쟁과 별개로, 이 역설은 태초부터 홀로 그리고 지속적으로 빛을 비춰준다. 그리하여 외톨이 같은 어떤 소수민족을 이해하는 데 필요한 실마리를 던져준다. 이 역설 안에는, 수세

---

**28** 그리스 신화에 나오는 풍요와 포도주의 신으로 로마 신화에서는 '바쿠스'라고 부른다.

기 동안 해답이 봉인된 종교적 수수께끼와 같이, 유대인의 사명과 의미가 담겨 있다.

인간적으로 말하면, 이런 의미에서 세상이 유대인 덕분에 하나님을 알게 된 것이 사실이다. 유대인에게 퍼부어진 비난 덕분에 그 진리를 알게 되었고, 어쩌면 유대인의 비난받을 만한 모습 때문이었는지도 모른다. 우리는 이미 바벨론 제국 주변에 여러 유목 민족이 살았고 유대인도 그 가운데서 유목 생활을 했음을 다루었다. 또한 유대인이 아주 먼 옛날에 영적으로 무지한 그 지역을 환히 밝히면서 이리저리 예상 밖의 경로로 떠돌아다닌 사실도 살펴보았다. 그들은 아브라함과 족장들이 살았던 곳을 떠나 이집트로 들어갔다 팔레스타인의 구릉지대로 되돌아왔다. 그 후 크레타 섬에서 온 블레셋 족속에 맞서 팔레스타인 지역을 지키다가 바벨론 제국에 함락되어 포로로 끌려갔다. 또한 페르시아 왕들이 시행한 시온주의[29] 정책에 따라 고향인 예루살렘 성으로 다시 돌아갔다. 그리고 아직 결말을 알 수 없는 놀라운 모험을 쉼 없이 이어갔다.

그런데 유대인은 그렇게 떠돌아다닌 세월 내내, 특히 방랑하던 초기에, 목재 장막 속에 이 세상의 운명을 싣고 옮겨 다녔다. 장막 안에는 별 특색 없는 상징물이 있었을 테고, 눈에 보이지 않는 신이 분명히 머물렀다. 그 장막에서 가장 두드러지는 특징을 들라고 하면 아마 '별 특징이 없는 점이 특징'이라고 했을 것이다. 우리는

---

**29** 시온주의(Zionism)는 19세기 말에 처음 쓰인 용어로 유대인 국가 건설 운동이다. 체스터턴은 이 용어를 고대 페르시아의 정책에 적용한 것이다.

기독교 문화가 선언한 창조적 자유, 그 문화가 고대의 예술조차 퇴색시킨 그 자유를 무척 선호할 것이다. 하지만 히브리인들이 하나님의 형상을 만들면 안 된다고 했을 때 그 결정의 중요성을 과소평가해서는 안 된다. 그것은 마치 넓은 공간 둘레에 쌓은 벽처럼 확대과정을 보존하고 영속화시키는 그런 제약의 전형적인 본보기이다. 형상을 취할 수 없었던 그 하나님은 하나의 영으로 남아 있었다. 그분을 신상으로 만들었다면 당시 그리스 조각상이나 훗날의 기독교 형상들이 지닌 매력적인 존엄성과 우아함을 지닐 수 없었을 것이다. 하나님은 괴물이 득실거리는 세계에 살고 계셨다. 몰렉(Molech)[30]과 다곤(Dagon)[31] 그리고 소름끼치는 여신 타닛(Tanit)[32]이 어떤 괴물들이었는지는 나중에 자세히 살펴볼 기회가 있을 것이다. 만약 이스라엘의 신에게 어떤 형상이 주어졌다면, 아마 남근(男根)을 상징하는 모습이었을 것이다. 하나님께 어떤 형상을 부여하는 것만으로도 히브리인들은 신화에 있는 최악의 요소들, 곧 다신론의 일부다처제나 하늘에 있는 하렘(harem)[33]의 모습 같은 것을 전부 받아들이게 되었을 것이다. 히브리인이

---

**30** 셈 족이 섬기던 풍요의 신으로 중동에서 널리 숭배하던 신이었다. 특히 팔레스타인에게 중요한 신으로 바알 신의 아버지로 추정되었다: 저자 주. '밀곰'(왕상 11:5), '몰록'(왕상 11:7; 행 7:43), '말감'(렘 49:1)으로도 불렀다. 어린이를 몰렉에게 제물로 바쳐 제사를 지내는 의식도 있었다(대하 28:3, 33:6): 역자 주

**31** 페니키아인 또는 블레셋 족속의 주신으로 알려져 있다. 정경에서는 삿 16:23, 삼상 5:2, 대상 10:10에 나오며 외경에서는 마카비서 상 10:83~84에 나온다.

**32** 페니키아인들이 섬기던 달의 여신으로, 카르타고의 수호신이었다. 어머니 여신인 만큼 다산과 관련이 있었고 어린이를 제물로 받았다: 저자 주.

**33** 이슬람 왕궁 내에서 남자들은 출입할 수 없고 여자들만 거주할 수 있는 곳이었다.

신의 형상을 담은 예술을 거부한 것은 앞에 언급한 제한의 첫 번째 예였고, 이는 종종 역공을 당할 때가 많다. 그것은 비판하는 사람들이 제한된 안목을 갖고 있기 때문이다. 그 비판가들이 가하는 또 다른 비판은 이 점을 더욱 명확하게 보여준다. 그들은 툭하면 냉소적인 말투로 이스라엘의 하나님은 그저 전쟁의 신이었을 뿐이라고 말한다. 질투심 많은 대적으로서 다른 신들에 맞서 싸운 '그저 야만적인 만군의 주'일 뿐이라는 것이다. 글쎄, 그분이 전쟁의 하나님이셨던 이유는 세상을 위해서다. 하나님께서 다른 신들에게 오직 경쟁 상대이자 적으로만 계셨던 까닭은 우리를 위해서다. 하나님과 다른 신들의 관계가 좋았더라면 비판가들은 하나님을 친구로 생각하는 끔찍한 잘못에 빠졌을 가능성이 무척 많았다. 그럴 경우 그들은 하나님이 사랑과 화해의 팔을 벌려 바알을 껴안고, 아스다롯(Astarte)[34]의 분 바른 얼굴에 입 맞추며, 다른 신들과 어울려 축제를 즐긴다고 생각하기가 아주 쉬웠을 것이다. 또한 하나님을 마치 인도의 만신전에 있는 소마(Soma)[35]나 올림포스 산의 신주(神酒), 또는 발할라(Valhalla)[36]의 꿀 술을 얻으려고 별로 만든 자기 왕관을 팔아넘기는 최후의 신처럼 여겼을 것이다. 그리하여 하나님을 예배하는 자들은 이방종교의 온갖 전통을 끌어들인

---

**34** 고대 페니키아의 풍요와 생식의 여신. 자세한 내용은 1부 1장 17번 각주를 참고하라.

**35** 인도 문명권에서 종교의식을 행할 때 마셨던 것으로 어떤 식물에서 뽑아낸 액체다.

**36** 북유럽 및 서유럽 신화에 나오는 궁전. 오딘(Odin) 신이 사는 곳으로, 신들의 세계인 아스가르드에서 가장 아름다운 궁전이다. 이곳에서는 매일 잔치가 벌어지는데, 산해진미와 암산양이 한없이 짜내는 꿀 술로 손님들을 접대한다.

혼합주의의 길을 쉽게 좇았을 것이다. 하나님을 따르는 사람들이 항상 이 쉬운 내리막길로 미끄러졌던 것이 사실이다. 이런 사태를 막고자 하나님의 영에 사로잡힌 어떤 지도자들이 거의 미친 듯이 힘을 쏟아야만 했다. 그들은 우리에게 지금도 영감과 파멸의 바람과 같이 다가오는 말로 하나님을 증언했던 것이다. 최종적인 신앙 문화의 형성에 기여했던 고대의 종교 환경을 더 잘 이해할수록, 이스라엘 선지자들의 위대함에 더욱 진심으로 또 실제적으로 존경심을 품게 될 것이다. 온 세상은 이 뒤죽박죽된 신화 속으로 녹아 들어갔는데도, 부족의 편협한 신으로 불리는 이 하나님은 인류의 최초의 종교를 보존하였다. 바로 하나님이 부족의 편협한 신으로 불렸기에 가능했던 일이다. 하나님은 우주의 보편적인 신이 되기에 충분할 만큼 부족의 신이었다. 그리고 그분은 광대한 우주만큼 편협한 신이었다.

한 마디로 말해서, 이방인 가운데 '주피터-암몬'으로 불렸던 이방 신이 있었다. 그러나 '여호와-암몬'으로 불리는 신은 단 한 번도 없었다. '여호와-주피터'라는 신도 존재한 적이 없다. 이런 신들이 있었다면, 틀림없이 '여호와-몰록'이라는 신 또한 있었을 것이다. 만일 여호와와 다른 신의 결합이 이루어졌다면 어떻게 되었을까? 개방적이고 계몽된 종교 혼합주의자들이 너무나 동떨어진 주피터로 만들기 훨씬 이전에, 만군의 주님의 형상은 우주의 창조자이자 통치자인 유일신의 모습이 다 망가져서 어떤 미개 종족의 신보다도 더 형편없는 우상이 되었을 것이다. 왜냐하면 하나님은 아마

두로와 카르타고의 신들처럼 문명화되었을 법하기 때문이다. 두로와 카르타고의 문명이 어떤 것인지는 다음 장에서 더 자세히 논하겠다. 악마의 힘이 어떻게 유럽을 파멸 직전까지 몰아가고, 이방세계의 건전한 부분까지 집어삼킬 뻔했는지를 살펴볼 때 논의할 생각이다.

그렇지만 만약 유일신 사상이 모세의 전통을 통해 계승되지 않았다면, 세상은 더욱 치명적으로 뒤틀린 운명을 맞이했을 것이다. 다음 부분에서는 이런 점들을 밝히고자 한다. 나는 동화들과 환상적인 종교 이야기를 만들어낸 이방세계의 건전한 면을 부정적으로 평가하지 않는다. 그러나 그런 시도들은 장기적으로 실패할 수밖에 없었다. 아울러 세상이 만물에 유일무이한 권한을 가진 분, 곧 그 위대한 원초적인 단순함으로 되돌아가지 못했다면, 이 세상은 길을 잃고 말았으리라는 점도 보여주겠다. 우리는 눈에 띄지 않게 늘 떠돌아다닌 히브리인에게 실로 빚진 것이 많다. 그들은 질투하는 하나님이 주시는 최고의 평온한 복을 사람들에게 내려주었다. 빚진 것은 다음과 같다. 우리가 그 원초적인 단순함에 속하는 무언가를 보존하고 있다는 점, 지금도 시인과 철학자들이 어떤 의미에서 보편적인 기도를 드릴 수 있다는 점, 우리가 아버지처럼 지구상 모든 민족들을 감싸는 하늘 아래 거대하고 평온한 세상 속에 살고 있다는 점, 그리고 합리적인 사람들의 종교에서는 철학과 자선이 당연한 일로 간주된다는 점 등이다.

유대인이 품었던 이 독특한 유일신 사상은 이방세계가 접근할 수 없는 것이었다. 왜냐하면 이 사상은 질투하는 민족의 소유였기 때문이다. 유대인들이 인기가 없었던 이유는 부분적으로 이미 로마 세계에 알려진 편협한 성향 때문이었고, 부분적으로는 직접 수공업에 종사하기보다는 물물교환으로 이익을 남기곤 했기 때문이었다. 그리고 당시 세계는 이미 다신론의 정글과 같았기에 유일신 사상은 고립되어 길을 잃을 수 있었기 때문이기도 했다. 그런데 그 유일신 사상이 실제로 완전히 길을 잃었던 것을 생각하면 참으로 이상하다. 좀 더 논란이 되는 문제들은 일단 제쳐놓겠다. 이스라엘의 전통에는 오늘날 모든 인류에게 속하는 것들이 있었는데, 그것은 그 당시의 모든 인류에게도 속했을 만한 것들이었다.

유대인들은 이 세상의 거대한 초석 가운데 하나를 가지고 있었는데, 바로 욥기이다. 욥기는 『일리아스』와 그리스 비극들의 맞은편에 우뚝 서 있다. 그리고 후자 이상으로 이른 시기, 곧 이 세상의 여명기에 욥기는 시와 철학이 만났다가 헤어지는 작품이었다. 낙관론자와 비관론자,[37] 이 두 영원한 바보들이 세상의 여명기에 허물어지는 모습은 엄숙하고도 기운을 북돋우는 광경이다. 그리고 욥기의 철학이 이방의 비극적인 아이러니를 완성하는 것은 그것이 좀 더 유일신 사상에 가깝고 따라서 더 신비롭기 때문이다. 사실 욥기는 신비에 관한 질문에 신비로 공공연하게 대답할 뿐이다. 욥은 수수께끼 같은 대답에 위로를 받는다. 어쨌든 욥은 위로를

---

37 체스터턴의 다른 저서 『*Introduction to the Book of Job*』에 따르면 낙관론자는 욥, 비관론자는 욥의 친구들을 가리킨다.

받는다. 여기에 예언적인 의미에서 권위 있는 말의 전형이 있다. 무언가에 의문을 제기하는 사람이 "나는 이해할 수 없어" 하고 말할 때, 답변을 아는 사람은 "너는 이해 못해"라고 대답하거나 반복하는 수밖에 없다. 그런데 책망을 들을 때 가슴 속에서는 언제나 희망이 갑작스레 솟아난다. 그리고 이해할 가치가 있는 그 무엇이 있다고 느낀다. 그러나 유일신 사상이 담긴 이 훌륭한 시(詩)는 다신론을 노래한 시로 넘쳐나던 고대 세계에서 주목을 끌지 못한 채로 있었다. 유대인들이 욥기 같은 책을 고대의 모든 지적 세계의 밖에 간직해야했다는 것은 그들이 타민족과 거리를 두고 자기네 전통을 흔들림 없이 지키며 후자와 공유하지 않았다는 것을 보여주는 징표이다. 마치 이집트인들이 거대한 피라미드를 조심스럽게 숨겼던 것과 같다.[38]

그러나 이방종교 시대 말기에 드러났듯이 유대인의 유일신 사상과 이방인의 다신론이 서로 어긋난 상태로 굳어버린 데는 또 다른 이유들이 있었다. 결국 이스라엘의 전통은 반쪽짜리 진리만 움켜쥐고 있었을 뿐이다. 비록 흔한 역설을 사용해 그것을 '더 큰 반쪽'이라 부를 수 있을지라도 말이다. 다음 장에서는 신화를 관통하는 지역성과 인격성에 대한 애착을 살펴보겠다. 여기서는 신화 속에 좀 더 가볍고 덜 본질적인 진리이긴 해도 결코 배제시킬 수

---

**38** '왕가의 계곡'을 말하는 것 같다. 도굴 위험을 피하려고 왕릉을 인적이 드문 계곡이나 벼랑에 만들었다. 투트모세 1세부터 람세스 11세에 이르기까지 거의 모든 왕이 거기에 묻혔다. 비밀 유지를 위해 왕릉 작업에 동원된 사람들도 죽여 근처에 묻었다.

없는 진리가 있다고 말하는 것으로 충분하다. 욥의 슬픔은 헥토르의 슬픔과 합류되어야만 했다. 욥은 우주의 슬픔인데 비해 헥토르는 도시의 슬픔이었다. 헥토르는 하늘을 가리키며 거룩한 도시 트로이의 기둥으로 서 있어야 했기 때문이다. 하나님이 회오리바람 속에서 말씀하실 때는 광야에서 말씀하실 수도 있다. 그러나 유목민의 유일신 사상이 각양각색의 문명을 다 포괄하기에는 역부족이었다. 들판과 울타리, 성벽을 쌓은 도시들과 신전들과 마을들을 중심으로 한 모든 문명을 섭렵하기에 충분치 않았다는 말이다. 그런데 양자가 더 명확한 자국(自國)의 종교 안에서 결합할 수 있게 되었을 때 전환점도 찾아왔다. 타민족 가운데 순수한 유신론에 근거해 생각하는 철학자가 여기저기 있었던 것이다. 그러나 이 철학자는 모든 이들의 관습, 곧 다신론 중심의 흐름을 바꾸어놓을 만한 힘이 없었다. 자기에게 그런 힘이 있을 것이라고 생각하지도 않았다. 아울러 그런 철학들 속에서도 다신론과 유신론의 관계에 대한 바른 정의를 찾아보기가 쉽지 않았다. 양자의 관계에 대한 정의에 가장 근접한다고 볼 만한 사상이 있다. 지중해 문명의 영향권에서 멀리 벗어나 있고, 홀로 노는 이스라엘보다도 로마에서 더 멀찌감치 떨어진 곳에서 찾을 수 있다.

이 사상은 내가 언젠가 들은 적이 있는 어떤 힌두교 전통의 가르침 속에 담겨있다. 그 가르침에 따르면, 사람들뿐만 아니라 신들도 단지 브라마(Brahma)[39]가 꾸는 꿈일 뿐이다. 그리고 브라마가 깨면 모든 게 사라질 것이다. 거기에는 분명히 아시아의 영혼과 같은 어떤 이미지가 있는데, 이는 기독교세계의 영혼만큼 건전하지는 않다. 그들이 그것을 평화라고 부를지라도, 우리는 절망이라 불러야 한다. 이 허무주의의 특징에 대해서는 나중에 아시아와 유럽을 자세히 비교할 때 더 살펴보겠다. 여기서는 신화에서 종교로 옮겨가는 과정에 함축된 것보다 신이 깨어난다는 관념 속에 더 많은 환멸이 있다고 언급하는 것으로 충분하다. 그러나 그 상징은 한 가지 측면에서 매우 미묘하고 정확하다. 신화와 종교는 서로 잘 어울리지 못하고 양자 사이에 간극이 있다는 점을 암시하기 때문이다. 하나님과 신들은 서로 비교할 수 없는 만큼 비교종교학은 무너질 수밖에 없다. 마치 한 사람이 그의 꿈속에 걸어 다녔던 사람들과 비교될 수 없는 것과 같다. 다음 장에서는 신들이 사람들처럼 걸어 다녔던 그 꿈의 황혼기를 다룰까 한다. 그런데 혹시 이런 사람이 있을까? 유일신 사상과 다신론의 차이는 그저 누군가는 한 신을 섬기고, 다른 누군가는 좀 더 많은 신을 따르는 것뿐이라고 생각하는 사람 말이다. 만약 있다면 차라리 거대한 브라만교의 우주 속으로 뛰어드는 편이 진리에 훨씬 가까워지는 길이리라. 모든 것의 죽음을 뜻하는, 무서운 브라마의 눈이 새벽처럼 열릴 때, 그는 온갖 사물의 베일, 손이 여럿 달린 창조자들, 옥좌에 앉아 후

---

**39** 힌두교에서 따르는 창조의 신. 비쉬누(Vishnu), 시바(Shiva)와 함께 힌두교의 대표적인 신이다.

광을 발산하는 동물들, 별들이 온통 뒤엉킨 별자리와 밤을 지배하는 자들 등을 통과하면서 두려움에 몸서리를 칠 것이다.

# 사람과 신화들

　　　　여기서 신들이라 불리는 존재들을 '백일몽'
이라고 불러도 괜찮을 것이다. 신들을 꿈에 비유하는 것은 꿈이
실현될 수 있음을 부정하려는 게 아니다. 신들을 여행객의 이야기
에 비유하는 것은 그 이야기가 사실이거나 적어도 믿을 만한 이야
기일 수 있음을 부인하는 게 아니다. 사실 그런 이야기는 여행객
이 스스로에게 들려주는 그런 이야기다. 신화와 관련된 모든 것은
사람의 시적 감수성에서 나온다. 오늘날은 이상하게도 신화가 상
상력의 산물이고 따라서 예술 작품이라는 것을 잊어버린 듯하다.
신화를 만들려면 시인이 필요하다. 신화를 비평하기 위해서도 시
인이 필요하다. 세상에는 시인이 아닌 사람들보다 시인이 더 많

다. 이는 그런 전설들이 민간에서 나왔다는 사실로 알 수 있다.

그러나 그 이유가 무엇인지 몰라도 시인이 아닌 소수의 사람들만 신화라는 민간의 시에 대한 비평을 쓸 수 있게 되고 말았다. 우리는 수학자에게 십 사행짜리 시(sonnet)에 대한 의견을 구하거나 셈이 빠른 소년에게 노래를 평가해 달라고 하지 않는데, 우리는 민간 전설이 과학처럼 취급될 수 있다는 어이없는 생각에 푹 빠져 있다. 그 전설들을 예술로 받아들이지 않으면 제대로 평가할 수 없다. 예를 들어 보자. 한 폴리네시아 사람이 어떤 교수에게 "한때 이 세상에는 아무것도 없었고 오직 날개 달린 커다란 뱀만 있었다"고 말했을 때, 그 교수가 전율을 느끼며 그 이야기가 사실이면 좋겠다는 생각을 반쯤 품지 않는다면 그런 것을 평가할 능력이 없는 것이다. 그 교수가 북미 인디언의 최고 권위자로부터 "태고의 어떤 영웅이 해와 달, 별들을 상자에 담아 날랐다"는 말을 듣고 확신에 차서 그 매혹적이고 환상적인 이야기에 감탄하여 어린이처럼 손뼉을 치고 발을 구르지 않는다면, 그는 그 영웅 이야기에 대해 아무것도 모르는 셈이다. 이 기준이 난센스는 아니다. 원시시대의 어린이들과 야만인 어린이들도 여느 아이들처럼 신나게 웃어대며 발을 구르니까. 그러므로 이 세상의 유아기를 머릿속에 다시 그려 보려면, 우리도 어린이처럼 천진난만해져야 한다. 히아와타(Hiawatha)[1]의 유모가 히아와타에게 어떤 전사가 자기 할머니

---

1 수백 년 전 살았다는 북미 인디언의 우두머리로 이로쿼이(Iroquois) 족 연합체를 만들었다.

를 달까지 던져버렸다고 말했을 때 히아와타는 영국 어린이가 유모에게서 암소가 달까지 뛰어올랐다는 이야기를 들었을 때처럼 웃어댔다. 어린이는 웃기는 부분을 대다수 어른만큼 포착하고 일부 과학자들보다 더 잘 포착한다. 그런데 환상적인 부분을 판단하는 궁극적 기준은 황당한 부분을 자연스럽게 받아들이는 것이다. 그리고 그 기준은 자의적인 성격이라야 하는데, 그 자체가 완전히 예술적인 것이기 때문이다. 만약 어떤 학생이 어린 시절의 히아와타가 알뜰한 집안 살림을 위해 노인을 희생 제물로 바쳤던 부족의 관습을 존중해서 웃었을 뿐이라고 말한다면, 그것은 완전히 잘못 짚은 것이다. 또 어떤 학자가 소가 달까지 뛰어오른 이유는 어린 암소가 달의 여신 디아나(Diana)에게 희생 제물로 바쳐졌기 때문이라고 말한다면, 이 또한 잘못 해석한 것이다. 신화에서는 소가 달까지 뛰어오른 것이 아주 당연하기 때문이다. 신화는 잃어버린 예술, 완전히 사라진 소수의 예술 가운데 하나다. 그렇지만 신화는 예술이다. 초승달(뿔 모양의 달)과 뿔 달린 얼간이는 조화롭고 평온한 모습을 이룬다. 자기 할머니를 하늘로 집어던지는 것은 좋은 행동이 아니지만 신화에서는 있을 수 있는 일이다.

그래서 예술가들은 아름다움의 일부는 꼴사나움임을 이해하지만 과학자들은 좀처럼 이해하지 못한다. 과학자들은 또한 그로테스크한 것이 지닌 정당한 자유를 거의 허용하지 않는다. 그들은 미개 종족의 신화를 아주 조잡하고 꼴사나운 이야기로 여기고, 미개인들이 타락했다는 증거로 치부할 것이다. 하늘에 닿을 듯한 산에 새로이 내려온 전령 신 '헤르메스'(Hermes)[2]가 보여준 그런 온갖 아름다움을 보여주지 않는다는 이유에서다. 그러나 미개 종족의 신화는 '가짜 거북이'(Mock Turtle)[3]나 '미친 모자장수'(Mad Hatter)[4]에게서 볼 수 있는 아름다움은 분명히 갖고 있다. 누군가 시는 시적이어야 한다고 항상 고집한다면 그것은 그 사람이 산문적임을 보여주는 최고의 증거가 된다. 이야기의 형식뿐 아니라 주제 자체도 재미있는 경우가 종종 있다. 흔히 호주 원주민들은 미개 종족 가운데서도 가장 미개한 종족으로 꼽힌다. 그들의 전설 중에는 세상의 바다와 모든 물을 다 마셔버린 초대형 개구리 이야기가 있다. 그 물을 토해내게 하려면 누군가 개구리를 웃겨야만 했다. 동물마다 우스갯짓을 하며 개구리 앞을 지나갔지만, 개구리는 빅토리아 여왕 같은 근엄한 표정으로 별로 반응을 보이지 않았다. 그런데 뱀장어 한 마리가 품위를 지킨답시고 꼬리 끝으로 서서 안 넘어지려고 간신히 아등바등 균형을 잡고 있는 모습을 보고 개구리는 마침내 웃음을 터뜨렸다. 이 이야기를 글감으로 삼아 환상문학 작품을 여러 편 지어낼 수 있을 것이다. 웃음이 초래한 억수 같은 단비가 내리기 전의 메마른 세상의 모습에는 그 나름의 세계관이 있다. 산처럼 큰 괴물 개구리가 용암을 분출하는 화산처

---

2 제우스와 마이아 사이에서 태어났고 올림포스 열 두 신 가운데 가장 어리다. 움직임이 빨라 전령 역할을 하였다. 연금술사들은 헤르메스를 빛을 가져오는 자로 여겼다.

3 앨리스 캐롤의 소설 『이상한 나라의 앨리스』에 나온다. 몸통은 거북이고 송아지 머리에 소 발굽과 소꼬리가 달렸다.

4 『이상한 나라의 앨리스』에 등장하는 인물이다.

럼 물을 뿜어내는 모습에는 상상력이 담겨 있다. 펠리컨이나 펭귄이 자기 앞을 지나갈 때 눈알을 희번덕거리는 개구리의 모습은 생각만 해도 정말 웃긴다. 아무튼 개구리는 웃었지만 신화 연구자들은 여전히 심각한 표정을 짓고 있다.

더구나, 그런 동화들이 조금 열등한 예술 작품이라도 과학의 잣대로는 제대로 평가할 수 없고 그런 것을 과학으로 보고 판단하는 것은 더욱 말이 안 된다. 어떤 신화들은 어린이가 처음 그린 그림처럼 매우 어설프고 이상야릇하다. 그러나 어린이가 그림을 그리려고 애쓰는 중이다. 어린이의 그림을 마치 도표처럼 취급하거나 도표를 그리려고 했다고 생각하는 것은 잘못이다. 학자가 미개 종족에 대해 과학적 진술을 할 수 없는 것은 미개인이 세상에 대해 과학적 진술을 하지 않기 때문이다. 미개인은 과학과 거리가 먼 이야기를, 신들에 관한 풍문이라 부를 만한 이야기를 하고 있다. 그들은 그런 이야기를 검토할 시간을 갖기 전에 먼저 믿었다고 말해도 좋다. 아니, 그 이야기를 믿을 시간을 갖기 전에 이미 받아들였다고 말하는 편이 낫겠다.

사실 나는 신화들이 널리 유포되었다거나 (흔히 생각하듯) 한 신화가 그렇게 퍼뜨려졌다는 신화 확산 이론을 의심하는 편이다. 우리의 본성과 조건 속에 공통점이 있어서 많은 이야기들이 비슷한 건 사실이지만 그 각각이 독창적인 산물일 수도 있다. 한 사람이 다른 사람과 같은 동기로 어떤 이야기를 한다고 해서 그 이야기를 후자에게서 빌려온 것은 아니다. 전설에 관한 모든 주장을 문학에 적용해서 문학을 표절이나 일삼는 천박한 편집광으로 만드는 것은 무척 쉽다. 『황금 가지』(the Golden Bough)[5]의 개념과 비슷한 개념은 공동체적인 오래된 신화들에서 발견하는 것만큼 쉽게 이런저런 현대 소설들에서 발견할 수 있다. 베키 샤프(Becky Sharpe)[6]가 쥔 파멸의 꽃다발부터 루리타니아(Ruritania)[7]의 공주가 보낸 장미 꽃다발에 이르기까지 문학에서 거듭거듭 나오는 꽃다발을 찾을 수 있다. 그러나 이 꽃들이 동일한 토양에서 피어났을지 몰라도, 이 손에서 저 손으로 던져지는 것은 동일한 시들어 버린 꽃이 아니다. 그 꽃들은 언제나 싱싱하다.

　모든 신화의 진정한 기원은 너무 자주 발견되어왔다. 셰익스피어의 작품에 암호가 너무 많은 것처럼, 신화를 이해하는 데도 너무 많은 열쇠가 있다. 모든 것이 남근 숭배이고, 모든 것이 토템 숭배이며, 모든 것이 파종기와 추수이고, 모든 것이 혼령과 무덤에 바치는 제물이고, 모든 것이 희생 제물의 황금 가지이고, 모든 것이 해와 달이고, 모든 것이 모든 것이다. 그 자신의 편집광보다 좀 더 많이 알았던 민속학자, 앤드류 랭(Andrew Lang)[8]처럼 폭넓게

---

**5** 영국의 민속학자이자 인류학자인 프레이저의 책으로 1890년에 출간되었다. 종교와 신화에 대한 방대한 자료 분석을 통하여 인류의 정신 발전을 기술한 인류학 고전이다. 고대 아리아인의 수목숭배(樹木崇拜) 중에서 주술과 종교적 의미로 특히 떡갈나무가 중요시되었고 그 나무의 기생목에서 유래한 '황금 가지'라는 말을 따서 책 제목으로 삼았다.

**6** 윌리엄 쌔커레이(William Thackeray)의 소설 『허영의 시장』(*Vanity Fair*)에 나오는 여주인공이다. 자신의 아름다운 용모와 재능을 이용하여 재산과 사회적 지위를 얻으려고 온갖 부도덕한 방법을 다 사용하였다.

**7** 19세기 말에 나온 안토니 호프(Anthony Hope)의 소설 3부작의 배경으로서 중부 유럽에 있는 가상의 나라다.

독서하고 비판적 사고를 하는 학자는 하나같이 이런 분석을 접하면 머리가 핑핑 돈다고 실제로 고백했다. 하지만 모든 문제는 신화를 마치 과학적 탐구 대상을 대하듯 외부에서 고찰하려는 사람때문에 생긴다. 이런 사람은 신화를 내부로부터 바라보고, 자기라면 이야기를 어떻게 시작할지 자문하기만 하면 된다. 이야기는 어떤 것으로도 시작할 수 있고 어디로든 흘러갈 수 있다. 새를 토템으로 만들지 않으면서 새로 시작할 수 있으며, 태양을 태양 신화로 만들지 않으면서 태양으로 시작할 수도 있다. 세상에는 오직 열 가지 플롯만 있다는 말이 있다. 이야기에는 분명히 겹치고 반복되는 요소들이 있기 마련이다. 어린이 만 명에게 숲에서 무엇을 했는지 거짓으로 지어내어 그 자리에서 말해보라고 하라. 그러면 아이들이 꾸며낸 이야기에서 태양숭배나 동물숭배를 암시하는 유사한 내용을 찾는 것이 어렵지 않을 것이다. 그중에는 귀여운 이야기도 있고, 유치한 이야기도 있으며, 지저분한 이야기도 있을 것이다. 하지만 그것들은 단지 이야기로만 평가되어야 한다. 현대어를 쓰자면, 미학적으로만 평가될 수 있다. 오늘날 미학 또는 단순한 감성은 스스로 개입할 권리가 전혀 없는 영역까지 찬탈하고, 이성을 실용주의로 파괴하고, 도덕을 무질서로 파멸시키면서도 정작 미학적 질문에 대해 미학적 판단을 내리는 일은 하지 않고 있다. 우리는 동화만 제외하고 모든 것에 상상력을 발휘해도 좋은

---

**8** 영국의 민속학자 겸 문학자(1844–1912). 당대 최고의 지식인으로서 신선하고 독창적인 의견이나 지식을 〈데일리 뉴스〉를 비롯한 여러 미디어에 피력했고, 60여 권의 저작을 남겼다.

실정이다.

이제 중요한 사실을 다루어 보겠다. 우선, 가장 단순한 사람이 가장 오묘한 생각을 한다는 것이다. 모두가 이 사실을 알아야 한다. 누구나 어린이였던 적이 있으니까. 어린이는 무지하지만 말로 표현할 수 있는 것보다 더 많은 것을 알고, 분위기뿐 아니라 미묘한 뉘앙스까지 알아차린다. 그리고 이 경우에는 여러 미묘한 뉘앙스가 있다. 예술가의 고통을 경험한 적이 없는 사람은 자기가 목격하는 아름다운 것들에서 어떤 의미와 어떤 이야기를 발견하는 것을 이해하지 못한다. 비밀을 알고 싶은 갈망과 어느 탑이나 나무가 그 이야기를 들려주지 않을 때 생기는 분노를 이해하지 못하는 것이다. 예술가는 무엇이든 인격적이지 않으면 완전하지 않다고 생각한다. 인격성이 없다면, 마치 머리 없는 동상처럼 그 정원에 서 있는 세상의 아름다움을 의식하지 못하는 맹인과 다름없다. 탑이나 나무가 마치 거인 또는 요정처럼 자기 이야기를 들려주기까지 탑과 나무를 붙들고 씨름하는 것은 시적 감수성이 조금만 있어도 된다. 이방의 신화는 자연의 힘을 의인화한 것이라고들 말한다. 어떤 의미에서는 맞는 말이지만 매우 미흡한 설명이다. 이 말에는 자연의 힘은 추상적 개념인데 인위적으로 인격체처럼 묘사했다는 의미가 있기 때문이다. 신화는 알레고리가 아니다. 또한 신화에 나오는 자연의 힘은 추상적 개념이 아니다. 이는 마치 중력의 신이 존재하지 않는 것과 같다. 어떤 폭포의 수호신이 있을지 모르지만, 단순한 물의 수호신은 없고 단순한 낙하현상의 수호신은 더더욱 없다. 인격화한다는 것은 어떤 비인격적인 것에 인격을 부여한다는 의미가 아니다. 요점은 인격성이 물에 의미를 부여하며 완성시킨다는 것이다. 산타클로스는 눈과 장식용 나무의 알레고리가 아니고, 눈사람처럼 실은 눈인데 인위적으로 인간의 형상을 부여받은 존재도 아니다. 산타는 오히려 눈으로 뒤덮인 하얀 세상과 상록수에 새로운 의미를 부여하는 존재이기에 눈 자체도 차갑기보다 따스하게 보이는 것이다. 그러므로 신화를 평가하는 기준은 순전히 상상력에 근거한다. 그러나 상상력에 근거한다는 말이 상상의 산물이란 뜻은 아니다. 그러니까 신화는 현대인이 거짓이란 뜻으로 쓰는 단어인 '주관적인' 이야기가 아니라는 것이다. 진정한 예술가는 누구나 의식하든 못하든 자기가 초월적인 진리를 접하고 있다고 느낀다. 그의 이미지들이 베일을 통해 보이는 것들의 그림자라고 느낀다. 달리 말해, 신비주의자는 저 건너편에 무언가 있다는 것을 분명히 안다. 저 구름 너머, 또는 나무들 안에 무언가 있음을 아는 것이다. 그런데 그는 아름다움을 추구하는 것이 그 초월적 진리를 발견하는 길이라고 믿는다. 그리고 상상력이 그 진리를 불러낼 수 있는 일종의 주문이라고 생각한다.

우리는 우리 자신 안에 일어나는 이 과정을 이해하지 못하고, 먼 옛날에 살았던 사람들 내면에서 진행된 이런 과정은 더더욱 이해할 수 없다. 이런 것들을 분류하는 것은 위험하다. 마치 그런 과정들을 이해한 것처럼 보일 수 있기 때문이다. 『황금 가지』처럼 훌륭한 설화 작품은 너무나 많은 독자에게, 이런저런 거인 이야기,

또는 보석함이나 동굴 속 마법사의 심장 이야기가 그저 '몸 밖의 영혼'(external soul)[9]이라 부르는 어리석고 정적인 미신을 '의미할' 뿐이라는 생각을 심어줄 것이다. 그러나 우리는 그 이야기들이 무엇을 뜻하는지 알 수 없는데, 이는 우리가 이런 이야기에 감동을 받는다고 할 때 그게 무슨 뜻인지 우리도 모르기 때문이다. 어떤 이야기에서 누군가가 "이 꽃을 뽑으면 저 바다 건너 성에 사는 공주가 죽게 될 거야" 하고 말했다고 가정하자. 우리는 왜 잠재의식 속에서 무언가가 꿈틀거리는지, 또는 불가능한 일이 어째서 거의 불가피하게 보이는지 알지 못한다. 그리고 우리가 "왕이 촛불을 끈 순간 멀리 떨어진 헤브리데스 해안에서 왕의 배들이 부서졌다"는 구절을 읽었다고 하자. 우리는 왜 이성이 그런 이미지를 거부하기 전에 상상력이 그것을 받아들였는지 모른다. 또는 왜 촛불과 배의 상응관계가 우리의 영혼 속 무언가와 상응하는 듯 보이는지 알지 못한다. '몸 밖의 영혼'과 같은 개념 안에는 이러한 것들이 들어있다. 곧 사람의 본성 깊숙한 곳에 있는 그 무엇, 거대한 것들이 아주 작은 것에 의존하고 있다는 희미한 느낌, 우리에게 가장 가까운 것들이 우리의 능력 너머 멀리까지 뻗어간다는 암시, 물질적 실체 속에 마법이 있다는 성례전적 느낌, 그리고 미처 발견하지 못한 많은 감정들이다.

---

**9** 프레이저가 쓴 고전 『황금 가지』의 66장과 67장에 나오는 개념. 프레이저에 따르면, 고대의 미개인들은 자기 영혼을 몸 밖으로 빼내어 다른 안전한 곳에 보관할 수 있다고 믿었다. 그렇게 하면, 자기 몸이 죽을지라도 영혼은 안전하게 보존되므로 불멸의 존재가 된다고 믿었다.

미개인의 신화 속에 있는 힘은 시인의 은유 속에 있는 힘과 비슷하다. 이런 시적 은유에 담긴 혼은 분명히 '몸 밖의 영혼'인 경우가 많다. 최고 비평가들에 따르면, 최고의 시인들의 시에서 비유는 종종 시의 본문과 동떨어진 이미지라고 한다. 그것은 마치 멀리 떨어진 성과 꽃, 또는 헤브리데스 해안과 촛불의 관계만큼 상관이 없다. 쉘리[10]는 종달새를 작은 탑 위의 젊은 여자에, 잎이 우거진 가지에 핀 장미에, 그 밖에도 하늘을 나는 종달새와 전혀 어울리지 않는 일련의 사물에 비유한다. 내 생각에 영문학에서 순수한 마법의 힘이 잘 발휘된 구절은 자주 인용되는 키츠(Keats)[11]의 시 「나이팅게일에게 바치는 노래」(Ode to a Nightingale)에 나오는데, 바로 파도가 거세게 넘실거리는 바다 쪽으로 열린 창문을 노래한 구절이다. 그리고 아무도 그 이미지가 뜬금없이 등장한다는 것, 그 구절이 전혀 상관없는 룻[12]에 대한 진술 뒤에 갑자기 나온다는 것, 그것이 그 시의 주제와 전혀 관계가 없다는 것을 알아차리지 못한다. 이 세상에서 아무도 나이팅게일을 발견할 것으로 생각할 수 없는 장소가 하나 있다면, 바로 바닷가에 있는 창틀 위이다. 그러나 이와 동일한 의미에서, 아무도 거인의 심장을 바다 밑 작은 상자에서 발견하리라고 기대하지 않는다. 그러므로 시인들

---

**10** 퍼시 비쉬 쉘리(Percy Bysshe Shelley, 1792-1822)는 영국의 주요 낭만주의 시인에 속한다.

**11** 존 키츠(John Keats, 1795-1821)는 낭만주의에서 높이 평가받는 최후의 시인이다.

**12** 구약성경에 나오는 룻을 말한다. 창문이 나오는 구절 앞에는 고향을 떠나 시어머니와 함께 베들레헴에 정착한 룻이 밭에서 일하며 고향을 그리워하는 표현이 나온다.

의 은유들을 분류하는 것은 매우 위험하다. 쉘리의 시구 중에 구름이 "자궁에서 나오는 아이처럼, 무덤에서 나오는 유령처럼"[13] 떠오르리라는 대목이 있는데, 전반부를 원시 시대의 엉성한 탄생 신화로 여기고, 후반부를 나중에 조상 숭배로 이어진 유령 숭배의 잔존으로 간주할 가능성이 있다. 그러나 이것은 구름을 잘못 다루는 것이다. 그리고 학자들이 폴로니우스(Polonius)[14]처럼 되어 구름을 족제비와 같다고 또는 고래와 매우 비슷하다고 생각하기가 너무나 쉽다.

이 백일몽 같은 심리학에서 두 가지 사실이 나오는데, 신화와 종교의 발달 과정을 살필 때 반드시 명심해야 할 사항들이다. 첫번째 사실은 이 상상력에 근거한 인상들이 종종 지방색을 갖고 있다는 것이다. 그 인상들은 추상적 개념이 알레고리로 바뀐 것과는 거리가 멀고 종종 우상에 초점이 맞춰진 이미지들이다. 시인은 조림학(造林學) 또는 삼림(森林)학과의 신비가 아니라 특정한 숲의 신비를 느낀다. 시인은 '고도'(高度)라는 추상적 개념이 아닌 특정한 산의 봉우리를 숭배한다. 그래서 우리는 신(神)이 단지 물이 아니라 종종 특정한 강임을 알게 된다. 신은 바다일 수도 있는데, 강줄기가 하나이듯 바다도 하나이기 때문이다. 이는 온 세계를 두루 흐르는 강이다. 궁극적으로 많은 신들이 확대되어 자연계의 원소

---

**13** 쉘리가 1820년에 출판한 시 「the Cloud」의 83행.
**14** 셰익스피어의 희곡 「햄릿」에 나오는 인물. 클로디우스 왕의 충신이며, 오펠리아의 아버지다.

들이 된다. 그러나 그 신들은 무소부재한 존재 이상의 것들이다. 태양신 아폴로는 단지 햇빛이 비치는 모든 곳에서만 사는 게 아니다. 아폴로의 집은 델포이(Delphi)[15]의 바위[16] 위에 있다. 아르테미스 여신은 땅, 하늘, 지옥 등 세 곳에 동시에 존재할 수 있는 위대한 신이다. 하지만 이보다 더 위대한 신은 에베소 사람들이 섬긴 아르테미스이다.[17] 이런 지방색이 농후한 정서가 가장 낮은 형태로 나타나는 경우는 부자들이 자기 자동차 안에 두는 행운의 물건이나 부족 같은 것이다. 그러나 그런 정서가 고상하고 진지한 의무와 연결된 수준 높고 진지한 종교로 굳어질 수도 있고, 도시의 신들이나 가정의 신들로도 변할 수 있다.

두 번째 결과는 이렇다. 이방인의 컬트에는 진실과 거짓의 온갖 모습이 있다는 것이다. 아테네 사람은 정확히 어떤 의미에서 아테나 여신(Pallas Athena)[18]에게 희생 제물을 바쳐야 한다고 생각했을까? 어떤 학자가 해답을 확실히 알 수 있을까? 어떤 의미에서 존슨 박사는 거리에 있는 모든 기둥을 만져야 한다거나, 오렌지 껍질을 모아야 한다고 생각했을까? 어떤 의미에서 어린이는 길바닥에 깔린 돌들을 하나씩 건너뛰며 밟아야 한다고 생각할까? 적어

---

15 그리스의 고대 도시로서 신탁으로 유명한 아폴로 신전이 있다.

16 옴팔로스(Omphalos) 바위를 말한다. 옴팔로스는 '배꼽'(여기서는 '세계의 중심')이라는 뜻이다.

17 행 19:21-40에서 바울과 아르테미스의 신상 모형을 만들어 파는 장인들이 대립하는 부분을 참고하라. "그들이 이 말을 듣고 분노가 가득하여 외쳐 이르되 크다 에베소 사람의 아데미(아르테미스)여 하니"(행 19:28).

도 두 가지는 아주 분명하다. 첫째, 지금보다 더 단순하고 자의식이 약했던 시대에는 이런 모습들이 더 진지해지지 않고도 더 탄탄해질 수 있었다. 당시에는 지금보다 더 예술적 표현의 자유를 누렸기에 대낮에도 백일몽을 실행에 옮길 수 있었다. 하지만 몽유병 환자가 잠결에 가볍게 걸어가는 것과 같았을 것이다. 존슨 박사에게 고대의 망토를 걸쳐 주고, (그의 허락을 받아) 머리에 화관을 씌워라. 그러면 박사는 고대의 아침 하늘 아래 있듯이 움직일 것이다. 땅과 사람의 생명의 끝에 늘어선 성스러운 기둥들, 낯선 말단의 신들의 머리가 새겨진 그 기둥들을 만질 것이다. 그 어린이를 대리석과 조각 무늬로 장식된 유서 깊은 사원에 데려가서 검은색과 흰색 사각형 돌들로 만든 바닥에서 자유롭게 뛰놀 수 있게 해 보라. 그러면 그 아이는 표류하던 한가한 백일몽이 이처럼 성취된 것을 진지하고 우아한 춤을 추는 기회로 여길 것이다. 그러나 신상이 조각된 기둥들과 흑백의 돌들은 현대적인 틀로 보면 더 사실적이지도 않고, 덜 사실적이지도 않다. 기둥과 돌은 진지하게 받아들인다고 실제로 훨씬 더 진지해지지는 않는다. 그것들의 진실성은 예전 그대로이다. 이 진실성은 바로 삶의 표면 아래서 매우 실질적인 영성을 표현하는 하나의 상징으로서 예술에 속한 진실성이다. 하지만 그것들은 예술적 의미에서만 진실할 뿐이고 도덕적 의미에서는 진실하지 않다. 어떤 괴짜가 모은 오렌지 껍질은

---

18 그리스 신화에 나오는 문명과 지혜, 힘과 전략, 기술과 정의의 여신. 아테네 사람들은 아테나를 위해 아테네의 아크로폴리스에 파르테논 신전을 건설했다.

예술 작품에서 지중해 축제의 오렌지나 지중해 신화의 황금사과[19]로 바뀔 수도 있다. 그러나 오렌지와 사과는 별 차이가 없지만, 오렌지를 눈먼 걸인에게 주는 행동과 그 걸인이 오렌지 껍질을 밟고 미끄러져 다리가 부러지게 하려고 그 껍질을 밟기 좋게 길에 놓아두는 행동 사이에는 분명한 차이가 있다. 두 행동 사이에는 정도의 차이가 아니라 종류의 차이가 있는 것이다. 사원 바닥을 뛰어다니는 아이는 개의 꼬리를 밟는 게 잘못이듯 바닥에 깔린 돌을 밟는 것을 잘못으로 생각하지 않는다. 존슨 박사가 나무 기둥을 만질 때 어떤 재미나 어떤 감정이나 어떤 공상 때문에 그랬든지 하나님의 죽음이고 사람의 생명인 그 참혹한 나무 기둥에 손을 뻗친다는 감정을 품고 그랬을 리는 추호도 없다는 것이 분명하다.

이미 언급했듯이, 그런 분위기에 어떤 실체나 종교적 정서가 없었다는 뜻은 아니다. 실제로 가톨릭교회는 사람들에게 지방의 전설과 좀 더 가벼운 의례적 활동을 보급하는 이 대중적인 사업에서 놀랄 만한 성공을 거두었다. 이런 이방종교가 순수하고 자연과 연결되어 있는 한, 그 종교가 이방신의 보호를 받은 만큼 수호성인의 보호를 받아서는 안 될 이유가 없다. 그리고 어떤 경우든 가장 자연스러운 환상도 진지한 정도가 각각 다르다. 숲속에 요정이 산다고 상상하는 것은 종종 어떤 숲이 요정이 살 만한 곳이라고 상상한다는 뜻일 뿐이다. 하지만 우리끼리 유령이 나온다고 말했던

---

**19** 헤라클레스의 황금사과를 가리키는 것 같다. 헤라클레스는 황금사과를 구하려고 헤스페리데스(세상 끝에 있는 땅)로 모험을 떠난다.

어떤 집 앞을 지나가기보다 일 마일을 걸을 때까지 정말로 두려움에 떠는 것은 앞의 경우와 완전히 다르다. 이 모든 것의 배후에는 다음 사실이 있다. 곧 아름다움과 공포는 실제로 존재하고 실재하는 영적 세계와 관련이 있다는 것, 그리고 의심이나 상상을 막론하고 아름다움과 공포를 만지는 것은 곧 영혼 깊은 곳을 자극하는 것이란 사실이다. 우리 모두 이 사실을 이해하며, 이방인들도 그것을 이해했다. 요점은 이방종교가 이런 의심과 상상을 동원하지 않고는 영혼을 자극하지 않았다는 것이다. 그 결과 오늘날 우리는 이방종교에 대해 의심과 상상만 품을 수 있게 된 것이다. 모든 최고의 비평가들이 동의하는 바는, 예컨대 이방 헬라에서 활동하던 가장 위대한 모든 시인들이 그들의 신들에게 보인 태도가 기독교 시대에 사는 사람들에게는 매우 이상하고 의아하게 보인다는 것이다. 신과 인간이 공공연하게 충돌했던 것 같다. 그러나 누구나 둘 중 어느 쪽이 영웅이고 어느 쪽이 악한인지에 대해 의심했던 듯하다. 이런 의심은 『바카이』(Bacchae)[20]에 나오는 에우리피데스(Euripides)[21]같은 의심하는 자에게만 적용되는 것이 아니다. 『안티고네』(Antigone)[22]에 나오는 소포클레스(Sophocles)[23] 같은 온

---

**20** 그리스 극작가 유리피데스(B.C.484-406)가 쓴 비극.

**21** 에우리피데스는 아이스킬로스, 소포클레스와 함께 고전기 아테네의 3대 비극 시인 중 한 사람이었다(약 B.C. 480~406).

**22** 오이디푸스 왕과 이오카스테(오이디푸스의 어머니이자 아내) 사이에서 태어난 딸인 안티고네의 삶을 다룬 작품이다.

**23** 고전기 아테네의 3대 비극 시인 중 한 명(B.C. 497~405). 대표작으로는 『오이디푸스 왕』, 『안티고네』 등이 있다.

건 보수주의자에게도 적용된다. 심지어 『개구리』(Frogs)[24]에 나오는 아리스토파네스(Aristophanes)[25]같은 보수주의자에게도 적용된다. 때로는 그리스인들이 무엇보다 경외하는 태도를 믿었으나 단지 경외할 대상이 없었던 것처럼 보인다. 그러나 우리를 의아하게 만드는 것은 이것이다. 이 모든 모호함과 다양함은 그 모든 이야기가 상상과 꿈에서 시작되었다는 사실에서 생긴다는 것. 그리고 구름 위에 성을 세울 때는 건축 규정이 전혀 없다는 사실로부터 생긴다는 것이다.

이것이 바로 온 세상에 가지를 쭉쭉 뻗은 '신화'라는 나무로서 여기저기 곳곳의 하늘 아래서 마치 오색빛깔의 새들처럼 아시아의 화려한 우상들과 아프리카의 반쯤 익은 물신들, 숲의 설화에 나오는 요정 나라의 임금과 공주들을 그 열매로 낳고, 포도나무와 올리브나무 한가운데 라틴족의 라르신(Lar神)[26]을 묻었고, 올림포스 산의 구름 위에서 그리스의 명랑한 최고신들을 날렸다. 이러한 것들이 신화이다. 그리고 신화에 공감하지 못하는 자는 사람들에게도 공감하지 못한다. 반면에 신화에 깊이 공감하는 사람은 신화가 종교가 아니고 종교였던 적도 없다는 점을 충분히 이해할 것이다. 말하자면, 기독교나 이슬람교가 종교라는 의미로 보면 신화는 종교가 아니라는 뜻이다.

---

**24** 아리스토파네스의 희극 3부작 중 하나.
**25** 고대 아테네 최고의 희극 시인(B.C. 446~386).
**26** 고대 로마에서 수호신으로 섬겼다(복수형은 Lares).

신화들은 종교가 채워주는 필요들 중에 일부를 채워준다. 특히 특정한 날에 특정한 행동을 할 필요를 충족시키는데, 이는 축제와 예식이라는 쌍둥이 개념들에 대한 필요를 말한다. 그러나 신화가 사람에게 그런 일정은 제공하지만 신조(信條)를 주지는 않는다. 한 사람이 오늘날 자리에서 일어나 "나는 전능하신 아버지 하나님, 천지의 창조주를 믿습니다"라고 시작하는 사도신경을 고백하듯이 "나는 제우스와 헤라와 포세이돈을 믿습니다"라는 식으로 고백하지는 않았다. 많은 사람은 어떤 것들은 믿고 다른 것들은 믿지 않았다. 또는 더 많은 사람이 어떤 것들을 믿고 더 적은 사람이 다른 것들을 믿었다. 또는 아주 모호한 시적인 의미에서 아무것이나 믿었다. 그런 것들이 모두 정통 교리로 묶이고 사람들이 그것을 온전히 지키고자 싸우고 핍박받은 시대는 없었다. 더구나 "나는 오딘(Odin)[27]과 토르(Thor)[28], 그리고 프레야(Freya)[29]를 믿습니다"라고 고백하는 사람은 전혀 없었다. 올림포스 산을 벗어나면 올림포스 신계의 질서도 흐릿해지고 엉망이 되니까. 내 생각에는 토르를 신이 아니라 영웅으로 보는 게 맞는 듯하다. 누군가가 커다란 동굴 속을 난쟁이처럼 더듬으며 나아갔는데, 알고 보니 그 동굴이 거인의 장갑으로 밝혀질 때, 그 사람을 신의 모습으로 제시하는 종교는 없을 것이다. 이는 모험으로 불리는 영광스러

---

[27] 북유럽 신화의 최고신이며 아스가르드(Asgard)의 지배자.
[28] 북유럽 신화의 천둥 신으로. 머리카락과 수염이 붉은 색이다.
[29] 북유럽 신화에 나오는 여신.

운 무지이다. 토르는 뛰어난 모험가였을지 모르지만, 토르를 신으로 부르는 것은 여호와를 '잭과 콩나무'와 비교하려는 것과 다름 없다. 그리고 오딘은 아마 기독교 이후 암흑시대에 실제로 살았던 야만인 족장이었던 같다. 다신교는 그 변두리에서 동화나 야만인의 추억으로 사라지고 있다. 다신교는 진실한 유일신교 신자들이 견지하는 유일신 신앙과 다르니까 그렇다. 또한 신화는 자녀의 출생이나 도시의 구출과 같이 고상하고 뜻 깊은 순간을 기념하고 싶은 욕구, 또는 드높은 이름을 마음껏 부르고 싶은 욕구를 채워준다. 그러나 그런 이름은 너무나 많은 사람들의 입에 오르내려서 그저 하나의 이름일 뿐이다.

끝으로, 신화는 인간의 내면 깊숙한 곳에 있는 어떤 것을 충족시켜주었다. 아니, 오히려 부분적으로 채워주었다. 그것은 무언가를 미지의 힘들의 몫으로 넘겨주는 것, 포도주를 땅에 쏟는 것, 반지를 바다에 던지는 것 등, 한 마디로 제물을 바치는 것으로 표현된 그런 마음이다. 이는 자기 이익만 가득 채우지 않겠다는 생각, 우리의 의심스러운 자만심을 다스리기 위해 저울 반대쪽에 무언가를 올려놓겠다는 생각, 우리의 대지를 위해 자연에 십일조를 바치겠다는 생각 등 현명하고 가치 있는 생각이다. 오만해지거나 자만심에 빠지는 위험을 경계하는 이 심오한 진리는 모든 위대한 그리스 비극들을 관통하고 있고, 그래서 그 비극들이 명작이 된 것이다. 그러나 이 진리는 인간이 달랠 신들의 본성에 관한 은밀한 불가지론과 나란히 움직인다. 위대한 그리스인들이 그랬던 것처럼, 자기의 것을 신에게 제물로 바치는 모습이 가장 훌륭할 때를 살펴보면, 신이 소를 제물로 받음으로써 얻는 이익보다 사람이 소를 포기함으로써 얻는 이익이 더 크다는 생각이 분명히 깔려있다. 좀 더 고약한 형태를 보면 신이 실제로 제물을 먹는다는 것을 암시하고자 사람들이 기괴한 행동을 한다고들 말한다. 하지만 이런 주장은 이번 장 첫머리에서 다룬 신화에 대한 오류에 의해 잘못된 것으로 입증된다. 백일몽의 심리학을 오해한 것이다. 속이 텅 빈 나무 안에 꼬마 요정이 산다고 믿는 아이는 요정이 먹도록 나무 앞에 케이크 조각을 두고 오는 식의 유치한 행동을 할 수 있다. 시인은 신에게 과일뿐만 아니라 꽃도 바치는 식으로 좀 더 품위 있고 우아한 행동을 할 것이다. 그러나 두 행동에 담긴 진지함의 정도는 동일할 수도 있고 다양한 차이가 있을 수도 있다. 유치한 백일몽이 신조가 아니듯이 이상적인 백일몽도 신조가 아니다. 분명히 이방인은 무신론자처럼 신의 존재를 불신하지는 않지만 기독교인처럼 믿는 것은 아니다. 그들은 어떤 초자연적 힘의 존재를 느끼고 그 힘에 대해 추측하고 이야기를 꾸며낸다. 사도 바울은 그리스인들이 알지 못하는 신에게 제사하는 제단(祭壇)[30]이 한 곳 있다고 말했다. 그런데 사실 그들이 섬기던 모든 신이 알지 못하는 신들이었다. 그리고 사도 바울이 그리스인들에게 그들이 무지하게 경배했던 대상이 누군지 선포했을 때 역사에 진정한 분기점

---

**30** "내가 두루 다니며 너희가 위하는 것들을 보다가 알지 못하는 신에게라고 새긴 단도 보았으니 그런즉 너희가 알지 못하고 위하는 그것을 내가 너희에게 알게 하리라"(행 17:23).

이 도래했다.

그런 모든 이방종교의 본질은 이렇게 요약할 수 있다. 오직 상상력만으로 신의 실체에 이르려는 시도라고. 여기서는 이성이 상상력을 조금도 제한하지 않는다. 인류의 모든 역사를 살펴보면 이성이 고도로 발달했던 문명사회에서도 이성은 종교와 분리된 것이었다는 사실이 중요하다. 그런 이방종교들이 쇠퇴기에 접어들거나 수세에 몰릴 때에야 소수의 신(新)플라톤주의자나 브라만들이 그 이방종교들을 합리화하려고 애썼고, 그때에도 종교를 풍유적으로 해석하고자 했다. 그러나 신화의 강과 철학의 강은 평행선을 그었고, 기독교세계의 바다에 이르러야 두 강은 만나서 섞이게 된다. 단순한 세속주의자들은 여전히 마치 교회가 이성과 종교 사이에 분열을 일으킨 것처럼 말한다. 하지만 사실은 교회가 역사상 최초로 이성과 종교를 하나로 묶으려고 시도했다. 이전에는 사제들과 철학자들이 그처럼 연합한 적이 없었다. 그런즉 신화는 상상력을 통해 신을 찾았다. 또는 아름다움을 이용해 진리를 추구했다. 여기서 말하는 아름다움은 가장 기괴한 꼴사나움을 포함하는 그런 것이다. 그런데 상상은 그 고유의 법칙이 있고, 따라서 그 고유한 업적이 있는데, 이는 논리학자나 과학자들이 이해할 수 없는 것이다. 이방인들은 상식을 뛰어넘는 수많은 행위와 작품으로 그 본능적인 상상력을 잘 간직했다. '달을 먹는 돼지'나 '소가 쪼개져 생겨난 세상'과 같은 조야한 우주적 팬터마임을 통해, 아시아 예술에서는 갖가지 복잡한 나선형 문양과 신비로운 기형들을 통해, 이집트와 아시리아에서는 경직된 자세와 응시하는 표정을 지닌 온갖 초상화를 통해, 마치 금이 간 온갖 거울에 비춘 듯이 세상의 모습을 왜곡하고 하늘을 옮겨버린 미친 예술을 통해 그런 본능적 상상력을 보존했다. 이와 같이 이방인은 논란이 있을 수 없는 그 무언가를 지켜냈다. 이 무언가는 어떤 학파의 어떤 예술가로 하여금 그 기형적인 작품을 보고 돌연 얼어붙은 듯 그 자리에 서서 "내 꿈이 이뤄졌어"라고 말하게 하는 것이다. 그러므로 사실 우리 모두 그 이방의 신화들 내지는 원시 신화들이 한없이 무언가를 암시한다는 것을 느낄 수 있다. 단, 그 신화들이 무엇을 암시하는지 묻지 않을 정도로 우리가 지혜롭다면 그렇다. 그러므로 우리는 프로메테우스가 하늘에서 불을 훔쳐왔다는 것이 무슨 뜻인지를 느낄 수 있다. 단, 아는 체하는 비관주의자나 진보주의자가 그 뜻을 설명해주기 전까지는 그렇다. 우리는 모두 동화 '잭과 콩나무'의 의미를 이해한다. 누군가 어떤 뜻인지 설명하기 전까지는 말이다. 이런 의미에서 신화를 받아들이는 사람은 무지한 사람이라는 말이 옳다. 그 무지한 사람은 시를 이해하는 사람이기 때문이다. 상상은 그 고유한 법칙과 업적이 있다. 그리하여 그 형상들은 엄청난 힘을 부여받기 시작했다. 마음으로 또는 진흙으로 만든 형상이든, 남태평양 섬의 대나무나 그리스 산지의 대리석으로 만든 형상이든 마찬가지였다. 그런데 그 업적에는 언제나 문제가 있었다. 내가 여기서 그 문제를 분석하려 했으나 헛수고만 했으니 이제 결론적으로 이렇게 말해도 좋겠다.

그 문제의 핵심은 사람이 무언가를 숭배하는 것이 자연스러움을 알게 된 것이다. 심지어 부자연스러운 대상을 숭배하는 것까지 자연스럽게 느꼈다. 우상의 자태는 경직되고 이상할지 몰라도, 숭배자의 동작은 관대하고 아름다웠다. 그는 몸을 굽힐 때 더 자유롭다고 느꼈을 뿐만 아니라 절을 했을 때 더 커졌다고 느꼈다. 이후부터 그 숭배자에게 경배를 못하게 하는 것은 그의 성장을 가로막고 심지어 그를 영원히 불구로 만드는 짓이 되었다. 이후부터 세속적이 된다는 것은 노예 상태와 억압 상태에 빠지는 것이었다. 만일 그 사람이 기도할 수 없다면 입에 재갈이 물린 것이고, 만일 무릎을 꿇을 수 없다면 족쇄가 채워진 것이다. 따라서 우리는 이방종교 전반에 걸쳐 신뢰와 불신의 미묘한 이중 감정을 느끼게 되는 것이다.

사람이 신에게 절하고 제물을 바칠 때, 신에게 술을 부어 바치거나 하늘로 칼을 치켜들 때, 그는 가치 있고 사내다운 행동을 하고 있다고 믿는다. 그는 지음 받은 목적 중 하나를 행하고 있음을 안다. 따라서 상상력을 동원한 그런 실험이 정당화된다. 그러나 그런 실험은 상상으로 시작되었기 때문에 그 속에는 조롱할 만한 것이 있고, 특히 그 숭배 대상에 그런 것이 있다. 이 조롱거리가 지적으로 예민한 순간에는 그리스 비극의 경우 참을 수 없는 아이러니가 된다. 제사장과 제단, 또는 제단과 신(神)은 서로 균형이 안 맞는 것 같다. 제사장은 신보다 더 근엄하고 더 신성한 듯이 보인다. 신전의 모든 질서는 견고하고 건전하며 인간 본성의 일부에

만족스럽다. 단, 신전 중앙의 존재는 춤추는 불꽃처럼 변덕스럽고 수상해 보인다. 신전은 그 존재를 중심으로 건축했지만, 그 존재는 결국 상상의 산물이자 부질없는 대상일 뿐이다. 그 이상한 만남의 장소에서, 숭배하는 사람은 신상보다 더 신상 같아 보인다. 그는 '기도하는 소년상[31]'처럼 숭고하고 자연스러운 모습으로 영원히 신전에 서 있을 수 있다. 그러나 신상의 받침대에 어떤 이름-제우스, 암몬, 아폴로 등-이 새겨져 있든지 그 사람이 섬기는 신은 프로테우스(Proteus)이다. [32]

'기도하는 소년상'은 사람의 어떤 필요를 채워주기보다 그 필요를 표현한다고 볼 수 있다. 소년이 두 손을 위로 들고 있는 것은 정상적이고 필연적인 행동이다. 하지만 소년의 두 손이 비어 있다는 것은 어떤 필요를 나타내는 비유이다. 그 필요의 본질에 대해서는 더 할 말이 있겠지만 여기서는 이렇게 언급할 수 있다. 아마도 그 진실한 본능, 즉 기도와 희생이 인간에게 자유를 주고 내면을 넓혀준다는 것은 반쯤 잊어버린 방대한, '우주 만물의 아버지'의 개념으로 되돌아가게 한다는 말이다. 그리고 그런 개념이 어디서나 아침이 오는 하늘에서 희미하게 사라지고 있음을 이미 살펴보았다. 이는 진실이지만 모든 진실은 아니다. 이방인의 전형인 그 시인 속에는 그의 신을 한 지역에 국한시키는 것이 완전히 잘못된

---

31 그리스에 있는 '기도하는 소년상'을 말하는 것 같다.
32 그리스 신화에 나오는 바다의 신이다. 호메로스의 『오디세이아』에 처음 등장하며, 어떤 모습으로든 변할 수 있기 때문에 세상 만물이 창조되어 나온 원형질의 상징으로 본다.

일은 아니라고 생각하는 파괴할 수 없는 본능이 남아 있다. 이런 본능이 경건의 영혼에는 없지만 시의 영혼에는 존재한다. 그리고 가장 위대한 시인은 시인을 정의하면서 시인은 우리에게 우주 또는 절대자 또는 무한한 존재를 주었다고 말하지 않았다. 셰익스피어의 말을 그대로 옮기면, 시인은 우리에게 어떤 장소와 이름을 제공한다.[33] 그저 범신론자로 머무는 시인은 없다. 매우 범신론적이라고 평가받는 쉘리(Shelley) 같은 시인도 이방인들처럼 어떤 지역의 특정한 이미지로 시작한다. 결국 쉘리는 종달새가 종달새이기 때문에 종달새에 대한 시를 쓴 것이다. 그 시가 남아프리카에서도 활용되도록 종달새를 타조로 바꾸어 국제적인 번역판을 출판할 수는 없다. 이처럼 신화적 상상력은 어떤 장소를 찾거나 그곳으로 돌아가고자 원을 그리며 빙빙 돈다. 달리 말해, 신화는 일종의 추구이다. 신화는 되풀이되는 갈망과 되풀이되는 의심을 결합하는 것, 즉 어떤 장소를 찾고자 하는 진실한 갈망과 발견된 모든 장소에 대해 느끼는 무척 어둡고 심오하고 신비로운 경박감을 뒤섞은 것이다. 지금까지는 외로운 상상력이 우리를 이끌었으니, 나중에는 우리가 외로운 이성으로 눈을 돌려야 한다. 이 길에서 상상력과 이성이 동행한 곳은 전혀 없었다.

이 지점이 바로 이 모든 것이 종교나 실체와 다른 곳이다. 후자

---

33 희곡 「한여름 밤의 꿈」 5막 1장에 나오는 말이다. "The forms of things unknown, the poet's pen turns them to shapes and gives to airy nothing a local habitation and a name." (시인의 펜은 알려지지 않은 것들의 형태에 모양을 부여하고, 환상과도 같은 아무것도 아닌 것에 어떤 장소와 이름을 부여한다.)

에서 서로 다른 차원들이 만나게 된 것이다. 그런 것들은 그 겉모습이 아니라 본질에 있어서 실체와 달랐다. 어떤 그림이 풍경처럼 보일 수 있다. 모든 세세한 부분까지 진짜 풍경과 똑같이 보일 수 있다. 유일하게 다른 점은 그것이 풍경이 아니라는 점이다. 이는 바로 엘리자베스 여왕과 여왕의 초상화의 차이점과 같은 것이다. 오로지 신화와 신비의 세계에서만 초상화가 실제 인물보다 먼저 존재할 수 있다. 따라서 초상화는 더 모호하고 의심스러웠던 것이다. 하지만 이런 신화들의 분위기에 영향을 받은 사람은 누구나 내가 말하는 바, 곧 신화들은 정말로 실체라고 고백하지 않았다는 말의 의미를 이해할 것이다. 이방인들은 실체에 대한 꿈을 꾸었다. 그들의 표현에 따르면, 일부는 상아로 된 문으로 들어왔고 일부는 뿔로 된 문으로 들어왔다고 최초로 인정한 것이다.[34] 꿈이 무척 생생했기에 꿈 내용이 부드러운 것이나 비극적인 것을 건드리면 꿈을 꾸던 사람은 가슴이 아픈 듯 괴로워하며 깨어났다. 꿈은 만남과 헤어짐, 죽음으로 끝나는 삶이나 삶의 시작인 죽음과 같은 굵직한 주제 위를 줄곧 맴돌았다. 데메테르[35]는 납치된 딸을 찾으려고 고통 받는 세상에서 방황했고, 이시스(Isis)는 오시리스(Osiris)[36]의 팔다리를 모으려고 자기 팔을 부질없이 땅 위로 뻗

---

**34** '상아와 뿔로 된 문'은 실제로 일어나는 일과 상응하는 참된 꿈과 거짓된 꿈을 구별하려는 문학적 이미지다. 참된 꿈은 '뿔로 된 문'을 통해 들어오고, 거짓 꿈은 '상아로 된 문'을 통해 들어온다고 표현하였다.

**35** 1부 4장 15번 각주 참고. 데메테르의 딸 페르세포네가 저승의 신 하데스에게 납치되자 데메테르는 딸을 찾아 방방곡곡으로 찾아다녔다.

**36** 이집트 신화에 나오는 신들로 '이시스'는 '오시리스'의 여동생이자 아내다. 오시리스의

었다. 그리고 언덕 위에는 아티스(Atys)[37]를 위해 슬피 우는 소리가 있었고, 숲속에는 아도니스(Adonis)[38]를 위해 애곡하는 소리가 있었다. 이런 온갖 슬픔과 더불어 죽음이 사람들을 구원하고 달랠 수 있고, 그런 죽음이 우리에게 강물을 새롭게 할 신성한 피를 주고, 모든 선이 신의 부서진 몸을 모으는 데에서 발견된다는 심오하고 심오한 의미가 뒤섞여있다. 우리는 이런 신화들을 전조(前兆)라고 부를 수 있다. 전조가 그림자라는 점을 염두에 둔다면 그렇다. 여기서 그림자의 은유는 매우 중요한 진리를 아주 정확하게 표현한다. 그림자는 어떤 모습이다. 그것은 모습은 재현하지만 본질을 반영하지는 않는다. 이런 것들은 실체와 비슷한 것이다. 실체와 비슷했다는 말은 실재와 달랐다는 뜻이다. 어떤 것이 개와 비슷하다고 말하는 것은 그것이 개가 아니라는 것을 달리 표현하는 방식이다. 이런 의미에서, 신화적 인물은 사람이 아니다. 아무도 이시스를 사람으로 생각하지 않았고, 그 누구도 데메테르가 역사상 실존한 인물이라고 보지 않았으며, 아무도 아도니스를 교회의 창설자로 생각하지 않았다. 그들 중 누군가 세상을 바꿔놓았다는 관념도 없었고, 오히려 신화적 인물들의 반복된 죽음과 삶이

---

형제 '세트'가 오시리스를 죽이고 시체를 여러 조각으로 잘라 이집트 사방으로 흩어버렸다. 이시스는 남편을 다시 살리고자 흩어진 몸 조각을 찾아 나섰다.

**37** 리디아의 왕 크로수스의 아들. 크로수스는 자기 아들이 창에 찔려 죽는 꿈을 꾸고, 아들을 보호하려고 전쟁터에 내보내지 않았다. 그러나 거대한 곰을 사냥해야 해서 어쩔 수 없이 아티스가 나갔다가 다른 사람이 던진 창에 찔려 죽게 된다.

**38** '미르라'라는 공주가 자기 아버지 키니라스와 동침하여 낳은 아들이 아도니스다. 아도니스는 연인 아프로디테의 충고를 무시하고 멧돼지 사냥을 하다가 죽는다. 아도니스가 죽자 슬픔에 빠진 아프로디테는 아도니스가 꽃으로 다시 환생하게 만들었다.

변함없는 세상의 슬프고도 아름다운 짐을 짊어진 것으로 이해했다. 신화의 인물 중 누구도 혁명을 일으키지 못했다. 단, 해와 달의 운행만 도모했을 뿐이다. 신화는 바로 우리의 존재와 우리가 추구하는 바를 보여주는 그림자임을 이해하지 못한다면 거기에 담긴 모든 의미를 놓치게 된다. 희생제사와 공동체의 측면에서, 그런 인물들은 어떤 종류의 신이 사람들의 갈망을 채울 수 있는지를 자연스럽게 암시하지만, 그들이 충족되었다고 고백하지는 않는다. 그들의 갈망이 채워졌다고 말하는 사람은 신화라는 운문을 제대로 읽을 줄 모르는 것이다.

이방종교나 신화에 나타난 그리스도들을 논하는 사람들은 기독교보다 이방종교들에 덜 공감하는 자들이다. 이런 컬트들을 '종교'로 부르고 그런 것들을 교회의 확실성과 도전과 '비교하는' 이들은 무엇이 이교의 신앙을 인간적인 것으로 만드는지, 또는 왜 고전 문학이 여전히 노래처럼 공중에 떠도는지를 잘 이해하지 못하는 것이다. 굶주린 이에게 굶주림은 음식과 똑같은 것임을 증명해주는 것은 인간적인 친절이 아니다. 희망은 행복의 필요성을 없앤다고 주장하는 것은 젊은이를 제대로 이해하는 것이 아니다. 그리고 마음속의 이미지들, 완전히 추상적인 차원에서 숭배된 신화의 이미지들이, 세상에 실제로 있었기에 추앙받았던 사람이나 국가와 동일한 세상에 존재했다고 주장하는 것은 전적으로 비현실적이다. 그렇다면 도둑 놀이를 하는 꼬마가 전쟁터의 참호에서 첫날을 보내는 군인과 똑같다고 말해도 좋다. 또는 사내아이가 처음

품는 '불가능하진 않은 그녀'에 대한 상상이 결혼 예식과 동일하다고 말해도 무방하다. 그러나 신화와 종교는 표면상 비슷해 보이는 바로 그 지점에서 근본적으로 다르다. 심지어 신화와 종교가 똑같을 때조차도 서로 다르다고 말할 수 있다. 양자가 서로 다른 이유는 하나(종교)는 실재이지만 다른 하나(신화)는 그렇지 않기 때문이다. 이는 단순히 하나는 참되고 다른 하나는 그렇지 않다는 뜻이 아니다. 하나(신화)는, 다른 하나(종교)가 참되다는 의미에서 참된 것으로 의도된 적이 없다는 뜻이다. 나는 신화가 참된 것으로 의도되었다는 말의 뜻을 여기서 모호하게 설명하려고 했지만, 그 뜻이 대단히 미묘하고 묘사하기 어려운 것은 분명하다. 신화의 의미는 너무나 미묘해서, 신화를 기독교의 경쟁자로 제시하는 학자들은 그들 학문의 의미와 취지를 모조리 놓치게 된다. 우리는 학자가 아니지만, 죽은 아도니스 위로 퍼져나간 공허한 울음소리는 무엇을 뜻하였으며, 위대한 어머니 데메테르가 어째서 자기 딸을 죽음의 신 하데스에게 시집보냈는지를 학자들보다 더 잘 이해한다.[39] 우리는 엘레우시스 밀교(Eleusinian Mysteries)[40]의 비밀스러운 전통 속으로 학자들보다 더 깊이 들어갔고 더 높은 등급까지

---

**39** 신부가 필요했던 하데스는 데메테르의 딸 페르세포네를 지하 세계로 납치했고, 데메테르는 딸을 되찾으려고 여기저기 헤매다가 제우스를 찾아가 도움을 청한다. 제우스는 어느 한 쪽 편을 들지 않고 중재안을 내놓았다. 그래서 페르세포네는 일 년 중 석 달은 지하에서 하데스의 신부로 살고, 나머지 기간은 데메테르와 함께 지상에서 보내게 된다.

**40** 고대 그리스에서 엘레우시스 시에 뿌리를 두고, 데메테르와 페르세포네를 숭배하는 종파를 위해 열렸던 입회 의식. 의식 절차와 신앙 내용은 철저히 비밀로 유지되었다.

올라가서 오르페우스(Orpheus)[41]의 지혜가 발휘된 문, 곧 수비가 삼엄한 저승 입구까지 이르렀다. 우리는 모든 신화의 의미를 알고 있다. 완벽한 전수자에게 계시된 최후의 비밀을 알고 있다. 그리고 그것은 "이러한 것들은..."이라고 말하는 제사장이나 예언자의 목소리가 아니다. 그것은 바로, "왜 이러한 것들이 있을 수 없는가?" 하고 울부짖는 공상가와 이상주의자의 목소리다.

---

41 그리스 신화에 나오는 유명한 시인이자 음악가다. 아내 에우리디케가 죽자 슬픔과 그리움을 견디지 못하고 아내를 다시 살리고자 저승으로 찾아간다. 저승 문 입구를 지키던 괴물을 노래와 악기 연주로 사로잡는다.

# 마귀들과 철학자들

나는 앞장에서 상상력에 기반을 둔 이교주의에 대해 다루었다. 이방종교는 세상을 신전으로 가득 채웠고 어디서나 축제의 모태가 되었다. 문명의 주요 역사를 보면, 기독교 세계라는 마지막 단계에 이르기까지 두 단계가 더 있었다는 것을 알게 된다. 첫 번째 단계는 이교주의와 그보다 수준이 떨어지는 무언가 사이의 싸움이다. 그리고 두 번째 단계는 이교주의 자체가 더 수준이 떨어지는 과정이다. 매우 다양하고 종종 매우 모호한 이런 다신 숭배를 보면 원죄의 연약함이 존재했음을 알 수 있다. 하나씩 살펴보자. 이방의 신들은 사람들을 주사위처럼 갖고 노는 것으로 묘사되었다. 사실 사람들은 잔뜩 올려놓은 주사위들이다.

특히 성(性)에 대해 사람은 불안정한 상태로 태어난다. 미친 상태로 태어난다고 말해도 거의 무방하리라. 사람들은 신성한 상태에 도달하기까지는 제정신일 수 없다. 이런 불건전한 속성이 건전한 상상력을 타락시켰고, 이는 이교주의의 결말을 산란하는 신들의 불결함과 난잡함으로 채워놓았다. 그러나 우리가 알아야 할 첫 번째 논점은 이런 이교주의가 일찍이 다른 종류의 이교주의와 충돌했다는 사실이다. 그리고 본질상 영적 싸움인 이 대결의 이슈가 세계의 역사를 결정지었다. 이 점을 이해하려면 다른 종류의 이교주의를 살펴보아야 한다. 이에 대해서는 더 간략하게 살펴볼 텐데, 사실 적게 다루는 편이 더 낫기 때문이다. 우리가 전자의 신화를 백일몽이라 불렀다면 후자의 신화는 악몽이라고 부를 수 있다.

미신은 시대를 막론하고 반복되며 특히 합리주의 시대에 그렇다. 나는 유명한 불가지론자들과 함께 점심을 먹으며 그들을 상대로 종교적 전통을 옹호했던 적이 있다. 대화가 끝나기 전에 각 사람은 자기 주머니에서 무언가 꺼내거나 회중시계의 쇠줄에 달린 무언가를 보여 주었는데, 부적과 액막이용 행운의 물건이었다. 이런 것을 늘 몸에 지니고 다닌다고 털어놓았다. 그 자리에서 미신과 관련된 그런 물건을 갖고 다니지 않는 사람은 나밖에 없었다. 미신은 합리주의 시대에 다시 생겨난다. 왜냐하면 미신이란 것은, 합리주의와 동일하진 않아도 회의주의와 무관하지 않은 어떤 것에 기초하기 때문이다. 그것은 적어도 불가지론과 매우 밀접한 관계에 있다. 미신은 대중적인 이방종교에서 특정 지역의 수호신을 불러내는 것처럼, 정말로 매우 인간적이고 이해할 만한 정서에 뿌리를 두고 있다. 그러나 미신은 다음 두 가지 느낌에 기초하기 때문에 불가지론적 정서이다. 첫째로 우리는 우주의 법칙들을 도무지 알지 못한다는 느낌, 둘째로 그 법칙들은 우리가 '이성'이라 부르는 것과 전혀 다를 수 있다는 느낌이다. 미신을 믿는 사람들은 거대한 것이 사소한 것에 따라 종종 결정된다는 진리를 이해한다. 전통이나 다른 데서 오는 무언가가 '바로 그 자그마한 것이 열쇠 또는 실마리란다'라고 속삭이면, 인간 본성 속 심오하고 무분별하지 않은 그 무엇이 그들에게 '터무니없는 말이 아니야'라고 일러준다. 이러한 느낌은 여기서 살펴보는 이방종교의 두 가지 형태 모두에 있다. 그러나 방금 악몽이라고 부른 두 번째 형태를 살펴보면, 그런 느낌이 변형되어 또 다른 더 끔찍한 영으로 가득 차 있음을 알게 된다.

앞서 신화라는 더 밝은 것을 다룰 때, 나는 가장 논란이 될 만한 측면에 대해서는 말을 아꼈다. 바다 또는 자연의 요소들의 영들을 향해 기도하면 어느 정도로 그 영들을 깊은 바다로부터 불러낼 수 있느냐는 것이다. 또는 (셰익스피어 작품에 나오는 인물이 비웃으며 말하듯이) 그 영들을 불러내면 그 영들이 오는가 하는 것이다. 이는 실제적인 문제로 들리지만 신화라는 운문 연구에서는 중요한 내용이 아니었다고 생각한다. 하지만 증거에 따르면 그런 영들이 때때로 나타났다는 것-비록 그것이 유일한 출현이었을지라도-은 명백한 사실이라고 나는 생각한다. 반면에 미신의 세계로 넘어오면,

좀 더 미묘한 의미에서 차이점의 그늘이 드리운다. 점차 더 짙어지고 어두워지는 그늘이다. 물론 가장 대중적인 미신은 대중적인 신화만큼 어리석다. 사람들은 자기가 사다리 아래로 걷기 때문에 하나님이 벼락을 내릴 것임을 교리로 믿지는 않는다. 그보다는 별로 힘들이지 않고 사다리를 빙 둘러 지나가며 재미있어 하는 경우가 더 많다. 내가 이미 언급했듯이, 미신 안에는 무척 낯선 세상에서 생길 수 있는 일들에 대한 공허한 불가지론밖에 담겨있지 않다. 그러나 결과를 확실히 찾는 또 다른 종류의 미신이 있는데, 이를 '현실적인 미신'이라 불러도 되겠다. 그리고 이 미신에서는 영들이 정말로 응답하는지, 영들이 실제로 나타나는지의 여부가 훨씬 더 중대한 질문이다. 이미 말했듯이, 영들이 때때로 나타난다는 것은 상당히 확실한 것 같다. 그러나 이와 관련하여, 그것이 이 세상에 있는 많은 악의 발단이 되었다는 것을 차이점으로 들 수 있다.

타락으로 인해 인간이 영적 세계에서 덜 바람직한 이웃에 더 가까워졌기 때문이든, 아니면 갈망이나 탐욕에 사로잡힌 인간이 악을 상상하기가 더 쉬웠기 때문이든 간에, 나는 흑마술(黑魔術)[1]이 신화 속의 백마술(白魔術)[2]보다 훨씬 더 효과적이었고 훨씬 덜 시

---

**1** 흑마술은 일반적으로 이기적이거나 악한 의도로 누군가에게 해를 입히거나 자기 뜻대로 상대를 조종하는 등 부정적으로 사용하는 마법을 뜻한다.

**2** 백마술은 흑마술의 반대 개념이다. 사람을 치료하거나 구해주는 등 이타적인 목적으로 사용하는 마법이다. 하지만 백마술과 흑마술의 개념이나 용도 등은 정의하기에 따라 차이가 나기도 한다.

저이었다고 생각한다. 마녀의 정원이 요정의 숲보다 훨씬 더 신중하게 관리되었을 것이다. 악한 들판이 선한 들판보다 열매가 더 많았으리라고 생각한다. 먼저, 어떤 충동, 어떤 절박한 충동 때문에 사람들은 현실적인 문제를 다룰 때 더 어두운 힘으로 향했다. 그들에게는 어두운 힘이 정말로 문제를 처리해줄 것이라는 일종의 은밀하고 사악한 느낌이 있었다. 그것을 난센스라고 생각하지 않았던 것이다. 그리고 사실 대중적인 어구가 그 점을 정확히 표현하고 있다. 단순한 신화에 나오는 신들은 상당한 난센스를 많이 보여주었다고. 마치 우리가 '재버워키(Jabberwocky)'[3]나 '점블리 사람들(Jumblies)이 사는 땅'[4]에 관한 난센스에 대해 얘기할 때 신나게 떠드는 것처럼 말이다. 그러나 악마에게 자문을 구하는 사람은, 많은 사람이 탐정, 특히 사설탐정에게 자문을 구할 때 드는 느낌처럼 느꼈을 것이다. 그것은 더러운 일이지만 그 일이 정말로 완수될 것이라고 느낀 것이다. 숲속에 들어간 사람은 반드시 요정을 만나려고 간 것이 아니라 요정을 만날지도 모른다는 희망을 품고 간 것이다. 그것은 약속된 만남이기보다는 하나의 모험이었다. 그러나 악마는 만나기로 한 약속을 정말로 지켰고, 어떤 의미에서는 자기가 처리하기로 한 약속까지 지켰다. 때로는 맥베스

---

**3** 루이스 캐롤(Lewis Carroll, 1832~1898)이 쓴 난센스 시다.

**4** 루이스 캐롤과 함께 난센스 문학의 아버지로 일컬어지는 에드워드 리어(Edward Lear, 1812~1888)의 시 '점블리 사람들'(The Jumblies)을 말한다. 이 시는 세상을 여행하는 점블리 사람들에 대한 쓴 것으로서, 머리는 초록색이고 손은 파란색인 엉뚱하고 유쾌한 점블리 사람들의 이야기다.

(Macbeth)처럼 뒤늦게 후회하며 악마가 그 약속을 깨길 바랐던 사람도 있긴 했지만.

원시 종족이나 야만 종족들에 관한 이야기에 따르면, 보통은 신을 섬기는 종교 이후에 악마를 섬기는 종교가 나타났음을 알 수 있다. 심지어 최고의 유일신을 섬긴 경우에도 그랬다. 추정컨대, 그런 경우는 대체로 더 높은 신은 너무 멀리 떨어져 있어서 사소한 일로 도움을 구하기 어려워서 더 친숙한 정령들을 불러냈던 것 같다. 그런데 악마를 이용해서 목적을 이뤄야겠다는 생각이 들자, 악마에게 더 효과적인 방법이 떠올랐다. 그 자신이 엄격하고 가혹한 악마 사회에 더 어울리는 존재가 되어야겠다는 생각이다. 더 밝은 미신은 소금을 뿌리는 것과 같은 사소한 행동이 이 세상의 신비로운 시스템을 가동시키는 숨은 샘을 건드릴지 모른다는 생각을 갖고 논다. 결국 "열려라 참깨!"와 같은 주문을 외우는 데에는 무언가가 있는 것이다. 그러나 더 저급한 영들에게 도움을 청할 때는 그 몸짓이 아주 작을 뿐만 아니라 매우 저속해야 한다는 소름 끼치는 생각이 떠오른다. 아주 추악하고 저질스러운 짓거리를 해야 한다고 생각한 것이다. 조만간에 사람은 자기가 생각할 수 있는 것 중 가장 역겨운 행동을 일부러 저지르게 된다. 극단적인 악행을 저지르면 지하세계의 악령들이 관심을 보이거나 응답할 것으로 생각한다. 이것이 세상에 있는 대부분의 식인 풍습에 담긴 의도이다. 식인 풍습 대부분은 원시적인 관습이 아니고 동물적인 습성도 아니기 때문이다. 그것은 인위적이며 심지어 예술적이기까지 하다. 예술을 위한 일종의 예술이다. 사람들이 그런 짓을 하는 이유는 그 행위가 끔찍하다고 생각하지 않아서가 아니라 오히려 끔찍하다고 생각하기 때문이다. 문자적인 의미에서 공포를 맛보고 싶은 것이다. 그렇기 때문에 호주 원주민처럼 미개한 종족이 식인종이 아닌 것으로 밝혀지는 것이다. 반대로 뉴질랜드의 마오리족 같이 훨씬 더 세련되고 지적인 종족이 식인종으로 밝혀지는 경우도 가끔 있는 것이다. 후자는 충분히 미개 상태에서 벗어난 지적인 종족이었기에 때로는 의식적으로 악마 숭배에 빠졌다. 만일 우리가 그들의 생각을 이해하거나 그들의 언어를 알아들을 수 있다면, 아마도 그들이 순진한 식인종으로서 무지하게 행동한 게 아니었다는 사실을 알게 될 것이다. 식인 행위가 잘못이라고 생각하지 않아서가 아니라 그것이 잘못이라고 생각해서 그런 짓을 하고 있는 것이다. 그들은 검은 미사(Black Mass)에 참여해 사탄을 숭배한 파리의 데카당파처럼 행동하고 있다. 그러나 검은 미사는 참된 미사를 피해 지하로 숨어야만 했다. 달리 말하면, 악마들은 그리스도께서 이 땅에 오신 이후로 줄곧 숨어 지냈다. 더 발달한 야만인들은 백인 문명을 피해 숨어서 식인 행위를 하고 있다. 그러나 기독교 시대 이전에는, 특히 유럽 바깥에서는 항상 그랬던 것은 아니다. 고대 세계에서는 악마들이 종종 용처럼 여기저기 돌아다니곤 했다. 악마들은 공개적으로 당당하게 신의 보좌에 오를 수 있었다. 인구가 많은 도시의 중심에 자리 잡은 공공사원에는 악마를 새긴 거대한 조각상이 세워질 수 있었다. 그리고 사실 과거에 최고로 발달한 몇몇 문명에서 사탄의 뿔들이 높이 들려서 별들에 닿았을 뿐 아니라 태양의 얼굴까지 이르렀다. 그런데 현대인들은 그런 모든 악행을 원시적이며 인류 진화 초기에나 발생하는 것이라고 말하면서 그 엄연한 사실을 외면한다. 하지만 세계 전역에 이 두드러지고 분명한 사실의 흔적들이 남아 있다.

예를 들어, 멕시코와 페루에 고대 제국을 세운 아즈텍 인디언과 아메리카 인디언을 살펴보자. 그들은 이집트나 중국 못지않게 정교한 문명을 건설했다. 다만 현재 중심이 되는 유럽 문명만큼 활발하지는 못했다. 그러나 이 유럽 문명을 비판하는 사람들은 (이는 항상 그들이 속한 문명이다) 유럽 문명이 저지른 범죄를 비난하는 정당한 본분을 다할 뿐만 아니라 거기서 벗어나서 그 피해자들을 이상적으로 그리는 이상한 버릇이 있다. 그들은 언제나 유럽 문명이 나타나기 전에는 모든 곳이 에덴동산 같았다고 생각한다. 스윈번[5]은 『해 뜨기 전의 노래』(Songs before Sunrise)[6]에 나오는 만국의 합창에서 스페인의 남아메리카 정복을 다루며 나에게 매우 이상하게 보이는 표현을 썼다. 그는 "그 나라(스페인)의 후손과 죄가 순결한 땅에 퍼졌으며" 스페인인들이 "사람의 이름을 저주스럽게 만들고 하나님의 이름을 세 배나 더 저주스럽게 만들었다"고 말했다. 스페인 사람들이 죄악을 저질렀다고 말하는 것은 타당할 수

---

5 알저논 찰스 스윈번(Algernon Charles Swinburne, 1837~1909). 당대에 논란을 일으킨 영국 시인이다.
6 이탈리아와 이탈리아의 통일에 대해 쓴 스윈번의 시집. 1871년에 출판되었다.

있지만, 대체 무슨 근거로 남아메리카 사람들은 죄가 없었다고 주장할 수 있는가? 스윈번은 왜 남아메리카 대륙에는 오직 천사장들이나 천국의 완전한 성인들만 살았다고 추정해야 했을까? 가장 존경스러운 이웃에 대해 그렇게 말하는 것도 지나칠 텐데, 우리가 실제로 남아메리카 사회에 대해 알게 된 내용에 비추어 보면 그것은 웃기는 진술이다. 그 순결한 남아메리카 사람들의 순결한 제사장들은 순결한 신들을 예배한 것으로 우리는 알고 있다. 그런데 그 순결한 신들은 햇빛 찬란한 낙원에서 나는 것 중에 맛난 식용으로서 오로지 잔혹하게 희생된 인간 제물만을 끊임없이 삼켰다. 아울러 남아메리카 문명의 신화에는 단테가 언급했던 인간의 건강한 본능을 거스르거나 왜곡하는 요소가 있다는 점도 주목할 만하다. 그런 요소는 악마를 숭배하는 부자연스러운 종교가 있는 곳이면 어디로든 흐른다. 그것은 윤리뿐 아니라 미적 감각에서도 찾을 수 있다. 그리스에서는 조각상을 가능한 한 아름답게 만들었지만, 남아메리카에서는 신상을 가능한 한 보기 흉하게 만들었다. 남아메리카인들은 그들의 본성과 사물의 본성을 거스르는 행동을 해서 어두운 힘의 비밀을 찾고자 했다. 그들에게는 금이나 화강암, 또는 숲의 검붉은 나무에 얼굴을 새기고픈 열망, 하늘조차 그것을 보고 금간 거울처럼 깨져버릴 만큼 흉측한 얼굴을 새기려는 열망이 늘 있었다.

어쨌든 열대 아메리카 지역의 화려한 문명이 조직적으로 인신제사에 빠져있었다는 사실은 아주 분명하다. 내가 아는 한, 에스키모인이 인신 제사에 심취한 적이 있는지는 분명치 않다. 그들은 충분히 문명화되지 않았다. 하얀 겨울과 끝없는 어둠에 갇혀 옴짝 달싹 못했다. 차디찬 가난은 고상한 열망을 억눌렀고 영혼의 온화한 물줄기를 얼려버렸다. 고상한 열망이 활활 타오른 장소는 낮이 더 환하고, 햇빛이 잘 드는 곳이었다. 영혼의 온화한 물길이 제단으로 흘러가서 눈을 부릅뜨고 싱글대는 가면을 쓴 위대한 신들의 갈증을 풀어준 곳은 더 풍요롭고 문명화된 지역이었다. 사람들은 두려움과 고통 속에서 그 신들의 이름을 불렀는데, 그것은 지옥에서 들려오는 웃음소리처럼 귀에 거슬리는 긴 이름이었다. 그런 꽃을 피우려면 더 온화한 기후와 더 과학적인 문명이 필요했다. 그래야만 잎이 넓고 화려한 꽃들이, 스윈번이 헤스페리데스(Hesperides)의 정원에 비유하는 그 땅을 금빛, 주홍빛, 자줏빛으로 물들이며 태양을 향해 자라날 수 있었다. 그 지역에 머리 백 개 달린 용이 살았다는 점만은 분명하다.

나는 이와 관련하여 스페인과 멕시코에 대해 특별한 문제를 제기할 생각은 없다. 하지만 말이 나온 김에 짚고 넘어갈 게 있는 것 같다. 이것은 나중에 다룰 로마와 카르타고에 관해 제기할 문제와 무척 닮았다는 것이다. 두 경우 모두 영국인들은 항상 유럽 사람들을 비판하고, 유럽과 경쟁했던 문명을 스윈번의 표현처럼 순결한 것으로 그리는 묘한 태도를 취한 것이다. 카르타고 문명이 저지른 죄악이 하늘을 향해 울부짖고, 아니 절규하고 있었는데도 말이다. 카르타고도 고도의 문명이었다. 실은 훨씬 더 발달한 문명이었다. 그리고 카르타고인들 역시 두려움의 종교 위에 그 문명을 세웠고 곳곳에서 인간 제사의 연기를 피워 올렸다. 우리 인종이나 종교가 우리의 기준과 이상에 못 미쳐서 스스로를 책망하는 것은 옳다. 그러나 우리 인종과 종교가 우리와 정반대되는 기준과 이상을 공언한 다른 인종이나 종교보다 더 형편없다고 주장하는 것은 터무니없다. 물론 어느 의미에서는 기독교인이 이교도보다 더 나쁘고, 스페인 사람이 아메리카 원주민보다 더 나쁘고, 로마인이 카르타고인보다 더 나빴을 수 있다. 그러나 오직 한 가지 의미에서만 기독교인이 이교도보다 더 못한 것이지 전반적으로 그런 것은 아니다. 기독교인이 더 나쁜 이유는 더 나은 사람이 되는 것이 그의 본분이기 때문이다.

이 역전된 상상력 때문에 차마 입에 담기 곤란한 일들이 발생한다. 그 가운데 일부는 미지의 것으로 둔 채 그냥 거명할 수 있는데, 워낙 극악무도한 일이라 순진한 사람에게는 괜찮게 보이기 때문이다. 그런 것들은 너무나 비인간적인 행위라서 추잡하다고 말하기도 어려울 정도이다. 여기서는 그런 거북한 내용을 더 자세히 다루지는 않겠지만, 반(反)인류적인 적대감이 흑마술 전통에서 계속 나타난다는 점은 언급해도 좋겠다. 예를 들어, 도처에서 흑마술 전통에는 아이들에 대한 묘한 증오심이 흐른다. 마녀가 가장 흔히 일삼은 악행이 바로 아이를 낳지 못하게 방해하는 짓이었음을 떠올린다면, 사람들이 왜 마녀에게 분노를 품었는지 더 잘 이해할 수 있다. 이스라엘 선지자들은 히브리인들이 우상 숭배에 빠져 아이들에게 못된 짓을 저지르는 것을 줄기차게 꾸짖었다. 하나님께 등을 돌리는 그런 끔찍한 행위는 그 이후에도 종교 의식을 띤 살인 형태로 이스라엘에서 이따금 일어났을 가능성이 다분하다. 물론 이런 짓을 저지른 사람은 유대교 대표자들이 아니라, 유대인 중 일부 개인들과 무책임한 악마 숭배자들이었다. 악한 세력이 특히 아이들을 노린다는 생각은 중세에 어린이 순교자 이야기가 허다하게 퍼져 있었다는 점에서도 재확인된다. 초서(Chaucer)[7]는 영국의 대표적인 어떤 전설의 또 다른 판(版)을 후세에 남겼는데, 그 작품에 따르면 마녀들 중에 가장 사악한 마녀는 바로 어린 성 휴(St. Hugh)[8]가 돌길 위로 졸졸 흐르는 시냇물처럼 노래하며 가는 모습을 자기 집 높은 창문 너머로 몰래 지켜보던 사악한 이방 여인이었다.

여하튼 이런 이야기와 관련이 있는 악마 숭배 현상은 특히 지중해 동쪽 끝에 있던 문명을 중심으로 한다. 그 지역에 살던 유목민들은 점차 무역상으로 바뀌어 전 세계를 무대로 무역 활동을 시작했다. 그 문명은 무역, 여행, 식민지 확장에 있어서 확실히 전 세계적인 제국 같은 면모를 이미 갖추었다. 그곳의 자줏빛 색깔[9], 부

---

7 제프리 초서(Geoffrey Chaucer, 1343~1400)는 영국의 작가, 시인, 철학자, 관리, 외교관이었다. 영국 문학의 아버지로 불리기도 하며, 가장 유명한 작품은 『캔터베리 이야기』 (*Canterbury Tales*)다.

8 전설에 나오는 이 소년은 아홉 살이었는데 7월 31일에 실종된 뒤 8월 29일에 우물에서 발견되었다.

9 이 지역은 '페니키아'(개역개정 성경에는 '베니게')를 말한다. 페니키아의 그리스어 표현인 '포이니케'는 자줏빛과 관련이 있다.

유하고 화려하며 사치스러움을 상징하는 그 색깔은 영국 남서부 콘월 지방의 험한 바위 산지 끝까지 팔린 상품들을 채색하였고, 온갖 신비로운 것으로 넘쳐나는 아프리카의 고요한 열대 바다까지 진출한 배들의 돛을 물들였다. 지도를 온통 자주색으로 물들였다고 해도 과언이 아닐 것이다. 페니키아는 이미 전 세계적으로 성공을 거두었다. 당시 두로의 왕자들은 그 나라 공주 한 명이 낮아져서 유다라 불리는 부족의 족장과 결혼하는 것도 별로 신경 쓰지 않았다. 또한 식민지인 아프리카에 간 상인들은 로마라는 마을의 이야기가 나오면 대수롭지 않다는 듯 가볍게 웃으며 수염으로 덮인 입술을 비죽거릴 뿐이었다. 사실 그 팔레스타인 부족의 유일신 사상과 이탈리아의 작은 공화국 로마의 미덕만큼 서로 거리가 멀어 보이는 것은 없었다. 공간적인 거리뿐만 아니라 정신적인 면에서도 그랬다. 둘 사이에 있었던 것은 페니키아 문명뿐이었고 이것이 둘을 결속시켰다. 로마 집정관들과 이스라엘 선지자들이 소중히 여긴 대상은 매우 달랐고 서로 양립할 수 없었다. 그러나 두 집단 모두가 혐오하는 대상은 같았다. 이 두 경우에 그 혐오를 단순히 싫어하는 어떤 것으로 표현하기가 무척 쉽다. 갈멜 산에서 바알 선지자 사백 오십 명을 처형하고 날뛰는 엘리야[10]나 아프리카인들[11]의 사면에 반대하는 카토[12]를 그저 냉혹하고 비인간적

---

**10** 왕상 18:22-40 참고.

**11** 여기서 말하는 아프리카 사람들은 카르타고인이다. 카르타고는 B.C. 9세기에 페니키아인들이 북아프리카 튀니스만에 세운 국가다.

**12** 마르쿠스 포르키우스 카토(Marcus Porcius Cato, B.C. 234 ~ 149)는 로마의 정치가다.

인 인물들로 만들기가 쉽다. 이 사람들은 그 나름의 한계가 있었고 지역감정을 품은 것은 사실이나 이런 비판은 피상적이고 진실과 다르다. 그것은 둘 사이에 있는 거대한 존재를 놓치는 것이다. 동쪽과 서쪽을 직면하면서 양쪽의 적들에게 이런 감정을 불러일으킨 페니키아 문명의 실체를 보지 못한 것이다. 이번 장에서 첫 번째로 다룰 주제가 바로 페니키아 문명이다.

두로와 시돈을 중심으로 한 페니키아 문명은 무엇보다 매우 실용적이었다. 예술작품은 별로 남기지 않았고 시는 아예 남기지 않았다. 그러나 자기네 문명이 매우 효율적이라는 것을 자랑했다. 그리고 철학과 종교에 있어서는 앞서 살펴본 대로 당장의 결과를 찾는 이들에게 나타나는 그 이상하고 때로는 비밀스런 사상의 흐름을 따랐다. '모든 성공의 비결에 이르는 지름길이 있다'는 관념이 그들의 심성에 늘 깔려있었다. 이런 부끄러움을 모르는 심성은 세상에 충격을 줄 만한 것이었다. 현대어로 표현하자면, 페니키아인은 상품을 전달하는 사람들을 믿었다. 그들은 자기네 신(神) 몰록과 거래할 때 항상 상품을 전달하는 일에 주의를 기울였다. 그것은 신과 인간 사이의 흥미로운 거래였는데, 그 내용은 뒤에서 좀 더 다루겠다. 여기서는 앞에서 언급한 내용, 곧 아이들에게 적대적 태도를 취하는 흑마술 전통이 이 거래에 포함되었다고 말하는 것으로

---

제2차 포에니 전쟁에 참전하여 한니발에 맞서 싸웠고 말년에 카르타고를 그냥 두지 말고 철저하게 파괴해야 한다고 강력히 주장하여 제3차 포에니 전쟁이 일어났다.

충분하다.[13] 바로 이 때문에 하나님을 섬기는 이스라엘의 선지자들과 집의 수호신을 믿은 로마의 집정관들이 동시에 격분하게 된 것이다. 그래서 거리와 분열 등 온갖 요인들로 인해 그토록 분립되었던 두 집단이 도전을 받고 서로 연합하여 세상을 구하고자 했다.

앞서 나는 이방인들을 영적으로 분류하면서 네 번째 유형의 사람을 '철학자'라고 불렀다. 보통은 달리 분류될 많은 사람들을 나는 철학자의 범주에 포함시킨다. 또한 여기서 철학이라 불리는 것이 종종 종교라고 불린다. 하지만 내가 고안한 서술방식이 다른 분류법에 비해 훨씬 더 현실적이고 조금도 뒤떨어지지 않는다고 본다. 그러나 우리가 철학의 윤곽을 그리려면 우선 철학을 가장 순수하고 명확한 형태로 살펴보아야 한다. 그리고 이 형태는 가장 순수하고 명확한 윤곽들로 이루어진 세계, 곧 앞의 두 장에서 그 신화와 우상 숭배에 대해 다룬 지중해 문화권에 나타난다.

다신교, 또는 이방종교의 다신교적 측면과 이방인의 관계를 보면 가톨릭신앙과 가톨릭 신자의 관계와 천지 차이다. 다신교는 결코 삶의 모든 측면을 만족시키는 우주관이 아니었고, 모든 것에 대해 말해주는 무언가를 지닌 완전하고 복합적인 진리가 아니었다. 그것은 인간 영혼의 한 측면, 즉 종교적인 측면만 만족시켜줄 뿐이었다. 이것을 상상의 측면이라 부르는 편이 더 옳다고 나는 생각한다. 하지만 다신교는 이런 측면을 만족시켜주되 마침내는

---

**13** 정확한 이유를 밝히기는 쉽지 않으나 카르타고에서 유아를 제물로 바친 흔적이 대량으로 나왔다. 로마의 기록에 따르면 한 번에 유아를 삼백 명 넘게 바치기도 하였다.

지겨울 정도로 그렇게 했다. 모든 이방세계는 다양한 설화와 컬트로 짜인 직물이었고, 이미 살펴보았듯이, 보다 무해한 색채 사이에 검은 실이 들어갔다 나왔다 했으며, 더 어두운 이방종교가 바로 아마 숭배였다. 그렇다고 해서 모든 이방인이 오직 이방의 신들에 대해서만 생각했다는 뜻이 아님은 우리가 알고 있다. 바로 신화는 인간 영혼의 한 측면만 만족시켰기 때문에 이방인들은 다른 측면들에서는 전적으로 다른 것으로 관심을 돌렸다. 그런데 그것이 전적으로 달랐다는 점을 아는 것이 매우 중요하다. 달라도 너무 달라서 일관성이 없었다고 말하기조차 어렵다. 그것은 너무 이질적이라서 종교와 충돌하지 않았다. 한 군중이 공휴일에 아도니스 축제 또는 아폴로를 기리는 제전 경기에 몰려들 때, 어떤 사람은 집에 들어앉아 사물의 본질에 관한 이론에 대해 생각하길 좋아했다. 때로는 그런 취미가 하나님의 본성, 또는 신들의 본성에 관한 사유의 형태를 띠기도 했다. 그러나 그는 자기가 추정한 신들의 본성(nature of gods)과 자연의 신들(gods of nature)을 대립 구도로 생각한 적은 거의 없었다.

처음 추상적 개념들을 탐구하는 사람은 이 추상적인 것을 주장할 필요가 있었다. 그는 적대적인 태도를 취했다기보다 다른 데에 별로 신경을 쓰지 않았다. 그의 취미는 온 우주일지 몰라도 처음에는 옛날 화폐 수집이나 체커 놀이처럼 개인적 차원에 속해 있었다. 그리고 그의 지혜가 공적인 소유와 정치제도가 되었을 때에도, 그것은 대중적이고 종교적인 제도와 동급이 되는 경우는 매우 드물었다. 분별력이 대단히 뛰어났던 아리스토텔레스는 가장 위대한 철학자였던 것 같고 분명히 가장 실제적인 철학자였다. 그러나 아리스토텔레스가 자기 철학의 절대자를 비슷한 종교 내지는 경쟁적인 종교로 델포이의 아폴로 옆에 나란히 두지 않은 것은 아르키메데스가 지렛대의 원리의 상징물인 지렛대 모형을 그 도시의 여신상을 대체할 일종의 우상이나 물신으로 세울 생각을 하지 않았던 것과 같다. 유클리드[14]도 이등변 삼각형을 위한 제단을 세우거나 직각삼각형의 수학적 증명에 희생 제물을 바치지는 않았을 것이다. 전자는 형이상학에 대해 성찰했고 후자는 수학에 대해 성찰했다. 진리를 사랑해서, 또는 호기심에서, 또는 그냥 재미로 그랬을 수 있다. 그런데 그런 재미는 다른 종류의 재미를 방해했던 적은 없었던 듯하다. 이를테면, 제우스가 바람을 피우려고 황소나 백조로 변신했다는 천박한 이야기를 기리며 춤추고 노래한 재미와 충돌하지 않았다. 사람들이 대중적인 다신교를 거스르지 않고도 철학자와 심지어 회의주의자가 될 수 있었다는 사실은 아마도 다신교가 얼마나 피상적이고 언행이 불일치한지를 보여주는 증거일 것이다. 이 사상가들은 공중에 매달린 그 채색된 구름의 윤곽조차 바꾸지 않고도 세계의 토대를 움직일 수 있었다.

그 사상가들은 실제로 세계의 토대를 움직였다. 미심쩍은 타협을 해서 도시의 토대는 움직이지 못했지만 말이다. 고대의 뛰어난

---

14 유클리드는 그리스의 수학자였다(B.C. 300년경에 활동).

두 철학자 플라톤과 아리스토텔레스는 건전한 관념과 심지어 신성한 관념의 수호자로 우리 앞에 나타난다. 그들의 금언들은 종종 회의적인 질문에 대한 해답과 같고, 너무 완벽해서 일일이 기록될 필요가 없었다. 아리스토텔레스는 "인간은 정치적 동물이다"라는 근본 명제로 수많은 무정부주의자와 자연 숭배자들을 완파했다. 플라톤은 "관념은 곧 실재"라는 근본적인 사실을 주장함으로써 어떤 의미에서 이단적 유명론의 공격을 받았던 가톨릭교회의 실재론을 예견하였다. 그러나 플라톤은 때때로 사람이 존재하지 않아도 관념은 존재한다고 보거나, 사람들이 관념과 충돌하면 그들을 고려할 필요가 없다고 생각했던 것 같다. 마치 상상의 머리를 이상적인 모자에 맞추듯이 시민을 도시에 맞추려는 이상을 품었다는 점에서 플라톤은 현재 '페이비언주의'[15]라고 부르는 사회적 정서를 갖고 있었다. 그는 위대하고 칭송할 만한 철학자이되 괴짜들의 아버지이기도 했다. 아리스토텔레스는 장차 사물의 몸과 영혼을 결합할 성례전적 정신을 더 완전하게 예견했다. 도덕의 본질뿐 아니라 사람의 본성도 고려했고, 빛뿐 아니라 사람의 눈도 고찰했기 때문이다. 그런 의미에서 위대한 철학자들은 건설적이고 보수적이었지만 공상을 해도 좋을 만큼 생각이 자유로운 세계에 속해 있었다.

다른 위대한 지식인 중 다수가 두 철학자를 따라갔다. 일부는

---

15 페이비언주의(Fabianism)는 1880년대에 생겨난 영국의 지성적 사회주의 운동을 말한다. 점진적 개혁을 통해 사회 민주주의적 원칙을 사회에 구현하고자 했다.

추상적인 미덕의 가치를 찬양했고, 또 일부는 더 합리적으로 행복을 추구할 필요성을 좇았다. 전자의 이름은 스토아학파였고, 그 이름은 인류의 주요 도덕적 이상들 중 하나로 정평이 났다. 스토아철학의 이상은 어떤 재난이나 고통에도 굴하지 않는 기질이 될 때까지 마음을 단련하는 것이었다. 그러나 수많은 철학자들은 타락하여 소피스트가 되었다. 그들은 돌아다니면서 불편한 질문을 던지는 일종의 전문적인 회의론자가 되었고, 정상적인 사람들을 괴롭힌 대가로 상당한 수입을 챙겼다. 위대한 소크라테스가 인기가 없었던 이유는 아마도 불편한 질문을 해대는 말썽이 사기꾼들과 비슷해 보였기 때문일 것이다. 소크라테스의 죽음은 철학자들과 신들 간의 영원한 휴전의 제안과 상충되는 듯이 보인다. 그러나 소크라테스는 다신교를 비난한 유일신론자로 죽은 게 아니고, 또 우상들을 공격한 선지자로서 죽은 것도 분명히 아니다. 행간을 읽는 사람은 누구나 당시에 순전히 개인적인 영향이 도덕과 어쩌면 정치에도 미친다는 관념이 있었다는 사실을 명확히 알 수 있다. 물론 그 관념이 옳을 수도 있고 틀릴 수도 있다. 아무튼 전반적인 타협은 유지되었다. 그리스인들이 자기네 신화를 우습게 여겼기 때문이든 그들의 철학을 우습게 여겼기 때문이든 말이다. 신화와 철학이 서로 충돌하여 한쪽이 다른 쪽을 무너뜨린 적이 없었고, 서로 화해하여 연합한 적도 없었다. 신화와 철학은 분명 서로 협력하지 않았다. 오히려 철학자와 제사장은 경쟁 관계였다. 하지만 두 집단 모두 일종의 역할 분담을 받아들였고 동일한 사회 체계의 일부로 남았다. 그리고 또 다른 중요한 전통이 수학자 피타고라스로부터 내려온다. 피타고라스가 중요한 이유는 나중에 살펴볼 동양의 신비주의자들과 매우 비슷했기 때문이다. 피타고라스는 일종의 수학 신비주의를 가르쳤고, 수(數)가 궁극의 실재라고 말했다. 또한 브라만처럼 영혼의 윤회설도 가르친 것 같다. 그는 동양의 현자들, 특히 상류층에 유행했던 채식과 물 마시기 위주의 전통을 자기 추종자들에게 전수했다. 이는 훗날 로마제국에서도 유행한 적이 있다. 이제 동양의 현자들과 서양과 조금 다른 동양의 분위기로 넘어가면서, 우리는 또 다른 길로 중요한 진리에 접근해도 좋겠다.

어떤 위대한 철학자는 철학자가 왕이 되거나, 왕이 철학자가 되는 게 바람직하다고 주장했다.[16] 그는 너무 좋아서 실현되기 어려운 어떤 것에 대해 말한 것이다. 그러나 아주 드물기는 해도 그런 일이 실제로 일어나기도 했다. 그동안 역사에서 별로 주목받지 못했던 특정한 유형은 실로 왕족 철학자라고 부를 수 있을 것이다. 우선, 실제로 왕좌에 올랐던 사람들은 제외하고, 어떤 현자가 종교의 창시자는 아닐지라도 정치사상의 창시자와 같은 인물이 된 경우는 이따금 있었다. 이에 해당하는 아주 적절한 예를 찾자면, 바로 세계에서 가장 큰 나라이며 영국에서 수만 리 떨어진 아시아의 광대한 지역을 건너서 무척 놀라운 것들로 가득하며 아주 지혜로

---

16 플라톤의 국가론에 나오는 철인정치(哲人政治)를 말한다.

운 사상과 제도를 가진 나라인 중국으로 가야 하는데, 영국인은 중국을 다소 무시하며 과소평가하는 경향이 있다. 세계 곳곳에서 인류는 매우 이상한 신들을 섬겼고 많은 이상들과 우상들에게도 충성을 바쳤다. 그런데 중국은 지성을 믿는 쪽을 선택한 사회였다. 중국 사회는 지성을 중요하게 생각했는데, 이처럼 지성을 중요시한 사회는 세계에서 중국밖에 없었을 것이다. 매우 이른 시기부터 중국은 철학자를 등용해서 왕에게 조언하게 함으로써 왕과 철학자의 딜레마에 직면했다. 중국인은 오직 지적인 활동만 하는 사적인 개인들을 모아 공공 기관을 세웠다. 물론 그밖에 다른 많은 일도 그런 방식으로 처리했다. 중국은 공인 시험에 의해 모든 신분과 특권을 만든다. 우리가 귀족정치라고 부르는 것은 전혀 없다. 지식인 계층이 다스리는 민주주의이다. 여기서 요점은 중국에는 왕에게 조언하는 철학자들이 있었다는 사실이다. 그리고 그 가운데 한 사람은 위대한 철학자인 동시에 뛰어난 정치가였음이 분명하다.

공자는 종교의 창시자가 아니었고 종교를 가르치는 교사도 아니었다. 아마 종교적인 사람이 아니었을 수도 있다. 공자는 무신론자가 아니었고 이른바 '불가지론자'라는 유형에 속했다. 그런데 정말 중요한 점은 공자의 종교에 대해 논하는 게 아무런 의미가 없다는 것이다. 그런 논의는 마치 롤런드 힐(Rowland Hill)이 우편 제도를 만든 이야기나 베이든 포웰(Baden Powell)이 보이스카우트를 조직한 이야기에서 신학을 가장 중요한 요소로 보는 것과 같다. 공자는 하늘로부터 오는 계시를 인류에게 전하려고 한 것이 아니라 중국의 체계를 세우고자 했다. 그리하여 중국을 아주 훌륭하게 조직했음이 분명하다. 그는 도덕을 많이 다루었지만 도덕을 예(禮)사상에 단단히 묶어 놓았다. 기독교세계의 시스템과 대조되는 공자의 설계와 중국의 특색은 바로 공자가 외적인 삶을 그 온갖 형식과 함께 영원히 지속해야 한다고 주장했고, 외적인 연속성이 내적인 평안을 보존할 것이라고 생각한 것이다. 습관이 신체 건강뿐만 아니라 정신 건강과도 관련이 있다는 사실을 아는 사람은 공자의 사상에 담긴 진리를 이해할 것이다. 그는 또한 조상 숭배와 성군(聖君)의 경외가 관습일 뿐 신조가 아니라는 점도 알 것이다. 위대한 공자를 종교의 창시자였다고 말하는 것은 그에게 불공평하다. 그런데 공자가 종교의 창시자가 아니었다고 말하는 것도 그에게 불공평하다. 어느 한편만 주장하는 것은 제레미 벤담(Jeremy Bentham)[17]이 기독교 순교자가 아니었다고 우기는 것만큼 불공평하다.

그런데 철학자가 단순히 왕의 친구가 아니라 그 자신이 왕이었던 아주 흥미로운 사례들이 있다. 왕과 철학자의 조합은 우발적인 발상이 아니다. 이는 철학자의 역할에 관한 다소 난해한 질문과 관련이 많다. 그 조합 속에 왜 철학과 신화가 서로 공개적으로 불화한 적이 별로 없었는지에 대한 암시가 담겨있다. 그것은 신화 속에 약간 경박한 요소가 있었기 때문만은 아니다. 철학자에게 다

---

**17** 공리주의를 주장한 영국의 철학자이자 법학자(1748–1832).

소 거만한 성향이 있었기 때문이기도 하다. 철학자는 신화를 경멸하고 군중도 멸시했기 때문에 신화랑 대중이 서로 잘 어울린다고 생각했다. 이방의 철학자는 군중에 속하는 사람이 아니었고 어쨌든 정신은 후자와 달랐다. 그는 민주주의자가 아니었고 종종 민주주의를 신랄하게 비판하곤 했다. 그는 귀족적이면서 고상한 여가를 즐기는 사람이었다. 그리고 그런 활동을 아주 손쉽게 누리는 이들은 바로 그런 계층이었다. 『한여름 밤의 꿈』에 나오는 테세우스나 『햄릿』에 나오는 햄릿처럼 왕이나 신분이 높은 사람에게 쉽고 자연스러운 활동이었다. 인류 문명의 초창기부터 군주로서 지성을 갖춘 인물들이 등장한 것을 알 수 있다. 사실 인류 역사가 처음으로 기록되기 시작한 시대에 그런 군주를 한 사람 만나게 되는데, 바로 고대 이집트를 내려다보며 왕좌에 앉아 있었던 인물이다.

흔히 '이단자 파라오'라고 부르는 아케나텐(Akhenaten)[18]의 이야기에서 가장 흥미로운 점은 기독교 이전 시기에 왕 자신이 따르는 철학의 이름을 걸고 대중이 믿는 신화에 맞선 왕족 철학자의 본보기였다는 사실에 있다. 그런 왕들 중 대부분은 여러 면에서 철인군주(哲人君主)의 전형이었던 마르쿠스 아우렐리우스(Marcus Aurelius)와 같은 태도를 취했다. 마르쿠스는 이방의 원형경기장이나 기독교인의 순교를 묵인했다는 이유로 비난을 받았다. 그러

---

**18** 고대 이집트의 왕으로 원래 다신교인 이집트의 종교를 금지하고 태양신 아톤을 유일신으로 숭배하는 새로운 일신교를 도입했다.

나 그런 태도가 철학자 특유의 모습이었다. 그런 사람은 대중 종교를 인기 서커스 공연처럼 생각했기 때문이다. 그에 대하여 필리모어(Phillimore)[19] 교수는 "마르쿠스 황제는 위대하고 선한 사람이었고, 스스로도 그것을 알았다"라고 말했다. 아케나텐은 마르쿠스보다 더 진지하고 어쩌면 더 겸손한 철학을 갖고 있었다. 너무 거만한 사람은 아예 싸우려 들지 않기 마련이니까. 가장 많이 싸워야 하는 쪽은 겸손한 사람이다. 아무튼 아케나텐은 자신의 철학을 진지하게 여길 만큼 무척 단순했고, 그는 철인군주들 중에 유일하게 일종의 쿠데타를 일으켰다. 칙령을 내려 이집트의 높은 신들을 끌어내려 던지고 전 우주를 주관하는 태양 형상을 모든 백성 앞에 세워 놓았고, 그 형상은 유일신론의 진리를 반사하는 거울처럼 번쩍였다. 아케나텐은 이상주의자들에게서 자주 찾아볼 수 있는 다른 흥미로운 생각도 품었다. 영국인이 '작은 영국을 주장하는 사람'(a Little Englander)[20]을 언급할 때와 같은 의미에서 아케나텐은 '작은 이집트를 주장하는 사람'이었다. 예술에서도 그는 이상주의자라서 사실주의자였다. 왜냐하면 사실주의는 다른 어떤 이상보다도 실현하기가 더 어렵기 때문이다. 그러나 결국 아케나텐의 위에는 마르쿠스 아우렐리우스의 그림자가 드리웠고, 이후에는 필리모어 교수의 그림자가 슬며시 다가왔다.

---

**19** 필리모어(John Swinnerton Phillimore, 1873-1926)는 영국의 고전학자이자 인문학자였다.
**20** 'a Little Englander'는 제2차 보어 전쟁(1899 – 1901) 당시, 영국의 제국주의적 행보에 반대하고 영국 본토 밖으로 지배 영역을 넓히지 말자고 주장한 사람들을 가리키는 용어다.

그 고상한 아케나텐의 문제는 잘난 체하는 태도를 버리지 못했다는 데 있다. 그런 태도는 너무나 자극적인 냄새를 풍긴 나머지 한물간 양념에도 배어있어서 미라에까지 남아있었다. 다른 많은 이단자들과 마찬가지로, 이단자 파라오의 문제는 바로 그 자신보다 덜 교육받은 백성의 신앙과 이야기 속에 무언가 있지 않을까 하고 자문한 적이 아마 없었을 것이란 데에 있다. 그리고 이미 말했듯이, 그런 신앙과 이야기 속에 무언가가 있었다. 특정한 지형과 장소와 관련된 모든 신화 속에는 바로 인간의 진정한 갈망이 있었다. 거대한 애완동물들 같은 신들의 행렬, 신이 출몰하는 곳에서 끈질기게 관찰하는 모습, 신화 속에서 정처 없이 헤매는 모습에는 인간의 간절한 바람이 담겨있었던 것이다. 자연은 이시스라는 이름을 갖고 있지 않을 수 있다. 이시스가 정말로 오시리스를 찾고 있지 않을 수도 있다. 그러나 자연(Nature)이 정말로 무언가를 찾고 있다는 것은 사실이다. 자연은 언제나 초자연적인 것을 찾고 있다. 훨씬 더 명확한 무언가가 그런 욕구를 충족시켜야 했다. 태양의 형상을 지닌 고상한 군주는 그 욕구를 채워주지 못했다. 왕의 실험은 대중적인 미신들의 강력한 반발로 실패로 돌아갔고, 제사장들은 백성들의 어깨를 딛고 재기하여 왕들의 보좌에 올라갔다.

다음으로 살펴볼 왕 같은 현자의 커다란 예는 고타마(Gautama), 곧 위대한 붓다(Buddha)이다. 물론 일반적으로 붓다를 단순히 철학자로 분류하지 않는다. 그러나 내가 수집한 모든 정보에 따르면, 붓다를 철학자로 분류하는 것이 그의 어마어마한 가치를 바르게 해석하는 것이란 확신이 점점 더 든다. 붓다는 고귀한 혈통을 이어받은 지식인 중에 단연 가장 뛰어나고 위대한 인물이었다. 그의 행적은 왕이자 사상가인 사람들이 보여준 모든 행동 중에 가장 고귀하고 진실한 것이었던 것 같다. 그는 자기 지위를 내려놓았기 때문이다. 마르쿠스 아우렐리우스는 궁전에서도 인생을 잘 살 수 있다는 세련된 아이러니를 구사하는데 만족했다. 더 격렬했던 아케나텐은 궁전 혁명 이후에야 더 잘 살 수 있다는 결론을 내렸다. 그런데 위대한 붓다는 궁전을 떠나도 정말로 잘 살 수 있음을 입증한 유일한 사람이었다. 전자는 현실에 만족했고, 후자는 혁명에 기대었다. 하지만 결국 신분 포기에 더 절대적인 무언가가 있다. 신분 포기는 아마도 절대 군주가 취할 수 있는 유일한 절대적인 행동일 것이다. 인도의 왕자 붓다는 동양의 화려한 궁궐에서 자랐지만 일부러 궁궐을 떠나 거지로 살았다. 그것은 훌륭한 모습이지만 전쟁은 아니다. 즉, 기독교적 의미의 십자군 전쟁은 아니라는 뜻이다. 붓다의 길은 거지의 삶이 성자의 삶인지, 아니면 철학자의 삶인지에 대한 질문을 해결해주지 않는다. 또한 그 위대한 인물이 디오게네스(Diogenes)[21]의 목욕통 속으로 들어가는 것인지, 아니면 성 히에로니무스(Jerome)[22]의 동굴 속으로 들어가는 것인지에 대한 질문도 해결해주지 않는다. 나는 붓다를 열심히 연구한

---

**21** 견유학파를 창시한 그리스의 철학자(Diogenes of Sinope, B.C.412-323)로 시장에서 구걸하며 큰 목욕통에서 살았다.

**22** 기독교의 초대 교부 중 한 사람(347-420)으로 예수가 태어난 베들레헴 근처의 큰 동굴에서 금욕적인 삶을 살았다고 한다.

사람들, 붓다에 대해 아주 분명하고 현명하게 저술한 사람들의 글을 읽고서 다음 사항을 확신하게 되었다. 곧 붓다는 단지 성공적인 철학 학파를 창시한 철학자일 뿐인데, 아시아의 전통에 조성된 더 신비롭고 비과학적인 분위기 때문에 일종의 신적인 존재 내지 성스러운 존재로 바뀌었다는 것이다. 그래서 이 지점에서 우리가 지중해 지역에서 동양의 신비로 건너갈 때 눈에 안 보이지만 뚜렷한 경계선에 대해 말할 필요가 있겠다.

아마 자명한 이치만큼 그 안에서 진리를 찾아내기 어려운 것도 없을 것이다. 특히 그 이치가 정말로 옳을 경우에 그렇다. 우리는 모두 아시아에 대해 이러쿵저러쿵 말을 하곤 하는데, 그 말이 옳긴 해도 우리가 그들의 진리를 이해하지 못하기 때문에 별로 도움이 안 된다. 예컨대, 아시아는 오래되었다든지, 과거 지향적이라든지, 진보적이지 못하다든지 하는 식이다. 기독교세계가 아시아보다 더 진보적이라는 말은 맞다. 다만 정치적 진보를 둘러싼 끝없는 논쟁이란 국지적 개념과 별로 관계가 없다는 의미에서 그렇다. 기독교는 사람이 현세에서든 내세에서든, 다양한 교리에 따라 다양한 방식으로 결국 어딘가에 도달할 수 있다고 믿기 때문에 기독교세계도 그렇게 믿는다. 세상의 갈망은 새로운 삶, 또는 오래된 사랑, 또는 모종의 실질적인 소유와 성취에 의해 충족될 수 있다. 욕망은 채워지게 마련이니까. 이밖에도 우리 모두는 만물에 단순한 진보만 있지 않고 생겼다 사라지는 리듬도 있다는 것을 안다. 단지 우리에게는 그 리듬이 상당히 자유롭고 헤아릴 수 없다는 점이 다르다. 대부분의 아시아 문명에서는 그 리듬이 반복되는 순환으로 굳어버렸다. 그것은 더 이상 거꾸로 뒤집어진 세계가 아니다. 하나의 수레바퀴이다.[23] 고도의 지성과 문명을 자랑하던 아시아인들이 일종의 우주적 순환 속에 갇혀버린 것인데, 그 텅 빈 바퀴의 중심은 무(無)에 불과하다. 그런 의미에서 가장 심각한 문제는 삶이 바퀴처럼 그저 끝없이 돌아갈 수 있다는 점이다. 이것이 바로 우리가 입에 담는, 아시아는 오래되었다든가 진보적이지 않다든가 과거 지향적이라는 말의 진정한 뜻이다. 그렇기 때문에 우리는 아시아의 만곡도(彎曲刀)[24]를 맹목적으로 돌아가는 바퀴에서 떨어져 나온 바퀴살로 보고, 꾸불꾸불한 장식을 마치 절대로 죽지 않는 뱀이 도처로 돌아가는 것처럼 보는 것이다. 이는 진보를 상징하는 정치적 광택과 아무런 연관이 없다. 아시아인들이 모두 서양식 모자를 쓴다고 해도 마음속에 여전히 이런 정신을 품고 있다면, 그들은 그 모자들이 행성들처럼 사라졌다가 다시 돌아올 것이라고 생각할 것이다. 모자를 따라 달려도 하늘나라나 심지어 집에 도달할 것으로 기대하지 않는다.

붓다가 그 문제를 다루기 시작했을 때는 이런 우주적 정서가 이미 동양의 거의 모든 것에 공통적으로 퍼져 있었다. 그리고 엄청나게 많아서 거의 질식시킬 듯한 신화의 정글이 우거져 있었다. 그럼에도 불구하고 우리는 그 정글을 시들게 했을 법한 더 고상한

---

**23** 윤회를 뜻한다. 윤회(輪廻)의 '윤'은 '바퀴 륜'(輪)이다.
**24** 칼날이 활처럼 휜 칼을 말한다. 몽골군이 많이 사용하였다.

비관주의보다 그 민간 신화에 담긴 이 대중적인 열매에 더 공감할 수 있을 것이다. 그런데 모든 것을 감안하더라도 동양에서 자연스럽게 생겨난 수많은 이미지가 사실은 우상숭배임을, 곧 어떤 우상을 지역적으로 숭배한 것이란 사실을 늘 유념해야 한다. 이 점이 고대 브라만 제도에는 해당되지 않을지 모른다. 적어도 브라만의 눈으로 봤을 때는 그렇다는 말이다. 그러나 브라만이라는 말만 들어도 훨씬 더 큰 사회적 실체가 떠오른다. 그 큰 실체는 바로 고대 인도의 카스트 제도이다. 카스트 제도에는 중세 유럽의 길드 제도의 실제적인 이점 중 일부가 있었을지 모른다. 그러나 그 제도는 기독교 민주주의와 대조될 뿐 아니라 모든 극단적 유형의 기독교 귀족정치와도 대조가 된다. 그것은 정말로 사회적 우월성을 영적인 우월성으로 생각했기 때문이다. 이 점에서 그 제도는 기독교세계의 형제애와 근본적으로 다를 뿐 아니라, 비교적 평등한 이슬람권과 중국의 평지 사이에 웅장한 계단형 오만의 산처럼 홀로 우뚝 서 있다. 그런 제도가 수천 년 동안 변하지 않은 것은 먼 옛날부터 아시아를 지배한 반복의 정신을 보여주는 또 하나의 예이다. 그리고 동양에 널리 퍼진 또 다른 개념이 있는데, 이는 신지학자(Theosophists)[25]의 해석에 따르면 불교와 연관이 있는 개념이다. 사실 일부 엄격한 불교도들은 그 개념을 논박하고 나아가 신지학

---

**25** 1875년 미국 뉴욕에서 신지학회가 창립되면서 생긴 일종의 종교철학이자 신비주의로서 모든 종교를 '영적 위계질서'에 따라 사람들을 더 위대한 완성의 경지로 이끌어 주려는 시도로 본다.

자들까지 더 조롱하며 논박한다. 그러나 이 개념이 불교 안에 있든지, 불교의 태동지에만 있든지, 또는 불교의 한 전통이나 불교와 유사한 사상에만 있든지 간에 그것은 회귀의 원리에 딱 들어맞는다. 바로 환생(還生)의 개념이다.

그러나 환생은 진정 신비스러운 개념이 아니다. 그것은 초월적 개념이 아니고 그런 의미에서 종교적 개념도 아니다. 신비주의는 무언가 초월적인 경험을 품는 것이고, 종교는 경험을 통해 얻을 수 있는 것보다 더 선한 것이나 더 악한 것을 감지하려고 한다. 환생은 경험을 반복한다는 의미에서 그 길이를 늘일 뿐이다. 어떤 사람이 태어나기 전에, 즉 전생에 바벨론에서 무엇을 했는지 기억하는 것은 브릭스턴[26]에서 머리를 맞고 쓰러지기 전에 무엇을 했는지 기억하는 것과 마찬가지로 초월적 경험이 아니다. 그의 연속적인 인생들은, 인생의 무거운 짐을 지고 가는 한, 인생보다 더한 것일 필요가 없다. 환생은 하나님을 대면하는 것이나 악마를 불러내는 것과 아무런 관계가 없다. 달리 말해, 환생 그 자체는 운명의 수레바퀴에서 벗어나게 할 수 없다. 어떤 의미에서는 환생이 바로 운명의 수레바퀴다. 그리고 환생이 붓다가 만들어낸 개념이든, 붓다가 발견한 것이든, 또는 붓다가 발견했을 때 전적으로 버린 것이든 간에, 그 개념은 분명 붓다가 자기 역할을 수행했던 아시아 분위기의 전반적 특성을 갖고 있다. 붓다의 역할은 바로 지적인

---

26 영국 런던의 남부 지역 이름.

철학자의 역할이었고, 그는 그 개념을 향한 올바른 지적인 태도에 관한 실제적 이론을 갖고 있었다.

불교는 단지 하나의 철학이라는 견해에 불교도들이 분개할 수 있을 것이다. 철학을 단순히 지적인 게임으로 본다면, 즉 그리스의 소피스트들이 놀았던 것처럼 세계를 공처럼 위로 던지고 받는 유희로 본다면 그럴 수 있다는 것이다. 좀 더 정확한 표현은 붓다가 한 형이상학적인 학문을 창시했다는 말일 것이다. 또는 심리학적 학문이라 불러도 무방하겠다. 그는 반복되는 모든 고뇌에서 벗어나는 해탈(解脫)의 길을 제시했는데, 바로 욕망이라 불리는 망상을 없애기만 하면 된다는 것이었다. 그것은 성급한 마음을 자제함으로써 우리가 원하는 것을 더 잘 얻어야 한다거나, 우리가 더 나은 방식으로 또는 더 좋은 세상에서 그것을 얻어야 한다는 것이 결코 아니었다. 우리가 어떤 것을 원하는 욕망을 버려야 한다고 강조했다. 일단 사람이 이 세상에는 아무런 실재가 없고 자기 영혼을 포함한 모든 것이 매순간 분해되고 있음을 깨닫는다면, 그는 실망을 예상하고 변화에 무감각해지며 (그가 존재한다고 말할 수 있는 한) 일종의 초연한 황홀경 안에서 존재하게 될 것이다. 불교도는 이런 상태를 극락이라 부른다. 여기서 이 점에 대해 논쟁할 생각은 없고, 우리에게는 그것이 자포자기와 다름이 없다. 예를 들어, 욕망의 포기가 가장 이기적인 욕망과 같이 가장 자비로운 욕망에도 적용되지 말아야 할 이유가 있을까? 자비의 대명사인 부처는 사람들이 죽는 것보다 살아가는 것을 더 불쌍하게 여긴 것 같다.

어떤 불교 지식인은 "중국과 일본에 널리 퍼진 불교는 불교가 아니라고 설명할 수 있다"라고 썼다. 그런 불교는 단순한 신화가 되는 바람에 더 이상 단순한 철학이 아니다. 한 가지는 확실하다. 불교는 우리가 교회라고 부르는 것과 조금이라도 닮은 어떤 것이 된 적이 없다는 사실이다.

모든 종교의 역사가 '빙고 게임'의 형태였다고 말한다면 농담처럼 들릴 것이다. 여기에서 '동그라미'(○)는 무(無)을 뜻하지 않고 '가위표'(×)라는 양(陽)의 형태와 비교할 때 음(陰)이란 뜻일 뿐이다. 물론 이 기호들은 우연의 일치일 뿐이지만, 이는 정말로 잘 일치하는 우연의 일치이다. 아시아의 정신은 둥근 원으로 나타낼 수 있다. 0이라는 숫자의 의미가 아니라 적어도 둥근 원의 의미로 그렇다. 자기 꼬리를 입에 물고 있는 뱀은 아시아의 중요한 상징으로서 동양의 철학과 종교에 속하는 연합과 순환의 개념을 표현하는 매우 완벽한 이미지이다. 이는 어떤 의미에서 모든 것을 포함하는 곡선이며, 또 다른 의미에서는 무(無)로 귀결되는 곡선이다. 그런 의미에서 그 이미지는 모든 논증이 순환 논리라고 고백하거나 자랑한다. 그리고 보통 '만'(卍)이라는 붓다의 수레바퀴 형상도 뱀과 유사한 상징이다. '만'(卍)이란 형상은 그저 하나의 상징일 뿐이지만, 여기에 담긴 상징적 의미가 참으로 건전하다는 것을 알 수 있다. 십자가(+)는 정반대 방향들을 향해 직각을 이룬 두 직선을 합친 모양인데 비해, '만'(卍)자는 동일한 모양을 지니되 순환하는 곡선으로 되돌아가는 형태이다. 그 굽어진 십자가(卍)는 수레바퀴로 변해 가는 십자가이다. 우리가 이런 상징들을 마치 자의적인 상징들인 듯이 묵살하기 전에 동양과 서양 모두에서 그 상징들을 만들거나 선택한 이들의 직관적인 상상력이 얼마나 강렬했는지 기억해야 한다. 십자가는 역사적 유물 이상의 것이 되었다. 십자가는 수학적 도식처럼 진정한 쟁점에 관한 진리, 즉 갈등이 영원까지 쭉 뻗어가는 개념을 전달한다. 십자가는 모든 문제의 핵심임이 사실이다.

달리 표현하면, 십자가는 '모든 것이자 아무것도 아닌' 원을 부수고 나오는 개념을 상징한다. 이는 모든 것이 마음속에서 시작하고 끝난다는 순환 논리에서 벗어나는 것이다. 우리가 여전히 상징을 다루고 있기 때문에 성 프란치스코에 관한 이야기의 형태로 하나의 비유를 들 수 있겠다. 그 이야기에 따르면, 프란치스코의 축복을 받고 출발한 새들이 동서남북 네 방향으로 하늘을 끝없이 가로질러 가면서 거대한 십자가 모양을 만들었다고 한다. 이렇게 새들이 자유롭게 날아간 모습과 비교하면 '만'(卍)자 형상은 자기 꼬리를 뒤쫓는 새끼 고양이의 모습과 같다. 좀 더 대중적인 비유를 들자면, 성 조지가 창을 용의 입 속으로 찔러 넣었을 때, 그는 자기 꼬리를 삼키던 용의 고립 상태를 깨뜨리고 용에게 꼬리 이외에 물어뜯을 것을 주었다고 할 수 있겠다.[27] 그런데 많은 공상을 진리를

---

**27** 성 조지와 용의 전설이다. 리비아의 '실레네'라는 도시의 호수에 독이 있는 용이 살고 있었다. 도시 주민들은 용을 달래려고 제비를 뽑아 희생 제물로 바칠 사람을 골랐는데 왕의 딸이 제물로 뽑혔다. 공주가 희생 제물로 바쳐질 즈음, 조지는 우연히 그 호수 근처를 지나갔다. 창으로 용에게 깊이 상처를 입혔다. 조지는 용을 끌고 도시로 돌아가 완전히 처치했다. 서론 13번 각주 참고.

나타내는 상징으로 쓸 수 있겠지만, 진리 자체는 추상적이고 절대적인 것이다. 비록 그런 상징들을 사용하지 않고는 진리를 파악하기가 쉽지 않지만 그렇다. 기독교는 기독교 밖에 있는 탄탄한 진리에 호소한다. 그런 의미에서 영원하면서도 외부적인 어떤 것에 호소하는 것이다. 기독교는 사물이 정말로 저기에 존재한다고, 또는 사물은 정말로 사물이라고 선언한다. 이 점에서 기독교는 상식과 일치한다. 그러나 모든 종교 역사를 살펴보면 이런 상식을 보존해주는 기독교가 없는 곳에서는 이 상식이 사라지고 만다.

그렇지 않으면 상식은 존재할 수 없고 적어도 유지될 수 없다. 단순한 사유 자체는 온전한 상태로 남지 않기 때문이다. 어떤 의미에서 그것은 너무 단순해서 온전한 상태로 있을 수 없다. 철학자들은 미묘한 것보다 단순한 것을 따르고픈 유혹을 느낀다. 그들이 언제나 비상식적인 단순화에 끌리는 것은 마치 심연 위에 균형을 잡고 있는 사람들이 죽음과 무(無)와 허공에 매혹되는 것과 같다. 그들이 사원의 첨탑 위에서 떨어지지 않고 균형을 잡은 채로 서 있으려면 다른 종류의 철학자가 필요했다. 너무나 자명한 설명 가운데 하나는 모든 것이 꿈이고 망상이며, 자아 밖에는 아무 것도 없다는 것이다. 또 다른 설명은 모든 것이 반복된다는 것이다. 또 다른 설명은 불교에서 나왔다고들 하는데 분명히 동양적인 것으로서, 우리의 문제는 우리가 창조된 상태에 있다는 것이다. 즉, 다양한 차별성과 개성에 문제가 있어서 우리가 다시 녹아서 한 통일체가 될 때까지는 만사가 잘 될 수 없다는 것이다. 요컨대, 이 이론에 따르면 창조가 곧 타락(Fall)이었다. 이 사상이 역사적으로 중요한 이유는 그것이 아시아의 어두운 심장에 쌓여 있다가 다양한 시대에 다양한 형태로 유럽의 흐릿한 경계선을 넘어갔기 때문이다. 불가사의한 인물인 마니(Mani)[28]가 바로 이에 해당한다. 마니는 모든 것을 거꾸로 보는 신비주의자로서 많은 종파와 이단의 아버지이자 비관론자였다. 더 높은 곳에는 자라투스트라(Zoroaster)[29]라는 인물이 있다. 자라투스트라는 흔히 이런 지나치게 단순한 설명들 중 또 다른 설명과 동일시되어왔다. 곧 선과 악이 동등하고, 각 원자 속에서 균형을 이루며 싸우고 있다고 가르쳤다. 그는 또한 신비주의자로 불러도 좋은 현자들의 학파에 속해 있다. 그리고 바로 그 신비로운 페르시아의 정원[30]으로부터 육중한 날개를 가진 미지의 신 미트라스(Mithras)[31]가 황혼기에 접어든 로마를 공격했다.

세계의 여명기에 고대 이집트인들이 세운 태양의 형상 또는 원반은 모든 철학자를 위한 거울이자 모델이 되어왔다. 그들은 그로부터 많은 것을 만들었고, 때로는 그에 대해 미쳤고, 특히 동양의

---

**28** 마니교의 창시자(216~274). 파르티아 왕국의 수도인 바빌로니아에서 태어났다. 12세에 천사로부터 새로운 종교를 전하라는 명을 받고 241년 마니교를 창시했다.
**29** 영어식으로는 조로아스터라고 발음한다. B.C. 7세기 말에서 6세기 초에 살았으며 스무 살 경에 종교 생활을 시작해 서른 살 정도에 '아후라 마즈다' 신의 계시를 받고 조로아스터교를 창시했다고 한다.
**30** 페르시아의 정원은 네 개의 정원으로 나뉘는데, 숫자 4는 조로아스터교에서 신성시한 네 개의 물질을 상징한다고 본다.
**31** 미트라스(Mithras)는 1~4세기 즈음 로마 제국의 군인들이 믿은 신의 이름으로 바위에서 태어났다고 한다.

현자들이 그랬던 것처럼, 그 원이 그들의 머릿속에서 돌고 도는 수레바퀴가 되고 말았다. 그런데 요점은 그들 모두가 세상의 모든 존재가 그림 대신에 도식으로 표현될 수 있다고 생각했다는 것이다. 그리고 유치한 신화 제작자들이 그린 서툰 그림은 그런 관점에 반대하는 투박한 저항이다. 철학자들은 종교가 하나의 패턴이 아니라 하나의 그림임을 믿을 수 없다. 더구나 우리의 정신 밖에 실제로 존재하는 무언가에 대한 그림임은 더더욱 믿지 못한다. 때로는 그들이 둥근 형상을 다 까맣게 칠하고 스스로를 비관론자라고 부른다. 때로는 둥근 형상을 다 하얗게 칠하고 자신을 낙관론자라고 부른다. 때로는 그 형상을 정확히 반으로 나누어 절반은 까맣게, 절반은 하얗게 칠하고 자신을 이원론자라고 부른다. 여기서 내가 지면상 다루지 못하는 페르시아의 신비주의자들과 비슷하다. 그들 중 아무도 균형 잡힌 사물의 모습을 있는 그대로 옮기듯이 그리기 시작하는 어떤 것을 이해할 수 없었다. 도면(圖面)을 그리듯 수학적으로 그려온 철학자들 눈에는 균형이 안 맞는 것처럼 보일 만큼 실물과 꼭 닮은 생생한 모습으로 그려낸 것이다. 그 그림은 먼 옛날 동굴 벽에 그림을 그린 최초의 예술가처럼, 의심 많은 눈에는 거칠고 비뚤비뚤한 무늬로 새로운 목적을 표현하려는 것 같았다. 그 사람이 역사상 처음으로 어떤 형태의 선을 그리기 시작했을 때는 마치 그의 도식을 왜곡하는 것처럼 보였다. 그 형태는 바로 얼굴이었다.

# 신들과 마귀들의 전쟁

유물론적 역사 이론은 모든 정치와 윤리는 경제의 표출이라고 하는데, 이건 정말 너무나 단순한 오류이다. 이 이론은 생활에 필요한 조건과 삶의 정상적인 관심사를 혼동하는데, 이 둘은 아주 다르다. 마치 사람은 두 다리로만 걸을 수 있기 때문에 오직 신발과 스타킹을 사려고 걸어 다닐 뿐이라고 말하는 것과 같다. 사람은 양식과 물이라는 두 가지 버팀목이 없이는 살 수 없다. 이 둘이 두 다리처럼 그를 지탱해준다. 그러나 양식과 물이 역사상 인간의 모든 움직임의 동기였다고 주장하는 것은 모든 군대 행진이나 종교적 순례의 목표가 미스 킬만섹(Miss

Kilmansegg)의 황금 다리[1]나 윌로우비 패턴 경(Sir Willoughby Patterne)[2]의 이상적이고 완벽한 다리였다고 보는 것과 같다. 인류의 이야기를 구성하는 것은 바로 그런 움직임들이고, 그런 것들이 없으면 이야기 자체가 없을 것이다. 젖소는 순전히 경제적일 수 있다. 젖소들이 풀을 뜯어먹고 더 나은 풀밭을 찾아다니는 것 이상의 행동을 우리가 본 적이 없기 때문이다. 그래서 열두 권짜리 "젖소의 역사"를 읽는 것은 매우 지루할 것이다. 양과 염소는 적어도 외적인 행동만 보면 순수한 경제학자들일지 모른다. 하지만 이런 이유로 양은 웅대한 전쟁과 제국의 영웅으로 등장하지 못한 것이다. 그런 이야기에서 자세히 다룰 가치가 없기 때문이다. 그리고 좀 더 활동적인 염소도 "용감한 염소들의 훌륭한 행적"이나 이와 비슷한 제목의 아동용 도서가 집필되도록 감동을 주지 못했다. 그러나 인류의 역사를 구성하는 움직임이 경제적이기는 커녕, 그이야기는 오히려 젖소와 양의 동기가 멈추는 지점에서 시작된다고 볼 수 있다. 젖소들이 황무지를 떠나 좀 더 양식이 풍족한 풀밭을 찾아갔기 때문에 중세 십자군이 고향을 떠나 황량한 광야로 진군했다고 주장하기는 어려울 것이다. 제비들이 서식지를 찾아 남쪽으로 이동한 것과 똑같은 동기로 북극 탐험가들이 북쪽으로 갔

---

1 19세기 초 영국 시인 토머스 후드(Thomas Hood, 1799–1845)가 1840년에 지은 흥미로운 시의 제목. ("Miss Kilmansegg and Her Precious Leg – a golden legend")

2 19세기 영국 소설가 조지 메러디스(George Meredith)가 1879년에 출간한 희비극적인 소설 『이기주의자』(*Egoist*)의 주인공. 이 소설은 자기밖에 모르는 윌로우비 패턴 경이 결혼하려고 여러 여자 사이에서 갈팡질팡하는 이야기다.

다고 주장하기도 어려운 것이다. 그리고 인류 역사에서 모든 종교 전쟁과 순전히 모험적인 탐험들을 제외한다면, 그것은 더 이상 인간적인 것이 아닐 뿐만 아니라 이야기 자체가 되지도 못한다. 역사의 윤곽은 사람의 의지로 결정되는 이런 중요한 곡선들과 각도들로 이뤄져 있다.

사람이 음식 없이는 살 수 없다는 이유로 사람이 음식을 위해서만 살 필요는 없다는 것은 분명한 사실이다. 이 명백한 사실보다 더 심각한 오류가 있다. 사람이 가장 깊이 생각하는 것은 그의 존재에 필요한 경제적 방편이 아니라 그 존재 자체이다. 아침마다 잠에서 깰 때 눈에 비치는 세상과 그 속에서 자기가 차지하는 위치이다. 그에게 생계보다 더 중요한 것은 바로 삶 자체이다. 사람은 어떤 일로 돈을 벌고 어떤 임금으로 음식을 사는지에 대해 한 번 생각한다면, 다음과 같은 것들은 열 번 생각한다. 오늘은 좋은 날이라거나, 참 이상한 세상이라거나, 인생은 살 만한 가치가 있는지에 대해 고민하거나, 결혼이 실패한 것은 아닌지에 대해 자문하거나, 자녀들을 기뻐하고 또 고민하거나, 젊은 시절을 떠올리거나, 사람의 신비로운 운명에 대해 어렴풋이 뒤돌아보는 것 등이다. 이는 현대 산업사회의 섬뜩하고 비인간적인 특징으로 인해 경제적인 문제에 시달리는 대다수 임금 노예들에게도 해당된다. 또한 인류의 큰 비중을 차지하는 농부나 사냥꾼, 또는 어부들에게는 훨씬 더 해당된다. 윤리가 경제에 달려있다고 생각하는 메마른 학자들조차도 경제가 인간 존재에 의존한다는 점을 인정해야 한다.

사람이 자주 의문을 품거나 백일몽을 꾸는 내용은 실존에 관한 것이다. 우리가 어떻게 살 수 있을까에 대해서가 아니라 우리가 왜 살아야 하는가에 대해서다. 그리고 그 증거는 간단하다. 자살만큼 간단하다. 마음속으로 우주를 거꾸로 뒤집어 보라. 그러면 그와 함께 모든 정치경제학자들도 거꾸로 뒤집게 된다. 어떤 사람이 죽고 싶어 한다고 가정해보라. 그러면 그가 어떻게 살아야 할지를 장황하게 설명하는 정치경제학 교수는 따분한 사람일 것이다. 인류의 과거를 하나의 이야기로 만드는 모든 새로운 출발과 결정들은 순전한 경제학의 직선적 흐름을 이처럼 바꾸는 특성을 갖고 있다. 경제학자는 자살하는 사람이 앞으로 받을 봉급을 계산하지 않아도 되고, 순교자에게 노령연금을 지급하는 문제를 씨름하지 않아도 된다. 그는 순교자의 미래에 신경 쓸 필요가 없는 것처럼, 독신 수도사의 가정을 부양할 필요도 없다. 그는 조국을 위해 전사하는 군인, 자기 땅을 각별히 아끼는 농부, 이것저것을 하라거나 금지하는 종교의 영향을 다소 받는 사람을 다룰 때, 그의 계획은 어느 정도 수정되기 마련이다. 그러나 이 모든 고려 사항은 생계에 대한 경제적 계산이 아니라 기본적인 인생관으로 되돌아간다. 그것들은 그 사람이 '눈'이란 이상한 창문을 통해 '세상'이란 이상한 광경을 바라볼 때 근본적으로 느끼는 감정으로 되돌아가는 것이다.

현명한 사람은 아무도 세상에 더 긴 말을 도입하고 싶지 않을 것이다. 그러나 우리에게 새로운 것이 필요하다고 말하는 것은 괜찮을 듯하다. 그것을 심리적 역사(psychological history)라고 불러도 좋겠다. 이는 사람, 특히 평범한 사람의 마음속에서 의도한 것이 무엇인지를 고려하는 것이다. 그저 공식 문서나 정치 선언에서 묘사되거나 추론되는 것과는 다른 차원이다. 나는 이미 토템이나 다른 대중 신화와 같은 경우에 그것을 다루었다. 수컷 고양이가 토템으로 불렸다는 말을 듣는 것으로 충분하지 않다. 특히 당시에 수컷 고양이를 토템으로 부르지 않았을 경우에는 그렇다. 우리는 그들이 어떻게 느꼈을지 알기를 원한다. 그것은 휘팅턴의 고양이'(Whittington's cat)[3]와 비슷했을까, 아니면 마녀의 고양이와 비슷했을까? 그 고양이의 진짜 이름은 '파슬'(Pashtl)[4]이었을까, 아니면 '장화 신은 고양이'(Puss-in-Boots)[5]였을까? 우리가 정치적 관계와 사회적 관계의 성격을 다룰 때 바로 이런 접근이 필요하다. 우리는 많은 보통 사람, 우리처럼 정상적이고 이기적인 사람들이 맺은 사회적 유대가 실제로 어떤 정서였는지를 알고 싶다. 군단의 황금 독수리[6]라는 낯선 토템이 하늘에서 빛나는 모습을 보았을 때, 로마 군인들은 어떤 감정을 느꼈을까? 주군의 방패에 새겨진 사자나 표범 같은 토템을 보면서 중세의 가신(家臣)들은 무엇을 느꼈을까? '역사의 내부'라고 불러도 좋을 역사의 주관적인 측면을

---

3 딕 휘팅턴과 고양이(Dick Whittington and His Cat)는 오래된 영국의 민화이다.

4 고대 이집트의 고양이 여신 바스테테(Basitet)를 가리키는 것 같다.

5 17세기 말 프랑스 동화 작가 샤를 페로(Charles Perrault)가 쓴 유명한 동화의 주인공으로 나오는 고양이.

6 고대 로마 군단을 대표한 독수리 모양의 상징물. 라틴어로 aquila는 독수리라는 뜻이다.

무시한다면, 역사학은 언제나 어떤 한계가 있을 것이고, 이 한계는 예술로 잘 뛰어넘을 수 있을 것이다. 역사가가 그런 작업을 할 수 없다면, 소설이 실제 사실보다 더 진실에 가까울 것이다. 역사 소설을 포함해 소설 속에 더 많은 실재가 있을 것이다.

이 새로운 역사는 무엇보다도 전쟁의 심리를 다룰 때 가장 필요하다. 우리의 역사는, 공적이든 사적이든, 공식 문서에 의존해서 딱딱하고, 그런 문서는 사건 자체에 대해 아무것도 말해주지 않는다. 최악은 공식 포스터만 남아 있을 경우인데, 그런 포스터는 공식적이라서 자연스러운 면이 전혀 없다. 최선의 경우라도 비밀 외교 자료만 있을 뿐이고, 이런 것은 비밀이라서 대중적일 수 없었다. 이런 것들은 국가 간의 싸움을 지속시킨 진짜 이유에 대한 역사적 판단에 기초해 있다. 정부들이 식민지나 상업적 권한을 위해 싸웠다, 정부들이 항구나 높은 관세에 대해 싸웠다, 정부들이 금광이나 진주 양식장을 확보하려고 싸웠다고 한다. 이런 말을 들으면 차라리 정부들은 전혀 싸우지 않는다고 대답해도 충분한 듯하다. 싸우는 사람들은 왜 싸울까? 전쟁이라 불리는 끔찍하고 의아스러운 사건을 지속시키는 심리는 무엇일까? 군인에 대해 조금 아는 사람은 아무도 학자들의 어리석은 생각, 즉 수백만의 사람을 강압적으로 다스릴 수 있다는 생각을 믿지 않을 것이다. 만약 군인 모두 자기 임무에 태만하다면, 모든 군인을 처벌하기란 불가능할 것이다. 그리고 임무에 조금만 태만해도 반나절 안에 모든 군사행동이 패배하고 말 것이다. 사람들은 정부 정책에 대해 실제로 어떻게 느꼈을까? 만약 사람들이 정치가의 정책을 받아들였다고 말한다면, 그 정치가에 대해서는 어떻게 느꼈을까? 만약 가신들이 주군을 위해 맹목적으로 싸웠다면, 그 눈먼 가신들은 주군에게서 무엇을 본 것일까?

우리 모두가 아는 것 중에 '현실 정치'(realpolitik)로 번역할 수밖에 없는 것이 있다. 사실 그것은 거의 비상식적인 비현실 정치이다. '현실 정치'는 항상 어리석게 또 완고하게 사람들이 물질적인 목적을 위해 싸운다고 줄곧 주장한다. 실제로는 싸우는 사람들에게 물질적 목적이 별로 중요하지 않다는 사실을 조금도 고려하지 않고 그런 주장을 편다. 여하튼 아무도 자기의 봉급을 위해 죽으려고 하지 않듯이 현실적인 정치를 위해 죽을 사람도 없을 것이다. 네로 황제는 시간당 한 푼씩 주면서 사자의 먹이가 될 기독교인 백 명을 고용할 수 없었다. 돈을 벌려고 순교할 사람은 없기 때문이다. 그런데 현실 정치 또는 현실주의 정치가 제시하는 비전은 터무니없고 믿기 어렵다. 도대체 누가 이런 말을 믿겠는가? 어떤 군인이 "다리가 떨어지기 직전이군. 그렇지만 다리가 떨어질 때까지 멈추지 않겠어. 마침내 우리 정부가 핀란드만(灣)의 따뜻한 바다에 항구를 확보해서 얻을 모든 혜택을 내가 누릴 테니까"라고 말한다고. 사회에서 일하다 징집된 신병이 "만일 내가 독가스에 노출되면 아마 고통스럽게 죽겠지. 그렇지만 내가 언젠가 남태평양에서 진주 캐는 잠수부가 되기로 결심한다면 그 직업이 나와 나의 동포들에게 가능해질 것을 생각하면 위안이 되는군"하고 말한다고. 유물론적 역사는 모든 역사 중에서 가장 극단적으로 신뢰할 수 없는 관점이다. 모든 허구적인 이야기들 중에서도 마찬가지다. 어떤 이유로 전쟁이 발발하든 간에, 전쟁을 지속시키는 것은 영혼 속에 있는 것이며, 이는 종교와 비슷한 것이다. 그것은 사람이 삶과 죽음에 대해 생각하는 관점이다. 죽음에 가까운 사람은 어떤 절대자와 직접 대면하고 있는 것이다. 그런 사람이 죽으면 다 끝장날 상대적이고 복잡한 사안에 신경을 쓴다고 말하는 것은 난센스이다. 만일 그 사람이 어떤 충성심으로 자신을 지탱하고 있다면, 그것은 죽음만큼 단순한 충성심임에 틀림없다. 이런 충성심은 일반적으로 두 가지 생각인데, 실제로는 한 가지 생각의 양면과 같다. 첫 번째는 위협을 받는 무언가를 향한 사랑이다. 비록 집(home, 고향, 조국)으로 모호하게 알려진 것이긴 하지만 말이다. 두 번째는 자기가 소중히 여기는 것을 위협하는 낯선 것에 대한 혐오와 반감이다. 첫 번째의 것은 그 말보다 훨씬 더 철학적인 것인데 여기서 논할 필요는 없을 것이다. 사람은 조국이 파괴되거나 심지어 변하는 것조차 바라지 않는다. 왜냐하면 그는 조국과 함께하는 모든 좋은 것들을 기억할 수 없기 때문이다. 마치 자기 집이 불에 타기를 원치 않는 것은 자기가 그리워할 그 모든 것을 이루 다 헤아릴 수 없기 때문이다. 그러므로 사람은 추상적 개념처럼 들리는 것을 위해 싸우고 있지만, 그것은 사실 집이다. 그러나 충성심의 부정적인 면은 첫 번째 감정만큼 강력하고 또 고상한 것이다. 사람들이 가장 격렬하게 싸울 때는 바로 적이 오랜 원수인 동시에 영원한 이방인처럼 느껴질 때이다. 곧 상대방이 자신과 이질적이고 적대적인 분위기를 풍길 때이다. 지금 프랑스인들이 프로이센 사람들에게 느끼는 감정[7]이나, 동방정교회 신자들이 터키 사람들에게 느꼈던 감정[8]처럼 말이다. 만일 우리가 종교의 차이 때문이라고 말한다면, 사람들이 종파와 교리에 대한 지루한 논쟁에 빠지고 말 것이다. 우리는 그들을 딱하게 여길 테고, 그것은 죽음과 대낮의 빛의 차이라고 말할 것이다. 즉, 우리의 눈과 대낮 사이의 어둔 그림자처럼 오는 차이라고. 사람들은 죽는 순간에도 이 차이에 대해 생각할 수 있다. 인생의 의미에 관한 차이이기 때문이다.

사람들은 정부 정책보다 훨씬 더 높고 더 거룩한 것에 의해 움직이는데, 바로 증오이다. 우리는 세계 대전의 가장 암울한 시기를 거칠 때 육체적 고통을 받거나 사랑하는 이들로 인한 정신적 고통을 겪으면서도 항복하기를 거부한 것은 외교 문제의 세부 내용에 신경을 썼기 때문이 아니었다. 나 자신과 내가 잘 아는 사람들의 경우 왜 항복할 수 없었는지 그 이유를 말할 수 있다. 바로 파리에 입성하는 독일 황제의 얼굴을 내다봤기 때문이었다. 이는 나의 이상주의자 친구들이 사랑으로 묘사하는 그런 정서가 아니다. 나는 그것을 증오라고 부르겠다. 지옥과 지옥의 모든 행위에 대한 증오이다. 그 친구들은 지옥을 믿지 않기 때문에 증오도 믿을

---

**7** 1871년 프랑스는 프로이센과의 전쟁에서 패하여 통일 독일의 황제가 프랑스 베르사유 궁전에서 즉위식을 하는 굴욕을 당하였다. 제1차 세계대전 중인 1916년에 프랑스는 베르됭에서 다시 독일과 맞붙어 이기기는 했지만 양쪽 모두 엄청난 사상자가 났다.

**8** 동방정교회는 19세기 중엽까지 약 350년 동안 터키의 지배를 받았다.

필요가 없겠지만 말이다. 그러나 이 만연된 편견 때문에, 안타깝게도 나는 종교 전쟁의 뜻이 무엇인지를 독자들이 이해할 수 있게 이 도입부를 길게 써야만 했다. 두 세계가 만날 때, 즉 세계를 보는 두 관점이 만날 때 종교 전쟁이 일어난다. 좀 더 현대적인 말로 표현하면, 두 개의 도덕적 환경이 만나면 종교 전쟁이 일어난다는 뜻이다. 한 사람의 숨에 해당하는 것이 다른 사람의 독이다. 그리고 전염병을 햇볕에 노출시키는 것을 거론하는 일은 헛수고다. 그리고 우리가 고대 지중해 지역에서 실제로 벌어진 일을 알고자 한다면 바로 종교 전쟁의 이유를 이해해야 한다. 티베르 강 유역에서 로마 공화국이 발흥하기 시작할 때, 그 반대편에는 로마를 우습게 알고 압도하는 제국이 있었다. 그 제국은 아시아의 온갖 불가사의로 어두웠고 많은 민족과 속국을 거느리고 있었던 바다의 지배자 카르타고였다.

이탈리아의 고대 종교는 우리가 신화를 다룰 때 살펴본 대로 전반적으로 혼합 종교였다. 다만 그리스와 로마를 비교해보면, 그리스인들은 자연스럽게 신화를 선호한 데 비해 라틴 사람들은 종교를 선호했던 것 같다. 둘 다 신들을 늘려 나갔지만, 때로는 정반대되는 이유로 신들을 증식시켰던 것 같다. 때로는 그리스의 다신교가 나뭇가지처럼 위로 뻗고 꽃을 피웠다면, 로마의 다신교는 나무가 뿌리를 내리듯 아래로 퍼져 나간 듯이 보인다. 어쩌면 전자의 가지들이 가볍게 위쪽으로 올라가서 꽃을 피웠다면, 후자는 묵직한 열매를 맺어 아래쪽으로 늘어졌다고 말하는 편이 나을 것이다. 라틴 사람들은 신들이 인간에게 더 가까워지도록 신들을 늘려갔던 데 비해, 그리스 신들은 일어나서 아침 하늘을 향해 밖으로 빛을 발했다는 뜻이다. 이탈리아 종교들의 특징은 특정 지역에 국한되고 특히 가정 중심이라는 점이다. 마치 신들이 파리 떼처럼 집 주위에 몰려있는 듯한 인상을 받는다. 신들이 박쥐 같이 무리를 지어 기둥 주위에 매달려 있거나 새처럼 처마 밑에 둥지를 틀고 있는 듯하다. 그래서 지붕의 신, 문기둥의 신, 문의 신, 심지어 하수구의 신도 우리의 시선에 들어오는 것 같다. 모든 신화는 일종의 동화와 같다고들 얘기했다. 그렇다면 이 신화는 특별히 난롯가에서 들려주는 동화, 또는 유모가 들려주는 동화라고 할 수도 있다. 왜냐하면 의자와 탁자를 만드는 자들이 요정처럼 얘기하는 등 집안 내부에 관한 이야기였기 때문이다. 이탈리아 농부들이 오랫동안 믿은 집의 수호신들은 볼품없는 나무 조각상이었던 것 같다. 심지어 퀼프(Quilp)[9]가 부지깽이로 쳐부수려 했던 뱃머리의 조각상(船首像)보다 더 특색이 없는 신들이었다. 이런 가정 종교는 매우 따스하고 친근했다. 물론 복잡하게 엉킨 이탈리아 신화 속에는 덜 인간적인 요소들도 있었다. 로마 신화로 들어온 그리스 신들이 있었고, 여기저기 더 꼴사나운 것들이 저변에 깔려있었다. 심지어 제사장이 살인자를 죽이는 아리키아(Aricia)[10]의 의식처럼

---

**9** 찰스 디킨스가 쓴 소설 오래된 골동품 상점(*The Old Curiosity Shop*, 1841)에 나오는 키가 작고 흉측한 악당이다. 소설 말미에 가면 거의 미쳐서 뱃머리의 조각상을 사다가 부지깽이로 부수고, 못 박으려고 한다.
**10** 이탈리아 중부에 위치한 지역 이름.

잔인한 이교 풍습도 있었다. 하지만 이러한 것들은 이방종교에 늘 잠재되어 있었다. 분명히 라틴계 이방종교에만 있는 특징은 아니었다. 이 이방종교의 고유한 특징은 대략 이렇게 정리할 수 있겠다. 만일 신화가 자연의 힘을 의인화한 이야기라면, 로마 신화는 사람의 힘으로 변형된 자연을 의인화한 것이라고. 그 신은 풀의 신이 아니라 곡물의 신이었고, 숲에 사는 야생 동물의 신이 아니라 가축의 신이었다. 요컨대, 그 종교(cult)는 문자 그대로 하나의 문화(culture)였다. 그래서 우리는 농업(agriculture)이란 말을 쓰는 것이다.

　이와 함께 많은 이들이 지금도 라틴계 사람들의 수수께끼 또는 난제로 여기는 역설이 있다. 종교가 로마의 가정생활에 덩굴처럼 침투했던 한편, 이와 정반대처럼 보이는 정신도 있었다. 바로 반역의 정신이다. 제국주의자들과 보수주의자들은 로마를 질서와 복종의 본보기로 내세운다. 그러나 로마는 그와 정반대였다. 고대 로마의 실제 역사는 현대 파리의 역사와 매우 비슷하다. 현대식으로 표현하면, 로마는 바리케이드로 세워진 도시라고 부를 수 있다. 로마 외부에서는 끊임없이 전쟁이 벌어졌기 때문에 야누스(Janus)의 문[11]은 한 번도 닫힌 적이 없었다고 한다. 로마 내부에서도 줄곧 혁명이 일어났다는 것 또한 사실에 가깝다. 제1차 평민

---

11 로마의 역사와 전설에 따르면, 야누스의 문은 로마가 전쟁을 치르는 동안에는 열려 있고 로마 제국 전체가 평화로운 시기에는 닫혀 있었다.

폭동[12)에서 최후의 노예 전쟁[13)에 이르기까지, 세계에 평화를 강요했던 로마 제국은 사실 평화로웠던 적이 없었다. 통치자들이 바로 반역자들이었다.

로마의 사적인 종교와 공적인 혁명 사이에는 실질적인 관계가 있다. 진부하긴 해도 영웅적인 이야기들은 로마 공화국이 자기 아내를 욕보인 인물을 살해한 폭군에 의해 수립되었다는 사실을 상기시켜준다.[14) 또 어떤 사람이 자기 딸이 당한 모욕에 복수한 후 민중이 선출하는 호민관들이 다시 힘을 얻게 되었다.[15) 자기 가정을 신성하게 여기는 사람만이 국가를 비판할 기준이나 자격을 얻을 수 있을 것이다. 그런 사람들만이 도시의 신들보다 더 거룩한 존재, 곧 가정의 신들에게 호소할 수 있다. 이 때문에 아일랜드인과 프랑스인은 가정에서는 엄격하면서도 정치에서는 끊임없이 소란을 일으키는 바람에 사람들을 헷갈리게 만드는 것이다. 가정을 중시하는 이 논점에 대해 곰곰이 생각할 필요가 있다. 앞서 말한 '역사의 내부'가 무엇을 뜻하는지 보여주는 적절한 예이기 때문이다. 이는 집안 내부를 들여다보는 것과 같다. 순전히 정치적인

---

12 고대 로마 공화정에서 귀족들에 대항하여 평민들이 일으킨 폭동.

13 '제3차 노예의 난', '검투사들의 난', '스파르타쿠스의 난'이라고도 부른다. B.C. 73-71년 사이에 일어났으며, 로마 군인 크라수스의 군대가 진압하였다.

14 B.C. 6세기경, 로마의 왕 타르퀴니우스의 아들이 콜라티누스의 아내 루크레티아를 능욕했고, 이에 수치심을 견디지 못한 루크레티아는 자살했다. 이에 분노한 민중이 들고 일어나 타르퀴니우스의 가문은 추방되었으며 왕정이 끝나고 로마에 공화정이 수립되었다.

15 B.C. 5세기경, 로마 귀족층을 대표하던 지도자 아피우스는 평민인 호민관의 딸을 사랑하여 비열한 방법으로 그녀를 노예로 삼았다. 이 소식을 들은 호민관은 비통한 마음으로 딸을 살해했다. 이후 로마의 평민들이 일제히 봉기하여 집권층 귀족들이 붕괴하고 평민이 정치적 주도권을 잡았다.

면에 치중한 로마의 역사는 로마 정치가들이 이런저런 식으로 냉소적이거나 잔인한 행동을 했다고 서술하는 데 그칠 것이다. 그러나 실제로 로마를 밑바닥에서 들어 올린 것은 모든 로마인의 정신이었다. 그 정신을 원로원에서 농부들에게 넘어간 '킨키나투스(Cincinnatus)[16]의 이상'이라 부르는 것은 괜한 소리가 아니다. 그런 정신을 가진 사람들은 자기네 마을을 모든 면에서 강하게 만들었고, 그들이 세상을 바꾼 전쟁에 직면했을 때 그들의 승리는 이미 이탈리아인들과 그리스인들의 영토를 뛰어넘은 상태였다. 그 전쟁을 나는 여기서 신과 악마의 전쟁이라 불렀다.

지중해의 로마 반대편 해안에 새로운 도시(New Town)[17]라는 이름의 도시가 세워졌다. 이 도시는 이탈리아의 도시 로마보다 이미 훨씬 오래되었고 더 강력했으며 더 번성하였다. 그런데 새로운 도시라는 이름에 어울리는 분위기가 여전히 있었다. 새롭다고 불린 까닭은 뉴욕(New York)이나 뉴질랜드(New Zealand)처럼 식민지였기 때문이다. 그 도시는 페니키아의 거대한 상업 도시였던 두로와 시돈이 세력을 떨치고 영토를 확장하며 세운 식민지 또는 전초기지였다. 카르타고는 신생국이나 새로운 식민지의 특징인 자신만만한 상업적인 사고방식을 갖고 있었다. 그들은 냉철한 자신감을 품고 이를테면 "우리 카르타고의 허락 없이는 아무도 바닷

---

**16** 루키우스 퀸크티우스 킨키나투스(Lucius Quinctius Cincinnatus, B.C. 519 – 430?)는 고대 로마의 귀족 정치가였다. 초기 로마의 영웅 중 한 사람이며, 로마인 사이에서 탁월한 지도력과 겸손, 국가의 선을 위한 봉사 정신 등 시민적인 덕을 보여 주는 본보기가 되었다.
**17** 카르타고를 말한다.

물에 손을 씻을 수 없다"는 식으로 말하곤 했다. 그 도시는 그들이 떠나온 두 거대한 항구이자 시장인 두로와 시돈처럼, 자기네가 소유한 큰 무역선에 거의 전적으로 의존하였다. 카르타고는 두로와 시돈으로부터 무역에 필요한 놀라운 재능과 상당한 여행 경험을 전수받았다. 또한 다른 것들도 물려받았다.

앞장에서 나는 특정 유형의 종교 배후에 있는 심리에 대해 무언가를 암시했다. 시적인 결과와 별개로 실질적인 결과를 얻고자 갈망하는 사람들은 공포와 강박의 영들을 불러내는 경향이 있었다. 신들을 굴복시킬 가망이 없어서 저승을 움직이려고 한 것이다. 이 흑암의 권세들이 인간의 간청에 따라 무언가를 정말로 이뤄줄 것이라고 어렴풋이 생각했고, 그건 난센스가 아니었다. 카르타고인의 내적인 심리에 이런 낯선 비관적 실용주의가 크게 번성했다. 페니키아의 여러 도시들처럼 카르타고라고 불린 새로운 도시에서도 인간의 욕망을 채워주는 신의 이름은 몰록이었다. 몰록은 우리가 바알(Baal), 곧 주(主)로 알고 있는 다른 신과 동일한 존재였던 것 같다. 로마인은 처음에 그 신을 무엇이라 불러야 할지, 어떻게 활용해야 할지 몰랐다. 그들은 그리스나 로마에 기원을 둔 신화 가운데 가장 고약한 신화로 되돌아가서 몰록을 자기 자녀들을 집어삼킨 사투르누스(Saturunus)[18]에 비유했다. 그러나 몰록을 숭배하는 사람들은 고약하거나 원시적이지 않았다. 그들은 성숙하

---

[18] 그리스 신화의 '크로노스'에 해당한다. 영어로는 새턴(Saturn)이다.

고 세련된 문명, 정교하고 화려한 것들이 넘치는 문명의 일원이었다. 아마 로마인보다 훨씬 더 문명화된 사람들이었을 것이다. 그리고 몰록은 신화가 아니었다. 어쨌든 몰록의 먹을거리는 신화가 아니었다. 이 고도로 문명화된 사람들은 정말로 다함께 모여서 자기네 제국에 하늘의 축복이 임하기를 기원하면서 자기네 아기 수백 명을 큰 불길 속으로 집어던졌다. 우리가 그 장면을 상상하려면, 신사용 모자에 구레나룻 수염을 기른 많은 맨체스터 상인들이 한 갓난아이가 산 채로 구워지는 모습을 보기 위해 매주 일요일 오전 열한 시에 교회에 가는 광경을 떠올리면 된다.

정치적 또는 상업적 싸움의 첫 단계는 아주 자세하게 묘사할 수 있다. 그저 정치적이거나 상업적인 문제이기 때문이다. 포에니 전쟁은 한때 절대로 끝나지 않을 것처럼 보였다. 그 전쟁이 언제 발발했는지를 확정하기도 쉽지 않다. 그리스와 시칠리아는 이미 유럽 편에 서서 카르타고에 대항하여 조금씩 싸우고 있던 중이었다. 카르타고는 그리스를 쳐부수고 시칠리아를 정복했으며, 스페인에도 확고한 거점을 마련했다. 로마는 스페인과 시칠리아 섬 사이에 있어서 카르타고에게 짓밟힐 수도 있었다. 만약 로마인이 쉽게 짓밟히는 그런 사람들이었다면 그랬을 것이다. 하지만 그 이야기의 흥미로운 점은 정말로 로마가 짓밟혔다는 사실에 있다. 만약 거기에 물질적 요소들뿐만 아니라 어떤 도덕적 요소들도 없었다면, 그 이야기는 카르타고가 끝장났다고 생각했던 지점에서 끝났을 것이다. 흔히들 로마가 카르타고와 화해하지 않았다며 로마를 비난한다. 그러나 카르타고인 같은 사람들과는 평화를 유지할 수 없다는 것은 누구나 느끼는 본능이었다. 로마인이 '카르타고는 반드시 파괴되어야 한다'는 신념을 품었다고 손가락질하는 경우도 많다. 그러나 어느 모로 보나 로마 자체가 파괴되었다는 사실을 잘 잊어버린다. 영원히 로마를 둘러싼 훌륭한 명성이 계속 붙어있는 부분적인 이유는 로마가 죽음에서 갑자기 되살아났기 때문이었다.

대부분의 상업 중심 국가들이 그러하듯이, 카르타고도 귀족이 다스리는 나라였다. 부자들이 가난한 사람들에게 가하는 압박은 도무지 저항할 수 없었고 또 비인격적인 것이었다. 그런 귀족정치에서는 인격적인 통치가 허용되지 않기 때문에 그들이 재능이 뛰어난 인물을 시기했던 모양이다. 그러나 천재는 어디에서든 나타날 수 있고, 심지어 지배층에서도 등장할 수 있다. 세계의 최고 시험을 최대한 끔찍하게 만들기 위해 그랬던 것처럼, 카르타고의 명문 귀족 가문에서 한 인물이 운명처럼 태어났다. 개천에서 나온 나폴레옹처럼 엄청난 에너지와 독창력을 겸비한 인물이 카르타고의 화려한 궁전에서 나타난 것이다. 전쟁이 최악의 상황으로 치달았을 때, 로마는 적군이 기적처럼 북쪽에서 이탈리아 반도로 쳐들어온다는 소식을 들었다. 바알의 은혜'라는 뜻을 지닌 한니발 (Hannibal)은 수많은 군대와 육중한 전쟁 장비를 이끌고 눈 덮인 알프스 산맥을 넘어왔다. 그리고 그가 섬기는 온갖 무시무시한 신들의 이름을 걸고 반드시 멸망시키겠다고 맹세한 도시, 곧 로마를 향해 남쪽으로 이동했다.

한니발은 로마를 향해 진군했다. 한니발과의 싸움에 뛰어든 로마인들은 마치 마법사와 싸우는 듯한 느낌이 들었다. 로마의 두 군단이 한니발 앞에서 트레비아(Trebia)[19]의 늪 속으로 가라앉았다. 그리고 갈수록 더 많은 로마 병사들이 칸나이(Cannae)[20]의 무서운 소용돌이 속으로 빨려 들었다. 갈수록 더 많은 로마 병사들이 전진했지만 한니발의 놀라운 용병술에 속절없이 무너지고 말았다. 무엇보다도 로마와 동맹을 맺은 부족들이 침몰하는 로마에 등을 돌리기 시작했다. 온갖 재난 중 가장 무서운 징조인 동맹국의 반역이 일어난 것이다. 아무도 막을 수 없었던 적은 로마를 향해 점점 더 가까이 갔다. 갈수록 더 커지는 카르타고의 국제 연합군은 전 세계의 화려한 행렬처럼 한니발의 뒤를 따랐다. 코끼리 부대는 행진하는 산들처럼 땅을 뒤흔들었고, 야만인 같은 갑옷으로 무장한 거구의 갈리아인들, 금빛으로 치장한 까무잡잡한 스페인 사람들, 고삐를 매지 않은 낙타를 타고 매처럼 쏜살같이 돌진하는 갈색 피부의 누미디아 사람들, 그리고 도망자, 용병 그리고 잡다한 사람들도 카르타고를 뒤따랐다.

로마의 복점관(卜占官)[21]과 기록관들은 그 시간에 불가사의한

---

**19** B.C. 218년 12월 이탈리아 북부 트레비아 강에서 벌어진 전투. 한니발의 전술에 밀려 로마군이 크게 패했다.

**20** B.C. 216년 이탈리아 남부의 칸나이 평원에서 벌어진 전투. 로마군은 수적으로 훨씬 우세했지만 한니발의 전술에 휘말려 괴멸했다.

**21** 새의 움직임이나 동물의 창자의 상태 등으로 길흉화복을 점치던 관리.

징조가 나타났다고 했다. 그것은 코끼리 머리를 가진 아이가 태어나거나 별들이 우박처럼 쏟아져 내리는 현상이었다. 그들은 실제로 일어난 사건에 대해 현대의 역사가들보다 훨씬 더 깊은 철학적 통찰력을 보여준다. 후자는 이런 사건에서 단지 무역 경쟁 관계에 종지부를 찍는 전략적인 성공밖에 보지 못한다. 그러나 그때 현장에 있었던 그들은 현저하게 다른 무언가를 육감으로 느꼈다. 어디선가 낯선 기운이 안개나 고약한 냄새처럼 몰려올 때 그것을 느꼈던 것이다. 자연 자체가 부자연스럽게 되는 섬뜩한 징조에 로마인들이 불안감에 떨었던 이유는 단순히 패전이나 무역 경쟁에서의 패배 때문이 아니었다. 그 이유는 바로 로마의 산 위에서 섬뜩한 얼굴로 평원을 내려다보는 몰록 신의 모습이었다. 또한 돌로 만든 발로 로마의 포도원을 짓밟는 바알신의 모습이었다. 긴 베일로 얼굴을 가리고 증오보다 더 끔찍한 사랑을 속삭이는 타닛 여신[22]의 음성이었다. 이탈리아의 옥수수 밭이 불타고, 포도나무가 짓밟힌 사건에는 단순한 역사적 사실 이상의 의미가 있었다. 그 사건은 일종의 비유와 같았다. 그것은 가정의 풍성한 열매의 파괴였고, 잔인함이라 불리는 인간적인 것을 훨씬 뛰어넘는 그 끔찍한 비인간성 앞에서 모든 인간적인 것들이 시들어 버리는 사건이었다. 가정의 수호신들은 낮은 지붕 아래 어둠 속에서 몸을 바짝 낮추었다. 악마들은 알프스로부터 진격 나팔을 불면서 바람을 타고

---

**22** 1부 4장 32번 각주 참고.

로마의 성벽을 넘어 그 신들 위로 날아갔다. 알프스 산맥의 관문은 부서졌고, 상투적 표현이 아닌 아주 엄중한 의미에서 지옥문이 활짝 열렸다. 신들과 악마들의 전쟁은 이미 끝난 것 같았다. 로마의 신들은 죽은 것이다. 로마의 상징인 독수리들은 패배했고 로마 군단은 무너졌다. 이제 로마에 남은 것은 오직 명예와 절망적인 차가운 용기뿐이었다.

온 세상에서 오직 한 가지가 여전히 카르타고를 위협하였는데, 바로 카르타고 자신이었다. 거기에는 여전히 모든 성공적인 상업 국가 안에 있는 강력한 요소가 작동하고 있었고, 우리가 아는 정신이 현존했다. 거기에는 여전히 큰 사업을 운영하는 이들의 실속 있는 감각과 명민함이 있었다. 거기에는 여전히 최상급 재정 전문가들의 자문이 있었다. 거기에는 여전히 기업에 우호적인 정부가 있었다. 거기에는 여전히 현실적인 사람들의 폭넓고 건전한 사고방식이 있었다. 그리고 이런 것들에 로마인들이 희망을 품을 수 있었다. 전쟁이 비극적인 결말을 향해 갈 때, 로마인들 가운데는 지금이라도 우리의 희망이 헛되지 않을 것이라는 미약하고 이상한 가능성이 점점 커져갔다. 여러 인종의 흥망성쇠를 지켜본 카르타고의 평범한 사업가들은 로마가 죽어가고 있을 뿐 아니라 이미 죽은 상태라고 확신했다. 전쟁은 끝났다. 따라서 로마시가 더 이상 저항하는 것은 부질없는 짓이었고, 아무런 희망이 없는데 저항하는 것은 도무지 생각할 수 없었다. 그런 상황에서는 또 다른 폭넓고 타당한 사업 원칙들을 고려해야 했다. 전쟁은 돈으로 수행되는 것이고, 따라서 전쟁에는 돈이 들었다. 아마 그들은 마음속으로 이렇게 생각했을 것이다. 결국 전쟁은 돈을 잡아먹기 때문에 모든 전쟁은 약간 불쾌한 것임에 틀림없다고. 이제 평화의 시기가 도래했다. 경제에 더 신경을 써야 한다. 한니발은 심심찮게 증원부대를 파병해 달라는 전갈을 보내지만, 그것은 웃기는 시대착오적인 요청에 불과했다. 이제는 전쟁보다 더 중요한 일에 관심을 쏟아야 했다. 물론 어떤 로마 집정관이 메타우루스(Metaurus) 강[23]에서 최후의 돌격을 감행해서 격분에 휩싸여 한니발의 동생을 죽인 다음 머리를 한니발의 진영에 던졌다는 소식은 사실일지도 모른다. 그런 미친 행동은 로마인들이 자기네 상황을 얼마나 절망적으로 느끼는지를 보여준다. 그러나 아무리 쉽게 격분하는 로마인들이라도 이미 끝난 전쟁에 계속 매달릴 정도로 미치지는 않았을 것이다. 카르타고의 최상급 재정 전문가들은 이렇게 주장했다. 그래서 이탈리아 반도에서 보내온 보고서들, 쓸데없는 걱정으로 가득한 그런 보고서들을 옆으로 밀쳐버렸다. 거대한 카르타고 제국은 이렇게 논의하고 행동했다. 카르타고인들은 그런 무의미한 편견을 품고, 상업 국가의 저주를 안고, 그런 어리석음을 현실적이라고 생각하고, 천재성은 무익하다고 간주한 나머지 한니발이라는 전쟁의 귀재를 방치해서 굶주림에 시달리게 했던 것이다. 신들

---

**23** B.C. 207년경 메타우루스 강에서 포에니 전쟁의 향방을 가늠하는 중요한 전투가 벌어졌다. 카르타고군은 한니발의 동생 하스드루발이 이끌었고, 로마군은 마르쿠스 리비우스와 클라우디우스 네로가 이끌었다. 이 전투에서 카르타고군은 병력 대부분이 전사하는 참패를 당했다.

이 그들에게 한니발을 준 것도 허사가 되고 말았다.

　왜 사람들은 비열한 것이 항상 고결한 것을 무너뜨려야 한다는 이상한 생각을 품을까? 왜 두뇌와 잔인함 사이에 희미한 연관성이 있다고, 또는 사람이 우둔해도 비열하기만 하면 문제될 게 없다고 생각할까? 어째서 그들은 모든 기사도를 일종의 정서로 막연하게 생각하고 모든 정서를 나약함으로 여길까? 그들이 이렇게 생각하는 까닭은 모든 사람이 그러하듯이 주로 자기네 종교의 영향을 받기 때문이다. 모든 사람의 경우에 그렇듯이, 그들에게도 가장 중요한 것은 사물의 본질에 대한 그들의 개념, 그들이 몸담은 세상에 대한 그들의 개념이다. 그리고 유일하게 궁극적인 것은 두려움이고 따라서 세상의 중심에는 악(惡)이 있다는 것이 카르타고의 신앙이다. 죽음이 생명보다 강하므로 죽은 것이 살아있는 것보다 더 강하다고 믿었다. 그 죽은 것들이 황금, 쇠, 기계, 또는 바위, 강, 자연의 힘 등 무엇이든지 간에 그렇다. 우리가 다과회에서 마주치는 사람들이나 정원 파티에서 대화를 나누는 사람들이 몰래 바알이나 몰록을 숭배한다고 하면 비현실적으로 들릴지 모른다. 그러나 이런 상업적인 사고방식은 그 나름의 우주관이 있고, 그것이 카르타고인의 관점이었다. 그 속에 카르타고를 멸망으로 이끈 치명적인 결함이 있었다. 카르타고의 권세가 무너진 이유는 이런 물질주의 안에 현실적인 생각에 대한 지나친 무관심이 있기 때문이다. 그들은 영혼을 불신했기 때문에 정신도 불신하게 되었다. 너무 실리적이라서 도덕적이 될 수 없었고 모든 군인이 군대의 사기라고 부르는 것을 부인하고 말았다. 사람이 더 이상 싸우지 못하면 돈이 대신 싸워 주리라고 생각한다. 이것이 카르타고의 상인 귀족들이 품었던 생각이다.

카르타고의 종교는 절망의 종교였다. 심지어 그들의 운명이 전도유망할 때에도 그랬다. 그런즉 로마인들은 그들의 운명이 절망적일 때에도 희망을 품을 수 있다는 것을 그들이 어떻게 이해할 수 있었겠는가? 그들의 종교는 힘과 두려움의 종교였다. 사람들은 힘에 굴복할 때에도 여전히 두려움을 경멸할 수 있다는 것을 카르타고인들이 어떻게 이해했겠는가? 그들의 세계관의 핵심에는 권태감이 있었다. 무엇보다도 그들은 전쟁에 지쳐 있었다. 전쟁에 지쳐 있을 때에도 여전히 전쟁을 벌이는 사람들을 카르타고인들이 어떻게 이해했겠는가? 요컨대, 정신이 없는 것들, 곧 돈과 난폭한 힘, 그리고 짐승의 마음을 가진 신들을 오랫동안 섬긴 그들이 어떻게 인간의 정신을 이해했겠는가? 그들은 타다 남은 불씨처럼 너무 하찮아서 짓밟을 필요도 없었던 로마가 다시금 곳곳에서 활활 타오른다는 갑자스러운 소식을 들었다. 하스드루발(Hasdrubal)[24]은 패배했고, 한니발은 수적으로 열세였으며, 스키피오(Scipio)[25]는 전쟁을 스페인으로 끌고 갔고, 이어서 아프리카로 끌고 갔다는 소식이었다. 그 황금 도시(카르타고)의 성문 앞에서

---

**24** 한니발의 동생으로서 제2차 포에니 전쟁에 참여했던 카르타고의 장군. 메타우루스 강 전투에서 전사했다.

**25** 제2차 포에니 전쟁에 참전하여 자마 전투에서 한니발을 꺾은 로마 장군.

한니발은 최후의 전투를 벌였고 끝내 패배했다. 카르타고는 사탄이 하늘에서 추락한 이래 그 무엇보다 더 깊이 추락했다. 새로운 도시라는 이름은 그저 이름만 남아있다. 모래 위에 돌 하나도 남지 않았다. 또 다른 전쟁을 벌였지만 최후의 멸망을 맞이하고 말았다. 수백 년 후에 그 깊은 토대까지 파내려간 사람들은 작은 해골 수백 개를 발굴했는데, 바로 카르타고 종교의 신성한 유물이었다. 카르타고가 멸망한 까닭은 자기네 철학에 충실했고 자신들의 세계관에 따른 논리적 결론까지 따라갔기 때문이다. 몰록은 그의 자녀들을 먹어버렸던 것이다.

신들은 다시 일어섰고 악마들은 결국 패배했다. 그런데 악마들은 패배했던 신들에게 패배를 당했고, 죽은 신들에게 패배한 것이라고 말해도 무방하다. 아무도 로마의 이야기를 이해하지 못한다. 이후에 로마가 어떻게 세계를 대표하는 지도력, 거의 운명적이고 근본적으로 자연스러워 보이는 리더십을 갖게 되었는지, 공포와 치욕의 고뇌를 겪었으나 그것을 유념하지 않고 어떻게 오히려 유럽의 영혼인 온전한 정신을 계속 증언했던 것인지 아무도 이해하지 못한다는 말이다. 로마는 한때 파멸과 폐허의 한복판에 홀로 섰기 때문에 제국의 한복판에 우뚝 서게 되었다. 이후에는 모든 사람이 로마가 인류의 대표였다는 사실을 마음속으로 알았고, 심지어 로마가 사람들에게 배척당했을 때도 그랬다. 그리고 빛나면서도 눈에 보이지 않는 빛에서 생긴 그림자가 로마 위에 드리워졌고, 앞으로 일어날 일들에 대한 책임도 로마에게 주어졌다. 하나님의 자비가 언제, 어떤 식으로 세상을 구원했을지는 우리가 굳이 추측할 필요가 없다. 그러나 분명한 것은 만약 로마 제국 대신에 카르타고 제국이 남았다면, 기독교세계를 이룩한 그 싸움이 매우 달랐을 것이란 점이다.

우리는 오래 지속된 포에니 전쟁에 고마워해야 한다. 후대에, 하나님의 것들이 적어도 비인간적인 것들이 아니라 인간적인 것들 위에 내려왔기 때문이다. 다른 데서 언급하겠지만, 유럽은 점차 진화하여 그 자체의 죄악들과 그 자체의 무능력 속으로 빠져들어갔다. 그러나 그 최악의 상황조차 유럽이 자칫 빠질 수 있었던 상황보다는 나았다. 정상적인 사람이라면 누가 아이들이 저녁 식사의 일부로 먹기를 기대했던 큰 나무 인형과 아이들을 먹을 것으로 기대했을 큰 우상을 비교할 수 있겠는가? 이는 세상이 실제로 얼마나 멀리까지 길을 잃었는지, 그리고 세상이 얼마나 멀리까지 길을 잃을 뻔 했는지를 비교하는 척도이다. 만약 로마가 무자비했다면, 그것은 적에게 그렇게 한 것이지 단순히 경쟁자에게 그렇게 한 것이 분명히 아니다. 그들은 무역로와 법규가 아니라 비웃는 카르타고인의 표정을 기억했고, 카르타고의 혐오스러운 영혼을 증오했다. 그리고 만일 사람들이 바알의 숲을 쓰러뜨린 것처럼 우리가 비너스 여신의 숲을 쓰러뜨릴 필요가 없다면, 우리는 로마인들에게 무언가를 빚지고 있는 것이다. 우리가 인간의 과거를 완전히 가혹한 것으로 생각하지 않는다면, 그것은 부분적으로 그들의 가혹함 덕분이다. 이교 세계에서 기독교세계로 넘어가는 길이 불화 일뿐 아니라 다리이기도 하다면, 우리는 그 이교 세계를 인간적으로 유지한 로마인들에게 빚지고 있는 것이다. 이 모든 시대가 지난 후, 우리가 어떤 의미에서 이방종교와 평화롭게 지내고 또 우리 선조들을 더 우호적으로 생각할 수 있다면, 과거가 실제로 어떠했고 또 어떻게 될 뻔했는지를 기억하는 게 좋다. 이 때문에 우리는 고대 세계가 넘겨주는 짐을 가볍게 짊어질 수 있고, 분수 위에 조각된 요정이나 발렌타인 축일에 등장하는 큐피드를 보고 무서워서 떨지 않아도 되는 것이다. 우리는 오래전에 지나간 사건들과 불명예스럽지 않게 떠올리는 사건들을 웃음과 슬픔으로 회상하게 된다. 우리는 사빈(Sabine)[26]의 농장에 내리는 황혼을 다정하고 바라보고, 카툴루스(Catullus)[27]가 고향 서미오(Sirmio)로 돌아올 때 가정의 수호신들이 기뻐하는 목소리를 듣게 된다. 카르타고는 마침내 멸망했다.

---

**26** 고대 이탈리아 중부에 살았던 부족 이름.
**27** 가이우스 발레리우스 카툴루스(Gaius Valerius Catullus, B.C. 84 – 54)는 로마의 시인으로 고향 서미오를 예찬하는 시를 지었다.

C·H·A·P·T·E·R **8**
# 세상의 끝

어느 여름날, 켄트 주에 위치한 어떤 자그마한 마을 교회의 그늘 아래 나는 함께 숲속을 산책하고 돌아온 다소 묘한 동반자와 풀밭에 앉아 있었다. 그는 내가 방황하던 중에 만난 괴짜 집단인 '더 높은 사상'(Higher Thought)[1]이라 불리는 신흥 종교를 따르는 사람이었다. 나는 그 종교 전반에 흐르는 고상한 분위기를 실감할 정도로 발을 들여놓은 상태였고, 나중에는 좀 더 오묘한 단계까지 접어들어 사유의 출발점까지 발견하기를

---

1 상황이 인간을 지배하는 대신에 인간이 상황을 통제할 수 있다는 신념을 근간으로 한 20세기 초 영국의 종교 운동. 자신 밖에 있는 어떤 힘에 의존하지 않고 자기 안에 있는 무한한 힘을 믿어야 한다는 사상으로, 오늘날의 뉴에이지 사상과 비슷하다. 이 운동과 연관된 주요 인물로 토마스 트로워드(Thomas Troward, 1847 – 1916)가 있다.

희망했었다. 그 동반자는 그 집단 내에서 가장 재미난 사람이었다. 그는 사유에 대해 어떤 입장이었든지 간에 적어도 다른 이들보다 훨씬 풍부한 인생 경험을 했기 때문이다. 다른 사람들이 런던 근교에서 명상하는 동안 그 친구는 열대 지방 너머까지 여행을 다녀왔던 사람이었다. 비록 자기 여행담을 지나치게 부풀린다고 쓴 소리를 듣긴 했지만. 그에 대해 남들이 무슨 말을 하든지 나는 다른 사람들보다 그 친구를 더 좋아했고 흔쾌히 함께 숲을 걸었다. 햇볕에 그을린 얼굴과 사나운 눈썹, 그리고 뾰족한 턱수염 때문에 그는 마치 숲의 신 '판'처럼 보였다. 우리는 풀밭에 앉아서 나무 꼭대기와 마을 교회의 첨탑을 한가로이 바라보았다. 시간은 점점 무르익어 포근했던 오후는 초저녁으로 물들어 갔고, 새 몇 마리가 지저귀는 소리는 하늘 저 멀리서 희미하게 들려왔다. 그리고 가벼운 산들바람이 불어 건강한 토양에서 자란 아주 오래된 과일나무들을 스쳐 갔는데, 가지를 흔들어 놓기보다는 잎사귀를 살랑살랑 어루만지듯 하였다. 그때 그 친구가 나에게 "저 교회 첨탑이 왜 저렇게 하늘로 향해 있는지 아시나요?"하고 물었다. 나는 점잖게 잘 모르겠다고 말했다. 그러자 그는 별 생각 없이 이렇게 대답했다. "음, 오벨리스크[2]랑 같은 목적입니다. 고대의 남근 숭배 관습에서 온 것이지요." 그 말을 듣고 그 친구를 휙 쳐다보니 염소수염 위로 능글맞게 웃으며 누워 있었다. 그 순간 그는 '판'이 아니라

_____

2 '오벨리스크'는 고대 이집트 왕조 때 태양신 신앙의 상징으로 세운 기념비다. 가로 단면은 사각형이고 위로 올라갈수록 좁아지며 맨 위는 피라미드 모양이다.

악마처럼 보였다. 아니, 그런 순간, 그런 장소에서 그렇게 말하다니. 그 말에는 도무지 표현할 수 없을 만큼 뒤틀리고 비정상적이며 변태적인 사고방식이 아주 뿌리 깊게 광기처럼 자리 잡고 있었다. 나는 잠시 중세 사람들이 마녀를 화형에 처할 때의 분위기 속에 있었다. 그리고는 그에 못지않게 터무니없는 생각이 떠올라서 이렇게 응수했다. "아, 맞는 말씀입니다. 만약 저 첨탑이 남근 숭배용이 아니었다면, 사람들은 첨탑 꼭대기가 아래로 향하게 거꾸로 지어서 교회가 첨탑 끝에 서도록 만들었겠지요." 나는 풀밭에 앉아 한 시간이라도 웃을 수 있을 것 같았다. 그는 내 대답에 기분이 상한 것 같지 않았는데, 자신의 과학적 발견과 관련해 민감했던 적이 없었기 때문이다. 나는 우연히 그 사람을 만났을 뿐 그 뒤로 다시 만나지 못했다. 아마도 지금은 이 세상 사람이 아닐 것이다. 이 이야기는 여기서 논의하는 바와 상관이 없지만, '더 높은 사상'의 신봉자이자 원시 종교의 해석자인 이 사람의 이름은 언급해도 괜찮을 것 같다. 필명으로 더 잘 알려져 있는데, 바로 루이 드 루즈몽(Louis de Rougemont)이었다.[3]

나는 이교의 기원에 대해서 들을 때마다 연상되는 이미지가 있다. 바로 첨탑 끝을 땅에 박고 거꾸로 서 있는 켄트 주 교회의 웃기

---

**3** 루이 드 루즈몽(Louis De Rougemont, 1847-1921)은 자칭 탐험가로서 본명은 앙리 루이 그린(Henri Louis Grin). 1847년 스위스에서 태어나 다양한 직업을 거쳤지만 성공하지 못했고 1898년에 영국 잡지 'The Wide World Magazine'에 그 필명으로 자기가 지어낸 탐험기를 연재하기 시작했다. 그러나 'Daily Chronicle' 신문이 루이가 거짓말을 한다며 공격하기 시작하자 그는 자취를 감추었고, 이후에도 자질구레한 활동을 이어가며 가난하게 살다가 1921년 런던에서 사망했다.

는 이미지, 마치 모든 게 거꾸로 된 옛날 시골 이야기에 나오는 것 같은 교회 이미지다. 그리고 옛 이야기 속 거인처럼 큰 소리로 웃음을 터뜨린다. 그러면 내가 딱한 루즈몽에게 느끼는 것처럼 모든 과학적인 탐구자들, 고등비평가들, 그리고 고대와 현대 종교를 연구한 권위자들에 대해서도 너그럽고 관대해진다. 그러나 나는 교회뿐만 아니라 이교의 신전들에 대해 논의할 때도 건전한 판단력을 유지하기 위해 교회 첨탑이 남근 숭배라는 얼토당토않은 말을 기억하며 일종의 척도와 점검 기준으로 삼는다. 현재 수많은 사람들이 그 친구가 기독교의 기원에 대해 얘기했던 방식으로 이교의 기원을 설명한다. 사실 현대의 굉장히 많은 이교도들이 이교에 대해 혹평해왔다. 또한 현대의 굉장히 많은 인도주의자들이 진정한 인간적인 종교에 대해 혹평해왔다. 그들은 이 종교가 곳곳에 있었고 처음부터 남근 숭배와 같은 비밀에 뿌리를 두었다고 주장했다. 또한 부끄럼을 모르고 무질서한 특징을 갖고 있다고 했다. 그러나 나는 잠시도 그런 관점을 믿지 않는다. 나는 루즈몽이 그리스도 숭배에 대해 해석한 방식으로 아폴로 숭배를 해석하고픈 생각이 전혀 없다. 그 미친 친구가 켄트 주 마을에서 냄새를 맡을 수 있었던 것처럼 고대 그리스의 도시에 그런 분위기가 있었다고 나는 절대로 인정하지 않겠다. 그와 반대로, 이방종교의 마지막 부패를 다루는 이번 장에서 내가 다시금 주장하는 바는 최악의 이방종교가 이미 최선의 이방종교에게 패배했다는 것이다. 카르타고의 황금을 정복한 것은 최선의 이방종교였다. 로마의 월계관을 쓴 것은 최선의 이방종교였다. 모든 것을 큰 규모로 고려하면, 그램피언(Grampian)[4] 산맥에서 비옥한 유프라테스 강 유역에 이르는 지역을 다스린 로마 제국은 그때까지 세상이 보았던 것 가운데 최선이었다. 최선의 것이 세상을 정복했고, 최선의 것이 세상을 통치했고, 최선의 것이 부패하기 시작했다.

이 폭넓은 진리를 파악하지 못하면, 전체 이야기가 뒤틀려 보인다. 비관주의는 악에 진절머리가 난 게 아니라 선(善)에 진절머리가 난 것이다. 절망은 고통에 지친 상태가 아니라 기쁨에 지친 상태에 있다. 어떤 이유로 사회 속의 선한 것들이 더 이상 작동하지 않을 때 그 사회는 쇠퇴하기 시작한다. 그 사회의 양식이 배고픔을 채우지 못하고, 그 치료법이 치료하지 못하고, 그 복들이 축복하길 거부할 때 그렇게 된다. 그런 선한 것들이 없는 사회에서는 우리가 쇠퇴를 가늠할 수 있는 기준을 잃고 만다. 그래서 카르타고 같은 상업적인 과두제 국가들은 역사에서 미라처럼 멍하니 서서 앞만 바라보는 모습이 되었고, 바짝 마르고 천을 칭칭 감고 방부 처리가 되어서 새 것인지 옛 것인지 아무도 알 수 없게 된 것이다. 아무튼 카르타고는 죽었고, 악마들이 인간 사회에 가한 최악의 공격이 패배하고 말았다. 그러나 최선의 것이 죽어가고 있었다면, 최악의 것이 죽었다는 것이 얼마나 중요하겠는가?

먼저 주목할 점은 로마와 카르타고의 관계는 부분적으로 로마

---

**4** 스코틀랜드의 중부 고지대와 저지대 사이에 있는 낮은 산맥.

와 다른 국가들, 즉 카르타고보다 더 정상적이고 더 가까운 국가들의 관계에 부분적으로 반복되고 또 확장되었다는 사실이다. 여기서 나는 로마의 정치가들이 고린도를 비롯한 그리스 도시들을 가혹하게 다루었다는 정치적인 견해를 반박할 의도가 없다. 그렇지만 대체로 로마가 그리스의 악덕들을 싫어한 것에 대해 위선적인 변명밖에 없었다는 주장에는 반대하는 바이다. 나는 그 이방인들을 기사도를 지닌 영웅들, 곧 기독교 시대까지는 알려지지 않았던 민족주의 정서를 품은 그런 전사들로 묘사하고 있는 것이 아니다. 반면에 나는 로마인을 인간의 감정을 지닌 사람들로, 가장(假裝)이 아닌 그런 감정을 가진 사람들로 묘사하고 있다. 사실은 자연 숭배와 신화 속에 있는 약점 하나가 이미 그리스인들 사이에 타락상을 배출했었다. 그것은 최악의 궤변인 단순성의 궤변 때문이었다. 그들은 자연을 숭배함으로써 부자연스럽게 된 것처럼 인간을 숭배함으로써 인간답지 못하게 되었다. 로마가 그리스를 정복했을 때, 만약 그리스가 그 정복자를 이끌었다면 후자를 잘못된 길로 이끌었을 것이다. 그런데 그런 타락상은 원래 로마가 정복하길 바랐던 것이다. 로마 내부에 있는 타락상까지도 그러길 바랐다. 어떤 의미에서는 카르타고의 모체였던 두로와 시돈보다 소돔과 고모라에 있던 타락상이 덜 비인간적이었다. 악마들이 아이들을 놓고 벌인 전쟁을 고려하면 카르타고의 악마 숭배는 그리스의 타락과 비교할 수 없을 만큼 사악했다. 그런데 어느 쪽에 대해서든 느끼는 혐오감을 단지 위선적인 것으로 볼 필요는 없다.

인간 본성이나 상식에 비춰보면 당연한 반응이다. 아름다운 사랑을 꿈꾸며 온전하고 순박하게 성장한 젊은이에게 가니메데스(Ganymede)[5] 숭배 이야기를 처음 들려주라. 그는 충격을 받는 정도가 아니라 속이 메스꺼워 구역질을 할 것이다. 여기서 첫인상에 대해 자주 언급했듯이, 그 젊은이의 첫인상은 옳을 것이다. 우리가 냉소적으로 무관심할 수 있다는 것은 착각이다. 모든 착각 중에 가장 큰 착각이다. 이를 친숙해서 생기는 착각이라고 한다. 본래의 로마인이 쌓아놓은 소박한 미덕 때문에 그들이 그리스의 타락상을 듣고 자연스레 진심으로 거부반응을 보였다고 생각할 수 있다. 로마인들은 카르타고인의 잔인함에 거부반응을 보였듯이, 정도는 덜하지만 그리스인들에게도 그런 반응을 보였다고 생각하는 게 옳다. 로마가 카르타고를 멸망시켰듯이 그리스를 완전히 멸망시키지 않은 까닭은 그리스가 카르타고보다 덜 타락했기 때문이다. 그러나 로마인들의 태도와 행동이 다소 파괴적이었다 해도, 두 경우 모두 로마인의 분노가 단순한 이기심을 포장한 독선이었다고 볼 필요는 없다.

누군가 로마가 두 나라를 이길 수 있었던 이유는 모두 지극히 국가적이고 상업적인 모략 때문이었을 뿐이라고 주장한다면, 그 사람에게 그가 이해하지 못하는 무언가가 있다고 답할 수밖에 없

---

5 신화에 따르면 가니메데스는 트로이의 왕자로 당시 살아 있는 남자 가운데 가장 아름다운 청년이었다. 제우스 신은 독수리의 모습으로 나타나 가니메데스를 납치해서 그를 신들에게 술을 따르는 시종으로 삼고, 또 자기의 잠자리 상대로도 삼았다.

다. 그는 아마도 그 이유를 절대로 이해하지 못할 것이다. 또한 그 이유를 이해하기 전까지는 결코 로마인을 이해하지 못할 테고, 그것은 바로 민주주의라고 불린다. 그 사람도 아마 민주주의라는 단어를 여러 번 들어보았고 직접 쓰기도 했을 것이다. 하지만 민주주의의 뜻을 모를 뿐이다. 로마에서 일어난 모든 혁명의 역사에는 민주주의를 향한 끊임없는 추동력이 있었다. 국가와 정치가들은 민주주의의 상당한 뒷받침이 없이는 아무 일도 할 수 없었다. 로마의 민주주의는 외교 책략과는 아무 관계가 없었다. 로마에는 민주주의가 있었기 때문에 로마의 과두정치에 대해 그토록 많이 듣게 되는 것이다. 예컨대, 최근의 역사가들은 로마 귀족 중 일부가 관여한 혐오스러운 고리대금업의 견지에서 로마의 용맹성과 승리를 설명하고자 했다. 이런 설명은 마치 쿠리우스(Curius)[6]가 방진을 이룬 마케도니아 군인들에게 돈을 빌려줌으로써 그들을 정복했다거나, 집정관 네로(Nero)가 메타우루스 강 전투에서 적에게 이자를 오 퍼센트씩 챙겨주고 승리를 협상했다는 소리로 들린다. 그러나 우리가 로마 귀족의 고리대금업을 알게 되는 것은 평민들의 지속적인 반란 때문이다. 카르타고의 귀족들은 상업을 근간으로 통치하였는데 그 중심에 고리대금업이 있었다. 그런데 카르타고에는 귀족들을 감히 고리대금업자라고 부를 만한 평민이 없었다.

---

6 마니우스 쿠리우스 덴타투스(Manius Curius Dentatus, B.C. ? – 270)는 로마의 명장으로 세 번이나 개선식을 치렀다.

온갖 죄와 연약함의 짐을 짊어진 모든 유한한 존재들처럼, 로마의 발흥은 진정 정상적이고 특히 대중적인 것들의 발흥이었다. 로마는 특히 타락상에 대하여 철저히 정상적인, 그리고 심히 대중적인 혐오감을 드러냈다. 그런데 그리스인들 사이에서는 타락이 관습으로 자리 잡고 있었다. 그리스의 타락상이 관습, 특히 문학적 관습이 되어 로마의 문필가들이 때때로 모방하기도 했던 게 사실이다. 그러나 그런 모방은 관습에서 늘 파생되는 복잡한 산물 중 하나일 뿐이다. 전반적으로 로마 사회와 그리스 사회의 분위기에 차이가 있음을 우리가 놓치면 안 된다. 테오크리투스(Theocritus)[7]가 시에서 다룬 주제를 버질이 자기 시에 가져와 쓴 적이 있다. 그러나 버질이 특별히 그 주제를 좋아했다고 생각하는 사람은 없다. 버질이 다룬 주제들은 무엇보다도 도덕적으로 정상적인 주제들이었다. 경건과 애국심, 그리고 전원의 경이로움을 시로 읊었다. 우리가 고대의 가을로 되돌아가면 버질의 이름 앞에서 잠시 발걸음을 멈추게 될 것이다. 버질은 놀라운 시적 감수성을 언어에 담아 가을의 무르익음과 서글픔, 열매가 풍성한 모습과 장차 스러질 전망을 표현했기 때문이다. 버질의 시를 몇 행만 읽어봐도 인류에게 도덕적 온전함이 무엇을 의미하는지를 버질이 알고 있었다고 누구나 인정한다. 악마들이 로마의 가정 수호신들 앞에서 패하여 도망칠 때 버질이 어떻게 느꼈는지를 잘 알 수 있다.

---

7 B.C. 3세기에 꽃을 피운 고대 그리스 전원시의 창시자.

그런데 버질과 그의 작품은 이 글의 주된 논지와 관련해 특히
두 가지가 중요하다. 첫 번째는 버질의 위대한 애국적 서사시 모
두가 특별한 의미에서 트로이의 몰락에 토대를 둔다는 점이다. 트
로이가 비록 몰락했어도 그는 그 도시에 대한 공공연한 긍지를 표
현한다. 그가 사랑하는 로마 민족과 로마 공화국의 기초를 트로
이 사람들에게서 찾으면서 그는 중세를 거쳐 현대 역사에까지 이
어진 위대한 트로이의 전통이라 불리는 것을 시작했다. 우리는 이
미 호메로스가 트로이의 왕자 헥토르에게 보인 연민에서 그 전통
에 대한 첫 암시를 살펴보았다. 그러나 버질은 그 전통을 문학으
로뿐 아니라 전설로도 바꿔놓았다. 그것은 패자 헥토르에게 거의
신적인 위엄을 부여한 전설이었다. 이는 세상을 기독교와 특히 기
독교적 기사도의 도래에 적응하도록 준비시킨 전통들 중 하나였
다. 중세에 연속적인 패배를 당하고 야만인과 전쟁을 겪으면서도
서구 문명이 유지되도록 도와준 것은 그 전통이었고, 기사도 역시
그로부터 탄생했다. 기사도는 더 이상 물러나지 않고 등을 벽에
붙인 채 적과 맞서는 도덕적인 자세였다. 그것은 바로 트로이의
성벽이었다. 중세에서 근대에 이르는 여러 시대에 호메로스의 전
쟁 이야기에 나온 이 훌륭한 정신이 다양한 방식으로 기독교적 정
서 속의 비슷한 정신과 함께 작동하는 모습을 볼 수 있다. 우리 영
국인은 물론 많은 국가의 사람들이 버질처럼 자기네가 용감무쌍
한 트로이인의 후손이라고 자랑하길 좋아했다. 온갖 민족이 헥토
르의 후손임을 주장하는 것을 최고의 명예로 생각했다. 반면에 아

무도 헥토르를 죽인 아킬레우스의 후손이 되기를 원치 않은 것 같다. 그 트로이 영웅의 이름이 기독교식 이름이 되어 기독교세계의 변방인 아일랜드나 게일인의 고지대까지 퍼져나간 데 비해, 그 그리스 영웅의 이름은 비교적 드물고 현학적인 상태로 남아있는 사실이 바로 그 진실을 뒷받침한다. 사실 헥토르란 이름은 언어가 거의 농담처럼 될 수 있음을 보여준다. 그 이름이 동사가 되었고, hectoring이 괴롭히다 또는 허세를 부린다는 뜻으로 쓰인 것은 수많은 군인들이 그 패배한 트로이 용사를 하나의 모델로 삼았음을 시사한다. 사실 고대에 헥토르보다 덜 괴롭힘을 당한 사람은 없었다. 그런데 정복자인 체하는 괴롭히는 자도 그의 호칭을 피정복자인 헥토르로부터 따오곤 했다. 이 때문에 버질이 대중화한 트로이의 전통은 그 모든 요소들과 중요한 관계를 맺는 바람에 사람들은 버질을 기독교인과 다름없는 사람이라고 말하게 되었다. 마치 동일한 목재로 만든 두 개의 큰 도구들-신적인 것과 인간적인 것-이 섭리의 손 안에 있었던 것 같다. 갈보리 언덕의 나무 십자가와 비교할 만한 유일한 것은 트로이의 목마이다. 그러므로 형식은 거의 불경스러워도 목적은 경건한 다소 엉뚱한 비유를 들자면, 그 거룩한 아이는 목마에 올라 목검(木劍)을 휘두르며 용과 맞서 싸울 수 있었을 것이다.

이 글의 논지에 필요한 버질의 다른 요소는 바로 버질과 신화의 관계가 지닌 특별한 성격이다. 신화 대신에 여기서는 민간전승, 곧 민중의 신앙과 공상이라 불러도 좋겠다. 버질의 가장 완벽한 시가 올림포스 산의 화려한 신들보다 자연 친화적인 농업 생활의 수호신들에게 더 관심을 둔다는 것을 누구나 알고 있다. 버질이 어디에서 만물의 근원을 찾았는지도 누구나 안다. 버질은 그 기원을 우라노스와 크로노스가 나오는 우주 창조 신화에서 찾기보다 숲의 신 '판'과 요정 자매들, 그리고 숲속의 노인 실바누스(Silvanus)[8]에게서 찾는 것을 얘기한다. 버질의 진면목이 가장 잘 나타나는 부분은 전원시(the Eclogues)[9]의 몇몇 구절일 것이다. 여기서 아르카디아(Arcadia)와 양치기들에 대한 유명한 전설[10]이 영원히 살아 숨 쉬도록 만들었다. 여기서도 버질의 문학적 관습과 우리의 관습을 갈라놓는 모든 것에 대해 하찮은 비판을 늘어놓으면 요점을 놓치기 십상이다. 옛날의 전원시는 너무 인위적이라고 비판하는 사람들의 주장만큼 인위적인 것도 없다. 우리는 옛 사람들이 남긴 문학의 외형에만 주목했기 때문에 그들이 의도한 내용을 모조리 놓치고 말았다. 사람들은 도자기 양치기 소녀가 도자기로 만들어졌다는 사실에만 흥미를 느낀 나머지 왜 그것이 만들어졌는지는 묻지도 않았다. 또 유쾌한 농부(the Merry Peasant)를 오페라의 등장인물로 생각하는데 만족한 나머지 그 농부가 어떻게

---

**8** 숲과 들판을 보호하는 로마의 신. 노인의 모습으로 묘사된다.

**9** 버질이 쓴 3대 주요 작품 중 첫 번째 것이다. 이 시에서 B.C. 44–38년 사이에 로마에서 일어난 혁명적 변화를 극적이고 신화적으로 해석하여 보여준다. '전원시'라는 장르는 목가적 주제를 고전 방식으로 쓴 시를 가리킨다.

**10** 아르카디아는 펠로폰네소스 반도 중부 지역의 이름이다. 버질은 이 지역을 순진무구한 양치기들과 전원의 수호신들이 어울려 사는 온화하고 비옥한 땅으로 이상화하여 표현하였다.

오페라에 나오게 되었는지, 또는 어떻게 무대에 서게 되었는지는 아예 묻지도 않았다.

요컨대, 우리는 도자기 양치기 소녀는 있는데 왜 도자기 가게주인은 없는지 묻기만 하면 된다. 어째서 세련된 도시 상인의 모습이나 금속으로 만든 제철업자의 모습, 또는 금으로 만든 금광 투자자의 모습은 벽난로 선반 장식용으로 쓰이지 않았을까? 무슨 이유로 오페라에는 유쾌한 농부만 등장하고 유쾌한 정치가는 안 나왔던 것일까? 왜 은행원이 발끝으로 빙글빙글 돌며 선보이는 발레 공연은 없었을까? 바로 그 옛날의 본능과 인간의 유머 때문에 사람들은 어떤 관습 아래서든 복잡한 도시의 관습이 시골의 관습보다 덜 건강하고 덜 행복하다는 것을 배웠기 때문이다. 전원시가 영구성을 갖는 이유도 마찬가지다. 어떤 현대 시인은 플리트 가의 전원시(Fleet Street Eclogues)[11]라는 시를 썼는데, 거기서는 시인들이 양차기 대신 등장한다. 그러나 백만장자들이 시인 대신 등장하는 월가의 전원시(Wall Street Eclogues)를 쓴 사람은 아직 없다. 그리고 그 이유는 단순한 시골생활을 동경하는 마음은 계속 사람들의 마음에 되살아나는 반면에 복잡한 도시생활을 동경한 적은 없기 때문이다. '유쾌한 농부'의 비밀을 푸는 열쇠는 농부가 종종 유쾌하다는 점에 있다. 이를 믿지 않는 사람들은 농부에 대해 아무것도 모르고, 따라서 농부가 언제 즐거워하는지도 모른다. 또한 양치기

---

**11** 존 데이빗슨(John Davidson, 1857–1909)이 1893년에 출판한 시. 플리트 가는 영국 런던의 거리 이름으로 1980년대까지 영국 언론과 출판의 중심지였다.

들의 축제나 노래를 믿지 않는 사람들은 양치기의 캘린더에 무지하다. 물론 실제 양치기는 이상적인 양치기와 무척 다르지만, 이것이 이상적인 것의 뿌리에 있는 현실을 잊어버릴 이유가 되지는 못한다. 어떤 진실이 있어야 전통이 생겨나고, 전통이 있어야 관습이 만들어진다. 전원시는 분명 관하나의 관습인 경우가 많고, 특히 사회가 쇠퇴하는 시기에 그렇다. 바토(Watteau)[12]가 남녀 양치기들이 어울려 베르사유 정원에서 한가롭게 노는 그림을 그렸을 때에 프랑스 사회는 쇠퇴기였다. 버질이 모방한 가장 오래된 작품[13], 곧 남녀 양치기들이 계속 피리를 불며 춤을 추는 내용을 시로 썼을 때도 로마 사회는 쇠퇴기였다. 그러나 이것이 이방인의 삶을 이해하지도 않은 채 죽어가는 이교 사상을 제쳐놓을 만한 이유는 아니다. 또한 이방인(pagan)이란 단어가 농부(peasant)라는 단어와 같은 것임을 잊을 만한 이유도 아니다.[14] 물론 우리는 이 작품은 단지 인위적이라고 말할 수 있다. 그러나 그것은 인위적인 것에 대한 사랑은 아니다. 그와 반대로, 그것은 본질상 자연 숭배 또는 자연에 대한 사랑이 상실되어 나온 작품들이다.

양치기들이 죽어가고 있었던 것은 그들의 신들이 죽어가고 있었기 때문이었다. 이방종교는 시를 먹고 살았고, 시는 항상 신화의 이름 아래 있었다. 그러나 모든 곳에서, 특히 이탈리아에서는

---

**12** 장 앙트완느 바토(Jean-Antoine Watteau, 1684-1721) : 프랑스의 화가. 색과 움직임에 대한 관심을 되살리고 스러져 가던 바로크 양식을 부흥시켰다.

**13** 버질의 전원시는 그리스 시인 테오크리토스가 쓴 전원시(Bucolica)를 모방한 것이다.

**14** pagan과 peasant 둘 다 라틴어 pagus에서 유래한 단어들이다.

그것이 시골에 뿌리를 둔 신화와 시였다. 시골의 종교는 대체로 시골의 행복에 대해 책임이 있었다. 사회 전체의 연령과 경험이 축적됨에 따라, 5장에서 신화를 다룰 때 언급한 것처럼 모든 신화에 있는 약점이 나타나기 시작했다. 그 종교는 제대로 된 종교가 아니었다. 달리 말해, 그 종교는 하나의 실체가 아니었다. 마치 젊은 남자가 술이나 사랑으로 소란을 피우듯이, 젊은 세계가 형상들과 관념으로 온통 소란을 피웠다. 그 종교는 부도덕하기보다는 무책임했다. 세월이 흘러 결국 시험대에 오를 것을 내다보는 눈이 없었던 것이다. 또한 어디까지나 창조적이었기 때문에 어디까지나 쉽게 믿어버렸다. 그 종교는 사람의 예술적인 측면에 속해 있었는데, 예술적으로 고려해도 이미 오랫동안 과부하가 걸려 있었고 복잡하게 얽혀있었다. 주피터로부터 내려온 로마 신의 가계도는 숲이라기보다 정글에 가까웠다. 신들과 반(半)신들의 주장은 시인보다는 변호사나 전문 전령관이 다뤄야 할 정도로 복잡했다. 그런데 예술적인 의미에서만 점점 더 혼란스러워진 게 아니라는 점은 말할 필요도 없다. 자연 숭배가 사람 눈에는 자연스럽게 보일지 몰라도 그 씨앗 안에 잠재되어 있던 악의 꽃이 더욱 극심하게 피어나기 시작한 것이었다.

나는 앞서 자연 숭배가 반드시 이런 특별한 정욕에서 출발한다고 믿지 않는다고 밝힌 바 있다. 루즈몽처럼 민간 설화를 과학적으로 분석하는 학파의 회원은 아니니까 그렇다. 나는 신화가 에로티시즘과 함께 시작한다고 믿지 않는다. 그러나 신화가 결국 에

로티시즘으로 끝맺을 수밖에 없다고 확실히 믿는다. 그리고 신화는 정말로 에로티시즘으로 끝났다고 확신한다. 더욱이, 로마의 시(詩)는 더욱 부도덕해졌을 뿐만 아니라 그 부도덕을 더욱 변호할 수 없게 되었다. 그리스의 악덕들, 동양의 악덕들, 셈족 악마들이 남긴 오래된 공포의 흔적이 똥 덩어리에 모여든 파리 떼처럼 부패해가는 로마인들의 머릿속을 채우기 시작했다. 그 심리는 내부로부터 역사를 보려고 시도하는 사람에게는 충분히 인간적으로 보일 것이다. '역할 놀이'를 하던 아이는 오후가 되면 슬슬 싫증이 나기 시작한다. 강도인 척 하거나 북미 인디언인 척 하는 게 지겨운 순간이 찾아오는 것이다. 그러면 아이는 고양이를 괴롭히기 시작한다. 질서정연한 문명사회의 일상에도 사람들이 신화를 갖고 놀면서 어떤 나무를 처녀인 체, 또는 달이 어떤 남자와 사랑을 나누는 체 생각하는 것이 지겨울 때가 찾아온다. 이처럼 무언가에 식상해질 때 나타나는 결과는 어디서나 똑같다. 이를테면, 사람들이 마약이나 술에 익숙해지면 결국 그 양을 늘리려는 모습으로 나타난다. 사람들은 따분함에서 벗어나려고 더 이상한 죄악이나 더 충격적인 외설행위를 찾게 된다. 똑같은 이유로 미친 동양 종교들을 추구한다. 그들은 칼로 신경을 찔러 살아있음을 느끼려고 하는데, 그것이 마치 바알 제사장들의 칼인 것처럼 그렇게 한다. 그들은 잠든 상태에서 걸어 다니며 악몽으로 스스로 잠에서 깨어나고자 한다.

이방종교가 그 단계에 이르면 숲에서 울려 퍼지던 농부들의 노래와 춤은 갈수록 더 약해진다. 농부의 문명이 시골 전역에서 사라지는 중이거나 이미 사라졌기 때문이다. 로마 제국은 말기에 점점 더 노예 제도를 바탕으로 국가 체제를 구축했고 그 체제에 대해 자부심을 품었다. 사실 로마는 현대의 산업 조직만큼 노예에 의존했던 사회였다. 한때 농부였던 사람들이 그저 지배 계층이 제공하는 빵과 서커스에 의존하며 살아가는 도시 서민으로 전락한 것은 널리 알려진 사실이다. 이런 모습에서 실업 수당과 영화관에 의존해서 사는 군중을 떠올리는 사람도 있겠다. 이런 측면을 비롯한 많은 측면에서 현대 세계는 이교주의로 돌아가는 중인데, 그것도 이방의 젊은 시절이 아니라 늙은 시절로 돌아가고 있다. 그러나 두 경우 모두 그 원인은 영적인 것이고, 특히 이방종교의 영이 그 친숙한 영들과 함께 떠나버렸다. 그 심장이 정원의 신들, 들판의 신들, 숲의 신들과 함께하던 집안의 수호신들과 함께 거기서 떠나버린 것이다. '숲의 노인'은 너무 늙어서 이미 죽어가고 있었다. 어느 의미에서는 그리스도가 태어났기 때문에 '판'이 죽었다는 말은 진실이다. 또 다른 의미에서는 판이 이미 죽었기 때문에 그리스도가 태어났음을 사람들이 알았다는 것도 진실에 가깝다. 인류의 신화가 전부 사라지면서 빈 공간이 생겼고, 이 빈 공간이 신학으로 채워지지 않았다면 인류는 그 진공 상태에서 질식했을 것이다. 여기서 중요한 점은 어쨌든 신화가 신학처럼 오래 지속될 수 없었다는 것이다. 우리가 신학에 동의하는지 여부와 상관없이 신학은 사상이다. 그러나 신화는 결코 사상이 아니었기 때문에 아무도 신화에 동의하거나 반대할 수 없었다. 신화는 신비한 분위기에 지나지 않았고, 그 분위기가 사라지자 다시 회복될 수 없었다. 사람들은 더 이상 신들을 믿지 않았을 뿐 아니라 그들이 신들을 믿은 적도 없었다는 것을 깨달았다. 이전까지는 신들을 찬양했고, 제단 주위를 돌면서 춤추며 피리를 불었는데, 그런 행동이 어리석은 짓이었음을 자각한 것이다.

그리하여 아르카디아는 황혼에 접어들었고 마지막 피리 소리가 너도밤나무 숲에서 구슬프게 흘러나왔다. 버질이 쓴 유명한 시들에도 이미 슬픔이 묻어있다. 그렇지만 사랑스런 아이들과 집안의 수호신들은 여전히 남아 있었다. 예컨대, 벨록 씨[15]가 이해력 테스트에 사용했던 구절인 "아가야, 웃음 지어 엄마를 알아보렴"[16]과 같은 아름다운 시구에 남아 있었던 것이다. 그러나 우리 사회의 모습처럼 당시에도 가정은 노예에 의존한 사회 조직과 도시의 군집 현상으로 인해 무너지기 시작했다. 도시의 민중이 이성에 눈을 뜨게 되었다. 즉, 신화를 만들 수 있는 정신적인 힘을 잃어버렸다는 뜻이다. 지중해 해안 도시 전역에서 사람들은 신들이 사라진 것을 슬퍼했고, 검투 시합을 구경하는 걸로 위안을 삼았다. 한편, 이와 비슷한 현상이 소크라테스와 피타고라스 이래 여기저기 돌아다니며 입담으로 먹고살던 고대의 엘리트 귀족층에게도

---

**15** 1부 4장 2번 각주 참고.
**16** 버질의 제4 전원시 60행에 나오는 시구.

일어나고 있었다. 그들은 뱅뱅 돌면서 똑같은 것을 거듭해서 말하는 사실을 온 천하에 드러내기 시작했다. 철학은 지루한 농담이 되기 시작한 것이다. 앞서 6장에서 이미 살펴본 철학자의 잘못, 곧 모든 것을 한 가지 체계에 억지로 끼워 맞추는 부자연스러운 단순화가 철학의 수명이 다 되었고 철학이 부질없다는 점을 단번에 드러냈다. 모든 것이 미덕이거나, 모든 것이 행복이거나, 모든 것이 운명이거나, 모든 것이 좋거나, 모든 것이 나쁘다는 식이었다. 어쨌든 모든 것은 모든 것이라서 더 말할 게 없었다. 현자들은 어디에서나 궤변가, 곧 고용된 수사학자나 알쏭달쏭한 질문을 던지는 사람들로 전락했다. 현자가 궤변가뿐 아니라 마법사로 변하기 시작한 것도 이런 징후 중 하나이다. 명문가 집안에서는 동양의 신비주의를 열렬히 받아들였다. 철학자는 이미 사회의 연예인 역할을 하는 만큼 마법사 노릇을 해도 괜찮다.

많은 현대인이 지중해 세계는 너무 협소한 곳이라고 주장했다. 다른 대륙을 발견하면 더 넓은 수평선이 기다리고 있다고 생각했던 것이다. 그러나 이는 물질주의에서 비롯된 많은 착각 중 하나일 뿐이다. 이방종교가 유럽에서 도달했던 한계는 인간 존재의 한계였다. 최선의 이방종교라도 유럽이 아닌 다른 어느 곳에서도 동일한 한계에 이르렀을 뿐이다. 로마의 스토아주의자들은 굳이 중국인에게서 스토아주의를 배울 필요가 없었다. 피타고라스주의자들은 굳이 힌두교 신자에게서 윤회나 단순한 삶, 또는 채식주의의 아름다움을 전수받을 필요가 없었다. 그들은 이런 것들을 굳이 동양에서 도입할 필요가 없을 만큼 이미 동양에서 그것들을 너무 많이 받아들인 상태였다. 혼합주의자들은 신지학을 따르는 사람들처럼 모든 종교가 정말로 똑같다고 믿었다. 그리고 로마인들은 단순히 지리적 범위를 확장하는 것으로 어떻게 철학의 폭을 넓힐 수 있었을까? 그들이 페루의 잉카족이나 아즈텍족에게서 더 순수한 종교를 배워야 한다고 주장할 수는 없었다. 지중해 문명을 제외한 다른 모든 지역은 온통 미개함으로 뒤죽박죽된 상태였다. 당시 로마 제국은 인류가 성취한 것 중 최고이자 가장 광범위한 것으로 인정되었다는 사실을 꼭 인정해야 한다. 거대한 원형 경기장과 수로(水路), 대리석과 돌로 만든 뛰어난 건축물 등에는 이해하기 어려운 상형 문자로 무서운 비밀이 새겨져 있는 것 같았다. 사람은 그 이상을 성취할 수 없다는 것.

그것은 바벨론 왕궁의 벽에 나타난 글씨, 즉 어떤 왕의 부족함이 밝혀졌다거나 그의 왕국이 낯선 자에게 넘겨지리라는 메시지가 아니었기 때문이다.[17] 그것은 침략과 정복의 소식과 같은 좋은 소식이 아니었다. 로마를 정복할 수 있는 세력은 전혀 남지 않았다. 또한 로마를 개선할 수 있는 세력 역시 전혀 없었다. 최강의 것이 약해지고 있었고, 최선의 것이 나빠지고 있었다. 수많은 문명이 지중해 지역의 한 문명에 합류했다는 사실을 거듭거듭 강조

---

**17** 바벨론 궁전 벽에 나타난 글씨는 단 5:5에 나오는 "왕궁 촛대 맞은편 석회벽에 글자를 쓰는데 왕이 그 글자 쓰는 손가락을 본지라"를 뜻한다. 다니엘은 단 5:25-28에서 이 글자를 해석하는데, "메네 메네 데겔 우바르신"(아람어로서 원래 발음은 '메네 메네 테켈 우파르씬'이다)을 '바벨론이 페르시아에 넘어간다'고 풀이한다.

해야겠다. 로마 문명은 이미 진부하고 빈약한 보편성을 지닌 보편적인 문명이었다는 것이다. 사람들은 그들의 자원을 한데 모았지만 여전히 부족했다. 여러 제국이 서로 협력하였지만 여전히 파산 상태였다. 정말로 철학적이었던 철학자라면 누구나 지중해 지역에서 세계의 파도가 가장 높이 올라가서 별에까지 닿는 듯했다고 생각할 수밖에 없을 것이다. 그러나 그 파도는 이미 기세가 꺾이고 있었다. 아무리 강성한 로마 문명이라도 결국 이 세계의 파도에 지나지 않았기 때문이다.

앞서 이교 사상을 신화와 철학으로 분류했는데, 양자는 이처럼 문자 그대로 바닥이 드러날 정도로 말라 버린 상태였다. 마법이 증가하면서 우리가 악마들이라 부른 이교주의의 세 번째 요소가 점점 더 활성화되었는데, 그것은 오로지 파괴적일 뿐이었다. 이제 남은 것은 오직 네 번째 요소인데, 아니, 이것은 첫 번째 요소로 봐야 한다. 첫 번째였기 때문에 오히려 잊어버렸던 것이다. 그것은 우주에는 결국 한 기원과 한 목적이 있고, 한 목적이 있기 때문에 한 창조자도 있을 것이 틀림없다는 일차적이고 압도적인, 하지만 아주 미묘한 인상을 말한다. 당시에 사람들의 머리 뒤편에 있던 이 위대한 진리가 어떻게 되었는지를 우리가 파악하기는 더 어려울 것이다. 신화의 구름이 걷혀 사라짐에 따라 스토아주의자 중에 일부는 확실히 그 진리를 점점 더 분명하게 보았다. 그들 가운데 뛰어난 인물들은 세계의 도덕적 통일성이란 개념의 기초를 놓고자 끝까지 심혈을 기울였다. 한편, 유대인들은 그 진리에 대한 은밀한 확신을 여전히 높은 배타성의 장벽 뒤에 간직하고 있었다. 하지만 상류층 중에서 특히 숙녀들은 실제로 유대교를 받아들이는 성향을 뚜렷이 보이기도 했다. 그러나 다른 많은 사람의 경우에는 그 시점에 새로운 부정적 관념이 마음속으로 들어간 것 같다. 무신론이 그 비정상적인 시대에 가능한 것으로 대두되었는데, 이유인즉 무신론이 비정상적인 것이기 때문이었다. 무신론은 단순히 어떤 교리를 부정하는 것이 아니다. 그것은 영혼 속 잠재의식에 있는 가정, 곧 영혼이 보는 세상에 어떤 의미와 어떤 방향이 있다는 의식을 뒤집는 이론이다. 최초의 진화론자 루크레티우스(Lucretius)[18]는 하나님을 진화로 대체하려고 힘썼는데, 그때 이미 사람들의 눈앞에 번쩍이는 원자들의 춤을 매달아놓은 채 우주가 카오스로 창조되었다고 생각했다. 그러나 사람들이 무신론의 관점을 받아들인 이유는 루크레티우스의 강렬한 시나 슬픈 철학 때문은 아니었던 것 같다. 그것은 인류가 이룩한 최고의 업적이 서서히 무기력하게 늪 속으로 가라앉는 모습을 보면서 사람들이 별들을 향해 공연히 주먹을 휘두를 때 느꼈던 무력감과 절망감 속의 그 무엇이었다. 그들은 인류가 만든 가장 중대하고 값진 문명이 그 자체의 무게에 의해 몰락하는 모습을 볼 때, 창조세계 자체도 창조세계가 아닌 영속적인 몰락의 과정이라고 쉽게 믿어버렸다.

---

18 루크레티우스(B.C. 99–55)는 로마의 시인이자 철학자였다. 알려진 저서로는 에피쿠로스주의에 대한 철학적 서사시인 사물의 본성에 대하여(De rerum natura)가 유일하다. 고대 원자론의 원칙에 의해 자연현상, 사회 제도와 관습을 자연적이고 합리적으로 설명하고, 영혼과 신에 대한 편견을 비판했다.

또한 모든 별은 곧 떨어지는 별똥별이며, 로마가 세운 웅장한 건축물의 기둥들도 서서히 밀려오는 대홍수에 무너질 것이라고 생각했다. 그런 분위기 속에 있는 사람들은 어느 의미에서 타당한 무신론을 받아들일 이유가 있었던 것이다. 신화가 사라지고 철학은 마비될지라도 신화와 철학 뒤에 어떤 실체가 있었다면, 그 실체는 분명히 그런 것들이 가라앉을 때 그것들을 지탱해주었을 것이다. 하지만 하나님은 없었다. 만약 하나님이 있었다면 바로 이런 순간에 움직여서 세상을 구원했을 것이다.

그 위대한 문명의 삶은 음울한 산업과 심지어 음울한 축제와 함께 계속 흘러갔다. 그것은 세상의 끝이었고, 가장 끔찍한 점은 결코 끝나지 않을 것 같다는 느낌이었다. 그 수많은 신화들과 제국의 종교들 사이에 이미 편리한 타협이 이뤄진 상태였다. 그래서 각 종교집단은 자유롭게 예배하고, 단지 제국의 관대한 황제에게 신(Divus)이란 그의 공식 칭호 아래 약간의 향을 피움으로써 일종의 공식적인 감사만 표시하면 되었다. 자연히 그것은 아무런 문제가 없었다. 그러나 로마 제국의 어딘가에서 사소한 문제가 발생한 적이 있었다는 사실을 세상이 아는 데는 오랜 세월이 걸렸다. 동양의 어떤 섹트 또는 비밀 단체 또는 다른 집단의 회원들이 어딘가에서 소란을 피운 것 같았다. 그 이유는 아무도 짐작할 수 없었다. 그런 소요 사태가 한두 번 더 일어났고, 그들은 하찮은 집단이었는데도 큰 소동을 일으키기 시작했다. 그 촌뜨기들이 말한 내용 때문에 꼭 그랬던 것은 아니었다. 물론 그 내용도 아주 이상하기는 했지만. 그들은 하나님이 죽었고 그들 눈으로 그 죽는 모습을 봤다고 말하는 것 같았다. 그들은 당시의 절망스런 시대 상황이 낳은 많은 미치광이 중 한 부류일 수 있었다. 다만 그들이 특별히 절망에 빠진 것 같지는 않았다. 그런데 부자연스럽게도 그들은 하나님이 죽은 사건을 기뻐하는 것 같았다. 하나님이 죽었기 때문에 자기들이 그분을 먹고 그의 피를 마실 수 있게 되었다고 전했다. 다른 이야기에 따르면, 하나님은 결국 죽은 게 아니었다고 한다. 당혹스러운 상상력을 통해 그 이야기를 추적하면, 환상적인 하나님의 장례식이 진행될 때 태양이 빛을 잃고 어두워졌지만[19], 그 죽었던 신이 무덤을 뚫고 나와 태양처럼 다시 하늘로 올라갔다는 것이다.[20]

그런데 누구든지 특별히 관심을 기울인 부분은 그 이상한 이야기가 아니었다. 당시의 세계에서 사람들은 정신병원을 가득 채울 만큼 많은 괴상한 종교 추종자들을 보았기 때문이다. 누군가의 주의를 끈 것은 그 미치광이들의 말투와 조직의 유형이었다. 그 집단은 야만인과 노예, 가난한 사람, 사회적으로 보잘것없는 사람들로 이루어졌다. 그러나 그들은 군대처럼 전투적이었다. 다함께 움직였고 누가 그리고 무엇이 그 작은 조직의 일부인지에 대해 매우 철저했다. 그들이 아무리 온건하게 말해도 그 내용은 강철처럼 울

---

**19** 마 27:45, 막 15:33, 눅 23:44 참고.
**20** 행 1:9–11 참고.

리는 것이었다. 수많은 신화와 도덕에 익숙해 있던 사람들도 그 미스터리를 도무지 분석할 수 없었다. 그저 그 종교 집단이 그들이 말한 내용을 진심으로 믿고 있다고 추측할 뿐이었다. 그들에게 황제의 동상에 왜 절해야 하는가 하는 간단한 문제를 납득시키려고 온갖 노력을 기울였지만 그것은 쇠귀에 경 읽는 것과 같았다. 그것은 마치 새로운 운석이 지구에 떨어진 것 같았고, 손으로 만지면 전혀 다른 물체처럼 느껴졌다. 그 토대를 만진 사람들은 바위에 부딪히는 느낌이었다.

그들이 있는 곳에서는 사물의 균형이 마치 꿈이 변하듯이 이상하게 빨리 바뀌었다. 대부분의 사람이 어떤 일이 일어났는지 알기도 전에, 그 소수의 사람들은 분명히 현장에 있었다. 그들은 무시해야 할 만큼 중요한 존재가 되었다. 사람들은 그 집단에 대해 갑자기 침묵했고 그들을 그냥 지나쳤다. 우리는 새로운 장면을 보게 된다. 세상이 그런 남녀 신자들로부터 그 막을 들어 올리면, 그들은 문둥병자처럼 거대한 공간의 중앙에 서 있다. 장면이 다시 바뀌면, 그들이 서 있는 거대한 공간은 그 사방이 구름 같은 증인들로 둘러싸여 있고, 끝없는 테라스에는 그들을 열심히 내려다보는 얼굴들로 가득 차 있다. 왜냐하면 그들에게 이상한 일들이 벌어지고 있기 때문이다. 세상에 복된 소식을 가져온 그 미치광이들에게 쓸 새로운 고문 방법이 고안되었다. 우울함과 권태에 빠진 로마 사회는 최초의 종교 박해를 시행해서 새롭게 활기를 찾는 것 같다. 그 균형 잡힌 세계가 왜 그 한가운데 서 있는 사람들에 대해 균형을 잃게 되었는지 아무도 아직까지 명확하게 알지 못한다. 그러나 원형 경기장과 그 세계가 그들 주위를 돌고 있는 동안에도 그들은 이상할 정도로 가만히 서 있었다. 그리고 그 어두운 시간에 한 번도 꺼진 적이 없는 빛이 그들 위에 비쳤다. 백색 불이 초자연적인 광채처럼 그 집단에 붙어있었고, 역사의 황혼을 가로질러 휘황찬란하게 비추며 그 집단을 신화와 이론의 안개로 혼동시키는 모든 노력을 혼동시키고 있었다. 그 한 줄기 빛 또는 번개로 인해 세상은 그 집단을 치고 고립시키고 영광스럽게 했다. 그 빛으로 인해 그 종교를 적대시하는 사람들이 그 집단을 더욱 빛나게 했고 또 비판하는 사람들이 그 집단을 더욱 불가사의한 존재로 만들었다. 하나님의 교회를 둘러싼 증오의 후광이다.

# 2부

# '그리스도'라 불리는
# 사람에 대하여

# 동굴 속의 하나님

인류 역사에 관한 이 개관은 어떤 동굴에서 시작했다. 이 동굴은 대중 과학이 동굴인간과 연관을 짓는 곳이고, 그 속에서 원시 시대의 동물 그림이 실제로 발견된 곳이다. 인류 역사의 후반부, 곧 이 세상의 새로운 창조와 같았던 후반부 역시 동굴에서 시작한다. 동물들이 다시 나온다는 사실에 그런 이미지의 그림자가 있다. 이 동굴은 베들레헴 근처의 산악 지대 거주민들이 가축우리로 쓰는 곳이었기 때문이다. 그들은 지금도 밤이 되면 가축을 몰아 이런 동굴에 넣는다. 숙박소가 만실이 되어 눈앞에서 문이 닫히자 노숙자 부부는 가축들이 있는 지하 동굴로 살며시 들어갔다. 바로 이곳 통행자의 발아래에, 세상의 바닥 밑에

있는 동굴 속에서 예수 그리스도가 태어났다.[1] 그런데 그 두 번째 창조에서는 태곳적 바위의 뿌리나 선사시대 동물의 뿔 속에 상징적인 어떤 것이 있었다. 하나님 역시 동굴인간이었고, 세상의 벽에 흥미롭게 색칠된 피조물들의 이상한 모습을 그리기도 하셨다. 그런데 하나님이 그리신 그림들은 살아있는 생명체가 되었다.

   수많은 전설과 문학 작품들, 곧 지금도 그 수가 늘어나고 결코 끝나지 않을 그런 이야기들이 그 단일한 역설을 되풀이했고 또 다채롭게 변화를 주어왔다. 그 역설은 해와 별들을 만든 손이 너무 작아서 커다란 가축의 머리까지 닿을 수 없었다는 것이다. 바로 이 역설, 농담이라 불러도 무방할 이 역설에 우리 신앙에 관한 모든 문헌이 그 토대를 두고 있다. 이는 과학적인 비판가가 볼 수 없는 그 무엇이므로 최소한 그들에게는 싱거운 농담 같을 것이다. 그는 우리 기독교인들이 항상 도전적으로 거의 조롱하듯 지나치게 강조한 그 난제를 공들여서 설명해준다. 아울러 우리가 미친 듯이 너무도 놀라운 것으로 높이 치켜든 어떤 것을 있을 법하지 않은 것으로, 그리고 너무나 좋아서 진실일 수 없을 어떤 것으로 가볍게 정죄한다. 그것은 진실이 아니라고 반박한다. 기독교인들은 수많은 찬송가와 축가, 운문, 예식, 그림, 시, 대중적인 설교를 통해 우주 창조와 한 지방의 작은 아기 사이의 대조적인 모습을 반복하고, 다시 언급

---

**1** 예수가 태어난 장소를 두고 여러 의견이 있다. (1) 마구간에서 태어났다는 의견. (2) 여관 마당에 놓인 구유에서 태어났다는 의견. (3) 동굴에 마련된 우리에서 태어났다는 의견. (4) 태어난 곳은 구유일지라도 당시의 문화에 비추어 보면 그리 열악하지는 않은 어딘가라는 의견 등 다양하다. 체스터턴은 세 번째 의견을 따랐다.

하고, 강조하고, 역설하고, 높이 찬양하고, 노래하고, 외치고, 울려 퍼지게 했다. 이제는 예수의 탄생과 관련된 좀 이상한 점에 우리의 관심을 끌기 위해 굳이 고등비평가가 나설 필요가 없을 것이다. 특히 농담을 알아듣는데, 심지어 자기가 던진 농담을 알아듣는데도 오랜 시간이 걸리는 사람이라면 더욱 그렇다.

그런데 여기에서 우주를 빚는 손과 아기의 작은 손이라는 두 가지 개념의 대조와 결합에 대해 언급할 점이 있다. 이 책의 논지와 관련이 있어서다. 내가 언급하는 현대의 비판가는 일반적으로 인간의 삶에서 교육의 중요성과 교육에서 심리학의 중요성에 큰 비중을 두는 편이다. 그들은 아이가 태어나서 받는 첫 인상들이 인과법칙에 따라 아이의 성격을 결정한다고 끊임없이 주장한다. 만일 자녀의 시각이 인형 골리워그(golliwog)[2]의 그릇된 색깔에 의해 오염되거나, 그의 신경조직이 시끄러운 딸랑이 소리 때문에 너무 일찍 뒤흔들린다면, 그는 신경과민에 걸릴 것이다. 하지만 만약 우리가 그 때문에 기독교인으로 양육되는 것과 유대교도나 이슬람교도나 무신론자로 양육되는 것 사이에 상당한 차이가 있다고 말한다면, 그는 우리를 편협한 사람으로 생각할 것이다. 그 차이점은 바로 가톨릭 집안의 아이는 누구나 그림을 통해, 또 개신교 집안의 아이는 누구나 이야기를 통해, 서로 대조되는 이 개념들의 놀라운 결합을 배우고, 이것이 그의 마음에 새겨지는 첫 인

---

2 19세기 말의 미국 아동문학에 나오는 인형이다. 얼굴이 검고 독특한 미소를 짓는다.

상의 하나가 된다는 것이다. 이는 단지 신학적 차이에 그치지 않는다. 어떤 신학보다 더 오래 지속될 수 있는 심리적 차이다. 이는 그런 과학자가 즐겨 쓰는 표현을 따르면, 치료가 불가능한 것이다. 불가지론자이거나 무신론자인 사람이 어린 시절에 진정한 성탄절을 경험한 적이 있다면, 그는 이후로 좋든 싫든 인류 대다수가 서로 관계가 멀다고 보는 두 개념 사이에 연관성이 있다고 생각하게 된다. 바로 갓난아기라는 개념과 천체를 운행하는 미지의 힘이라는 개념이다. 그의 이성은 더 이상 두 개념을 연관시킬 필요를 알지 못할지라도, 그의 본능과 상상력은 여전히 그 둘을 연결 지을 수 있을 것이다. 그저 엄마와 아기가 같이 있는 그림만 보아도 언제나 종교적인 향기를 느끼고, 하나님의 두려운 이름을 언급할 때에도 자비와 온화함을 느끼게 될 것이다. 그러나 이 두 개념이 자연적으로 또는 필연적으로 결합되지는 않는다. 두 개념은 고대 그리스인이나 중국인에게도, 심지어 아리스토텔레스나 공자에게도 반드시 결합되지는 않을 것이다. 중력을 새끼 고양이와 연관시키는 게 불가피하지 않듯이 하나님을 갓난아기와 연관시키는 것도 불가피하지 않다. 그 연관성은 성탄절에 의해 우리 마음속에 생겨났다. 우리가 기독교인이라서 그렇고, 우리가 신학적인 기독교인이 아닐지라도 심리적인 기독교인이기 때문이다. 달리 말하면, 두 개념의 결합은, 많은 논란을 일으킨 어구를 쓰자면, 인간의 본성을 바꾸어 놓았다. 이 결합을 아는 사람과 모르는 사람은 정말로 차이점이 있다. 이는 도덕적 가치의 차이는 아닐지 모른다. 무슬림이나 유대인이 그 나름의 빛을 따르면 기독교인보다 더 가치 있는 사람일 수 있기 때문이다. 그러나 그것은 두 개의 특별한 빛의 교차, 우리의 특별한 천궁도에 나타난 두 별들의 결합에 관한 명백한 사실이다. 전능함과 무능력, 또는 신성과 유아기는 백만 번 반복해도 진부해지지 않는 일종의 경구를 만들어낸다. 이를 유일무이하다고 불러도 과언이 아니다. 베들레헴은 단연코 극과 극이 만나는 곳이다.

말할 필요도 없겠지만, 바로 여기에서 기독교세계의 인간화에 미친 또 다른 강력한 영향력이 시작된다. 세상이 만일 논란이 없는 기독교의 측면이라 불리는 것을 원한다면, 아마 성탄절을 선택할 것이다. 하지만 성탄절은 분명히 논란이 되는 측면에 묶여있다 (이것이 왜 논란거리인지 나로서는 도무지 알 수 없지만). 동정녀 마리아에게 표하는 존경이다. 나의 소년 시절에 좀 더 청교도적인 세대가 나의 교구 교회에 있던 성모 마리아와 아기 예수의 조각상에 이의를 제기했다. 많은 논란 끝에 그들은 조각상에서 아기 예수를 없애기로 타협했다. 혹자는 이것을 마리아 숭배로 더 타락된 상태라고 생각할 것이다. 아기 엄마가 거룩한 아기라는 일종의 무기를 빼앗겨서 덜 위험한 존재가 되었다고 보지 않는다면 말이다. 그러나 그 실질적인 난제는 하나의 비유이기도 하다. 당신은 갓난아기를 품에 안은 어머니의 조각상에서 어머니의 형상만 깎아낼 수는 없다. 갓난아기를 공중에 매달아 둘 수도 없고, 아기 조각상만 가질 수도 없다. 이와 비슷하게, 갓난아기의 개념을 허공에 떠 있게 할 수도 없고, 아기 엄마를 생각하지 않고 아기를 생각할 수도 없다. 당신은 엄마를 방문하지 않고 아기를 방문할 수 없다. 일반적으로 엄마를 통하지 않고는 아기에게 다가갈 수 없기 때문이다. 만일 우리가 이런 측면에서 그리스도를 생각한다면, 마리아를 존경할 필요성도 자연스레 따라온다. 역사상 실제로 따라온 것처럼. 우리는 크리스마스에서 그리스도를 제외하든지, 그리스도에게서 크리스마스를 제외해야 한다. 그렇지 않으면, 우리가 설사 오랜 성화에서만 그것을 인정할지라도, 그 거룩한 두 머리가 너무 가까이 붙어 있어서 두 후광이 섞이고 교차할 수밖에 없다는 것을 인정해야 한다.

다소 극단적인 이미지로 표현한다면, 온 우주가 그 안팎이 뒤집힌 것 말고는 큰 회색 언덕에 있는 움푹 파인 곳이나 갈라진 틈의 굴에서 아무것도 발생하지 않았다고 주장할 수도 있다. 말하자면, 이전까지는 가장 거대한 대상을 향해 바깥으로 돌렸던 모든 경이와 예배의 눈이 이제는 가장 작은 대상을 향해 안쪽으로 돌려졌다는 뜻이다. 이 이미지는 공작새의 화려한 꼬리 같은 다채로운 가톨릭 성화, 곧 수많은 눈들이 한곳만 바라보는 놀라운 광경을 시사할 것이다. 그러나 어떤 의미에서는 주변 환경으로만 계셨던 하나님이 하나의 중심으로 드러난 것이 사실이다. 그리고 그 중심은 무한히 작다. 이후로는 영적 소용돌이가 바깥쪽이 아니라 안쪽으로 회전하고 있고, 따라서 원심적이 아니라 구심적인 것이 사실이다. 기독교는 여러 의미에서 작은 것들의 종교가 되었다. 앞서 말했듯이, 기독교의 여러 전통은 예술, 문학, 대중 설화를 통해 요람 속의 신적 존재라는 이 독특한 역설을 아주 잘 증언했다. 하지만 그 전통들이 동굴 속의 신적 존재가 지닌 의미는 분명히 강조하지 않은 것 같다. 이상하게도, 실제로 기독교 전통은 동굴을 분명히 강조하지 않았다. 베들레헴에서의 탄생 장면은 가능한 모든 시대와 나라, 풍경과 건축 양식으로 묘사되어 온 것은 잘 알려진 사실이다. 그리고 사람들이 서로 다른 전통과 취향에 따라 그 장면을 다양하게 상상한 것은 정말로 기쁘고 감탄할 만한 일이다. 그런데 모든 사람이 그곳이 마구간이었다는 사실은 알았지만, 그곳이 동굴이었다는 사실을 안 사람은 별로 없다.

일부 비판가는 어리석게도 마구간과 동굴 사이에 모순이 있다고 생각했다. 이 경우에는 그들이 팔레스타인의 동굴이나 마구간에 대해 별로 모르는 것이다. 그들이 현장에 없는 차이점은 보면서도 정작 거기에 있는 차이점은 보지 못한다는 것은 덧붙일 필요도 없다. 예를 들어, 어느 유명한 비판가는 그리스도가 바위 동굴에서 태어난 것은 미트라스[3]가 바위에서 산 채로 솟아오른 것과 같다고 말하는데, 이는 비교종교학을 풍자한 패러디처럼 들린다. 이야기에는 핵심이 있기 마련이고, 거짓으로 꾸며낸 이야기라도 핵심은 있다. 그리고 제우스의 머리에서 아테나 여신이 튀어나온 것처럼 어떤 영웅이 어머니도 없이 성숙한 모습으로 나타났다는

---

**3** 1부 6장 31번 각주 참고.

관념은, 어떤 신이 보통의 아기처럼 어머니 뱃속에서 태어나 어머니에게 완전히 의존했다는 관념과 분명히 정반대다. 우리가 어느 쪽을 선호하든지 간에 그 둘이 상반되는 이상형임을 분명히 알아야 한다. 양자가 돌이란 물질을 공유한다는 이유로 둘을 연관시키는 것은 대홍수의 심판과 요단강의 세례가 모두 물이란 물질을 공유한다고 해서 양자를 동일시하는 것만큼 웃기는 일이다. 신화이든 미스터리든 간에 그리스도가 분명히 바위 동굴에서 태어났다고 보는 이유는 그곳이 버림받고 집 없는 사람의 장소였기 때문이다. 그럼에도 불구하고, 앞서 말한 것처럼, 동굴은 최초의 성탄절과 관련이 있는 다른 사실들만큼 흔히 또는 분명히 쓰임 받지 못했다.

동굴이 성탄의 상징에서 제외된 이유는 새로운 세계의 속성과 관련이 있다. 그것은 어떤 의미에서 새로운 차원의 난제였다. 그리스도는 세상과 동등한 수준에서 태어났을 뿐 아니라 심지어 세상보다 더 낮은 곳에서 태어났다. 신적 드라마의 제1막은 관람객보다 높은 무대에서 상연되었을 뿐만 아니라 눈에 안 보이는 푹 꺼진, 커튼에 가려진 어두운 무대에서도 상연되었다. 이는 대다수의 예술적 표현 방식으로 표현하기가 어려운 관념이다. 이는 삶의 이런저런 차원들에서 동시에 어떤 일이 벌어진다는 관념이다. 이와 같은 것이 고풍스럽고 화려한 중세 예술에서는 시도되었을 수도 있다. 그러나 예술가들이 사실주의와 원근법에 대해 더 배울수록 하늘에 있는 천사들과 언덕 위의 양치기들, 그리고 언덕 아래 어둠 속에 있는 영광을 동시에 묘사하기가 더 어려워졌다. 아마도 중세 길드들의 전형적인 방법을 쓰면 그것이 가장 잘 전달되었을 것이다. 그들은 세 개의 무대가 층을 이루는 극장식 마차를 끌고 거리 공연을 다녔는데, 맨 위가 하늘로 중간은 땅으로 땅 아래는 지옥으로 배치되어 있었다. 그러나 베들레헴의 수수께끼는 땅 아래 하늘이 있었다는 것이다.

　이 사실만 봐도 혁명의 기운, 즉 세상이 거꾸로 뒤집히는 혁명을 느낄 수 있다. 신이 버림받은 인간으로 태어났다는 개념이 가난하고 버림받은 이들에 대한 법과 그 의무의 개념에 준 변화는 이루 다 설명하기 어려울 정도이다. 그때 이후로는 노예가 있을 수 없었다는 말은 참으로 옳다. 교회가 노예를 해방시킬 만큼 강력한 힘을 갖기 전까지는 법적으로 노예로 분류되는 사람들이 존재할 수 있었고 실제로도 있었다. 그러나 더 이상 이방인처럼 노예제를 유지해서 얻는 이익에 편안히 기댈 수는 없었다. 사람이 어떤 도구보다 중요하므로 개개인이 중요한 존재가 되었다. 사람은 어떤 목적을 위한 수단이 될 수 없었고, 어쨌든 다른 사람의 목적을 위해 그렇게 될 수 없었다. 그 이야기에 담긴 대중적이고 형제애적인 요소는 전통적으로 양치기 에피소드에 제대로 부착되었다. 양치기들은 하늘의 천사들과 마주보며 이야기를 나눴던 것이다. 그런데 양치기들이 표현한 그 대중적 요소의 또 다른 측면은 충분히 개발되지 못한 것 같다. 바로 그 측면이 이 대목과 좀 더 직접적인 연관성이 있다.

양치기 같은 사람들, 민간 전통을 따르는 이들은 어디에서나 신화를 만드는 자들이었다. 그들이야말로 철학이나 타락한 문명적인 종교의 저지를 가장 적게 받으면서 우리가 이미 살펴본 그런 욕구, 즉 상상력이 모험적으로 빚은 형상들, 무언가를 추구하는 신화, 반인(半人)적인 본성을 지닌 어떤 것에 대한 암시, 계절과 특별한 장소가 지닌 무언의 의미를 추구할 욕구를 가장 직접적으로 느꼈던 사람들이다. 그들은 어떤 풍경의 핵심은 이야기이며, 이야기의 핵심은 등장인물이란 점을 가장 잘 이해했다. 그러나 합리주의가 이미 시골 사람들[4]의 보물, 곧 비합리적이라도 상상력이 풍부한 그들의 보물을 이미 갉아먹기 시작했었다. 노예 제도는 농민들을 고향과 집 밖으로 쫓아내고 있었다. 양치기 몇 명이 자기들이 찾던 것을 발견한 그때, 모든 곳에서 그런 농민들 위에 실망의 땅거미와 황혼이 내려오고 있었다. 다른 모든 곳에서는 이상향 아르카디아가 숲에서 사라지고 있었다. 양치기의 신 '판'은 죽었고 양치기들은 양떼처럼 뿔뿔이 흩어졌다. 그리고 아무도 몰랐지만, 모든 것을 끝맺고 모든 것을 성취할 시간이 임박했다. 또한 아무도 듣지 못했지만, 산지에 있는 높은 광야에 미지의 언어로 외치는 소리가 있었다. 양치기들은 진정한 목자를 찾은 것이다.

그리고 양치기들이 발견한 것은 그들이 찾던 것이었다. 민중은 여러 면에서 틀렸었다. 그러나 거룩한 존재들도 거처를 가질

---

4 예수 탄생 소식을 들은 양치기들을 보통은 가난하고 비천한 사람들로 생각한다. 체스터턴도 그처럼 이 양치기들을 시골 사람으로 묘사한다.

수 있고, 신이 시간과 공간의 한계를 무시할 필요가 없다는 그들의 믿음은 틀리지 않았다. 그리고 미개인은 태양이 도둑맞아 상자 안에 숨겨졌다는 유치한 이야기나 신이 구출되고 그 대적이 돌멩이로 속는다는 황당한 신화를 상상했던 사람이다. 지중해 주변의 도시인들은 차가운 추상적 개념이나 세계적인 일반화에 만족하게 된 사람들이었다. 그런데 미개인들이 도시인들보다 동굴의 비밀에 더 가까이 있었고 세상의 위기에 관해 더 많이 알았다. 그리고 미개인들은 플라톤의 초월주의나 피타고라스의 동양사상으로부터 점점 더 가는 사유의 실을 뽑아내던 모든 사람들보다도 그런 위기에 대해 더 많이 알았다. 양치기들이 발견한 곳은 어떤 아카데미나 추상적인 공화국이 아니었다. 또한 신화를 비유적으로 해석하거나, 해부하거나, 설명하거나, 해명해버리는 그런 곳도 아니었다. 그곳은 꿈이 실현되는 곳이었다. 그 시간 이후에는 세상에서 어떤 신화도 만들어지지 않았다. 신화는 하나의 추구이기 때문이다.

우리가 알다시피, 이 유명한 이야기가 수많은 기적극(劇)과 캐럴을 통해 널리 재연될 때는 양치기들의 모습이 영국과 유럽 각 지방의 의상과 언어와 풍경으로 표현되었다. 한 양치기는 서머싯 사투리를 쓰고, 다른 양치기는 양떼를 콘웨이에서 클라이드로 몰고 가는 중이라고 말한다. 우리 대다수는 이제 그런 오류가 얼마나 진실한 것이지, 그런 시대착오가 얼마나 지혜롭고, 얼마나 예술적이며, 얼마나 기독교적이고 가톨릭적인 것인지를 알고 있다.

그렇지만 이 중세의 소박한 장면에서 그런 점을 발견한 일부 사람은 또 다른 종류의 시, 흔히 예술적이기보다는 인위적이라고 부르는 그런 시에서는 아마 그런 점을 발견하지 못했을 것이다. 크래쇼(Crashaw)[5]와 헤릭(Herrick)[6]은 베들레헴의 양치기들을 버질의 양치기들과 같은 모습으로 생각했는데, 현대의 많은 비평가들은 그 사실에서 단지 빛바랜 고전주의만 찾을 것 같아서 우려된다. 하지만 크래쇼와 헤릭은 분명히 옳았다. 그들은 베들레헴 연극을 라틴의 전원시로 바꿈으로써 인류 역사에서 가장 중요한 연결고리 중 하나를 붙잡았다. 이미 살펴보았듯이 버질은 인신제사를 하던 미친 이교주의를 무너뜨렸던 더 건전한 모든 이교주의를 대표하는 시인이다. 그러나 버질의 미덕과 건전한 이교주의조차도 치유 불가능한 상태로 썩고 있었던 것이 모든 문제의 핵심이고, 양치기들에게 나타난 계시는 바로 그 문제에 대한 해답이다.

만약 세상이 악마적이 되는데 권태를 느꼈다면, 단지 온전해지는 것으로 치유될 수도 있었을 것이다. 그런데 세상이 온전해지는 데도 권태를 느꼈다면, 실제로 발생한 일 말고 무슨 일이 발생했겠는가? 버질의 전원시에 나오는 아르카디아의 양치기들이 실제로 발생한 일을 기뻐했을 것으로 상상하는 것도 잘못이 아니다.

---

**5** 리처드 크래쇼(Richard Crashaw, 1613-1649): 17세기 영국의 형이상학파 시인. 신비주의와 관능성을 결합한 시인이자 청교도에서 가톨릭으로 개종한 사람으로서 종교적인 시들로 유명하다: 저자 주

**6** 로버트 헤릭(Robert Herrick, 1591-1674)은 17세기 영국의 가장 위대한 기사 시인이며 벤 존슨의 제자였다: 저자 주

그 가운데 한 편은 실제로 발생한 사건에 대한 예언이라는 주장도 있었다. 우리는 그 위대한 시인의 어조와 우연한 표현법에서 그 위대한 사건에 대한 잠재적 공감을 느끼게 된다. 그리고 버질의 양치기들의 목소리가 그 인간적인 말투로 이탈리아의 부드러움을 넘어서는 무언가를 표현할 때가 있다. "아가야, 웃음 지어 엄마를 알아보렴." 그들은 그 이상한 장소에서 로마의 마지막 전통 중에 최선의 것을 모두 발견했을 법하다. 그리고 인간 가족의 기둥, 즉 가정의 수호신을 위해 영원히 서 있는 나무 신상보다 더 나은 무언가를 발견했을 것이다. 그러나 그들을 비롯해 신화를 믿는 모든 사람들은 그리스도의 탄생이 신비주의를 성취했을 뿐 아니라 신화의 물질주의까지 성취했다고 기뻐해도 문제가 없을 것이다. 신화는 많은 죄악을 안고 있었으나 그리스도의 성육신처럼 육체를 중시한 점은 잘못되지 않았다. 그 동굴에 울려 퍼지게 되어 있었던 고대의 음성으로 이렇게 다시 부르짖을 수 있었다. "우리는 눈에 보이는 신을 보았고, 그분은 우리를 보셨다." 그래서 고대의 양치기들은 현자들도 맛보지 못한 기쁨에 넘쳐 춤을 추며 산 너머로 아름다운 발걸음을 옮겼을 것이다. 하지만 현자들 역시 그 소식을 들었다.

동방박사들이 위엄 있는 왕관을 쓰고 신비로운 마법사의 옷을 입고 어떻게 동방의 나라를 떠나게 되었는지는 오래된 이야기인데도 여전히 낯설기만 하다. 믿을 만한 전승은 미지의 인물에 가까운 그들을 그들의 신비로운 이름들만큼 신비롭게 잘 보존했다.

바로 멜키오르(Melchior), 가스파르(Gaspar), 발타자르(Balthazar)
이다.[7] 그런데 그들과 함께 갈데아에서 별을, 페르시아에서 태양
을 관찰했던 그 모든 지혜의 세계도 왔다. 모든 현자들이 그러하
듯 그들도 호기심에 이끌려 찾아왔다고 봐도 틀리지 않을 것이다.
만약 그들의 이름이 공자나 피타고라스, 또는 플라톤이었다고 해
도 여전히 인간이 품은 동일한 이상(理想)을 대변할 것이다. 그들
은 인간의 이야기를 찾아 나선 게 아니라 사물의 진리를 추구한
사람들이었다. 그리고 진리를 향한 그들의 갈망 그 자체는 하나님
을 향한 갈망이었고, 그들은 보상을 받기도 했다. 그런데 그 보상
을 제대로 이해하려면, 신화와 마찬가지로 철학도 그 보상이 불완
전한 것의 완성이었다는 점을 우리는 이해해야 한다.

　　그런 유식한 사람들은 거기에 와서 그들의 고유한 전통에서 참
된 것과 그들의 고유한 추론에서 옳은 것의 상당부분이 비로소 확
증되었음을 발견했을 것이다. 실제로 유식한 사람들이 찾아와서
그런 것을 발견했다. 공자는 그 거룩한 가족의 역전(逆轉)[8]에서 가

---

**7** 동방 박사가 어떤 사람들인지를 두고 여러 의견이 있다. 전통적으로 알려진 동방 박사들
의 이름은 멜키오르, 발타사르, 가스파르이다. 이 셋의 이름이 처음 언급된 기록은 6세기 헬
라어 연대기의 번역서다. 아르메니아 초기 복음에서는 멜콘(멜키오르)은 페르시아, 발타사
르는 아라비아, 가스파르는 인도에서 왔다고 밝힌다. 한편 6세기 시리아어 문헌 보배의 동
굴(Cave of Treasures)에서는 동방 박사 세 사람을 페르시아 왕 '호르미즈다'(Hormizda),
사바 왕 '야즈데게르드'(Yazdegerd), 시바 왕 '페로자드'(Perozadh)라고 한다. 체스터턴은
전통적으로 알려진 동방 박사의 이름을 따랐고, 전승에 비추어 이들을 왕이라고 표현한다.
이 책에서는 독자가 혼동하지 않도록 '박사' 또는 '동방 박사'로 번역한다. 동방 박사가 실제
로 세 명이었는지는 알 수 없다. 아우구스티누스와 크리소스토모스 같은 사람들은 열두 명
으로 보았지만, 성경에서는 정확한 수를 밝히지 않는다. 이 각주는 페르시아와 성경(에드윈
M. 야마우찌 저, CLC)의 13장 '동방박사들'에서 발췌했다.

**8** 1부 2장 끝부분에 나오는 내용을 뜻하는 듯하다. 곧, 오래된 삼위일체는 아버지와 어머니
그리고 아이로 구성된 '인간 가족'이고 이런 삼각형 모양이다. 반면에 새로운 삼위일체는 아

족의 새로운 토대를 발견했을 것이다. 붓다는 새로운 단념의 모습, 곧 보석이 아닌 별들의 포기, 왕권이 아닌 신성의 포기를 지켜보았을 것이다. 이 유식한 사람들은 그들의 오랜 가르침 속에 진리가 있었다고 말할 권리를, 아니 새로운 권리를 여전히 갖고 있을 것이다. 그러나 결국 이 모든 유식한 사람들은 무언가를 배우려고 왔을 것이다. 그들은 이전에는 미처 생각하지 못했던 무언가를 배워서 그들의 사상을 완성하게 되었을 것이다. 그들의 불완전한 세계를 그들이 한때 부정했던 어떤 것으로 균형을 잡게 되었을 것이다. 붓다는 그의 비인격적인 낙원에서 나와 한 인격을 예배하였을 것이다. 공자는 조상 숭배의 사원에서 나와 한 아기를 예배했을 것이다.

우리는 처음부터 그 새로운 우주에서 이런 특성을 파악해야 한다. 그 새로운 우주가 옛 우주보다 더 컸다는 것이다. 그런 의미에서 기독교세계는 창조세계, 곧 그리스도 이전의 창조세계보다 더 크다. 기독교세계는 옛 우주에 없었던 것들을 포함했고, 거기에 있었던 것들도 포함했다. 이런 특성이 잘 드러나는 예는 중국의 효(孝) 사상이지만 다른 이방종교의 미덕이나 믿음에도 해당될 것이다. 부모를 성심껏 공경하는 것이 복음의 일부라는 점은 아무도 의심할 수 없고, 하나님 자신도 어린 시절에 육신의 부모에게 순종하셨다. 그런데 다른 한편, 부모가 예수에게 순종했다는 것은

---

이와 어머니 그리고 아버지로 이루어진 '거룩한 가족'으로 이런 삼각형이다. 그러므로 에서로 바뀌는 역전이 일어난 사건이라는 의미다.

유교적인 사상이 아니다. 아기 그리스도는 아기 공자와 같지 않다. 우리의 신비주의는 아기 예수를 불멸의 유아로 생각하기 때문이다. 가톨릭 전승에 따르면 성 프란치스코가 아기 예수 상(像)을 안았을 때 그것이 살아났다고 하는데, 공자는 그 상(像)을 어떻게 대했을지 나는 잘 모르겠다. 이 점은 유교뿐 아니라 다른 모든 종교와 철학에도 적용된다. 이것이 교회가 제기하는 도전이다. 교회는 세상이 갖지 못한 것을 갖고 있다. 교회는 삶의 모든 면에 필요한 것을 공급하는데 비해 인생 자체는 그렇게 공급하지 못한다. 다른 모든 사상 체계는 교회에 비하면 편협하고 불충분하다. 이는 허풍이 아니다. 이는 진정한 사실이자 진정한 딜레마이다. 스토아 학파의 철학자들과 조상 숭배자들 가운데 거룩한 아기[9]가 어디에 있는가? 무슬림들 가운데 어떤 남자를 위해서도 창조되지 않고 모든 천사보다 더 높은 성모 마리아가 어디에 있는가? 불교의 승려들 가운데 말을 타고 나팔을 불며 모든 군인을 위해 칼의 명예를 수호하는 성 미카엘 대천사가 어디에 있는가? 성 토마스 아퀴나스는 모든 과학과 합리성과 심지어 기독교의 합리주의까지 정립했는데, 그는 브라만교의 신화로 무엇을 할 수 있었겠는가? 비록 우리가 아퀴나스를 이성의 다른 극단에 있던 아리스토텔레스와 비교해봐도[10], 무언가 덧붙여졌다는 점을 감지하게 될 것이다. 아퀴

---

9 가톨릭에서 아기 예수를 가리킬 때 쓰는 용어로 '거룩한 아기'라는 뜻이다.
10 아퀴나스는 전반적으로 아리스토텔레스의 철학을 따랐지만 가톨릭 교리와 대립하는 입장으로 아리스토텔레스의 철학을 따르는 관점에는 반대하였다.

나스는 아리스토텔레스의 가장 논리적인 부분까지 이해했는데, 아리스토텔레스가 아퀴나스의 가장 신비로운 부분까지 이해할 수 있었을지는 의문이다. 우리가 기독교인이 비기독교인보다 더 위대하다고 말하기 어려운 경우에도 기독교인이 더 폭넓다고 말하지 않을 수 없다. 그런데 이 점은 어떤 철학이나 이단, 또는 현대의 운동에도 그대로 적용된다. 음유 시인 프란치스코가 깔뱅주의자들 사이에서, 또는 맨체스터 학파의 공리주의자들 사이에서 어떻게 지내겠는가? 그렇지만 보쉬에(Bossuet)[11]와 파스칼(Pascal)[12] 같은 사람들은 어느 깔뱅주의자나 공리주의자 못지않게 엄격하고 논리적일 수 있다. 잔 다르크(Jeanne d'Arc)[13]는 직접 칼을 들고 남자들을 전쟁터로 이끈 여자인데, 그녀가 퀘이커교도[14]나 두커우버(Doukhobor)파 사람들[15], 또는 톨스토이파 평화주의자들 사이에서 어떻게 지냈겠는가? 그러나 수많은 가톨릭 성인들은 평화를 설교하고 전쟁을 막는 일에 자기 삶을 바쳤다.

---

11 자끄 베니뉴 보쉬에(Jacques-Bnigne Bossuet, 1627~1704)는 프랑스의 가톨릭 신학자이자 설교자로 프랑스 교회의 자유와 절대 왕정을 변호했다.

12 블레즈 파스칼(Blaise Pascal, 1623-1662)는 프랑스의 철학자, 종교사상가, 수학자, 물리학자로서 독실한 가톨릭 신자이기도 했다.

13 잔 다르크(1412-1431)는 프랑스와 잉글랜드 간의 백 년 전쟁에서 프랑스가 승리하는 데 혁혁한 공을 세웠다. 잔 다르크는 신의 계시를 받고서 싸운다고 주장했는데, 적에게 포로로 잡혔을 때 '신의 중계자인 사제를 통하지 않고 직접 신의 계시를 받는 건 불가능하다'는 중세의 논리로 인해 정치적으로 몰려 화형 당하였다.

14 퀘이커(Quaker)교는 17세기에 조지 폭스가 만든 기독교 교파다. 형식화된 예배 의식을 따르지 않고, 모든 사람 안에 있는 신성(성령)의 인도하심을 따르는 게 옳다고 믿었다. 예배 장소의 제약을 두지 않고 성직자를 따로 세우지 않는다.

15 18세기 러시아의 평화주의 종파. 세속 정부와 러시아 정교회 사제, 성상, 교회의 예식, 성경의 신적 권위, 그리스도의 신성 등을 모두 거부했다.

이 점은 혼합주의를 지향하는 현대의 모든 시도들도 마찬가지이다. 그들은 무언가를 제거하지 않고는 기독교의 기본 신조보다 더 폭넓은 것을 결코 만들 수 없다. 말하자면, 신적인 어떤 것이 아니라 인간적인 어떤 것을 빼내야 한다는 뜻이다. 깃발, 여관, 소년의 전쟁 이야기, 또는 들판 끝에 세운 울타리 같은 것이다. 신지학에 빠진 사람들은 만신전을 세우지만 그것은 범신론자를 위한 만신전일 뿐이다. 그들은 '종교들의 회의'(Parliament of Religions)[16]를 모든 민족들의 재결합으로 부른다. 그러나 그것은 도덕군자인 체하는 사람들의 재결합일 따름이다. 그런데 그와 똑같은 만신전이 이천 년 전에 지중해 연안에 세워져 있었다. 그리고 기독교인들은 예수의 신상을 주피터, 미트라스, 오시리스, 아티스, 암몬 등의 신상과 나란히 세우라는 초대를 받았다. 그들은 거부했고, 그 결정이 역사의 전환점이 되었다. 만약 기독교인들이 받아들였다면, 그들과 온 세상은 확실히, 비유적으로 말하면, 망하고 말았을 것이다. 그들은 결국 다른 모든 신화와 미스터리들이 이미 녹고 있던 세계적인 타락의 거대한 냄비 속에서 미지근한 액체가 되었을 것이다. 그것은 실로 무섭고 아찔한 탈출이었다. 온 세상이 한때 넓디넓은 마음과 모든 종교의 형제애 때문에 죽음의 문턱까지 갔다는 사실을 깨닫지 못하는 사람은 누구도 교회의 본질을 이해하지 못하고, 고대로부터 전해지는 신조

---

16 세계 종교의 회합이 몇 차례 열렸는데, 가장 잘 알려진 것은 1893년 미국 시카고에서 세계 박람회가 개최되었을 때 열린 세계 종교 회의(the World's Parliament of Religions)다.

의 낭랑한 소리를 듣지 못한다.

여기서 신비주의와 철학을 대표하는 동방 박사들이 무언가 새로운 것을 찾고 심지어 무언가 예상치 못한 것을 찾고 있었다는 점은 매우 중요하다. 성탄 이야기와 성탄절 축제에 여전히 서려있는 강한 위기의식은 추구와 발견의 개념을 더욱 부각시킨다. 그 발견은 이 경우에는 진정 과학적 발견이다.[17] 그 기적극(劇)에 나오는 다른 신비한 인물들, 곧 천사, 어머니, 양치기들, 헤롯의 군인들에게는 더 단순하고 더 초자연적인 측면들, 더 초보적이거나 더 감정적인 측면이 있을지 모른다. 그러나 그 현자들은 틀림없이 지혜를 찾고 있었은즉 거기에는 지성의 빛도 있어야 한다. 그리고 이것이 지성의 빛이다. 가톨릭(Catholic) 신앙은 보편적이고 (catholic), 그 밖에 다른 어떤 것도 보편적이지 않다는 것이다. 교회의 철학은 보편적이다. 하지만 철학자들의 철학은 보편적이지 않았다. 만일 플라톤과 피타고라스와 아리스토텔레스가 한순간이라도 그 작은 동굴에서 나오는 빛 가운데 서 있었다면, 그들은 그들의 빛이 보편적이지 않다는 점을 알았을 것이다. 사실 그들이 그것을 이미 알지 못했는지는 전혀 확실하지 않다. 철학 역시 신화처럼 무언가를 추구하는 성향이 강하다. 전통적으로 세 동방 박사가 신비롭고 위엄 있는 인물로 평가받은 이유는 다음 진리를 깨달았기 때문이다. 종교가 철학보다 광대하고, 그 좁은 동굴 안에

---

**17** 동방 박사들이 예수님을 찾아 나선 계기는 천체 현상이었다. "유대인의 왕으로 나신 이가 어디 계시냐 우리가 동방에서 그의 별을 보고 그에게 경배하러 왔노라 하니"(마 2:2).

있던 기독교가 모든 종교 중에 가장 광대하다는 진리를 발견한 것이다. 박사들은 인간 가족의 삼각형이 뒤집힌 모양(▽)을 지닌 특이한 별 모양(✡)을 지켜보고 있었고, 결코 별 모양의 의미를 다 파악할 수 없었다. 왜냐하면 그에 대한 우리의 감정은 유치할 만큼 단순하지만, 그에 대한 우리의 생각은 그 줄기가 끝없이 복잡하게 갈라질 수 있다는 것이 그 동굴 속에 있던 그 그룹의 역설이기 때문이다. 그리고 우리 역시 아버지였던 그 자녀와 자녀였던 그 어머니에 대한 우리 자신의 생각을 끝까지 정리하고 이해할 수가 없다.

우리는 신화가 양치기들과 함께 왔고 철학은 철학자들과 함께 왔다고, 그리고 종교 안에서 그 둘을 합치는 일만 남았었다고 말해도 좋을 것이다. 그러나 결코 무시해서는 안 되는 세 번째 요소가 있었다. 기독교가 어떤 화해의 잔치에서도 무시하기를 거부하는 요소이다. 성탄절 드라마의 주요 장면들에는 전설들을 정욕으로 썩게 만들고 이론들을 무신론으로 얼어붙게 만든 그 원수가 등장했다. 그 원수는 직접적인 도전에 대해, 우리가 악마 숭배를 다룰 때 살펴보았던 그 직접적인 방법으로 대응했다. 내가 악마 숭배를 묘사하고, 갓난아기를 삼켜버리는 혐오스러운 주술 의식과 지극히 비인간적인 인신 제사를 설명한 대목에서, 좀 더 건전한 이방종교의 간접적이고 은밀한 침투, 신화적 상상력을 섹스로 흠뻑 적시는 행위, 로마 제국의 자만이 광기로 치솟은 현상 등은 많이 다루지 않았다. 그런데 베들레헴의 드라마에서는 직접적인 영향과 간접적인 영향 둘 다 나타났다. 로마의 통치를 받던 어떤 왕, 동양인의 혈통[18]이지만 로마식으로 치장하고 로마의 규율을 따랐던 것 같은 그는 그 시각에 속에서 이상한 영이 꿈틀거리는 것을 느낀 듯이 보인다. 우리가 알다시피, 헤롯은 불가사의한 경쟁자에 관한 소문에 깜짝 놀라서 과거에 아시아의 변덕스런 폭군들이 저지른 만행을 기억하고 백성 중에 의심스런 아기들을 대량 학살하라고 명령했다.[19] 누구나 그 이야기를 안다. 그러나 그 이야기가 인간의 이상한 종교들의 이야기에서 차지하는 위치에 대해 아는 사람은 많지 않을 것이다. 아울러 헤롯의 영아 학살 사건이 로마에 정복되어 피상적으로 문명화된 세계가 만든 코린토 양식 기둥들과 로마식 포장도로와 얼마나 대조되는지, 그리고 여기에 담긴 의미를 아는 사람도 많지 않을 것이다. 헤롯의 어둔 영에 서린 결의가 그의 눈을 통해 드러나고 빛나기 시작했을 때에야 비로소 어떤 선지자는 헤롯의 어깨너머로 노려보는 거대하고 음침한 악령을 목격했을 것이다. 그는 헤롯 뒤에 있는 악령의 모습, 즉 악령이 밤하늘을 가득 채우고 마지막으로 역사 위를 맴도는 모습, 카르타고인들이 숭배했고 지금은 셈족의 왕이 바치는 마지막 제물을 기다리는 몰록의 거대하고 섬뜩한 얼굴을 보았던 것이다. 첫 크리스마스 축제 때, 악마들 역시 그 나름의 방식으로 잔치를 벌였던 것이다.

---

18 헤롯의 아버지는 유대교로 개종하였으나 이두메 출신이었다.
19 마 2:1–18 참고.

우리가 원수의 현존을 이해하지 못한다면 기독교의 핵심뿐 아니라 성탄절의 핵심까지도 놓치게 될 것이다. 기독교세계에 사는 우리에게 성탄은 매년 돌아오는 절기이고, 어떤 의미에서는 평범한 행사가 되었다. 그러나 그 전통에 관한 모든 진실이 그러하듯, 성탄도 또 다른 의미에서 매우 복합적인 성격을 갖고 있다. 성탄절이 되면 많은 선율이 동시에 울려 퍼지는 것 같다. 겸손, 유쾌함, 감사, 신비로운 경외심의 선율뿐 아니라 깨어있는 마음과 드라마틱한 심령의 선율도 있다. 성탄절은 단지 화평케 하는 자들을 위한 날만이 아니듯이 흥겹게 웃고 떠드는 자들만을 위한 날도 아니다. 성탄절은 힌두교의 평화 회담이 아니듯이 스칸디나비아 반도의 겨울 축제도 아니다. 그 속에는 무언가 전투적인 것도 있다. 그래서 성탄절 한밤중에 갑자기 울리는 종소리는 마치 전쟁터에서 막 승리를 거두고 쏘는 대포 소리처럼 들리는 것이다. 우리가 성탄절 분위기라고 부르는 이 놀라운 실체는 거의 이천 년 전 유대의 언덕에서 환희의 웃음이 한 시간 동안 터진 후 남아있는 향기나 사라지는 증기처럼 공중에 떠 있다. 그런데 그 향기는 여전히 분명히 남아 있고, 이는 평화라는 단어로 담아내기에는 너무 미묘하고 너무 독특한 것이다. 성탄 이야기의 본질상, 그 동굴에서 울려 퍼진 환호성은 요새나 버림받은 자들의 은신처에서 울려 퍼진 환호성이었다. 제대로 이해하면, 그것이 지하 참호에서 울려 퍼진 환호성이라 해도 과언이 아니다. 그 지하 동굴은 적의 눈을 피할 은신처였고, 적들은 이미 동굴 위로 하늘처럼 펼쳐진 바위 평원을 질주하고 있었다. 아마 헤롯이 보낸 군사들의 말발굽 소리가 땅 속에 있는 그리스도의 머리 위로 천둥처럼 지나갔을 것이다. 아울러 그 이미지에는 전초 기지의 개념, 곧 바위를 뚫고 적의 영토 안으로 진입하는 그런 개념도 있다. 땅 속에 계신 하나님이란 이미지에는 세상의 밑을 파고든다는 개념이 있다. 밑에서부터 탑과 궁전을 뒤흔드는 것이다. 그래서 헤롯이 발밑에서 지진이 일어난 것을 느꼈고 흔들리는 궁전과 함께 그 자신도 흔들렸던 것이다.

이것이 아마 그 동굴의 신비 가운데 가장 강력한 신비일 것이다. 흔히 사람들이 땅 밑에서 지옥을 찾았다고들 말하지만, 이 경우에는 오히려 땅 밑에 하늘이 있다. 그래서 이 이상한 이야기에는 하늘의 융기란 개념이 따라온다. 이것이 바로 전반적인 위치의 역설이다. 즉, 가장 높은 것이 오직 아래로부터만 일할 수 있다는 것이다. 왕은 일종의 반역에 의해서만 그 고유한 왕위로 되돌아갈 수 있다. 사실 교회는 처음부터, 어쩌면 특히 초창기에, 군주가 다스리는 공국이기보다는 세상의 군주에 대항하는 혁명 세력이었다. 세상이 그 강한 찬탈자(사탄)에게 정복되어 그의 소유가 되었다는 생각은 계몽을 안락과 동일시하는 낙관주의자들에 의해 많은 한탄과 조롱을 받아왔다. 그러나 그런 생각 때문에 그 모든 반항의 전율과 아름다운 위험이 생기는 것이고, 이것이 그 좋은 소식을 정말로 좋고 또 새로운 것으로 보이게 만든다. 교회는 사람들이 의식하지 못하는 거대한 왕위 찬탈 세력에 대항해 반란을 일으켰고, 처음에는 그 반란이 눈에 잘 띄지 않았다. 그리스도가 동굴에서 태어나고 기독교가 카타콤에서 탄생했을 때, 올림포스 산은 여전히 많은 막강한 모양들로 형성되는 꿈쩍도 하지 않는 구름처럼 하늘을 점유하고 있었다. 그리고 철학은 여전히 높은 곳에 좌정했고 심지어 왕들의 보좌도 차지하고 있었다.

우리는 그리스도의 출생과 기독교의 탄생 모두에 똑같은 혁명의 역설이 있다고 말할 수 있다. 즉, 무언가가 멸시당하는 동시에 두려움의 대상이 된다는 의미에서 그렇다. 그 동굴은 한편으로 버림받은 자들이 쓰레기처럼 휩쓸려 버려지는 구멍이나 구석일 뿐이다. 하지만 다른 한편으로는 폭군들이 보물처럼 찾고 있는 무언가 귀중한 것이 숨겨진 곳이다. 어떤 의미에서 그들이 거기에 있는 까닭은 여관 주인이 그들을 기억조차 하지 않으려 했기 때문이고, 또 다른 의미에서는 헤롯 왕이 그들을 결코 잊을 수 없기 때문이기도 하다. 우리는 앞서 초대 교회를 다루면서도 이러한 역설이 나타났다는 것을 살펴보았다. 교회는 보잘것없을 때에도 중요한 존재였고, 무능력할 때에도 분명히 중요한 존재였다. 교회가 중요한 존재였던 유일한 이유는 세상이 용납할 수 없었기 때문이다. 그리고 세상이 교회를 용납할 수 없었던 이유는 교회가 세상을 용납하지 않았기 때문이다. 또한 세상이 교회에 분개한 까닭은 교회가 조용하고 은밀하게 세상에 대해 전쟁을 선포했기 때문이다. 교회는 이교주의가 점령한 하늘과 땅을 무너뜨리려고 지면을 뚫고 나왔다. 교회는 금과 대리석으로 만든 모든 것을 파괴하려 하지 않았지만 그런 것들이 없는 세상을 기대했다. 교회는 마치 금과 대리석이 유리인 것처럼 대담하게 그것을 꿰뚫어보았다. 기독교인들이 횃불로 로마를 불태웠다고 고발한 자들은 모함꾼들이었다. 그러나 그들은 적어도 일부 현대인들보다 기독교의 본질을 훨씬 잘 파악했다. 후자는, 기독교인들은 일종의 윤리적 사회이고, 사람들에게 이웃에게 지킬 의무가 있다고 말하는 바람에 밋밋하게 순교를 당했고, 단지 온순하고 부드럽다는 이유로 약간 반감을 샀을 뿐이라고 말하는 이들이다.

그러므로 헤롯은 베들레헴의 기적극에서 자기 역할이 있었다. 그는 전투하는 교회(Church Militant)[20]를 위협하는 인물이고, 교회가 처음부터 박해를 받고 자기 생명을 지키고자 싸우는 존재임을 보여주기 때문이다. 이를 불협화음으로 생각하는 사람들은 그 불협화음이 바로 성탄의 종소리와 함께 울려 퍼진다는 것을 알아야 한다. 십자군 전쟁의 개념이 십자가의 개념을 훼손한다고 생각하는 사람들에게는 그들을 위해 십자가의 개념이 훼손된 것이라고 우리가 말해줄 수밖에 없다. 십자가의 개념은 문자 그대로 요람에서 훼손되었기 때문이다. 여기서는 추상적인 전쟁 윤리를 놓고 그들과 논쟁할 필요가 없다. 이 대목의 목적은 단지 기독교 사상과 가톨릭 사상을 구성하는 관념들의 조합을 요약하고, 그 모든 관념들이 이미 최초의 성탄 이야기 속에 구체적으로 나타난다는 것을

---

20 예수 그리스도가 재림하실 때까지 이 세상 속에서 하나님 나라를 반대하는 세력과 싸워 나가는 교회의 모습을 가리킨다. 이 전투는 물리적 전투가 아니라 죄와 마귀에 대항하는 영적인 전투를 뜻한다.

말하는 것이다. 그것들은 서로 구별되는 세 개의 관념들인데, 보통은 서로 대조되곤 하지만 실은 하나를 이룬다. 그런데 크리스마스만이 그 관념들을 하나로 만들 수 있다.

첫 번째 관념은 하늘이 거의 집과 다름없는 그런 장소일 것이라고 보는 인간의 본능이다. 이는 신화를 만든 모든 시인들과 이방인들이 추구한 관념이다. 예컨대, 어떤 특정한 장소는 신의 사당이나 축복받은 자의 거처임에 틀림없다. 요정나라는 지상의 어떤 땅이다, 또는 유령의 복귀는 몸의 부활임에 틀림없다는 관념과 같은 것들이다. 여기서 나는 이런 욕구를 채우길 거부하는 합리주의와 논쟁하려는 게 아니다. 다만 합리주의자들이 그런 욕구를 채우길 거부한다면, 이방인들이 만족하지 못할 것이라고 말하고 싶을 뿐이다. 이런 갈망은 델로스(Delos)[21]와 델포이(Delphi)의 신화 속에 있듯이 베들레헴과 예루살렘의 이야기 속에도 있다. 하지만 루크레티우스의 우주[22]나 허버트 스펜서의 우주 속에는 없다.

두 번째 요소는 다른 철학들보다 더 큰 한 철학이다. 루크레티우스의 철학보다 더 크고 허버트 스펜서의 철학보다는 무한히 더 큰 철학이다. 고대의 스토아주의자나 현대의 불가지론자는 오직 하나의 창문으로만 세상을 보는 데 비해, 이 철학은 백 개의 창문을 통해 세상을 본다. 전자는 단지 스토아주의자나 불가지론자

---

**21** 에게 해 남서쪽에 있는 섬으로 그리스 신화와 역사, 고고학에서 아주 중요한 중심지이다.
**22** 1부 8장 18번 각주 참고.

의 개별적 관점에 불과하지만, 후자는 수천 종류의 사람들에게 속한 수천 개의 눈으로 삶을 바라본다. 이 철학은 인간의 모든 정서에 상응하는 무언가를 갖고 있고, 모든 종류의 사람들에게 일거리를 찾아주고, 인간 심리의 비밀을 이해하고, 악의 깊이를 인식하며, 현실적 및 비현실적인 놀라운 일과 예외적인 기적을 구별할 수 있다. 그리고 어려운 사례들에 대해 스스로를 능숙하게 훈련하고, 고대나 현대 도덕철학의 단조롭고 진부한 태도를 훨씬 능가하는 인생의 다양한 상황에 대해 상상력을 동원해 복합적이고 섬세하게 대처할 수 있게 해준다. 한마디로, 기독교 철학 안에는 더 많은 것이 있다. 이 철학은 현존하는 것들에서 생각거리를 더 많이 찾아내고, 인생에서 더 많은 것을 이끌어낸다. 토마스 아퀴나스의 시대 이후 우리의 다면적인 삶에 관한 이런 자료들이 많이 더해졌다. 그러나 토마스 아퀴나스만 해도 공자의 유교 세계나 콩트[23]의 실증주의 세계에 몸담았다면 거기서 상당한 한계를 발견했을 것이다.

그리고 세 번째 논점은 이것이다. 기독교는 서사시의 요건을 채울 만큼 지역성이 있으면서도 다른 어떤 철학보다도 더 폭넓은 한편, 세상에 도전하고 세상과 싸우는 종교이기도 하다는 것. 기독교는 진리의 모든 면을 포용하게끔 일부러 폭을 넓히는 동시에, 온갖 오류에 대항해 싸울 진용을 강경하게 갖추고 있다. 기독교

---

23 오귀스트 콩트(1798~1857)는 실증주의 철학의 창시자다.

는 그 대의를 위해 싸우도록 온갖 사람을 불러 모으고, 온갖 무기를 준비하고, 온갖 호기심이나 동정심과 함께 스스로 옹호하는 것과 반대하는 것에 관한 지식을 넓히되 자신이 싸우고 있다는 사실을 결코 잊지 않는다. 또한 이 땅에 평화를 선포하면서도 하늘에서 왜 선과 악의 전쟁이 벌어졌었는지를 결코 잊지 않는다.

이 세 가지 관념은 옛 성탄 이야기에 나오는 세 가지 유형의 사람들, 곧 양치기들과 왕들(동방 박사들), 그리고 아기들을 공격했던 헤롯 왕이 상징하는 진리들의 삼위일체이다. 다른 종교들과 철학들이 이런 면에서 기독교의 경쟁 상대라고 말하는 것은 한 마디로 옳지 않다. 기독교 외에 어떤 종교나 철학도 이런 특성들을 묶어주지 않는다. 아니, 묶어주는 체하지도 않는다. 불교는 기독교와 똑같이 신비한 종교라고 주장할지 모르지만 기독교와 똑같이 전투적이라고 주장하지는 않는다. 이슬람교는 기독교와 똑같이 전투적인 종교라고 주장할지 모르지만 기독교와 똑같이 형이상학적이고 난해하다고 주장하지는 않는다. 유교는 질서와 이성을 추구하는 철학자들의 갈망을 채워준다고 주장할지 모르지만 기적과 성례, 구체적인 사물의 성별(聖別)을 바라는 신비주의자들의 갈망을 채워준다고 주장하지 않는다. 보편적인 동시에 유일무이한 영이 기독교에 현존하고 있음을 보여주는 증거는 많다. 여기서 이번 장의 주제의 상징에 해당하는 것을 예로 들 수 있겠다. 다른 어떤 이야기나 이방의 전설, 철학적 일화 또는 역사적 사건도 사실상 베들레헴이란 단어가 우리에게 준 특이하고 통절한 인상을 우리에게 주지 못한다. 그 어떤 신의 탄생이나 현자의 어린 시절도 우리에게 성탄 또는 성탄과 비슷한 것처럼 보이지 않는다. 그런 이야기는 너무 냉랭하거나 너무 시시하고, 또는 너무 형식적이며 고리타분하고, 또는 너무 단순하며 야만적이고, 또는 너무 신비롭고 복잡하다. 우리 가운데 누구도, 그의 견해와 상관없이, 고향에 가는 편안한 느낌으로 그런 장면에 다가갈 수 없을 것이다. 그는 그 이야기를 시적이라는 이유로, 또는 철학적이라는 이유로, 또는 다른 어떤 이유로 흠모할지 모르지만 그 이야기 자체 때문에 그러지는 않을 것이다. 사실 베들레헴의 성탄 이야기가 인간 본성에 끼치는 영향력은 매우 특이하고 독특하다. 심리학적으로 보면, 그것은 단순한 전설이나 위인의 생애와는 전혀 다르다. 일반적인 의미에서 우리의 마음을 사로잡는 위대함도 없다. 인간성을 과장하고 확대해서 신이나 영웅으로 변모시키지 않고, 게다가 가장 건전한 영웅숭배조차 나오지 않는다. 그리고 모험담처럼 땅 끝에 있는 경이로운 것을 찾기 위해 바깥으로 움직이지도 않는다. 그것은 오히려 등 뒤에서 다가와 우리를 놀라게 한다. 우리 존재의 숨은 개인적인 부분에서 나오는 놀라운 이야기이다. 우리는 자그마한 대상에게 느끼는 감정이나 가난한 사람에게 느끼는 동정으로 인해 경계심을 풀어버리게 된다. 그것은 마치 어떤 사람이 자기 집의 가장 깊숙한 곳에서 생각지도 못한 비밀의 방을 찾아낸 것과 같다. 그리고 그 안에서 새어나오는 불빛을 본 것과 비슷하다. 그것은 마치 그 사람이 그의 마음 뒤편에서 자기를 선한 길로 이끄는 무언가를 발견한 것과 같다. 그것은 세상이 강철이라 부르는 재료로 만들어지지 않았다. 그것은 오히려 그 강함이 우리를 스치고 지나가는 날개 달린 가벼움 속에 있는 재료로 만들어져 있다. 그것은 우리의 내면에 있는 짧은 부드러움이 거기서 영원한 것으로 변모된 것이다. 기껏해야 순간적인 부드러움에 불과한 모든 것이 이상하게도 힘과 안식으로 변모했다. 깨어진 말과 잃어버린 단어가 명확하고 온전한 말로 변모되었다. 동방의 왕들은 머나먼 나라로 사라져갔고 산에는 양치기들의 발소리가 더 이상 들리지 않고, 단지 성탄의 밤과 동굴만이 인류보다 더 인간적인 그 무엇 위에 겹겹이 놓여있다.

# 복음의 수수께끼

이번 장의 성격을 이해하려면 이 책의 성격을 되짚어볼 필요가 있다. 이 책에서 중심이 되는 논증 방식은 귀류법(reductio AD absurdum)이다.[1] 이는 합리주의 논지를 전제로 삼으면 우리의 논지보다 더 비합리적인 결과가 나온다는 것을 보여준다. 그런데 그것을 입증하려면 우리는 그 논지를 전제로 삼아야 한다. 그래서 1부에서 나는 종종 사람을 동물에 불과한 존재로 취급했는데, 그 결과가 사람을 천사로 다루었을 때보다 더 비현실적임을 보여주기 위함이었다. 이처럼 사람을 동물로 취급하는 일

---

1 증명하고자 하는 명제와 반대되는 명제를 전제로 삼아 추론을 전개한 후, 추론 결과가 옳지 않음을 보여줌으로써 원래 증명하고자 했던 명제가 옳다는 것을 입증하는 논증 방법이다.

이 필요했듯이, 그리스도를 단지 사람으로만 다루는 작업 또한 필요하다. 나는 그보다 훨씬 더 긍정적인 믿음을 갖고 있지만 그 믿음을 잠시 내려놓고 그런 제한적인 명제를 없애기 위해 그것을 가정할 필요가 있겠다. 이제 어떤 사람이 그리스도의 이야기를 정말로 사람의 이야기로 읽는다면 그에게 무슨 일이 생길지 상상해보려고 한다. 그리고 내가 지적하고 싶은 바는, 그렇게 아무 편견 없이 복음서를 읽으면 당장은 믿지 않더라도 최소한 믿는 것 외에는 해결책이 없는 당혹감에 빠질 수밖에 없다는 것이다. 이 때문에 이번 장에서는 나의 신조를 조금도 끌어오지 않을 것이다. 나의 고유한 말투에 적합하다고 생각하는 어법과 문체도 쓰지 않겠다. 나는 상상력을 발휘해서 정말로 복음서를 처음 접하는 이방인의 입장에서 논의를 전개할 것이다.

신약 성경을 새로운 언약으로 간주하는 일은 결코 쉽지 않다. 좋은 소식(the good news)을 새로운 것으로 인식하는 일은 결코 쉽지 않다. 좋든 나쁘든, 우리는 신약 성경에 익숙해서 어떤 전제들과 연상들로 가득 차 있다. 우리 문명에 속한 사람은 기독교를 어떻게 생각하든지 마치 예수 이야기를 들어본 적이 없는 것처럼 복음서를 읽을 수 없다. 물론 신약 성경이 깔끔하게 제본된 채 하늘에서 뚝 떨어진 것처럼 이야기한다면, 그것은 어쨌든 역사적 사실과 완전히 다르다. 신약 성경은 초기 기독교의 수많은 문헌 중에서 교회의 권위로 선택한 모음집이기 때문이다. 그런데 그런 문제는 제쳐 두더라도, 신약 성경을 새로운 책으로 생각하는 데는 심리적 어려움이 있다. 그 유명한 이야기들을 있는 그대로 보고 본래의 의도를 넘어서지 않는 것은 심리적으로 어렵다. 그리고 이 때문에 생긴 결과를 보면, 그 어려움은 매우 큰 것이 분명하다. 그 결과는 바로 대다수 현대 비판가와 대다수 비평이 진실과 정반대되는 논평을 한다는 것이다. 대중적인 비평도 마찬가지다. 그것은 진실과 완전히 반대되는 것이라서 그들이 정말로 신약 성경을 읽어보기나 했는지 의심스러울 정도이다.

우리는 비판가들이 지치지도 않은 채 줄기차게 펴는 다음과 같은 주장을 백 번도 더 들었다. 신약 성경의 예수는 진정 인류를 사랑하는 매우 자비로운 인물이지만, 교회가 이 인간적인 성품을 혐오스러운 교리로 가렸고 그것을 교회의 위협으로 딱딱하게 만들어서 결국 비인간적인 성품을 덧입게 되었다는 것이다. 내가 감히 반복하건대, 이런 주장은 진실과 정반대나 다름없다. 실제로 교회 안에서 통용되는 그리스도의 이미지는 대부분 온유하고 자비로운 모습이다. 한편 사복음서에 나오는 그리스도의 이미지는 다른 좋은 모습들도 많이 갖고 있다. 사복음서의 예수는 분명 마음을 녹이는 아름다운 말로 우리의 상처받은 마음에 대한 연민을 표명한다. 그러나 예수는 결코 이런 연민의 말씀만 하지 않는다. 그런데도 교회는 일반적으로 예수의 모습을 묘사할 때 이런 연민의 말씀만 했던 것처럼 이야기한다. 이 대중적인 이미지는 지극히 건전한 대중의 본능이 낳은 것이다. 가난한 사람들은 대부분 상처를 받았고, 사람들은 대부분 가난하고, 따라서 인류 대다수에게 가장 필요한 것은 하나님이 그들을 무척 불쌍히 여기신다는 확신이다. 그런데 지각 있는 사람은 일반적인 교회 조직이 전달하려는 것이 주로 이런 연민의 개념임을 의심하지 않을 것이다. 대중적인 이미지는 이런 '친절하고 인자하며 온화한 예수'의 정서를 지나치게 전달한다. 외부인이 '자비의 예수 상[2]'이나 피에타 상[3]을 본 후 제일 먼저 비판하는 것이 그런 이미지다. 하지만 그런 예술품들이 부족한 면은 있을지 몰라도 그런 본능이 불건전한지는 잘 모르겠다. 아무튼 분노하는 그리스도의 조각상을 머릿속에 떠올리면 간담이 서늘해지고 오싹한 느낌이 든다. 길모퉁이를 돌거나 시장의 넓은 곳으로 나올 때, 독사의 세대를 노려보거나 위선자를 쳐다보는 굳은 표정을 짓는 예수의 조각상과 맞닥뜨리는 것은 상상만 해도 견딜 수 없다. 그러므로 교회가 사람들에게 그리스도의 가장 자비로운 면모를 보여주는 것은 충분히 정당화될 수 있다. 실제로 교회는 가장 자비로운 면을 보여주고 있다. 여기서 문제는 교회가 보여주는 면모가 신약 성경을 처음 읽는 사람이 받는 인상보다 유달리 훨씬 더 자비롭다는 점과 교회가 오로지 그런 면모만 보여준다는 점에 있다.

복음서를 있는 그대로 읽는 사람은 또 다른 인상을 받을 것이다. 신비로 가득한 인상, 어쩌면 일관성이 없는 듯한 인상도 받겠

---

2 성당의 일부분으로 모든 성당에 있지는 않다. 상처 입은 손으로 자신의 심장을 가리키는 예수의 조각상이 있는 곳이다. 이 조각상은 인류를 향한 하나님의 사랑을 상징한다.
3 성모 마리아가 죽은 그리스도를 안고 있는 모습을 표현한 조각상.

지만 온유한 인상만 있는 것은 확실히 아니다. 그 이야기들이 매우 흥미롭겠지만, 그 부분적인 이유는 상당 부분을 추측하거나 설명하도록 내버려두기 때문이다. 거기에는 예수의 돌발 행동이 가득한데, 분명히 의미심장한 행동이겠지만 우리는 그 의미를 잘 모를 뿐이다. 그리고 불가해한 침묵들도 많고, 아이러니한 답변들도 적지 않다. 분노의 폭발은 대기권 상층부의 폭풍처럼 우리가 예상할 만한 곳에서 터지는 게 아니라 더 고차원의 기상 상태에 따라 터지는 것 같다. 교회의 가르침이 제시하는 베드로는 지당하게도 그리스도가 용서하며 "내 양을 먹이라"고 말한 그 베드로다. 그는 그리스도가 돌아서면서 마치 그가 마귀인 듯이 분노를 터뜨리며 "사탄아, 내 뒤로 물러가라!"고 외친 그 베드로가 아니다. 그리스도는 자기를 죽일 예루살렘을 바라보며 오직 사랑과 연민으로 슬퍼했다. 한편 예수가 어떤 영적인 분위기나 영적인 통찰 때문에 벳새다를 향해 소돔보다 더 깊은 지옥으로 떨어지리라고 저주했는지 우리는 알 수 없다. 여기서 나는 교리적 추론이나 설명에 대한 문제는 잠시 제쳐 놓는다. 정통적인 것이든 아니든 간에. 나는 그저 어떤 사람이 이런 비판가들이 늘 말하는 대로 실제로 행하다면, 즉 그 사람이 정통 신앙과 교리와 상관없이 신약 성경을 읽는다면 어떤 일이 생길지 상상하고 있는 중이다. 그는 비(非)정통보다는 정통에 훨씬 더 잘 들어맞는 것을 많이 발견할 것이다. 예를 들어, 거기에 현실적이라고 부를 만한 이야기가 있다면, 그것은 바로 초자연적인 사건들이란 것을 발견하게 되리라. 신약 성경에서 예수를 실제적인 인물로 묘사하는 장면이 있다면, 그것은 바로 귀신을 쫓는 대목이다. "잠잠하고 그 사람에게서 나오라!"고 꾸짖는 말투에는 온유하고 부드러운 면이 없고, 일반적 의미에서 신비로운 면도 없다. 그 말투는 사자 조련사의 목소리나 강한 의사가 살인광을 다룰 때의 목소리와 훨씬 더 비슷하다. 하지만 이것은 예화로 끌어온 부차적인 이슈인 만큼 이런 논란거리를 제기할 생각은 없다. 반면에 나는 달나라에서 온 가상의 인물이 신약 성경을 처음 읽는 경우를 상상하고 있는 것이다.

첫 번째 사항은 우리가 만일 복음서를 하나의 사람 이야기로만 본다면, 그것은 어떤 점에서 매우 이상한 이야기라는 것이다. 나는 여기서 그 이야기의 굉장하고 비극적인 절정이나 그 비극에 담긴 승리의 의미를 언급하는 게 아니다. 흔히 기적이라 부르는 것을 가리키는 것도 아니다. 그 문제에 대해서는 철학마다 입장이 다르고 현대의 철학들이 갈피를 잡지 못하기 때문이다. 오늘날 교육받은 영국인은 고대에 일어난 기적만 믿던 과거의 입장을 버렸고 현대에 일어나는 기적만 믿는 새로운 입장을 채택했다고 한다. 그는 과거에 기적적인 치유가 초대 교회 때 중단되었다고 믿곤 했지만, 지금은 그런 치유가 현대의 크리스천 사이언스[4]와 함께 시작되었다고 생각하고 싶어 한다. 그러나 나는 여기서 예수의 이야

---

**4** 1866년 미국의 종교가 메리 베이커 에디 부인이 창시한 종교 단체. 인간 정신과 그리스도가 결합하여 질병을 치료하는 신앙요법을 주장한다. 예수의 신성과 악의 존재를 부정한다. 자기들의 영적이고 과학적인 원리를 통해 인간의 모든 질병을 치료할 수 있다고 믿는다.

기 중에 기적이 아닌 대목과 별로 주목받지 못한 부분을 논하고자한다. 복음서에는 그 누구도 일부러 꾸며냈을 것 같지 않은 부분이 아주 많다. 그런 부분들은 아무에게도 쓸모가 없었을 것이고, 만일 진술하더라도 수수께끼로 남을 그런 내용이기 때문이다.

예를 들어, 복음서는 그리스도의 생애에서 서른 살까지의 긴 시간에 대해 침묵한다. 그것은 모든 침묵 가운데 가장 헤아릴 수 없는 침묵이자 상상력을 자극하는 인상적인 침묵이다. 그러나 누군가가 무엇을 증명하고자 창작할 만한 그런 종류의 침묵이 아니다. 그리고 내가 아는 한 그 누구도 그 침묵으로부터 무언가를 입증하고자 했던 적은 없다. 그 침묵은 아주 인상적인데, 어디까지나 엄연한 사실로서 인상적일 뿐이다. 그 이야기가 꾸며낸 것이라면 그런 침묵에 인기 있는 측면이나 자명한 측면이 전혀 없다. 대개 영웅 숭배와 신화 만들기는 그와 정반대되는 것을 말할 가능성이 많다. 만약 복음서가 일반적인 전설과 신화의 경향을 따랐다면, 예수가 아주 어릴 때부터 조숙한 신성을 보여주고 자기 사역을 시작한 것으로 묘사했을 가능성이 많다(초대 교회가 거부한 복음서들 중 일부[5]는 예수를 그렇게 묘사한다). 그리고 모든 인류 가운데 준비 기간이 가장 짧아야 할 분이 가장 길게 준비한 것을 생각하면 무언가 이상하다. 그것이 신적인 겸손이었는지, 또는 지구의 고등피조물은 가정에서 더 긴 양육을 받는다는 진리의 암시였는지는 굳이 추측

---

**5** 이에 해당하는 책이 토마 유년기 복음이라는 외경이다.

하지 않겠다. 다만 알려진 종교적 추측들과는 별개로, 여러 추측을 낳게 되는 그런 종류의 예로서 언급할 따름이다. 그런데 이 이야기는 이런 것들로 가득하다. 이 이야기는 단도직입적으로 묘사하고 있어서 그 진상을 규명하기가 결코 쉽지 않다. 그래서 이 사람들이 흔히 말하는 단순한 복음이 결코 아니다. 비교해서 말하자면, 신비를 안고 있는 것이 복음이고, 합리주의를 갖고 있는 것이 교회이다. 다시 말해, 복음은 수수께끼이고, 교회는 그 해답이란 뜻이다. 그러나 해답이 무엇이든 간에 복음서는 수수께끼 책에 가깝다.

우선, 복음서를 읽는 사람은 진부한 내용을 찾지 못할 것이다. 만일 그 사람이 가장 존경하는 마음으로 대다수의 고대 철학자들의 글과 현대 도덕론자들의 글을 읽었다면, 그는 진부한 내용을 찾지 못한다는 말이 얼마나 중요한 뜻인지 이해할 것이다. 플라톤의 책조차 진부한 내용이 없다고 말할 수 없다. 에픽테토스[6]나 세네카[7], 마르쿠스 아우렐리우스나 티아나의 아폴로니오스[8] 등은 더더욱 그렇게 말할 수 없다. 그리고 대다수의 불가지론적인 도덕론자들과 윤리적 사회를 주창하는 사람들-그 봉사의 노래와 형제애의 종교와 더불어-에 대해서는 결코 그렇게 말할 수 없다. 대다

---

6 에픽테토스(50∼138?): 로마 제정 시대의 스토아 철학자.

7 루킬리우스 안나이우스 세네카(Lucllius Annaeus Seneca, B.C. 4 − A.D. 65)는 고대 로마의 스토아학파 철학자였다.

8 티아나의 아폴로니오스(15∼100?): 소아시아 지역의 티아나에서 태어난 그리스의 신플라톤주의 철학자.

수의 고대와 현대의 도덕론자들의 도덕은 진부한 말들을 영원히 쏟아내는 단단하고 세련된 폭포와 같다. 그러나 홀로 처음 신약성경을 공부하는 가상의 외부인은 결코 그런 식상한 느낌을 받지 않을 것이다. 그는 흔해빠진 내용을 찾지 못할 것이고 물결처럼 연속적이라는 느낌도 받지 않을 것이다.

그 대신, 그는 다음과 같은 내용을 발견할 것이다. 해와 달의 형제라고 주장하는 소리처럼 들리는 이상한 주장들, 촌철살인의 충고들, 뜻밖의 책망들, 낯선 아름다운 이야기들. 그는 또한 낙타가 바늘귀를 지나가기가 불가능하다든지, 산을 바다로 던지는 게 가능하다든지 하는 엄청난 비유적 표현을 접하게 될 것이다. 그는 인생의 난제를 대담하게 단순화한 표현들-예컨대, 해가 모든 사람을 비추듯 모든 이에게 빛을 비추라는 충고, 새들이 앞날을 걱정하지 않듯이 너희도 미래를 걱정하지 말라는 충고 등-을 마주치게 되리라. 다른 한편, 그 자신에 관한 한, 불의한 청지기 비유의 교훈과 같은 지극히 난해한 구절들도 접할 것이다. 이 가운데 일부는 꾸며낸 이야기로서, 일부는 진리로서 그에게 감동을 줄 수 있다. 그러나 뻔한 내용은 하나도 없을 터이다. 예컨대, 평화를 옹호하는 평범하고 진부한 말은 찾지 못하고 평화를 옹호하는 여러 역설들을 발견할 것이다. 그는 무저항의 이념들도 여럿 만날 텐데, 그것을 있는 그대로 받아들이면 어떤 평화주의자가 봐도 지나치게 보일 것이다. 만약 본문을 문자 그대로 받아들인다면, 강도를 대할 때 수동적 저항이 아니라 오히려 적극적이고 열정적인 격

려로 대하라는 구절도 읽게 될 것이다. 물건을 훔친 사람에게 선물을 듬뿍 주라는 말이다.

그러나 그는 수많은 책과 시, 연설을 가득 채웠던 표현들, 곧 전쟁에 반대하는 뻔한 미사여구를 찾지는 못할 것이다. 전쟁의 사악함, 전쟁의 낭비성, 전시에 벌어지는 대량 학살의 참상 등에 관한 말은 하나도 없다. 아니, 전쟁에 대한 말이 전혀 없다. 그리스도가 조직적인 전쟁에 대해 어떤 태도를 취했는지를 조명해주는 내용은 전혀 없다. 오히려 그는 로마 군인들을 좋아했던 것처럼 보인다.[9] 외부적이고 인간적인 관점에서 보면, 예수가 유대인보다 로마인과 훨씬 잘 지낸 것처럼 보이는 것은 또 다른 수수께끼이다. 그러나 여기서 문제가 되는 것은 어떤 텍스트를 단순히 읽을 때 느끼는 분위기다. 이와 관련된 예는 많이 들 수 있다.

온유한 사람이 땅을 물려받으리라는 진술은 전혀 온유한 말이 아니다. 말하자면, 온순하고 온건하며 무해하다는 일반적인 의미에서 온유한 것이 아니란 뜻이다. 이를 정당화하려면 역사 속으로 깊이 들어가서 당시에는 꿈도 못 꾸었고 지금도 많은 사람이 알지 못하는 사실들을 예상할 필요가 있다. 예를 들어, 실리적인 왕들이 잃어버린 땅을 신비로운 수도사들이 되찾게 된 사건 같은 것이다. 만약 그 가르침이 진실이었다면, 그것이 예언이었기 때문에

---

9 마 8:5-13에는 그리스도가 백주장의 하인을 고치신 이야기가 나온다. 특히 백부장을 보며 "예수께서 들으시고 놀랍게 여겨 따르는 자들에게 이르시되 내가 진실로 너희에게 이르노니 이스라엘 중 아무에게서도 이만한 믿음을 보지 못하였노라"(10절)라고 한 구절은 본문의 내용과 연관된다.

그랬다. 그렇지만 분명히 뻔한 진리는 아니었다. 온유한 사람이 복이 있다는 말은 매우 어색하게 들린다. 이성과 개연성을 무시하기 때문이다. 이와 함께 우리는 추측의 또 다른 단계에 이르게 된다. 그 말씀이 예언으로서는 정말로 성취되었다는 것이다. 하지만 오랜 세월 후에야 성취된 것이다. 야만족이 로마 제국을 휩쓸고 지나간 후, 가장 번창하면서 문명 재건 사업에 가장 실제적인 역할을 담당한 집단은 바로 수도원 공동체였다. 온유한 자들이 정말로 땅을 기업으로 받은 것이다. 그러나 예수 당시에는 아무도 이런 일을 알 수 없었다. 모든 것을 아시는 그분만 빼고.

마르다와 마리아 이야기도 비슷하다. 명상의 삶을 사는 신비주의자들은 그 사건을 뒤돌아보며 내부로부터 해석해왔다. 그런데 그것은 결코 자명한 견해가 아니었다. 고대와 현대의 대다수 도덕론자들은 자명한 것을 향해 반드시 돌진하는 사람들이다. 그들은 마르다 쪽에 조금이라도 우월성을 부여하려고 얼마나 번지르르한 말을 쏟아냈을지 모른다. 봉사의 기쁨과 노동의 복음, 그리고 "우리가 살던 세상보다 더 나은 세상을 물려주자"는 구호를 외치는 굉장한 설교들과 수고를 옹호하기 위해 내뱉을 수 있는 수많은 진부한 말들을 쏟아놓았다. 그것도 아무런 수고 없이 이런 말을 늘어놓는 사람들이 그렇게 했다. 그런데 혹시 그리스도가 신비주의자이자 사랑받는 자녀인 마리아를 통해 좀 더 신비한 어떤 씨앗을 지키고 있었다 할지라도, 당시에 누가 그것을 이해했겠는가? 아무도 베다니 마을에 있던 그 자매의 작은 집 지붕 위에서 클라라(Clara)[10]와 카타리나(Catharina)[11], 테레사(Teresa)[12]가 환히 빛나는 모습을 볼 수 없었다. 세상을 쪼개고 나누고자 세상에 검을 가져왔다는 그리스도의 위협 또한 마찬가지다. 당시에는 아무도 그 말씀이 어떻게 성취될 수 있을지, 어떻게 정당화될 수 있는지 도무지 추측할 수 없었다. 사실 어떤 자유사상가들은 지금도 너무 단순해서 함정에 빠진 채 너무도 호전적인 그 어구에 충격을 받는다. 그들은 사실 그것이 진부한 표현이 아니고 역설이라서 불평하는 것이다.

요점은 이렇다. 만일 우리가 복음서의 보도를 신문 보도처럼 새로운 것이라 생각하고 읽을 수 있다면, 그 보도들은 역사적 기독교가 개발한 내용을 읽을 때보다 우리를 훨씬 더 당혹스럽게 만들고 두렵게 할 것이다. 예를 들어, 그리스도는 동양의 궁궐에 있는 내시(사람이 만든 고자)를 언급한 뒤에 하늘나라를 위한 고자도 있으리라고 말했다. 만약 이것이 동정을 지키려는 자발적인 열심을 의미하지 않는다면, 그것은 훨씬 더 부자연스럽고 괴상한 것을 뜻할 수밖에 없다. 우리를 위해 프란치스코 수도회나 자비의 수녀회의

---

**10** 아시시의 클라라(Clara of Assisi, 1194-1253)는 가톨릭 성녀로 이탈리아 아시시에서 귀족의 딸로 태어났다. 1210년 성 프란체스코의 설교를 듣고 감동하여 최초의 여제자가 되었다. 사라센 족의 침입을 기도와 성찬의 힘으로 막아냈다고 한다. 프란체스코와 함께 클라라 관상 수녀회를 창설했다.

**11** 시에나의 카타리나(Catharina of Siena, 1347-1380)는 가톨릭의 성녀다. 엄격하게 금욕의 삶을 살고 여러 환상을 본 신비주의자였다.

**12** 아빌라의 테레사(Teresa of vila, 1515-1582)는 가톨릭의 성녀로서 아빌라의 유서 깊은 집안 출신이다. 평생을 병마에 시달리면서도 병을 영적 시련으로 받아들였으며, 1558년 성령을 구하며 기도하던 중 초자연적인 신비를 체험했다.

경험에 의해 그 말씀을 인간적으로 해석한 것은 역사적 기독교이다. 본문을 있는 그대로 읽기만 하면, 비인간적인 분위기, 즉 아시아의 후궁과 침대가 상징하는 그런 불길하고 비인간적인 침묵이 떠오를 수 있다. 이 역시 많은 예 중에 하나일 뿐이다. 그러나 핵심 교훈은 복음서의 그리스도가 사실상 교회에서 가르치는 그리스도보다 더 이상하고 무섭게 보일 수 있다는 것이다.

나는 지금 복음서 말씀의 어두운, 또는 눈부신, 또는 도전적인, 또는 신비로운 측면을 곰곰이 생각하는 중이다. 그 말씀이 좀 더 분명하고 대중적인 측면이 없어서가 아니라, 이것이 중요한 점에 관한 흔한 비판에 대한 답변이기 때문이다. 자유사상가는 나사렛 예수가 시대를 앞서 간 인물이었다 해도 결국 그 시대의 사람이었을 뿐이라서 그의 윤리를 인류를 위한 궁극적 윤리로 받아들일 수 없다고 주장한다. 그는 계속해서 예수의 윤리를 다음과 같이 그럴 듯하게 비판한다. 사람들은 오른편 뺨을 때린 자에게 왼뺨도 돌려댈 수 없고, 내일에 대해 생각해야 하고, 자기 부인은 너무 금욕적이고, 일부일처제는 너무 엄격하다는 것 등이다. 그러나 유대 열심당원들과 로마 군인들은 우리만큼 오른뺨을 때린 자에게 왼뺨을 돌려대지 않았다. 유대 상인들과 로마 세리들은 우리만큼 내일을 위한 계획을 세웠다. 우리는 현대에 더 잘 맞는 윤리를 위해 과거의 윤리를 폐기해야 한다고 주장할 수 없다. 예수의 윤리는 확실히 또 다른 시대를 위한 윤리는 아니지만 또 다른 세계의 윤리일지 모른다.

요컨대, 우리는 이런 이상들은 본질적으로 불가능하다고 말할 수 있다. 하지만 그 이상들이 특히 현대인인 우리에게 불가능하다고 말할 수는 없다. 예수의 이상은 신비주의적 특징을 지니고 있는데, 만약 그것이 일종의 정신착란이라면, 항상 모든 시대의 사람들에게도 그렇게 다가왔을 것이다. 이를테면, 결혼과 성관계에 대해 생각해보라. 갈릴리 출신의 선생이 갈릴리의 환경에 자연스러운 가르침을 베풀었을 법도 한데, 사실은 그렇지 않다. 티베리우스의 시대에 살았던 사람이 티베리우스 시대에 걸맞는 견해를 개진했을 것으로 생각할 만도 한데, 사실은 그렇지 않았다. 예수가 개진한 견해는 상당히 달랐고 매우 어려운 것이었다. 그런데 그것은 당시에 무척 어려웠던 만큼 지금도 어려운 것이다. 예를 들어, 무함마드가 일부다처제를 타협안으로 삼았으므로 그것은 일부다처제 사회의 영향을 받았다고 말해도 좋다. 무함마드가 한 남자에게 네 명의 아내까지 허용했을 때, 그는 당시의 환경에 어울리는 조치를 취했던 것이다. 하지만 그 조치가 다른 환경들에는 덜 적합했을 수 있다. 아무도 네 명의 아내는 자연 질서의 일부처럼 보이는 것, 즉 네 갈래의 바람과 비슷하다고 주장할 수 없을 것이다. 아무도 숫자 4가 하늘의 별들 속에 영구히 기록되어 있었다고 말하지도 않을 것이다. 그런데 그 누구도 숫자 4가 도무지 생각할 수 없는 이상(理想)이라고 말하지도 않을 것이다. 숫자를 넷까지 세는 것이, 또는 자기 아내의 수를 세면서 그것이 넷에 이르는지를 살펴보는 것이 인간 지성의 능력을 넘어선다고 생각하지는 않을 것이다. 일부다처제는 어떤 특정한 사회의 특성을 수반하는 현실적인 타협안이었다. 만약 무함마드가 19세기에 런던 서부의 액튼(Acton)에서 태어났었다면, 그가 과연 각 남자에게 네 아내를 허락해 액튼 지방을 가득 채웠을지 의문을 제기할 만하다. 무함마드는 6세기에 아라비아에서 태어났으므로 그의 결혼 제도를 통해 6세기 아라비아의 상황을 암시한 것이다.

그러나 그리스도의 결혼관은 1세기 팔레스타인 지방의 상황을 조금도 암시하지 않는다. 그는 아무것도 암시하지 않고, 다만 오랜 세월 후에 가톨릭교회가 개발한 성례전적 결혼관을 암시할 뿐이다. 그 결혼관은 현대인에게 어려운 만큼 당시의 사람들에게도 어려웠다. 아니, 현대인들보다 당시의 사람들에게 더 당혹스러운 가르침이었다. 유대인과 로마인과 그리스인은 남자와 여자가 한 성례전적 실체가 되었다는 신비로운 관념을 믿지 않았고 심지어 불신할 만큼 충분히 이해하지 못했다. 우리는 그 이상을 믿기 어렵다고 또는 불가능하다고 생각할 수 있다. 그러나 당시의 사람들보다 더 믿기 어렵다거나 불가능하다고 생각하면 안 된다. 달리 말해, 그 논란거리가 세월이 흐른다고 달라지는 것은 아니다. 강조하건대, 나사렛 예수의 사상이 그의 시대에는 적합했으나 우리 시대에는 더 이상 적합하지 않다는 주장은 단연코 틀렸다. 예수의 사상이 그의 시대에 얼마나 적합했는지는 그의 이야기 끝부분에 암시되어 있는 것 같다.

바로 이 진리를 또 다른 방식으로도 표현할 수 있다. 만약 예수 이야기가 그저 인간적이고 역사적인 것으로 간주된다면, 복음서에 기록된 그리스도의 말 가운데 그 시대에 묶어놓을 만한 말이 거의 없다는 사실이 정말로 놀랍다. 나는 지금 당시 사람들도 그냥 지나간다고 생각할 만한 세세한 일을 말하는 게 아니다. 가장 지혜로운 사람들조차 종종 영원한 것으로 희미하게 생각하는 근본원리를 말하는 것이다. 예를 들어, 아리스토텔레스는 아마 역사상 가장 지혜롭고 가장 폭넓은 지성을 지닌 사람이었을 것이다. 그는 근본적인 원리들 위에 그의 사상 체계를 세웠는데, 그 원리들은 대체로 모든 사회적 및 역사적 변동을 거쳐도 합리적이고 탄탄한 것으로 남는 것들이다. 그런데 그는 노예의 소유를 자녀를 갖는 것만큼 자연스럽게 생각하던 세상에 살았다. 따라서 노예와 자유민 간의 차이를 확실히 인정하는 입장을 취했다. 그리스도 역시 아리스토텔레스처럼 노예제를 당연시하는 세상에 살았다. 그는 노예제를 특별히 비난하지는 않았다. 하지만 노예제가 있는 세상에서 존재할 수 있는 운동을 시작했다. 그런데 그 운동은 노예제가 없는 세상에도 존재할 수 있는 것이었다. 그는 그의 철학을 그가 몸담았던 사회질서의 존재 자체에 의존케 만드는 그런 어구를 사용한 적이 없었다. 그는 아리스토텔레스가 영원하다고 생각한 것들을 포함해 모든 것이 덧없다는 점을 의식하는 인물로서 가르침을 베풀었다. 당시는 로마 제국이 이미 '오비스 테라룸'(orbis terrarum)[13], 곧 세계를 일컫는 또 다른 이름이 되기에 이른 시대였다. 그러나 그리스도는 그의 도덕을 로마 제국의 존재에 의존하도록, 심지어 세계의 존재에 의존하도록 만든 적이 없다. "천지는 없어지겠으나 내 말은 없어지지 아니하리라."

사실은 비판가들이 예수의 지역적 한계에 대해 말했을 때는 항상 그들이 지역적 한계를 갖고 있었다. 예수는 현대의 한 특정한 유물론 분파가 믿지 않는 특정한 것들을 확실히 믿었다. 그러나 이 특정한 것들은 예수의 시대에 국한된 특이한 것이 아니었다. 오히려 그것들을 부인하는 것이 우리 시대의 특징이라고 말하는 편이 진실에 더 가깝다. 그리고 그 특정한 것들을 믿지 않는 소수파에게 사회적인 중요성을 부여하는 것이 우리 시대의 특징이라고 말하는 편이 진실에 더 가깝다. 예를 들어, 예수는 악령의 존재 또는 육체의 질병에 대한 심령치료법을 믿었다. 그러나 그가 아우구스투스 치하에 태어난 갈릴리 사람이라서 믿은 것은 아니다. 그가 만일 투탕카멘의 치하의 이집트인이었거나 칭기즈칸 치하의 인도인이었더라도 똑같은 것을 믿었을 텐데, 아우구스투스 치하의 갈릴리 사람이라서 그런 것을 믿었다고 말하는 것은 어불성설이다. 그런데 악마의 존재나 신적인 기적에 관한 철학의 문제는 내가 다른 데서 다룬다. 여기서는 유물론자들이 단지 초기 로마 황제들의 치하에 있던 북부 팔레스타인 지방 사람들의 편견에 맞

---

**13** orbis는 라틴어로 '원, 고리, 궤도' 등을 뜻하며, terra는 '땅'을 뜻한다. 고전 라틴어에서 'orbis terrarum'은 '이 세상 전체'를 뜻하는 관용어이다.

서서가 아니라, 모든 인류의 증언에 맞서 기적이 불가능함을 입증해야 한다고 말하는 것으로 충분하다. 현재의 논의를 위해 그들이 입증해야 할 것은 사복음서 안에 팔레스타인 지방민들 특유의 편견이 있다는 점이다. 그리고 인간적으로 말하면, 그들이 그런 입증 작업을 시작하는데 필요한 약간의 증거조차 제시할 수 없다는 것이 놀랍기만 하다.

결혼 성례의 경우도 마찬가지다. 우리는 영들의 존재를 믿지 않는 것처럼 성례를 믿지 않을 수 있다. 그러나 그리스도는 당시의 어떤 방식이나 오늘날의 어떤 방식이 아니라 그의 고유한 방식으로 이 성례를 믿었던 것이 분명하다. 그는 이혼에 반대하는 논리를 모세의 율법이나 로마법, 또는 팔레스타인 지방의 관습에서 이끌어내지 않았다. 현대의 비판가들에게와 마찬가지로 당시의 비판가들에게도 그것은 단지 예수 자신의 견해일 뿐 다른 근거가 전혀 없는 자의적이고 초월적인 도그마처럼 보였을 것이다. 여기서 나의 관심사는 예수의 도그마를 변호하는 것이 아니다. 여기서의 요점은 그 도그마를 변호하는 것이 당시에 쉬웠던 만큼 현재도 쉽다는 것이다. 그것은 모두 시간 밖에 있는 이상(理想)이다. 어느 시기에도 어렵고, 어떤 시기에도 불가능하지 않다. 달리 말해, 만일 누군가 그것은 그 시기에 그 장소에서 돌아다니던 사람에게 기대할 만한 것이었다고 말한다면, 그것은 오히려, 그분이 비록 사람들 사이에 살았지만, 사람을 초월한 존재가 발설했던 신비한 말에 훨씬 더 가깝다고 대답할 수 있다.

그러므로 나는 신약 성경을 정직하게 처음 읽는 사람은 요즈음 언급되는 인간적인 그리스도(a human Christ)라는 표현이 주는 인상을 받지 않을 것이라고 주장하는 바이다. 인간에 불과한 그리스도는 '진화의 산물인 인간'처럼 사람들이 인위적으로 만든 인물이다. 더 나아가, 사람들이 동일한 예수 이야기에서 찾아낸 인간적인 그리스도들이 너무나 많은데, 이는 동일한 이야기들에서 찾아낸 신화의 열쇠들이 너무 많은 것과 마찬가지다. 서너 개의 합리주의 학파들이 그 근거를 살피는 작업을 해서 그리스도의 생애에 대해 똑같이 합리적인 서너 개의 설명을 내놓았다. 첫 번째 합리적인 설명은 예수가 세상에 살았던 적이 없다는 것이다. 그리고 이 설명은 또한 서너 개의 다른 설명들로 이어졌다. 곧 그는 태양 신화였다든지, 옥수수 신화였다든지, 편집광이기도 한 다른 어떤 신화였다고 한다. 이후 예수는 세상에 산 적이 없는 신적 존재였다는 견해는 예수가 실제로 존재했던 한 인간이었다는 견해에 밀렸다.

나의 젊은 시절에는 예수가 에세네파와 비슷한 윤리 선생에 불과했다고 말하는 것이 유행이었고, 그의 가르침은 힐렐[14]이나 많은 유대인들이 가르친 내용과 별로 차이가 없다는 것이었다. 예컨대, 친절한 것은 친절한 일이고 순결한 것은 순결에 도움이 된다는 식이라고 했다. 이후에 누군가가 예수는 메시아의 망상에

---

**14** 힐렐(Hillel)은 B.C. 1세기 후반부터 A.D. 25년경까지 살았던 유대교 랍비다. 당시에 성서 주석과 유대교 전승 해석의 대가였으며, 그 나름의 학파를 형성했다.

사로잡힌 정신병자였다고 주장했다. 한편, 다른 사람들은 예수는 사회주의에만 관심이 있었기 때문에 또는 (또 다른 이들은) 예수가 평화주의에만 관심을 두었기 때문에 진정 독창적인 선생이었다고 말했다. 다른 한편, 좀 더 엄격한 과학적인 인물이 나타나서 만약 예수가 세상의 종말에 대해 예언하지 않았다면 사람들이 그의 말에 귀 기울이지 않았을 것이라고 주장했다. 예수는 커밍(Cumming) 박사[15]처럼 천년 왕국을 설파한 인물로만 중요했다는 것이다. 즉, 최후의 심판이 닥칠 정확한 날짜를 선언해서 그 지방에 두려움을 안겨주었다는 것이다. 이 밖의 여러 주장들 가운데는 예수가 다만 영적 치료자였을 뿐이라는 이론도 있었다. 이는 베드로의 장모가 치유된 사건이나 백부장의 딸이 나은 사건을 설명하기 위해 그리스도의 십자가 죽음이 없이 기독교를 해설해야 하는 크리스천 사이언스의 견해이다. 또 다른 이론은 온통 귀신을 쫓아내는 사역, 즉 오늘날 귀신들림에 관한 미신이라 부르는 것에 집중하면서 마치 그리스도가 첫 직무를 받은 젊은 부제(deacon)[16]처럼 축귀 사역까지만 담당한 듯이 설명한다. 그런데 이런 설명들이 나에게는 하나같이 부적절해 보인다. 그 설명들을 다함께 묶어 놓으면 그것들이 놓치고 있는 어떤 신비가 보이는 것 같다. 이처럼 그리스도로부터 그토록 많은 작은 그리스도들을 만들 수 있다면, 그는 신비로울 뿐 아니라 다면성을 지닌 인물임이 분명하다.

---

15 19세기 후반 영국에서 세상의 종말이 가까웠다고 설파했던 사람이다.
16 주교–사제–부제로 이어지는 가톨릭 성직 제도의 가장 아래층에 있는 직분.

만일 크리스천 사이언스 신자들은 그리스도가 영적 치료자인 것으로 만족하고, 크리스천 사회주의자들은 그리스도가 사회개혁가인 것으로 만족한다면, 그들은 너무나 만족한 나머지 그리스도가 다른 어떤 존재가 되는 것도 기대하지 않는다. 따라서 그리스도는 그들이 기대한 것보다 더 많은 모습을 포함하는 것처럼 보인다. 그리고 마귀를 내쫓는다든가 최후의 심판을 예언하는 것 같은 이런 신비한 속성 속에도 그들이 상상한 것보다 더 많은 것이 있을지 모른다는 생각이 든다.

무엇보다도, 이처럼 신약 성경을 처음 읽는 사람은 우리를 놀라게 하는 것보다 그를 더 놀라게 할 어떤 것에 걸려 넘어지지 않을까? 나는 이 책에서 다소 불가능한 작업을 시도했다. 시간을 거꾸로 돌리고 역사적 방법을 거꾸로 적용하는 작업이다. 나는 기억력을 통해 뒤를 돌아보는 대신에 상상력을 동원해 그런 사실들을 앞두고 있는 것처럼 생각해보았다. 그래서 처음에 인간을 둘러싼 자연 세계에 괴물처럼 보였을 인간에 대해 상상해 보았다. 우리는 그리스도의 본성이 처음 거론되는 장면을 상상해 보면 더 큰 충격을 받을 것이다. 누군가가 어떤 사람에 대한 어떤 이야기를 우리에게 처음 속삭일 때, 우리는 어떤 느낌이 들까? 어떤 사람이 처음으로 터무니없는 속삭임을 듣고 그것을 불경하고 미친 소리로 간주한다고 해도 우리는 그를 탓할 수 없다. 그와 반대로, 그 스캔들의 바위에 걸려 넘어지는 것이 바로 첫 걸음이다. 진리를 단순히 정도의 문제로 보는 현대주의 형이상학보다는 못 믿겠다는 표정이 오히려 그 진리에 대한 더 정직한 찬사이다. 그처럼 [그리스도의] 엄청난 주장을 듣고는 심판석에 앉은 가야바처럼 신성모독이라고 외치며 겉옷을 찢거나, 예수의 친족과 군중처럼 예수를 귀신들린 자로 보며 그를 붙잡으려고 하는 것이 멍청하게 서서 범신론의 미묘한 차이를 놓고 논쟁하는 것보다 더 나았다. 어떤 떠돌이 초보 목수가 우리 어깨너머로 "아브라함이 태어나기 전부터 내가 있다"고 차분하고 거의 부주의한 태도로 말하면 우리는 어떻게 반응해야 할까? 학술 토론을 벌이기보다는 마치 풀이 갑자기 시들고 새들이 공중에서 떨어져 죽는 모습을 보듯이 깜짝 놀라는 사람, 즉 단순한 것에 무척 예민한 그런 단순한 사람이 지혜롭게 반응하는 것이다.

# 세상에서 가장 이상한 이야기

앞 장에서 나는 오늘날 흔히 간과되는 신약 이야기의 측면을 의도적으로 강조했다. 그러나 내가 의도적으로 그리스도의 인간적인 면을 약화시키려 했다고 생각하는 사람은 없으리라 본다. 그리스도가 가장 자비로운 재판관이고 가장 동정적인 친구였고 또 지금도 그런 인물이라는 것은 누군가의 역사적 공론보다 우리 개인의 삶에서 훨씬 더 중요한 사실이다. 그러나 이 책의 목적은 유일무이한 어떤 것이 값싼 일반화에 잠겨버렸다고 지적하는 것이다. 따라서 가장 보편적인 것이 또한 가장 독창적인 것이기도 했다는 점을 주장할 필요가 있다. 예컨대, 앞서 언급한 금욕적인 소명과는 달리 현대인들이 실제로 공감할 만

한 주제를 들 수 있다. 어린 시절을 칭송하는 것은 우리가 잘 이해하는 바이다. 그러나 예수 시대의 사람들은 결코 그렇게 생각하지 않았다. 우리가 복음서의 독창성을 보여주는 예를 찾고자 한다면, 이보다 더 강력하거나 놀라운 예는 없을 것이다. 거의 이천 년 후에야 우리는 어린이의 신비로운 매력을 느끼는 분위기 속에 몸담게 되었다. 우리는 『피터 팬』이나 『아이들을 위한 시의 정원』(the Child's Garden of Verses)[1] 등에 담긴 어린 시절에 대한 낭만과 유감을 통해 그런 것을 표현한다. 그리고 스윈번(Swinburne)[2]처럼 반기독교적인 사람도 그리스도의 언어로 표현했다고 할 수 있다.

믿음이 있는 눈이나 믿음이 없는 눈에
지금껏 펼쳐진 어떤 기적도
갈라진 구름 너머
이다지도 맑은 낙원을 보여주지 못했노라.

이 땅의 신조는 일흔 번씩 일곱 번이고
피가 각 신조를 더럽혔을지라도
만약 저 낙원이 하늘나라라면
진실로 천국이리니.

---

1 『아이들을 위한 시의 정원』은 스코틀랜드 작가 로버트 루이스 스티븐슨이 1885년에 쓴 아이들을 위한 시 모음집이다.
2 앨저넌 찰스 스윈번(Algernon Charles Swinburne, 1837-1909)은 영국 시인으로서 사회에 논란을 일으킨 인물로 1903년부터 1909년까지 노벨문학상 후보로 지명되었다.

그러나 기독교가 낙원을 점차 깨끗하게 만들기까지는 그 낙원이 깨끗하지 않았다. 당시의 이방세계는 어린이가 어른보다 더 높다거나 더 거룩하다는 말을 잘 이해하지 못했을 것이다. 그것은 올챙이가 개구리보다 더 높거나 더 거룩하다는 말처럼 들렸을 것이다. 합리주의적인 지성에게는 막 움트는 꽃봉오리가 활짝 핀 꽃보다 더 아름답다거나, 설익은 사과가 잘 익은 사과보다 더 맛있다는 말처럼 들렸을 것이다. 달리 말해, 이런 현대적 정서는 완전히 신비로운 감정이다. 이는 처녀성을 숭배하는 것만큼 신비롭다. 실은 처녀성의 숭배이다. 그런데 고대의 이방세계는 어린이의 거룩함보다 처녀의 거룩함에 대해 훨씬 더 많이 알았다. 아무튼 오늘날에는 여러 이유로 우리가 어린이를 높이게 되었다. 아마 부분적으로는 어른들이 과거에 즐겼던 것을 아이들이 여전히 즐기는 모습이 부러워서 그럴 것이다. 예컨대, 소박한 놀이를 하거나 동화를 즐기는 모습이다. 하지만 그보다도 어린이를 존중하는 정서에는 매우 실제적이고 미묘한 심리가 작용한다. 그런데 우리는 그 정서를 현대에 발견한 것으로 볼지 몰라도, 실은 역사적인 나사렛 예수가 이미 이천 년 전에 발견했다는 사실을 다시 한 번 인정해야 한다. 당시에 예수 주변의 세계에는 그런 발견을 도울 만한 것이 전혀 없었다. 이 점에서 그리스도는 정말로 인간적인 사람이었다. 당시의 인간이 기대할 만한 수준보다 더 인간적이었다. 피터 팬(Peter Pan)은 판(Pan)의 세계가 아니라 베드로(Peter)의 세계에 속하는 아이다.

단순히 문학적 양식만 보더라도, 만일 우리가 충분한 거리를 두고 그런 빛에 비추어 복음 이야기를 읽어보면, 어떤 비판가도 제대로 다루지 못했던 진기한 특성을 발견할 수 있다. 우선, 그 일화는 더 강력한 근거에 의존하는 논증(a fortiori)을 이용해서 탑 위에 탑을 쌓는 독특한 분위기를 갖고 있다. 즉, 일곱 층으로 된 하늘처럼 여러 층으로 된 탑을 쌓는 것이다. 나는 이미 평원의 도시들(the Cities of the Plain)3)이 참회하는 비현실적인 장면을 그린 상상 속의 뒤집힌 모습에 대해 언급한 바 있다. 모든 언어나 문학 중에 '들에 핀 백합화' 비유에서 쓰인 삼층 논리만큼 완벽한 것은 아마도 없을 것이다. 예수는 먼저 자기 손에 작은 꽃 한 송이를 들고 그 소박함과 무력함에 주목한다. 그러고는 갑자기 이 꽃을 화려한 색채로 부풀려서 이스라엘의 전설과 영광을 상징하는 솔로몬왕의 위대한 이름으로 가득 찬 궁궐과 누각으로 끌어들인다. 이어서 세 번째 반전으로 꽃을 날려버리는 듯한 동작으로 다시금 꽃이 시들게 하면서 "오늘 있다가 내일 아궁이에 던져지는 들풀도 하나님이 이렇게 입히시거든 하물며 너희일까 보냐"라고 말한다. 이는 마치 한 순간에 손짓 하나로 선의의 마법을 써서 선한 바벨탑을 쌓는 것과 같다. 탑 하나가 갑자기 하늘로 올라갔고 그 꼭대기에는 저 멀리 우리가 상상했던 것보다 더 높은 곳에 사람의 형상이 있다. 그 형상은 가벼운 논리와 재빠른 상상력이 빚은 별처럼 빛나

---

3 '평원의 도시들'이란 고대 근동에서 죄악에 물든 것으로 유명했던 소돔, 아드마, 고모라, 스보임, 소알 등을 가리키는 것 같다.

는 사다리 위에, 무한한 존재 셋에 의해 다른 모든 것보다 더 높이 들려졌다. 문학적인 의미로만 봐도 백합화 비유는 도서관에 있는 대다수의 걸작보다 더 뛰어난 걸작일 것이다. 그런데 그것은 한 사람이 꽃 한 송이를 꺾는 동안 거의 무심코 말한 내용처럼 보인다. 그러나 다시금 문학적 의미로만 봐도, 이처럼 여러 층에 걸친 비교법의 사용은 목회 윤리나 공동체 윤리에 대한 단순한 가르침으로 보는 현대의 해석보다 훨씬 더 높은 것을 암시하는 것 같다. 이처럼 낮은 것을 높은 것과 비교하고, 높은 것을 더 높은 것과 비교하는 이 능력, 한꺼번에 세 가지 수준에 대해 생각하는 이 능력만큼 참으로 절묘하고 뛰어난 지성을 가리키는 것은 하나도 없다. 예컨대, 시민이 노예보다 높지만 영혼이 시민이나 도시보다 무한히 높다는 것을 볼 만큼 진귀한 지혜를 누가 원할까? 이런 능력은 복음을 단순하게 해석하는 사람들, 그들이 단순한 도덕이라 부르고 다른 이들은 감상적인 도덕이라 부르는 것을 고집하는 사람들에게서는 절대로 찾을 수 없다. 이는 모든 사람에게 평화롭게 지내라고 말하는 것으로 만족하는 자들이 결코 다룰 수 없는 것이다. 그와 반대로, 매우 두드러진 예는 평화에 대한 그리스도의 말과 칼에 대한 그분의 말 사이의 표면적인 모순 속에 있다. 그것은 바로 좋은 평화가 좋은 전쟁보다 낫지만, 좋은 전쟁이 나쁜 평화보다는 낫다는 점을 인식하는 능력이다. 이런 광범위한 비교법이 사복음서만큼 자주 나오는 곳은 없다. 그리고 그런 비교법이 내게는 매우 방대한 어떤 것을 시사한다. 그토록 유일하고 탄탄한 존재는 다른 차원의 깊이와 높이를 겸비한 채 일차원에서만 살아가는 얄팍한 피조물들 위에 우뚝 설 것이다.

나는 지금 그리스도가 지닌 절묘하고 뛰어난 능력, 곧 멀리 내다보는 안목과 이중적 의미까지 구사하는 능력을 다루고 있는데, 이는 단지 온화한 성품과 온건한 이상주의를 과장하는 행습에 대한 반발만은 아니다. 이는 또한 앞장 끝에서 다룬 더욱 엄청난 진리와 연결시킬 필요가 있다. 왜냐하면 이 특성은 흔히 과대망상증 환자에게서 볼 수 있는 그런 성품이 결코 아니기 때문이다. 특히 자기가 신이라고 우길 정도로 터무니없고 엄청난 과대망상증 환자는 말할 것도 없다. 지적인 탁월성으로 불릴 수 있는 이 특성이 물론 신성의 증거는 아니다. 그러나 이것은 허영심에 빠져 스스로 신이라고 주장하는 것을 싫어한다는 증거이다. 만약 예수가 사람에 불과하다면, 지적 탁월성을 지닌 그런 사람은 그 출처도 모르는 망상, 특히 종교 영역에서 센세이션을 일으키는 자기기만적인 인물의 특징인 그런 망상에 절대로 중독되지 않을 것이다. 이 문제는 그리스도가 자신의 신성을 주장했음을 부인한다고 해서 피할 수 있는 것은 아니다. 그와 같은 사람, 지적인 수준이 예수와 똑같은 예언자나 철학자라면 자신이 신이라고 주장한 것처럼 가장하지도 못할 것이다. 비록 교회가 예수의 취지를 오해했더라도, 교회 외에 다른 어떤 역사적 전통도 그와 똑같은 실수를 범한 적이 없다는 것은 여전히 사실이다. 이슬람교 신자들은 무함마드를 오해하여 알라(Allah)로 생각한 적이 없다. 유대인들은 모세를 잘

못 이해하여 여호와와 동일시한 적이 없다. 만약 오직 예수만 자신의 신성을 주장한 게 아니라면, 왜 이 주장만이 과장되었을까? 비록 기독교가 하나의 거대한 보편적 오류 덩어리라고 할지라도, 그것은 여전히 성육신만큼 유일무이한 오류 덩어리다.

이 대목을 쓰는 목적은 어떤 모호한 통속적인 가정들의 오류를 바로잡기 위해서다. 여기에 가장 잘못된 오류 중 하나가 있다. 모든 종교의 창시자들은 서로 경쟁했기 때문에, 하나뿐인 반짝이는 왕관을 차지하려고 다투고 있었기 때문에, 모든 종교는 다 똑같다는 생각이다. 이는 오류이다. 그 왕관, 또는 왕관과 비슷한 그 무엇이 자기의 것이라고 주장하는 인물은 극히 드물다. 선지자 미가나 말라기가 그런 주장을 하지 않았듯이 무함마드도 마찬가지였다. 플라톤이나 마르쿠스 아우렐리우스가 그런 주장을 하지 않았듯이 공자도 마찬가지였다. 붓다는 자기가 브라마(Brahma)[4]라고 말한 적이 없다. 조로아스터는 자기가 아리만(Ahriman)[5]이라고 주장하지 않은 것처럼 오르무즈드(Ormuzd)[6]라고 주장하지도 않았다. 이와 같이 대부분의 경우는 상식과 기독교 철학에 부합한다. 사실은 그와 정반대다. 일반적으로 말하면, 더 위대한 사람일수록 자기가 신이라고 주장할 가능성은 더 줄어든다. 우리가 고려

---

4 브라만교에서 창조를 주재하는 신. '범(梵)'이라고 번역하여 부른다.
5 고대 조로아스터교에서 어둠과 거짓의 세계를 지배하는 악신.
6 조로아스터교의 주신이자 선과 광명의 신이며 창조신이다. 암흑과 악의 수장 아리만과 싸워 이겨서 새로운 세계를 구현한다.

하고 있는 유일무이한 경우(예수)를 제외하면, 스스로 신이라고 주장할 만한 인간은 소인배밖에 없다. 무언가를 감추거나 자기중심적인 미치광이들 말이다. 아무도 아리스토텔레스가 스스로 신들과 사람들의 아버지이고 하늘에서 내려왔다고 주장하는 모습을 상상할 수 없다. 물론 칼리굴라[7]처럼 미친 로마 황제가 아리스토텔레스를 신으로 주장하거나, 어쩌면 그 자신을 신으로 주장하는 경우는 상상할 수 있겠지만 말이다. 아무도 셰익스피어가 마치 자기가 문자 그대로 신인 것처럼 얘기하는 모습을 상상할 수 없다. 물론 어떤 괴짜 미국인이 그런 주장을 셰익스피어의 작품에서 암호처럼 찾아내거나, 그 자신이 쓴 글에서 찾는 모습은 상상할 수 있겠지만 말이다. 여기저기에서 이처럼 지극히 초(超)인간적인 주장을 하는 인간들을 찾을 수는 있다. 하지만 머지않아 그들이 정신병원의 보호벽이 딸린 방에 구속복을 입고 있는 모습을 보게 될 것이다.

그러나 정신이상에 대한 어설픈 법률 아래 있는 매우 물질주의적인 우리 사회에서 처한 그들의 물질주의적 운명보다 훨씬 더 중요한 것이 있다. 그들은 정신의 부조화로 병든 사람들, 편협하되 부풀어 오르고 기괴할 만큼 병적인 유형이란 사실이다. 우리가 미치광이를 '머리에 금이 간'(cracked) 사람으로 부르는 것은 부적절

---

**7** 본명은 '가이우스 카이사르 게르마니쿠스'(Gaius Caesar Germanicus)이고 로마의 제3대 황제(재위 A.D. 37−41)다. 자기가 하늘에서 내려온 신이라는 착각에 빠져 나중에는 최고신 '주피터'라고 생각하였다.

한 비유이다. 어떤 의미에서는 충분히 머리에 금이 가지 않았기 때문이다. 그는 머리에 금이 갔다기보다는 머릿속이 꽉 차서 답답한 상태이다. 그래서 머릿속에 환기할 만한 구멍이 충분히 없다. 망상을 햇빛에 노출하는 것이 불가능하기 때문에 때로는 자기가 신이라는 망상이 가려지는 것이다. 이런 망상은 선지자들과 현자들, 종교 창시자들 가운데서 나타나지 않고 다만 수준이 낮은 정신병자들에게 나타난다. 그런데 바로 이곳이 그 논증이 매우 재미있어지는 지점이다. 그 논증이 너무 많은 것을 입증하기 때문이다. 아무도 나사렛 예수가 그런 부류의 사람이었다고 생각하지 않는다. 지각 있는 현대의 비판가라면 누구도 산상수훈을 설교한 예수가 정신병원의 독방 벽에 별을 그리는 얼빠진 바보라고 생각하지 않는다. 어떤 무신론자나 신성모독자라도 탕자의 비유를 만든 인물이 외눈박이 사이클롭스(cyclops)처럼 한 가지 미친 생각에만 골몰하는 괴물이었다고 믿지 않는다. 그 어떤 역사적 비평을 동원해도, 예수는 그보다는 더 높은 위치에 앉혀야 한다. 어떻게 유추하든지 간에, 우리는 예수를 거기에 두든가 만인 중에 가장 높은 자리에 앉혀야 한다.

사실, 이 문제를 냉정하고 초연한 정신으로(내가 가설적으로 그러는 것처럼) 볼 수 있는 사람들은 여기서 아주 특이하고 흥미진진한 인간 문제를 접하게 된다. 하나의 인간 문제로서는 너무나 흥미로운 것이라서 나는 공평한 정신으로 그들 중 일부가 그 난해한 인간 문제를 이해할 수 있는 인간 초상화로 바꿔주기를 바란다. 만일 그리스도가 한갓 인간에 불과했다면, 그는 정말로 매우 복잡하고 모순된 인물이다. 왜냐하면 그는 다양한 인간 중에 양극단에 놓인 두 가지를 묶어놓았기 때문이다. 그는 망상에 빠진 사람이 결코 될 수 없는 인물이었다. 그는 지혜로웠다. 그는 바른 판단을 하는 사람이었다. 그리스도가 한 말은 늘 우리의 예상을 벗어났다. 그러나 그의 말은 늘 예상외로 고상했고 종종 예상외로 온건했다. 알곡과 가라지의 비유에 담긴 교훈을 예로 들어보자. 이 비유는 건전한 정신과 명석한 지성을 묶어주는 특징을 갖고 있다. 미치광이의 특징인 단순함은 없다. 또한 광신도가 지닌 단순함도 없다. 이 비유는 유토피아의 세기가 저물 무렵 한 세기를 살아낸 철학자나 내놓을 법한 이야기다. 그리스도는 분명한 것 너머를 보고 그것을 두루두루 볼 수 있는 특성을 갖고 있었는데, 이는 뇌의 한쪽만 예민한 자기중심적인 정신상태에서 보이는 모습 같은 건 없다. 그리스도의 신성과 인성을 놀랍게 묶어주는 신조가 아니면 어떻게 이 두 특성을 설득력 있게 묶어줄 수 있을지 나로서는 모르겠다. 왜냐하면 우리가 이 사실을 하나의 사실로 완전히 받아들이기까지는, 그에 대한 아무리 놀라운 접근 방식도 진실에서 점점 더 멀어질 수밖에 없기 때문이다. 신성은 신적인 것이 될 만큼 위대하고 그 자체를 신적인 것으로 부르기에 부족함이 없다. 그러나 인성은 점차 더 위대해질수록 신성을 주장할 가능성이 더 줄어든다. 이슬람교도들이 말하듯이, 하나님은 하나님이다. 그러나 위대한 사람은 자기가 하나님이 아니라는 사실을 알며, 더 위대한 사람일수록 그 사실을 더 잘 안다. 이것이 바로 역설이다. 즉, 그 지점에 다가가는 모든 것이 그 지점에서 멀어지고 있는 것이다. 가장 현명한 철학자 소크라테스는 자신이 아무것도 모른다는 사실을 안다. 미치광이는 자신이 전지(全知)하다고 생각할 수 있고, 바보는 마치 자기가 모든 걸 다 아는 듯 떠벌릴 수 있다. 그러나 만약 그리스도가 모든 것을 알고 있을 뿐 아니라 자기가 안다는 사실도 알고 있다면, 그는 또 다른 의미에서 전지한 인물이다.

그러므로 사람을 동정하는 순전히 인간적인 측면만 봐도 신약성경의 예수는 많은 면에서 초인간적인 특성을 갖고 있는 것 같다. 이는 인간적인 특성과 인간을 초월하는 특성 둘 다를 말한다. 그런데 예수의 모든 가르침을 관통하는 또 다른 특성이 있는데, 이는 예수의 가르침에 관한 최근의 논의에서 대체로 간과되는 것 같다. 다름 아니라, 그는 정말로 가르치기 위해 온 것이 아니라는 지속적인 암시이다. 복음서에 기록된 사건들 중에 나에게 매우 인간적으로 다가온 사건이 있는데, 바로 가나의 혼인잔치에서 포도주를 만든 사건이다. 그 사건은 당시에 겉모습만 인간일 뿐 인간적이라고 묘사되기 어려운 도덕군자인 체하는 군중이 모여 있었다는 의미에서 참으로 인간적인 사건이다. 그 사건은 모든 뛰어난 인물들보다 더 뛰어난 면모를 보여준다. 그것은 헤릭(Herrick)[8]만

---

**8** 로버트 헤릭(Robert Herrick, 1868~1938)은 미국의 소설가이자 영문학자였다. 시카고를 무대로 상업주의·산업주의의 해를 입은 현대사회를 다루었다.

큼 인간적이고, 디킨스(Dickens)[9]만큼 민주적이다. 그러나 그 이야기에도 충분히 설명되지 않은 것이 있다. 어쩌면 여기에서 논하기에 적절한 요소이다. 바로 어머니의 부탁을 받고 예수가 처음에 망설인 모습이다. 그것은 기적의 성격과 관련된 것이 아니라 적어도 그 시기에 기적을 일으키는 것이 적절한지와 관련된 것이었다. "내 때가 아직 이르지 아니하였나이다." 그 말은 무슨 뜻이었을까? 적어도 그것은 예수의 마음속에 어떤 전반적인 계획이나 목적이 있었고, 어떤 것은 그 목적에 맞고 또 어떤 것은 맞지 않는다는 것을 의미했다. 그리고 만약 우리가 그 전략적인 계획을 배제시킨다면, 우리는 그 이야기의 취지뿐 아니라 그 이야기 자체도 배제시키게 된다.

우리는 종종 나사렛 예수를 방랑하는 선생으로 묘사하는 말을 듣곤 한다. 그 견해가 지금도 점잖은 사람들이 방랑자의 태도로 여기는, 사치와 관습에 대한 태도를 강조하는 한 중요한 진리를 담고 있다. 이러한 태도는 여우 굴과 새 둥지에 관한 그의 위대한 말에 나타난다. 예수가 남긴 다수의 위대한 말처럼, 이 말도 우리에게 그리 강력하게 다가오지 않는데, 이는 그 자신의 인성에 대해 집합적으로, 인류를 대표하는 방식으로 말할 때 사용한 위대한 역설을 이해하지 못해서 그렇다. 즉, 그 자신을 단순하게 인자(人子)라고 부른 것이다. 이는 사실상 그냥 사람(Man)이라고 부른

---

9 찰스 디킨스(Charles Dickens, 1812–1870)는 영국 소설가였다.

것이다. '새로운 사람' 또는 '두 번째 아담'이 널리 울리는 목소리와 시선을 끄는 몸짓으로 맨 처음 그 원초적 이야기에 담긴 그 위대한 사실을 반복하는 것이 적절하다. 즉, 사람이 모든 면에서, 심지어 그 부족한 면에서도 짐승과 다르다는 것, 사람은 어떤 의미에서 짐승보다 덜 정상적이고 덜 자연스럽다는 것, 사람은 지구에서 낯선 존재라는 것이다. 이런 의미에서 예수의 떠돌이 생활을 거론해도 좋고, 예수가 대다수 노숙자의 표류하는 삶과 가난한 자의 절망을 공유했다는 의미에서도 그렇다. 오늘날이라면 예수는 뚜렷한 밥벌이 수단이 없다는 이유로 분명히 경찰에 의해 다른 곳으로 쫓겨났거나 십중팔구 체포되었을 것임을 기억하는 게 좋다. 왜냐하면 우리의 법은 네로나 헤롯이 결코 생각하지 못했을 유머 감각이나 공상의 기운을 담고 있기 때문이다. 그것은 곧 노숙자들이 집에서 잠자지 않는다는 이유로 실제로 벌을 주는 것이다.

그렇지만 또 다른 의미에서는 예수의 삶을 '방랑'으로 표현하는 것은 오도의 소지가 있다. 사실 수많은 이방인 현자들과 적지 않은 이방인 소피스트들은 떠돌이 선생으로 묘사될 만하다. 그들 중 일부는 정처 없는 행적에 두서없는 입담이 수반되는 경우도 있다. 티아나의 아폴로니오스(Apollonius)는 요즘 성행하는 어떤 컬트들에서 일종의 이상적인 철학자로 간주하는 인물인데, 그는 거의 쉴 새 없이 말하면서 저 멀리 갠지스 강과 에티오피아까지 돌아다녔다고 한다. 실제로 소요학파(Peripatetics)[10]라고 불린 철학의 한 학파가 있었다. 대다수의 위대한 철학자들조차 배회하며 얘기하는 일 말고는 한 일이 별로 없었다는 인상을 준다. 소크라테스나 붓다, 공자의 위대한 정신을 엿보게 해주는 위대한 대화들은 종종 끝없는 소풍의 일부처럼 보인다. 특히 중요한 점은 그런 대화들이 시작도 없고 끝도 없는 듯이 보인다는 것이다.

소크라테스는 처형을 당하는 바람에 그 대화가 중단되었다. 그러나 죽음은 단지 하나의 방해물이자 사건에 불과하다는 것이 바로 소크라테스의 입장이 지닌 전반적인 논점인 동시에 특별한 장점이다. 우리가 그 논점을 놓치면, 그 위대한 철학자의 도덕적 중요성을 놓치게 된다. 그는 제자들에게 진리를 설명하는 중인데 누군가 불쑥 들어와서 그 대화를 끊는 것이 너무나 부당하다고 생각해서 놀라운 표정으로, 곤란한 듯이 사형집행인을 쳐다보았다. 그는 진리를 찾고 있었지 죽음을 추구한 게 아니었다. 죽음은 그를 넘어뜨릴 수 있는 길 위의 돌멩이에 불과했다. 소크라테스가 평생 한 일은 세상 여기저기를 떠돌아다니며 끝없이 진리를 논하는 것이었다.

다른 한편, 붓다는 몸짓 하나로 사람들의 이목을 끌었다. 바로 포기의 몸짓이었고, 따라서 어떤 의미에서는 부인(否認)의 몸짓이었다. 그런데 단번의 드라마틱한 부정에 의해 드라마틱하지 않은

---

10 아리스토텔레스가 창시한 고대 그리스의 철학 학파다.

부정의 세계로 건너갔다. 그 세계가 극적이지 않다고 주장한 사람은 붓다가 처음이었을 것이다. 여기서도 다음 특징을 놓치면, 우리는 그 위대한 신비주의자의 도덕적 중요성을 놓치게 된다. 그의 전반적인 논점인즉 그는 욕망과 몸부림, 보통은 패배와 낙담으로 이뤄진 인생 드라마와 절연했다는 것이다. 그는 해탈의 경지에 이르렀고 다른 이들에게 해탈하는 법을 가르치며 살았다. 그러므로 그의 삶은 이상적인 철학자의 생애였다. 분명히 티아나의 아폴로니오스보다 훨씬 더 이상적인 철학자였다. 그러나 무언가 행하는 것이 아니라 모든 것을 설명하는 것이 그의 과업이었다는 의미에서 철학자였다. 그는 온건하고 부드럽게 모든 것을 타파했다고 말해도 무방할 것이다. 그의 메시지는 근본적으로 다르다. 그리스도는 "너희는 먼저 그 나라를 구하라. 그리하면 이 모든 것이 너희에게 더하여질 것이다"라고 말했다. 붓다는 "먼저 그 나라를 구하라. 그리하면 너희는 이런 것들이 하나도 필요 없을 것이다"라고 말했다.

이제 이런 방랑자들과 비교하면 예수의 삶은 번개처럼 빠르게 일직선으로 지나갔다. 그의 삶은 무엇보다도 드라마틱했고, 무엇보다도 완수해야 할 일을 수행하는 데 있었다. 만약 예수가 영구히 세상을 두루 돌아다니며 진리를 논하는 일만 했다면, 그 일은 결코 완수되지 않았을 것이다. 그리고 외적인 움직임만 보더라도 그 생애가 여행임을 잊은 채 그냥 방랑한 것으로 묘사하면 안 된다. 따라서 예수의 생애는 철학의 성취라기보다는 신화의 성취였다. 그것은 황금 양털을 찾아 나선 이아손[11]의 여행이나 헤스페리데스(Hesperides)의 황금 사과[12]를 찾으러 떠난 헤라클레스의 여행처럼 목표와 목적이 분명한 여행이었다. 예수가 찾고 있던 황금은 죽음이었다. 그가 하려고 했던 일차적인 일은 죽는 것이었다. 그는 죽음과 똑같이 명확하고 목적지향적인 다른 일들도 하려고 했다. 똑같이 외부적이고 물질적인 일들이었다고 말해도 무방하다. 그러나 초지일관 가장 분명한 것은 예수가 죽으러 간다는 사실이었다. 소크라테스의 죽음과 그리스도의 죽음은 공통점이 전혀 없었다. 우리는 소크라테스의 죽음이야말로, 적어도 그의 친구들의 관점에서 보면, 아테네의 멍청한 실수와 오심(誤審)으로 인도적이고 빛나는 철학의 흐름을 끊어놓은 사건으로 생각해야 마땅하다. 나는 빛의 철학이라고 말할 뻔했다. 다른 한편, 우리는 가난이 성 프란치스코의 신부였던 것처럼 죽음이 그리스도의 신부였다고 생각해야 마땅하다. 따라서 예수의 생애는 일종의 죽음과의 연애 사건, 곧 궁극적 희생을 추구하는 로맨스였다고 생각해야 마땅하다. 그 별이 생일 폭죽처럼 올라가는 순간부터 태양이 장례 햇불처럼 빛을 잃은 순간까지 그 모든 이야기는 드라마틱한 속력과 방향으로 날개 돋친 듯 움직이다 이루 말할 수 없는 행위로 끝난다.

---

11 이아손('Ιάσων)은 고대 그리스의 후기 신화에 나오는 영웅이다. '아르고'라는 배를 타고 황금 양털을 찾아 나선 이야기로 유명하다. 신화에서 여자 마법사 메디아(Medea)랑 결혼했다. 1부 1장 24번 각주 참고.
12 1부 1장 11번 각주 참고.

그러므로 그리스도의 이야기는 군대의 행진에 가까운 여정의 이야기다. 분명히 어떤 영웅이 뜻한 바를 성취하거나 최후를 맞이하기 위해 움직이는 모험적인 원정이다. 그 이야기는 낙원 같은 갈릴리, 에덴동산을 떠올리는 전원풍의 평화로운 지역에서 시작하고, 점점 높아지는 지형을 올라가다[13] 정화의 산(Mountain of Purgatory)[14]에 이르듯이 먹구름과 별들에 더 가까워지는 산악지대로 들어간다. 사람들은 예수가 낯선 곳으로 빗나간 듯 보일 때 그를 만났거나, 예수가 길을 가던 중에 누군가에 의해 발걸음을 멈추고 토론하거나 논쟁하는 모습을 목격했을 것이다. 그러나 그의 시선은 늘 산 위의 도시 예루살렘을 향했다. 그래서 예수가 산마루에 올라 갈림길에 서서 느닷없이 예루살렘을 바라보며 큰 소리로 애곡(哀哭)한 모습이 그 이야기의 절정인 것이다. 이런 애도는 애국심을 노래한 시마다 조금씩 나타난다. 만약 애도가 없다면, 애국심은 통속적인 악취를 풍기게 된다. 성전 문에서 벌어진 소란스럽고 깜짝 놀랄 만한 사건도 예수의 목적의식과 관련이 있다. 탁자가 통나무처럼 계단 아래로 던져지고 부유한 상인들이 회초리에 쫓겨났다.[15] 군국주의자들이 무저항에 당황하는 것이 하

---

**13** 갈릴리는 고산지대가 많기에 어떤 곳은 예루살렘(해발 약 800미터)보다 높아 해발 1000미터가 넘기도 한다. 하지만 주로 갈릴리 북부가 높고, 갈릴리 남부는 상대적으로 낮아서 예수가 성장한 나사렛은 해발 약 430미터다.

**14** 단테의 『신곡』 제2부 '연옥'(Purgatorio) 편에 나오는 산 이름 같다. '연옥' 편에서 단테는 로마의 시인 버질의 안내를 받아 '정화의 산'(the Mount of Purgatory) 정상까지 올라간다.

**15** 마 21:12–13; 막 11:15–17; 눅 19:45–46; 요 2:14–16 참고.

나의 역설인 만큼, 그 사건은 평화주의자에게 하나의 난제임이 틀림없다. 나는 예수의 원정을 이아손의 여정에 비유했지만, 더 깊은 의미에서는 그것이 오히려 오디세우스의 여정에 비유될 만한 것임을 우리가 잊으면 안 된다. 그것은 여행 이야기일 뿐 아니라 귀환의 이야기이기도 하다. 또한 왕위 찬탈자들의 최후에 대한 이야기다. 건강한 소년이 오디세우스 이야기를 읽으면 이타카의 구혼자들이[16] 쫓겨난 것을 결코 행복한 결말로 여기지 않는다. 그러나 유대 상인과 환전상들이 쫓겨나는 모습을, 폭력 사태가 생길 때, 특히 부유층에 대한 폭력이 일어날 때면 어김없이 꿈틀거리는 교묘한 반감을 품고 바라보는 사람들도 분명히 있다. 하지만 여기서 중요한 점은 그 모든 사건들 속에 고조되는 위기가 서려있다는 것이다. 달리 말하면, 이 사건들은 우연한 사건들이 아니었다. 이상적 철학자인 아폴로니오스가 도미티아누스 황제[17]의 재판정으로 끌려왔다가 마법으로 사라졌을 때, 그 기적은 순전히 우연한 사건이었다. 그 사건은 아폴로니오스의 방랑생활의 어느 시점에서든 발생할 수 있었다. 나는 그 사건의 내용과 날짜 모두 의심스럽다고 생각한다. 그 이상적인 철학자는 그저 사라졌다가, 다른 곳에서 그의 이상적인 존재를 재개해 무기한 살아갔다. 아폴로니

---

**16** 이타카의 왕 오디세우스가 트로이 전쟁을 위해 떠나고 십칠 년이 지나도 돌아오지 않자 오디세우스의 아내 페넬로페와 이타카 왕국을 노리고 페넬로페에게 구혼하는 사람들이 많았다. 오디세우스는 이타카로 돌아와 이들을 처치했다.

**17** 도미티아누스(Titus Flavius Domitianus)는 로마의 11대 황제(81-96)로 전제군주의 성격이 강했다.

오스가 기적같이 장수했다고 보는 것 역시 그리스도와 대조되는 특성이다. 나사렛 예수는 기적을 일으키는 면에서 덜 신중했다. 예수가 본디오 빌라도의 재판정으로 끌려왔을 때, 그는 사라지지 않았다. 그것은 운명의 갈림길이자 여정의 목표였다. 그리고 어둠의 세력이 위세를 떨칠 때였다. 예수가 재판정에서 사라지지 않은 것은 기적으로 점철된 예수의 생애에서 최고의 초자연적인 행동이었다.

예수의 이야기를 확대시키려고 했던 모든 시도는 오히려 그것을 축소시키고 말았다. 그런 시도는 수많은 통속적인 감상주의자들과 자의식적인 수사학자들 뿐 아니라 뛰어난 필력과 언변을 구사하는 많은 사람들도 해봤다. 고상한 회의주의자들이 잘난 체하면서 그 이야기를 고쳐서 들려줬고, 활달한 베스트셀러 작가들이 열정에 넘쳐 각색하기도 했다. 여기서는 그렇게 할 생각이 없다. 복음 이야기의 평이한 언어는 맷돌의 힘같이 연마하는 능력이 있다. 그리고 그 이야기를 단순하게 읽을 수 있는 사람들은 마치 바윗덩어리들이 굴러 그들에게 떨어진 듯한 느낌을 받을 것이다. 비평은 글에 대한 글일 뿐이다. 이와 같은 글에 대한 글이 무슨 소용이 있을까? 느닷없이 횃불과 성난 얼굴들로 가득 찬 캄캄한 겟세마네 동산을 언어로 그리는 것이 무슨 소용이 있는가? "너희가 강도를 잡는 것 같이 칼과 몽치를 가지고 나를 잡으러 나왔느냐? 내가 날마다 성전에 앉아 가르쳤으되 너희가 나를 잡지 아니하였도다." 마치 거대한 파도가 하늘로 솟아올라 떨어지길 거부하는 것과 같은 그 엄청나고 절제된 아이러니에 무엇을 더할 수 있겠는가? "예루살렘의 딸들아, 나를 위하여 울지 말고 너희와 너희 자녀를 위하여 울라." 대제사장이 증인이 더 필요하겠느냐고 물었듯 우리도 무슨 말이 더 필요하겠느냐고 물을 수 있다. 베드로는 겁에 질려 예수를 부인했다. 그리고 "닭이 곧 울더라. 주께서 돌이켜 베드로를 보시니 베드로가… 밖에 나가서 심히 통곡하니라." 누구라도 더할 말이 있는가? 예수는 죽임을 당하기 직전에 그 모든 인간을 위하여 "자기들이 하는 것을 알지 못함이니이다"라고 기도했다. 우리는 우리가 무슨 말을 하는지 잘 모른다는 것 말고는 무슨 말을 하겠는가? 다음 이야기를 반복하고 장황하게 얘기할 필요가 있는가? 그 비극이 '슬픔의 길'(Via Dolorosa)[18]을 따라 진행되었고, 그들이 통상적인 처형 절차를 따라 예수를 우연히 두 강도와 함께 십자가에 매달았고, 그 버려진 광야, 등골이 오싹하고 황량한 곳에서 한 강도가 예수에게 경의를 표한 것, 도무지 기대할 수 없는 죄수의 사형대에서 그런 목소리가 터져 나온 것, 그리고 예수가 그 무명의 죄수에게 "오늘 네가 나와 함께 낙원에 있으리라"고 말한 장면 등이다. 그 대목에 마침표 외에 덧붙일 말이 있는가? 또는 그의 어머니에게 새로운 아들을 만들어준, 모든 사람에게 준 그 작별의 몸짓에 누가 적절한 반응을 보일 수 있겠는가?

　여기서 나의 능력으로 감당할 만하고 나의 목적에 부합하는 일

---

**18** '비아 돌로로사'(Via Dolorosa)는 라틴어로 '슬픔의 길' 또는 '고난의 길'을 가리킨다. 구 예루살렘 시가지에 있는 거리로서, 예수가 자신의 십자가를 지고 걸어갔던 길이라고 본다.

이 있다, 그것은 그 장면에 그동안 이 이야기에 흐릿하게 개관되었던 모든 인간 세력이 상징적으로 다함께 모였다는 점을 지적하는 일이다. 왕들과 철학자들과 일반 백성들이 예수가 출생한 장소에 상징적으로 있었듯이, 지금은 그들이 그의 죽음에 좀 더 실질적으로 관여했다. 그와 더불어 우리가 알아야 할 중요한 사실과 대면하게 된다. 그 십자가 주변에 서 있던 모든 큰 집단들은 이런저런 방식으로 당시의 크나큰 역사적 진리를 상징한다. 바로 세상은 스스로를 구원할 수 없다는 진리다. 사람은 더 이상 아무 것도 할 수 없었다. 로마와 예루살렘과 아테네와 다른 모든 것이 느린 폭포로 변모한 바다처럼 아래편으로 내려가고 있었다. 겉으로 보면, 고대 세계는 분명 여전히 최강의 상태였다. 하지만 언제나 그 순간에 속 깊은 곳에서 약점이 나타나기 시작한다. 그 약점을 이해하려면 우리가 앞에서 한 번 이상 말한 내용을 반복해야 한다. 곧, 그것은 원래 약했던 것의 약점이 아니었다는 것이다. 강조하건대, 그것은 약점으로 변한 세상의 강점이었고 어리석음으로 변한 세상의 지혜였다.

이 성(聖)금요일의 이야기를 보면 세상에서 최선의 것이 최악의 상태에 빠진 것을 알게 된다. 이는 우리에게 최악의 상태에 있는 세상을 보여준다. 예를 들면, 참된 유일신교에 속한 제사장들과 국제적인 문명국가에 속한 군인들이다. 전설에 따르면 로마는 몰락한 트로이와 무너진 카르타고에 대한 승리 위에 세워졌고, 역사상 최고의 기사도에 버금가는 영웅주의를 상징했다. 로마는 카르타고의 식인귀들과 그리스의 자웅동체 괴물에 맞서 가정의 수호 신들과 인간 품위를 지켜냈다. 그러나 번개처럼 번쩍이는 십자가 사건에서 우리는 위대한 로마, 최고의 공화국이 루크레티우스의 운명 아래 가라앉는 모습을 보게 된다. 회의주의는 세상을 정복한 로마인들의 건전한 정신까지 갉아먹었다. 정의가 무엇인지 선포 하도록 총독의 자리에 오른 빌라도는 "진리가 무엇이냐?"고 물을 뿐이다. 그래서 고대 세계의 모든 운명을 결정했던 그 드라마에서 주요 인물 중 한 명은 그의 참된 역할과 정반대되는 역할에 고착 되어 있었다. 로마는 책임을 가리키는 대명사나 다름없었다. 그렇 지만 그는 무책임을 상징하는 흔들리는 동상으로 영원히 서 있다. 사람은 더 이상 아무것도 할 수 없었다. 현실적인 것조차 비현실 적인 것이 되어 버렸다. 그의 재판석 기둥들 사이에 선 로마인 빌 라도는 세상에 대해 손을 씻었다.

그리고 거기에는 구름 뒤의 하늘처럼 모든 신화 배후에 있던 순 수하고 근원적인 진리를 섬기는 제사장들도 있었다. 그것은 세상 에서 가장 중요한 진리였다. 하지만 그 진리도 세상을 구원할 수 없었다. 순수한 인격적 유신론에는 압도하는 무언가가 있는 것 같 다. 마치 해와 달과 하늘이 다함께 내려와서 응시하는 한 얼굴을 형성한 것을 보는 듯하다. 어쩌면 그 진리는 너무나 엄청나서 어 떤 신적 중재자 또는 인간 중재자가 필요할지 모른다. 어쩌면 그 진리가 너무나 순수하고 아득히 먼 곳에 있을지 모른다. 어쨌든 그 진리는 세상을 구원하지 못했다. 세상을 개조시킬 수도 없었다. 그 진리를 가장 고귀하고 숭고한 형태로 간직한 철학자들이 있었다. 그러나 그들은 세상을 개조시킬 수 없었을 뿐만 아니라 그런 시도를 한 적도 없었다. 당신이 주머니칼로 숲을 다 벨 수 없듯이 개인적인 견해로 대중적인 신화의 정글과 싸울 수 없다. 유대의 제사장들은 좋은 의미에서 또 나쁜 의미에서 그 진리를 열심히 수호했다. 또한 그 진리를 거대한 비밀로 간직했다. 야만인 영웅들이 태양을 상자 속에 보관했을지 모르듯이, 제사장들은 그 영원한 분을 장막 속에 보관했다. 그들은 그들만이 유일신의 눈부시는 태양을 바라볼 수 있다는 데 자부심을 느꼈다. 그리고 그들은 스스로 눈이 멀었다는 사실은 깨닫지 못했다. 그날 이후 그들의 대표자들은 대낮에 맹인이 되어 지팡이로 좌우를 두드리면서 어둠을 저주했다. 그러나 그들의 기념비적 유일신 신앙은 적어도 기념비처럼 남았는데, 그런 종류의 신앙 가운데 최후의 것이다. 그리고 그 신앙이 만족시킬 수 없는 더 불안정한 세상에서 부동자세로 남아있다. 왜냐하면 어떤 이유로든 그 신앙이 만족시킬 수 없다는 사실이 분명해졌기 때문이다. 그날 이후 하나님은 그의 하늘에 계시고 세상만사는 잘 돌아간다고 말할 수 있는 때가 한 번도 없었다. 하나님이 세상을 바로잡으려고 하늘을 떠났다는 소문이 퍼진 이후로 그랬다.

그리고 과거에는 선했던 그 세력들, 또는 적어도 한때는 선했던 그 세력들에게 문제가 있었듯이, 어쩌면 당시에 최선의 상태였던 일반 백성들, 또는 그리스도가 최선의 집단으로 생각한 것 같은 그들에게도 역시 문제가 있었다. 예수가 복음을 전했던 가난한 사람들, 그의 복음을 기쁜 마음으로 들었던 평민들, 옛 이방세계에서 숱한 영웅들과 반신반인의 존재들을 만들었던 대중들 역시 세상을 해체시키고 있던 약점을 드러냈다. 그들은 한 사회가 쇠락할 때 도시의 군중들, 특히 수도의 군중들이 짓는 악행에 시달렸다. 시골 사람들로 하여금 전통을 먹고 살게 하는 바로 그것이 도시 사람들로 소문을 먹고 살게 한다. 그들이 좇은 최선의 신화가 불합리했던 것처럼, 그들이 좋아하는 것과 싫어하는 것도 근거 없는 주장에 따라 손바닥 뒤집듯 쉽게 바뀌었다. 권위가 없는 자의적인 주장에 놀아난 것이다. 이런저런 도둑은 인위적인 방법으로 멋지고 인기가 많은 인물로 변신해서 그리스도와 경쟁하는 일종의 후보가 되었다. 이 모든 사건을 보면 우리가 아는 도시인들, 곧 신문에 실린 소동 보도와 특종 기사를 읽는 그들을 떠올리게 된다. 그런데 이 고대의 군중에게는 고대 세계 특유의 병폐가 있었다. 이미 살펴봤듯이, 바로 개인을 무시하는 풍조였다. 심지어 정죄에 동조한 개인도 무시하고, 정죄당한 당사자는 더욱 무시하는 풍조였다. 이는 벌떼와 같은 의식이고 야만적인 행습이다. 이런 정신이 부르짖는 소리가 그 때에도 들렸다. "한 사람이 백성을 위하여 죽는 것이 유익하다." 하지만 도시와 국가에 헌신하려는 그 고대의 정신은 그 자체로는 또 당시에는 숭고한 정신이었다. 그 정신을 찬미한 시인과 순교자들이 있었고, 영원히 존경받을 만한 사람들도 있다. 그러나 그 정신은 모든 신비주의의 성역(聖域)인 한 개인의 영혼을 보지 못하는 약점 때문에 쇠약해지고 있었다. 그런데 다른 모든 것도 쇠약해지고 있는 만큼 그 정신도 쇠약해지고 있을 뿐이었다. 군중은 사두개인들과 바리새인들, 철학자들과 도덕가들에게 동조했다. 군중은 제국의 재판관과 신성한 제사장들, 서기관들과 군인들에게 동조해서 그 유일한 보편적인 인간 정신이 보편적인 정죄를 당하도록 했다. 그리고 인자가 사람들에게 버림을 받을 때 이구동성으로 그 정죄에 찬성하는 합창이 울려 퍼지게 했다.

아무도 따라갈 수 없었던 그곳 너머에는 고독이 있었다. 그 드라마의 가장 깊고 눈에 보이지 않는 부분에는 말로 표현할 수 없는 비밀들, 사람과 사람의 어떤 단절에서도 찾아볼 수 없는 비밀들이 있었다. 복음서의 적나라한 이야기만큼 일편단심으로 진솔하게 표현하지 않으면, 골고다 언덕에 높이 세워진 그 참상을 암시하기도 쉽지 않다. 끝없는 설명들은 그 사건의 끝에 도달하지 못했고 심지어는 시작에도 미치지 못했다. 그리고 혹시 침묵을 이끌어낼 수 있는 어떤 소리가 있다면, 우리는 그 끝과 그 극단에 대해 분명히 침묵해도 좋을 것이다. 그 끝은 바로 한 울부짖음이, 그들이 예수를 위해 구입한 그 영원 속에서도 사람이 결코 이해하지 못할 두려울 정도로 뚜렷하고 두려울 정도로 난해한 말로 그 어둠에서 터져 나왔을 때를 말한다. 그리고 그 멸절의 순간에 우리가 생각할 수 없는 심연이 절대적인 존재의 연합을 통해 활짝 열렸다. 하나님이 하나님에게 버림받은 것이다.

그들은 예수의 몸을 십자가에서 내렸고, 최초의 기독교인들 가운데 소수의 부자 중 한 명이 허가를 받아 그의 동산에 있는 바위 무덤에 그 몸을 안치했다. 로마인들은 그의 추종자들이 폭동을 일으켜 그 몸을 가져갈까봐 경비병들을 배치했다. 이 자연스러운 절차에 다시 한 번 자연스러운 상징이 들어있다. 그 무덤이 고대 근동의 매장 방식을 따라 돌로 은밀하게 봉해지고 로마 황제의 권위에 의해 지켜진 것은 잘된 일이었다. 왜냐하면 그 두 번째 동굴 속에 우리가 고대인이라 부르는 그 위대하고 영광스러운 인류가 모두 모여져서 덮어졌고, 그곳에 묻혔기 때문이다. 그것은 인간의 역사라고 불리는 매우 거대한 것, 단지 인간의 역사에 불과한 것의 종말이었다. 신화들과 철학들이 거기에 묻혔고, 신들과 영웅들과 현자들도 매장되었다. 그 위대한 로마의 명언을 빌리자면, 그들은 한때 살았던 존재였다. 그러나 그들은 단지 살 수 있는 존재였던 만큼 단지 죽을 수 있는 존재였다. 그래서 그들은 죽은 상태가 되었다.

사흘째 되던 날 새벽에 그곳에 온 그리스도의 친구들은 무덤이 비었고 돌이 옆으로 굴려진 것을 발견했다. 그들은 다양한 방식으로 새로운 기적을 경험했다. 그러나 그들조차 지난밤에 온 세상이 죽었다는 사실을 깨닫지 못했다. 그들이 보고 있던 것은 새 하늘과 새 땅이 함께하는 새로운 창조의 첫째 날이었다. 하나님은 정원사의 모습으로 그 정원을 다시 거니셨고 때는 서늘한 저녁이 아니라 서늘한 새벽이었다.

C·H·A·P·T·E·R 4
# 이단들의 증언

　　　　　그리스도는 두 가지 유명한 비유적 표현과
함께 교회를 세웠다. 그 표현들은 그분이 교회를 세울 권한을 부
여한 사도들에게 분부한 최후의 말씀에 나온다. 첫 번째 비유는
베드로를 반석으로 삼아 그 위에 교회를 세운다는 말씀이었다. 두
번째 비유는 열쇠의 상징이었다.[1] 내 경우에는 전자의 뜻에 대해
선 당연히 아무런 의문이 없다. 그러나 전자는 두 가지 부차적인
측면만 제외하면 여기에 제시된 주장에 직접 영향을 주지 않는다.
이 비유는 시간이 흐른 뒤에, 심지어 오랜 세월이 지나고서야 그

---

1 "내가 천국 열쇠를 네게 주리니"(마 16:19)

의미가 상세히 설명되고 또 그 자체로 설명될 그런 것의 또 다른 예이다. 그리고 그 비유가 오히려 갈대처럼 보이는 사람을 반석으로 묘사한 만큼, 언어로 봐도 단순하고 자명한 것을 뒤집어놓은 그 무엇을 보여주는 또 다른 예이다.

그러나 열쇠의 비유는 정확성을 갖고 있어서 정확히 파악된 경우가 드물다. 열쇠는 기독교세계에서 예술과 문장(紋章)에 많이 사용되었는데도 누구나 그 비유가 얼마나 적절했는지를 알아차린 것은 아니다. 우리는 이제 로마 제국에서 교회가 처음 등장하고 활동한 것에 대해 무언가를 말할 역사적인 시점에 도달했다. 그리고 그 현상을 짧게 묘사할 때 열쇠라는 옛 비유보다 더 완벽한 것은 없는 듯하다. 초기 기독교인은 바로 열쇠를 갖고 다니는 사람이었다. 또는 그가 전한 내용이 열쇠였다. 당시의 모든 기독교 운동은 그 열쇠를 갖고 있다고 주장하는데 있었다. 그것은 공성 망치를 상징으로 삼을 만한 "돌격 앞으로!"를 외치는 운동이 아니었다. 그 운동은 현대의 사회 운동처럼 자신과 비슷한 것이든 다른 것이든 모조리 공성 망치로 휩쓸어버리는 운동이 아니었다. 우리가 곧 보게 될 것처럼, 기독교는 오히려 그런 방식을 단호히 거부했다. 그 운동은 열쇠가 하나 있다고, 자기가 그 열쇠를 갖고 있다고, 그와 비슷한 다른 열쇠는 없다고 확실히 주장했다. 그런 의미에서 기독교는 편협한 운동이었다. 다만 그것이 온 세상의 감옥을 열고 자유의 밝은 햇살이 들어올 수 있게 한 바로 그 열쇠가 되었을 뿐이다.

기독교의 신조는 세 가지 측면에서 열쇠와 같았다. 따라서 그 신조는 이 상징에 의거하여 잘 요약될 수 있다. 첫째, 열쇠는 무엇보다도 어떤 형태를 가진 사물이다. 그 존재 가치는 그 형태를 유지하는데 달려 있다. 기독교 신조는 무엇보다도 형태의 철학이고 무형(無形)의 적이다. 이 점에서 기독교는 마니교나 불교처럼 무형의 무한성을 추구하는 종교들과 다르다. 이런 종교는 아시아의 어둔 심장부에서 일종의 밤의 수렁을 만들고 모든 피조물을 해체시키는 것을 이상으로 삼는다. 이 점에서 기독교는 피조물들이 끊임없이 자기 형태를 잃어가고 있다는 관념인 진화론처럼 그 형태가 모호한 사상과 다르다. 어떤 사람이 이런 말을 한 적이 있다. 단하나뿐인 현관 열쇠가 다른 백만 개의 열쇠와 함께 녹아서 불교의 합일을 이뤘다면 분명히 화를 낼 것이라고. 반면에 그 열쇠가 그의 주머니 안에서 점점 자라 싹이 트고 가지를 뻗어 새로운 홈이나 돌기가 생긴다고 더 만족하지는 않을 것이라고.

둘째, 열쇠의 형태는 그 자체로 환상적인 모양이다. 그것이 열쇠인지 모르는 미개인은 그것이 도대체 무엇에 쓰는 물건인지 도무지 짐작하기 어려울 것이다. 열쇠가 환상적인 까닭은 그 모양이 제멋대로이기 때문이다. 열쇠는 추상적인 것이 아니다. 따라서 논란을 벌일 대상이 아니다. 열쇠는 자물쇠에 맞거나 맞지 않거나 둘 중 하나다. 열쇠 자체만 생각하면 그것을 놓고 논쟁을 벌이는 일은 쓸데없는 짓이다. 또는 기하학 또는 장식 미술의 순수이론을 토대로 열쇠를 재구성하는 일도 아무 소용이 없다. 한 사람이 자기는 더 단순한 열쇠를 좋아한다고 말한다면, 그것은 어리석은 소리다. 차라리 쇠지레를 갖고 최선을 다하는 편이 훨씬 더 현명할 것이다.

셋째, 열쇠가 반드시 어떤 패턴을 지닌 사물이듯이, 기독교 역시 어떤 면에서 정교한 패턴을 지닌 것이었다. 사람들이 기독교가 너무 일찍부터 신학과 같은 것들로 복잡해졌다고 불평할 때는 세상이 한 구멍에 빠졌을 뿐 아니라 구멍과 구석이 많은 미궁에 빠졌다는 사실을 잊고 있는 것이다. 세상의 문제 자체가 복잡하게 뒤엉킨 문제였다. 그 문제는 일반적인 의미에서 단지 죄와 같이 단순한 것만 포함한 것이 아니다. 그와 더불어 온갖 비밀, 파헤쳐지지도 헤아릴 수도 없는 온갖 오류들, 무의식적인 정신병, 사방에 널린 위험들로 가득 차 있었다. 만약 기독교가 일부 도덕가들이 말하는 평화와 소박한 삶에 대한 진부한 소리만 갖고 세상과 대면했다면 그 호화롭고 미궁 같은 정신병원에 티끌만큼도 영향을 주지 못했을 것이다. 이제 기독교가 실제로 무엇을 했는지 대충 묘사해야겠다. 여기서는 이렇게 말해도 충분하겠다. 그 열쇠는 복잡해 보이는 면이 분명히 많았지만 정말로 단순한 것이 단 하나 있었다. 그 열쇠가 문을 열었다는 것이다.

이 문제와 관련해 사람들이 인정하고 받아들인 주장들이 있다. 이는 편의상 한 마디로 거짓말이라고 불러도 무방하다. 우리는 기독교가 미개한 시대에 생긴 종교라는 주장을 들은 적이 있다. 차라리 크리스천 사이언스가 미개한 시대에 생겼다고 주장하는 편이 더 낫다. 그들은 기독교를 사회적 쇠퇴의 징조였다고 생각할지 모른다. 마치 내가 크리스천 사이언스를 정신적 쇠퇴의 징조로 보는 것처럼. 그들은 기독교를 마침내 한 문명을 파멸시킨 미신으로 간주할지 모른다. 내가 크리스천 사이언스를 (진지하게 받아들이면) 수많은 문명을 파멸시킬 수 있는 미신으로 생각하듯이. 그러나 4, 5세기의 기독교인들을 미개한 시대에 살았던 미개인들이었다고 말한다면, 이는 에디 부인[2]이 북아메리카 원주민이었다고 말하는 것과 같다. 그리고 만약 내가 체질상 에디 부인을 참지 못해서 그녀를 북아메리카 원주민이라고 부른다면, 나는 어쩌다가 거짓말을 하는 셈이 되리라. 우리는 4세기의 로마 문명을 좋아할 수도 있고 싫어할 수도 있다. 또 19세기 미국의 산업 문명을 좋아할 수도 있고 싫어할 수도 있다. 그렇지만 둘 다 흔히 말하는 문명이었다는 사실은 상식이 있는 사람은 부인하고 싶어도 부인할 수 없다. 이는 아주 분명하고도 대단히 근본적인 사실이다. 그리고 우리가 과거의 기독교를 묘사할 때 그 사실을 토대로 삼아야 한다. 좋든 나쁘든, 기독교는 분명 문명화된 시대, 어쩌면 지나치게 문명화된 시대의 산물이었다. 이는 기독교를 칭송하거나 비난하기에 앞서 인정할 첫 번째 사실이다. 유감스럽게도 나는 무언가를 크리스천 사이언스에 비유할 때는 그것을 칭송한다고 느끼지 않는다. 그러나 우리가 어떤 것을 비난하거나 칭송할 때는 그것이

---

2 매리 베이커 에디(Mary Baker Eddy, 1821–1910): 크리스천 사이언스라는 종교의 창시자.

속한 사회의 분위기를 어느 정도 아는 것이 바람직하다. 에디 부인을 북아메리카 원주민의 손도끼와 연결시키거나 슬픔의 어머니(Mater Dolorosa)[3]를 그들이 숭배한 토템과 연관시키는 학문은 편의상 없애버리는 것이 좋다. 기독교에 대한 중요한 사실뿐 아니라 이방의 문명 전체에 관한 중요한 사실은 이 책에서 한 번 이상 반복한 바 있다. 지중해는 저수지나 다름없는 호수였다. 서로 다른 많은 종교들 또는 문화들이 지중해로 흘렀다. 그 호수를 중심으로 서로 마주 보고 있던 도시들은 점점 더 단일한 범세계적 문화가 되어갔다. 법률적이고 군사적인 면에서는 로마 제국이었지만 그 문화는 매우 다양한 면이 있었다. 그 문화는 매우 많은 다양한 미신들이 있었다는 의미에서 미신적이었다고 불러도 좋다. 그러나 그 문화에서 야만적이라고 부를 수 있는 부분은 하나도 없었다.

이처럼 수준 높은 범세계적 문화 속에서 기독교와 가톨릭교회가 생겨났다. 이 이야기에 속한 모든 것을 보면 기독교는 새롭고 낯선 것으로 다가왔던 것을 알 수 있다. 어떤 사람들은 기독교가 좀 더 온건하거나 평범한 어떤 것에서 진화되었다고 주장하려고 애썼지만 이 경우에는 진화론적 방법을 적용하기가 매우 어렵다는 것을 알게 되었다. 그들은 에세네파[4]나 에비온파[5]와 같은 것

---

3 아들이 고난당하는 것을 슬퍼한 성모 마리아를 일컫는 이름.
4 B.C. 2세기부터 A.D. 1세기까지 활동했던 유대의 종교 분파. 금욕주의와 자발적 가난을 실천하는 공동체 생활을 했다.
5 1세기에 존재한 유대교적인 기독교 분파. 예수를 구세주로 믿으면서도 유대의 율법과 예

들이 그 씨앗이었다고 주장할지 모른다. 그러나 그 씨앗은 눈에 보이지 않고, 그 나무는 급속도로 다 자란 모습이고, 그 나무는 완전히 다른 어떤 것이다. 그것은 베들레헴의 이야기에 서린 따스함과 도덕적인 아름다움을 간직하고 있다는 의미에서 분명히 크리스마스 나무이다. 그러나 그것은 일곱 갈래의 촛대[6]만큼 제의적 성격을 띠었고, 그 나무에 달린 초들은 에드워드 6세[7]의 제1기도서가 허용한 수보다 더 많았다. 여기에서 이런 의문이 들 수도 있다. 베들레헴을 찾아온 동방 박사들은 황금을 예물로 가져왔는데, 그 전통을 받아들이는 우리는 어째서 황금으로 만들거나 금박을 입힌 장식품을 사용하면 안 되는가? 동방 박사들이 유향을 마구간에 가져왔는데, 왜 우리는 교회에서 향을 피우는 것을 싫어해야 하는가? 그러나 이런 논란이 여기서 나의 관심사는 아니다. 나의 관심사는 역사학자들이 점점 더 인정하는 역사적 사실이다. 그 사실은 바로 교회 역사의 아주 초창기부터 교회가 고대 문명의 눈에 띄었고, 이미 교회는 교회 안에 내재된 모든 것과 사람들이 싫어하는 많은 부분과 함께 교회의 모습을 분명히 드러냈다는 것이다. 교회가 동시대의 다른 의례적 종파나 주술적인 종교, 또는 금욕주의 종교와 얼마나 비슷했는지는 잠시 후에 논의할 예정이다.

---

식을 따를 것을 주장했고, 사도 바울을 율법의 배교자로 보았다.

**6** 유대교에서 쓰는 '메노라'를 말한다. '메노라'는 히브리어로 '촛대'라는 뜻이다.

**7** 에드워드 6세(Edward Ⅵ, 1537-1553)는 영국과 아일랜드를 통치한 튜더 왕가의 왕으로 헨리 8세의 아들이었다. 이 왕이 다스리던 1549년에 영어로 된 성공회 기도서가 발표되었다.

교회는 현대의 윤리적이고 이상주의적인 운동과는 비슷한 점이 전혀 없었다. 초기 교회는 교리와 징계, 성례와 입문 과정이 있었고, 사람들을 영입하고 또 쫓아냈으며, 어떤 교리는 그 권위로 인정했고 다른 교리는 파문으로 배척했다. 만약 이 모든 것이 적그리스도의 표지들이라면, 적그리스도의 통치가 그리스도 직후 순식간에 뒤따라온 셈이다.

어떤 사람들은 기독교는 교회가 아니라 이상주의자들의 도덕 운동이었다고 주장하는데, 그렇다면 참된 기독교가 변질되거나 사라진 때를 갈수록 더 이른 시기로 잡지 않으면 안 된다. 로마의 어떤 주교는 사도 요한이 살아있는 동안에 자기의 권위를 주장하는 글을 쓰는데, 이는 최초의 '교황의 권리 주장'(papal aggression)[8]으로 묘사된다. 사도들의 한 친구는 그들은 자기가 아는 사람들이라 쓰고 그들이 그에게 성례의 교리를 가르쳤다고 한다. 웰스 씨는 야만적인 피의 예식으로 퇴행하는 움직임이 추측했던 것보다 더 일찍 일어났을 수도 있다고 우물거릴 수밖에 없다. 요한복음의 저작 연대는 한때 점점 더 후대로 늦춰졌지만 지금은 점점 더 이른 시기로 앞당겨지고 있다. 비평가들은 요한복음이 그 자체가 공언하는 바와 비슷한 것일지 모른다는 가능성이 제기되자 흔들리고 있다. 참된 기독교가 사멸한 시점을 이른 시기로 설정한 마지

---

8 1850년에 교황 피우스 9세가 영국과 웨일스 지방을 대주교가 다스리는 가톨릭의 교회 지역으로 선포한 일을 말한다. 이는 곧 '로마의 최고 성직자가 가장 높은 교회적 권위가 자기에게 있다고 주장하는 행위'라고 볼 수 있다.

막 인물은 아마 잉에 신부(Dean Inge)[9]가 권위자로 언급한 가장 최근의 어떤 독일 교수일 것이다. 이 유식한 학자는 오순절에 조직적이고 교리적이며 독재적인 교회, 곧 나사렛 예수의 이상에 전혀 맞지 않는 교회가 처음 세워졌다고 주장했다. 이는 대중적 의미에서든 학문적 의미에서든 극단적인 주장이라 할 수 있다. 그런데 이런 부류의 교수들은 대체 인간이 무엇으로 이루어진 존재라고 생각할까? 기독교가 단순히 인간적인 운동이었다고 가정해보라. 이를테면 양심적 병역 거부 운동이었다고. 일부 사람들은 초기 기독교인들이 평화주의자들이었다고 말한다. 나는 잠시도 그렇게 믿지 않지만, 논의를 위해 그와 유사한 것을 받아들일 준비가 되어 있다. 톨스토이 또는 농부들 사이에서 평화를 설파하던 어떤 훌륭한 설교자가 징병에 도전하다가 항명자로 총살형을 당했다. 그리고 얼마 후, 그 설교자를 따르던 몇몇 사람이 그를 추모하고자 어떤 다락방에 모였다. 그들은 그 공통의 기억 말고는 다 함께 모일 이유가 전혀 없었다. 워낙 다양한 배경의 사람들이고 그들을 한데 묶어 주는 것은 다만 그들 인생에서 일어난 최대의 사건이 인류 평화를 설파하던 그 설교자에게 닥친 비극이란 사실이었다. 그들은 늘 그의 말을 되풀이하고, 그의 문제들을 숙고하고, 그의 성품을 닮고자 했다. 그 평화주의자들은 그들의 오순절에 모였다가 별안간 황홀경에 빠지고 소용돌이처럼 몰아치는 영

9 윌리엄 랄프 잉에(William Ralph Inge, 1860-1954)는 영국의 작가이자 케임브리지 대학의 신학 교수, 그리고 성 바울 성당의 수석 사제였다.

감에 사로잡혔다. 그동안에 그들은 보편적인 징병제도를 시행하고, 해군 예산을 늘리고, 또한 각 사람이 완전 무장을 하고 모든 국경 지대에 대포를 쫙 깔아야 한다고 주장했다. 그리고 '불도그와 같이 용감한 사나이들'[10]과 '저들이 영국 해군을 짓밟지 못하게 하라'[11]를 제창하는 것으로 모임을 끝냈다. 이는 이런 비평가들의 이론과 상당한 유사한 것이다. 제자들의 예수 사상이 가톨릭 사상으로 전환된 것이 오순절에 그 작은 다락방에서 일어났을 수 있었다는 이론 말이다. 상식적으로 생각해도, 자기들이 사랑했던 지도자에 대한 공동의 열정 때문에 모인 사람들이 갑자기 태도를 바꿔 지도자가 미워했던 모든 것을 세우려고 했다는 것은 어불성설이다. 그렇지 않다. 만일 '교회 제도와 교리 체계'가 오순절만큼 오래되었다면, 그것은 크리스마스만큼 오래된 것이다. 만약 우리가 그 제도의 기원을 아주 초창기 기독교인들로 거슬러 올라간다면, 우리는 그 기원을 그리스도까지 거슬러 올라가야 한다.

그렇다면 우리는 다음 두 가지 반박으로 시작해도 좋겠다. 첫째, 기독교 신앙이 단순한 시대, 곧 무지하고 속기 쉬운 시대에 등장했다고 말하는 것은 난센스이다. 둘째, 기독교 신앙은 단순한 것, 즉 모호하거나 유치하거나 본능적인 것이라고 말하는 것도 난센스이다. 기독교가 이방세계에 잘 들어맞은 점이 단 하나 있다면 그것은 둘 다 고도로 문명화되었을 뿐 아니라 상당히 복잡했

---

10 20세기 초의 영국 해군 군가다.
11 20세기 초의 영국 해군 군가다.

나는 사실일 것이다. 둘 다 다양한 면을 갖고 있어서 육각형 덮개를 기다리는 육각형 구멍과 비슷했다. 그런 의미에서 오직 교회만이 세상에 딱 들어맞을 만큼 다면성이 있었다. 지중해 세계의 여섯 면은 바다를 사이에 두고 서로 마주보고 있었고, 단번에 모든 방향을 보게 하는 무언가를 기다렸다. 교회는 로마적이고 그리스적이고 유대적이고 아프리카적이고 아시아적이어야 했다. 이방인의 사도였던 바울의 말 그대로, 교회는 정말로 모든 사람에게 모든 것이었다.[12] 당시의 기독교는 투박하고 단순하지 않았고 실은 미개한 시대의 산물과 정반대였다. 그런데 우리가 상반되는 비난을 접하게 되면 훨씬 더 그럴듯한 비난을 접하게 된다. 기독교 신앙은, 문명의 과잉이란 의미에서, 문명 쇠퇴의 마지막 국면이었다고 말하는 것이 훨씬 더 타당하다. 즉, 이 미신은 로마가 지나치게 문명화된 나머지 죽어가고 있는 징후였다고 말하는 것이다. 이것이 훨씬 더 타당한 주장인 만큼 이제 우리는 이 주장을 고려하게 될 것이다.

이 책의 서두에서 나는 전반적인 내용을 요약하면서 자연으로부터 인간의 등장과 역사로부터 기독교의 등장이 서로 병행한다고 말했다. 그리고 두 경우 모두, 먼저 일어난 일이 나중에 일어날 일을 암시할 수는 있어도 실제로 나중에 일어난 일을 암시하지는 못했다고 내가 지적했다. 만일 어느 초연한 지성이 어떤 원숭

---

**12** 고전 9:22 참고.

이 무리를 보았다면 더 많은 유인원을 추론할 수도 있었을 것이다. 하지만 사람을 추론하거나 사람이 행한 일은 조금도 추론하지 못했을 것이다. 요컨대, 그 지성은 장차 피테칸트로푸스[13]나 (유인원과 인간의 간극을 연결할) '잃어버린 고리'가 어렴풋이 나타나는 모습을 내다보았을 수도 있다. 가능했다면, 우리가 그런 존재가 과거에 어렴풋이 나타나는 모습을 보는 것처럼 무척 희미하게 미심쩍어하면서 내다보았을 것이다. 그러나 그 지성이 만일 그 존재가 등장하는 것을 예견했다면, 그는 또한 그 존재가 사라지는 것도 예견했을 테고, 그 존재가 소수의 희미한 흔적을 남겼듯이 그 지성 역시 소수의 희미한 흔적을 남겼을 것이다. '잃어버린 고리'를 예견하는 것은 사람 또는 사람과 비슷한 것을 예견하는 것과 다르다. 이제 우리는 앞에서 제시한 이 설명을 염두에 두어야 한다. 왜냐하면 그 설명은 교회에 대한 참된 견해와 병행하기 때문이다. 그리고 기독교가 쇠퇴하던 로마 제국으로부터 자연스럽게 진화했다는 주장의 맹점도 보여주기 때문이다.

어느 의미에서는 제국이 쇠퇴함에 따라 기독교와 같은 것이 등장할 것으로 누군가 예견했을 법도 한 것은 사실이다. 즉, 기독교와 약간 비슷해도 엄청나게 다른 어떤 것을 말이다. 예컨대, 누군가 이렇게 예상했을 수 있다. "로마인들이 쾌락을 지나치게 추구한 나머지 그에 대한 반작용으로 비관주의가 등장할 것이야. 아마

---

**13** 1부 1장 13번 각주 참고.

도 그 비관주의는 금욕주의의 형태를 띨 것이고, 사람들은 목매어 자살하는 대신 스스로 몸을 절단할 것이야." 또는 누군가 이렇게 타당하게 예측했을 수 있다. "만약 우리가 우리의 그리스와 라틴의 신들에게 질린다면, 우리는 아시아의 신비주의나 다른 무언가를 갈망하게 될 것이야. 그러면 페르시아의 종교나 인도의 힌두교가 유행하게 되겠지." 또는 산전수전 다 겪은 사람은 명견만리를 자랑했을 수 있다. "권세가들은 이런 유행을 타고 있지. 언젠가 궁전도 그 가운데 하나를 채택할 것이고, 결국 그것이 공식적인 것이 될 거야." 또는 좀 더 비관적인 사람은 이렇게 추측했을 것이다. "세상은 내리막길로 접어들었어. 무지몽매하고 야만적인 미신이 복귀할 텐데, 어떤 미신인지는 별로 중요하지 않지. 그런 미신들은 죄다 한밤의 꿈처럼 허망하고 덧없을 거야."

그런데 너무나 흥미로운 점은 이 모든 예언이 정말로 이루어졌다는 사실이다. 그러나 교회가 그 예언들을 성취한 것은 아니었다. 오히려 교회는 그 예언들을 회피했고, 그것들을 논파했고, 그것들을 이기고 우뚝 섰다. 쾌락주의가 그에 대한 반작용으로 금욕주의를 초래할 확률이 있었던 만큼 실제로 금욕주의가 등장했다. 그것은 마니교라고 불리는 운동이었고, 교회는 마니교의 치명적인 적이었다. 마니교는 그 역사적 시점에 자연스럽게 등장할 것 같았는데, 그것이 실제로 나타났다. 마니교는 또한 자연스럽게 사라졌다. 비관주의적인 반작용은 실제로 마니교 신자들과 함께 왔다가 실제로 마니교 신자들과 함께 가버린 것이다. 그러나 교회는 그들과 함께 오지 않았고 그들과 함께 가지도 않았다. 그리고 교회는 마니교의 등장보다 마니교의 소멸과 더 많은 관계가 있었다. 다른 한편, 회의주의가 커지면서 동양 종교가 유행할 것 같았는데, 실제로 그렇게 되었다. 미트라스는 팔레스타인에서 멀리 떨어진 페르시아의 심장부로부터 황소의 피를 이용하는 이상한 의식과 함께 들어왔다. 분명히 당시에는 어쨌든 동양 종교가 유행할 것 같은 조짐이 도처에 있었다. 그러나 분명히 지금은 세상에 어쨌든 그런 유행이 사라질 것 같은 조짐이 있다. 동양 종교의 유행이 4, 5세기의 로마에 찰떡처럼 잘 들어맞았던 것은 분명한 사실이다. 그러나 그 사실만으로 그런 종교가 20세기까지 남아있고 여전히 건재한 현상을 설명하기는 어렵다. 요컨대, 당시에는 미트라교와 같은 것들을 예상할 수 있었고 또 실제로 경험했지만, 그 사실은 우리가 최근에 겪는 경험을 설명하기에는 역부족이다. 그리고 만약 미트라교의 머리 장식을 비롯한 페르시아의 기구들이 도미티아누스 때 대유행할 것으로 예상했었다는 이유로 우리가 아직도 미트라교 신자들이라면, 지금은 사람들이 우리를 시대에 뒤떨어진 부류로 생각할 것이다.

곧 다루겠지만, 공식적인 편애의 개념도 마찬가지다. 어떤 유행에 대한 그런 편애는 로마가 쇠퇴하고 멸망하는 기간에 찾을 만하다고 예상했던 만큼, 그것은 실제로 로마 제국에 존재했고 실제로 그 제국과 함께 쇠퇴하고 멸망했다. 그러나 그 현상은 그와 달리 쇠퇴하고 멸망하기를 단호히 거부했던 것(교회)을 설명할 수 없다. 교회는 다른 것이 쇠퇴하고 멸망하는 동안에 꾸준히 성장했다. 또 다른 장구한 시대가 한 바퀴 돌았고 또 다른 문명이 멸망하거나 쇠퇴하는 듯이 보이는 이 순간에도 교회는 거침없는 에너지로 앞으로 나아가고 있다.

그런데 신기한 사실이 있다. 초대 교회가 짓밟았다고 비난을 받는 바로 그 이단들이 교회가 비난받는 그 불공평함을 증명한다는 사실이다. 어떤 것이 비난을 받아야 마땅할 때, 교회는 그런 것을 비난한다는 이유로 비난을 받는다. 어떤 것이 단순히 미신에 불과할 때, 교회는 직접 그 미신을 정죄했다. 어떤 것이 순전히 야만적 행태로 되돌아가는 반작용일 때, 교회는 그것이 야만적 행태로 되돌아가는 반작용이라는 이유로 반기를 들었다. 어떤 것이 스러지는 제국의 유행이고 그것이 죽고 또 죽어야 마땅한 것이었을 때, 그 숨통을 끊은 것은 오로지 교회밖에 없었다. 교회는 이단이 탄압을 받은 바로 그 이유 때문에 탄압을 받는다. 진화론적인 역사학자들과 고등 비평가들은 아리우스주의[14]와 영지주의[15], 네스토리우스주의[16]가 왜 탄생했고 또 왜 죽었는지를 분명히 설명한다. 하지만 왜 교회가 탄생했는지, 또는 왜 교회가 죽기를 거부했

---

**14** 아리우스(250? – 336?, Arius)는 그리스의 신학자이자 알렉산드리아의 장로였다. 성부만이 하나님이며, 성자는 피조물이지 하나님이 아니라고 주장했다. 이 때문에 '니케아 공의회'(325년)가 열렸다. 350년대에는 극단적인 아리우스주의자들이 등장하였다.

**15** 영지주의는 그리스어로 '지식'을 뜻하는 '그노시스'에서 나온 말이다. 대체로 '신적 계시로 얻을 수 있는 비밀스런 지식'이 구원에 필요하다고 주장한 이단이었다.

**16** 네스토리우스(? – 451?)는 콘스탄티노플의 주교였다. 그리스도를 '말씀이신 하나님이 거하시는 인간 예수'라고 보았다. 또한 마리아가 '하나님의 어머니'라는 개념을 인정하지 않았다. 마리아가 낳은 사람은 인간으로서의 예수이지 말씀이신 하나님이 아니라는 주장이었다.

는지는 설명하지 못한다. 무엇보다도, 그들은 어째서 교회는 자기가 공유하게끔 되어 있던 그 해악들에 대해 전쟁을 벌여야 했는지를 설명하지 못한다.

이제 다음 원리를 보여주는 실제적인 예를 몇 개 들겠다. 그 원리는 이렇다. 죽어가는 제국의 미신에 해당하는 어떤 것이 실제로 있었다면, 그 미신은 그 죽어가는 제국과 함께 실제로 죽었다는 것. 그리고 그 미신은 분명히 자기를 무너뜨린 주체와 동일하지 않았다는 것. 이 목적을 위해 우리는 현대의 기독교 비판가들 사이에 통용되는, 기독교의 기원에 대한 가장 일반적인 두세 가지 설명을 차례로 살펴보게 될 것이다. 예를 들어, 현대의 비판가들이 다음과 같은 글을 쓰는 모습을 가장 흔히 볼 수 있다. "기독교는 무엇보다도 사막으로 급히 들어가고, 수도원을 피난처로 삼고, 모든 삶과 행복을 포기하는 금욕주의 운동이었다. 그리고 이것은 본성 자체를 거스르는 음울하고 비인간적인 행위, 육체에 대한 혐오, 물질적인 우주에 대한 공포, 모든 감각과 심지어 자아에 대한 일종의 보편적인 자살의 일부였다. 이는 파키르(fakir)[17]의 종교 같은 동양의 광신주의에서 나왔으며, 궁극적으로는 존재 자체를 하나의 악으로 보는 동양의 비관주의에 그 기초를 두고 있었다."

이 설명의 가장 놀라운 점은 그 모든 내용이 다 옳다는 것이다. 구구절절 다 맞는 말이지만 단 하나, 즉 그것이 어쩌다가 그릇된

---

17 이슬람교에서 고행을 하는 수도자로서 성자 대우를 받는다.

사람의 속성을 일컫는다는 점만 빼고 그렇다. 그 설명은 교회에는 해당되지 않고 교회가 정죄한 이단들에게 해당된다. 그것은 마치 어떤 사람이 영국 왕 조지 3세의 장관들이 저지른 과실이나 실정에 대한 세부적인 분석의 글을 쓰는데, 약간 부정확한 내용과 함께 그 전반적인 이야기는 미국의 대통령 조지 워싱턴에 대한 것인 경우와 같다. 또는 마치 어떤 사람이 러시아의 볼셰비키주의자들이 저지른 범죄 목록을 정확하게 작성했지만, 그 범죄의 주체를 러시아 황제로 돌리는 것과 같다. 초대 교회는 실제로 매우 금욕적인 공동체였지만 비판가들이 말한 것과는 완전히 다른 철학을 갖고 있었다. 그러나 인간의 삶과 본성에 전쟁을 선포하는 철학은 세상에 실제로 존재했는데, 단 비판가들은 그것을 어디에서 찾을지 몰랐을 뿐이다.

교회가 출현했을 때 실제로 일어난 일은 이렇다. 기독교 신앙이 세상에 처음 출현했을 때, 그 신앙에 일어난 첫 번째 현상은 대체로 동양에서 온 수많은 신비주의 종파와 형이상학적 종파에 포위를 당한 것이다. 이를 비유로 설명하면, 마치 한 외로운 황금벌이 말벌 떼에 휩싸인 것 같았다고 할 수 있다. 평범한 구경꾼에게는 둘 사이에 별로 차이가 없는 듯하다. 그냥 윙윙거리는 소리만 날 뿐이다. 침을 쏘고 침을 맞는 것만 생각하면 사실 별로 차이가 없는 편이다. 차이점은 윙윙거리는 그 모든 벌떼 속에서 오직 유일한 황금벌만 온 인류를 위한 벌집을 지을 수 있는 능력이 있었다는 것이다. 황금벌만이 벌꿀과 밀랍, 또는 (너무 쉽게 잊히는 문맥에서 아주 잘 표현했듯이) "가장 고귀한 두 가지, 곧 달콤함과 빛"[18]을 세상에 줄 수 있는 능력이 있었던 것이다. 말벌들은 그해 겨울 모두 죽었다. 우리의 난제 중 절반은 그 말벌들에 관해 무엇이든 아는 사람이 거의 없다는 것이고, 대다수는 말벌들이 존재했다는 사실조차 모른다는 것이다. 그래서 우리 종교의 첫째 단계에 대한 모든 이야기는 실종되고 말았다.

이를 다른 비유로 설명해보겠다. 동양과 서양 사이에 둑이 있다고 가정하자. 동양의 이런 저런 운동이 그 둑을 뚫고 신비적인 사상들을 가져왔고 그 고유한 사상들과 함께 다른 신비적인 사상들도 홍수처럼 들어왔는데, 그 대다수가 금욕적인 성향이었고 거의 모두가 비관적인 색채를 띠었다. 그 사상들은 순전히 기독교적인 영역을 압도해서 수장(水葬)시키다시피 했다. 그 대부분은 동양철학과 동양 신화 사이의 모호한 경계지역에서 왔고, 그 사상들은 무모한 철학들과 더불어 지도들과 족보들의 형태로 우주의 환상적인 패턴을 만들려는 광기를 공유했다. 신비의 인물 마니로부터 유래한 사람들을 '마니교도'[19]라고 불렀다. 그와 닮은 종파들은 보통 영지주의자로 알려져 있다. 그것들은 대체로 복잡하게 뒤얽힌 사상이라 정의하기 어렵지만, 우리가 강조할 점은 비관주의이다.

---

**18** 조나단 스위프트가 1704년에 쓴 글 "책들의 전투"(*the Battle of the Books*)에 처음 나오는 문구다. 이 구절에서 '달콤함과 빛'(sweetness and light)은 매튜 아놀드가 1869년에 쓴 글 "문화와 무질서"(*Culture and Anarchy*)를 계기로 '한 사람의 친근감과 여유'를 가리키는 관용 표현이 되었다.

**19** 마니교는 이란의 주된 영지주의 종교 중 하나였다. 선한 빛의 영적 세계와 악한 어둠의 물질세계 사이에 끊임없는 투쟁이 있다고 가르쳤다.

거의 모두가 이런 저런 형태로 세계의 창조를 악한 영의 사역으로 간주했던 것이다. 그들 중 일부는 불교를 둘러싼 아시아풍의 분위기를 갖고 있었다. 그래서 삶은 순수한 존재가 타락한 결과라고 생각했다. 그들 중 일부 종파는 이렇게 주장했다. 순전히 영적인 질서가 있었는데, 해와 달과 별과 같은 장난감을 만든 조잡하고 서툰 재주에 의해 배신을 당했던 것이라고. 어쨌든 아시아 중앙의 형이상학적 바다에서 나온 그 모든 어둠의 물결이 동양과 서양을 나누는 둑을 거침없이 흘러넘쳤고, 동일한 시기에 그리스도의 신조도 같은 지역에 흘러 들어갔다. 그런데 이 이야기의 핵심은 기독교와 영지주의는 결코 같지 않았다는 것이다. 양자는 물과 기름처럼 따로 흘렀다. 그리스도의 신조는 기적처럼 계속 살아남았고 지금도 바다 한가운데로 흘러가는 강과 같다. 그리고 그 기적은 다시 한 번 실제적인 증거를 갖고 있었다. 그 증거는 그 바다 전체가 소금이고 죽음의 쓴 맛을 냈지만 그 한가운데로 흐르는 한 물줄기는 사람이 마실 수 있었다는 것이다.

교회의 순수성은 교리적인 규정과 배제에 의해 보존되었다. 그 밖의 다른 어떤 것으로도 보존할 수 없었기 때문이다. 만약 교회가 마니교와의 관계를 끊지 않았다면, 교회는 마니교처럼 되었을 것이다. 만약 교회가 영지주의와의 관계를 끊지 않았다면, 교회는 영지주의 공동체가 되었을 것이다. 그러나 교회는 둘 다와 관계를 끊음으로써 영지주의도 아니고 마니교도 아님을 입증했다. 어쨌든 교회는 영지주의도 아니고 마니교도 아닌 어떤 것이 있음을 증명했던 것이다. 베들레헴에서 달려온 사람들의 좋은 소식과 부활의 나팔 소리가 아니면 무엇이 그들을 정죄할 수 있었겠는가? 초대 교회는 금욕적이었지만 단순히 비관주의자들을 정죄함으로써 비관주의적인 공동체가 아님을 증명했다. 기독교 신조는 사람은 죄인이라고 선언했으나, 삶은 악한 것이라고 선언하지 않았고, 그런 주장을 하는 이들을 정죄함으로서 그 선언을 입증했다. 초기의 이단들에 대한 정죄를 매정하고 편협한 처사였다고 비난하는데, 그것은 사실 교회가 형제애가 있고 폭넓은 공동체가 되려고 했다는 증거였다. 그것은 초기 가톨릭 신자들이 다음 몇 가지를 설명하려고 열심히 노력했음을 입증해준다. 첫째, 그들은 사람을 완전히 무가치한 존재로 생각하지 않았다는 것, 둘째, 그들은 삶을 치유될 수 없을 만큼 비참하다고 생각하지 않았다는 것, 셋째, 그들은 결혼을 죄로, 또는 출산을 비극으로 생각하지 않았다는 것이다.

기독교인들이 금욕적이었던 이유는 금욕만이 세상의 죄악들을 정화시킬 수 있는 유일한 방법이었기 때문이다. 그러나 그들은 이단을 저주하면서도 그들의 금욕주의가 반(反)인간적이거나 반(反)자연적인 것이 되면 안 된다는 것을 영원히 확언했다. 그들은 세상을 정화하기를 바랐지 파괴하려고 했던 것이 아니란 뜻이다. 지금도 여전히 기독교인들을 그 치명적인 적들과 혼동하는 상황인데, 당시에도 교회의 입장을 분명히 할 수 있는 방법은 그런 저주밖에 없었다. 그리고 비관주의자들은 가상의 것들을 꾸며

내 자연에 반대하는 전쟁을 벌이고, 그들의 '에이온'(Aeon)[20]과 '데미우르고스'(Demiurge)[21], 기묘한 '로고스'(Logos)[22]와 불길한 '소피아'(Sophia)[23]등을 동원해서 폭동을 일으키고 있었는데, 그들을 대항할 수 있는 것은 도그마밖에 없었다. 만약 교회가 신학을 고수하지 않았다면, 교회는 신비주의자들의 미친 신화 속에 녹아들었을 것이고, 이성 또는 합리주의에서 더 멀어지고 무엇보다도 삶과 삶에 대한 사랑으로부터 더 멀어졌을 것이다. 교회가 그렇게 대응하지 않았다면, 교회는 거꾸로 뒤집힌 신화, 곧 이방종교에서 자연스러운 모든 것을 부정하는 신화로 전락했을 것임을 기억하라. 그 신화에서는 플루토(Pluto)[24]가 주피터보다 더 높은 신이고, 하데스(Hades)가 올림포스 산보다 더 높은 곳에 있고, 브라마와 생명의 숨을 지닌 모든 존재가 죽음의 눈으로 빛나는 시바 신(Shiva)[25]의 신하가 되었을 것이다.

초대 교회가 포기와 순결에 굉장한 열정을 품었다는 사실은 이런 차별성을 더욱 뚜렷하게 보여준다. 이 때문에 교리가 경계선을 그은 곳은 더욱 중요한 의미가 있다. 어떤 사람은 금욕주의자라

---

20 신과 세계의 매개체가 되는 영혼.
21 플라톤의 우주생성론에서 창조신에게 붙인 이름이다.
22 우주 만물을 지배하는 원리 또는 존재.
23 '지혜'를 뜻하는 말로서 여성성이 있는 신적 존재다. 데미우르고스의 어머니다.
24 그리스 신화에서 '하데스'는 죽음의 신으로 나오는데, 로마에서는 하데스를 '플루토'라고 불렀다.
25 힌두교의 파괴의 신. 체스터턴은 본문에서 'Seeva'라고 썼으나 'Shiva'를 잘못 쓴 것으로 보고 시바 신(Shiva)으로 판단하였다.

서 짐승처럼 네발로 기어 다닐 수 있다. 그는 밤낮으로 기둥 위에
서서 금욕주의자란 이유로 사람들의 흠모를 받을 수 있다. 그러나
그는 이단이 되지 않고는 세상은 하나의 실수라거나 결혼은 하나
의 죄라고 말할 수 없었다. 어떤 것이 그 고유한 독자성을 갖고 있
지 않았다면, 그리고 상당히 다른 것이 아니었다면, 어떻게 뚜렷
한 정의(定義)와 단호한 거부로 동양의 금욕주의로부터 스스로를
일부러 멀리할 수 있었을까? 만일 사람들이 가톨릭 신자와 영지주
의자를 혼동한다면, 그것은 그들의 잘못이라고 우리가 말할 수밖
에 없다. 그리고 가톨릭교회가 동일한 비판가들로부터 이단을 박
해했다는 이유로, 또한 이단을 동정했다는 이유로 비난을 받는 것
은 너무하다.

　교회는 마니교의 운동이 아니었다. 그것은 하나의 운동이 아
니었기 때문이다. 교회는 단순히 금욕적인 운동도 아니었다. 그
것은 아예 어떤 운동도 아니었기 때문이다. 교회가 금욕주의 운
동을 이끌었다거나 완화했다기보다는 그 운동을 길들였다고 보
는 편이 진실에 더 가까울 것이다. 교회는 그 나름의 금욕주의 이
론과 그 나름의 금욕주의 유형을 갖고 있었지만, 당시에 가장 눈
에 띈 것은 교회가 담당한 다른 이론들과 유형들의 중재자 역할이
었다. 예를 들면, 성 아우구스티누스[26] 이야기를 이해하는 방법은
이것밖에 없다. 아우구스티누스가 세상에 속한 사람이었을 때, 시

---

26 아우구스티누스(354-430)는 마니교에 빠져 있다가 암브로시우스의 설교를 듣고 기독교
신앙으로 돌아왔다. 『참회록』, 『삼위일체론』, 『하나님의 도성』 등 고전적인 저서를 남겼다.

대의 흐름을 따라 표류하던 시절에는 마니교도였다. 당시에는 마니교도가 되는 것이 최신식이고 유행이었다. 그러나 그가 가톨릭 신자가 되었을 때 곧바로 방향을 돌려 맹공을 퍼부은 대상은 바로 마니교도들이었다. 가톨릭 방식으로 표현하자면, 그는 비관주의자의 길을 떠나 금욕주의자가 된 것이다. 그러나 비관주의자들이 금욕주의를 해석한 바에 따르면, 그는 금욕주의자의 길을 떠나 성도가 되었다고 말해도 좋다. 삶에 대한 전쟁, 자연의 부인은 그가 교회 밖 이방세계에서 이미 발견했던 것들이고, 교회에 들어갈 때 포기해야 했던 것들이다. 아우구스티누스가 성 프란치스코나 성 테레사보다 더 엄숙하거나 더 슬픈 인물로 남아있는 사실은 그 딜레마를 부각시킬 뿐이다. 가톨릭 신자들 중에 가장 근엄한 또는 가장 무서운 인물이었던 그를 대면하며 우리는 여전히 이렇게 물을 수 있다. "만약 가톨릭 신앙이 마니교와 같았다면, 어째서 교회는 마니교와 싸웠을까?"

기독교세계의 발흥에 대한 또 다른 합리주의적인 설명을 살펴보자. 또 다른 비판가가 이렇게 말하는 것도 흔히 접할 수 있다. "기독교는 정말로 발흥한 것이 아니다. 다시 말해, 기독교는 아래로부터 올라온 것이 아니라 위로부터 강요된 것이었다. 그것은 특히 전제 국가들에서 정부가 권력을 행사해서 생긴 하나의 예이다. 로마는 실제로 제국이었다. 황제가 통치한 나라였다는 뜻이다. 로마 황제 중 한 사람이 어쩌다 기독교인이 되었다. 그는 미트라교 신자나 유대교 신자, 또는 조로아스터교 신자가 될 수도 있었다.

로마 제국의 쇠퇴기에 저명하고 교육받은 사람들이 이런 특이한 동양 종교들을 받아들인 것은 무척 흔했다. 그런데 그 황제가 기독교를 받아들이자 기독교가 로마의 공식 종교가 되었다. 그래서 기독교는 로마 제국만큼 강하고 보편적인 무적의 종교가 된 것이다. 그것은 세상에 그 제국의 유물로 남게 되었을 뿐이다. 또는 다수가 말했듯이, 아직도 로마 위를 맴도는 황제의 망령일 뿐이다." 이처럼 기독교를 정통 신앙으로 만든 것은 관료주의였다고 말하는 것이 정통 신앙을 비판할 때 자주 등장하는 논리다. 여기서도 우리는 이단을 불러내 그 논리를 반박하게 할 수 있다.

이단 아리우스파에 얽힌 모든 역사는 이 논리를 깨기 위해 생긴 것일지도 모르겠다. 그것은 이와 관련해 자주 반복되는 매우 흥미로운 역사이다. 그 요지는, 언제든지 공식적인 종교가 있었던 한, 그 종교는 단지 공식 종교였기 때문에 실제로 죽었다는 것. 그리고 그 종교를 무너뜨린 주체는 참된 종교였다는 것이다. 아리우스가 개진한 유형의 기독교는 우리가 말하는 '유니테리언주의'(Unitarianism)[27]의 방향으로 다소 애매하게 움직였다. 그 유형은 그리스도에게 하나님과 인간 사이의 중간 위치를 부여했기 때문에 후자와 동일하지는 않았다. 요점은 그 유형이 많은 이들에게 더 합리적이고 덜 광신적으로 보였다는 것이다. 그래서 지식인층의 다수가 첫 번째 회심 이야기에 대한 일종의 반발로 아리우스파

---

**27** 이신론의 영향을 받은 종교로서 18세기에 나왔다. 이들은 신은 오직 하나라고 여겨 예수를 하나님으로 믿지 않기에 삼위일체 교리를 믿는 기독교와는 차이가 있다.

에 빠졌다. 아리우스주의자들은 일종의 온건파이자 일종의 최신
주의자였다. 그리고 첫 번째 논쟁 이후, 사람들은 아리우스주의
야말로 로마 문명이 잘 정착할 만한 합리화된 종교의 최종 형태라
고 생각했다. 당시의 로마 황제도 아리우스주의를 받아들였고 이
는 마침내 공식적인 정통 신앙이 되었다. 북쪽의 신흥 야만인 세
력 출신의 장군들과 군벌도 전도유망한 아리우스주의를 적극 지
지했다. 그런데 이후에 벌어진 일이 더욱 중요하다. 마치 현대인
이 유니테리언주의를 거쳐 완전한 불가지론에 도달할 가능성이
있듯이, 아리우스주의를 따른 황제들 중에 가장 위대한 황제가 결
국 최후의 얄팍한 기독교의 가면을 벗어버렸다. 그 황제는 아리우
스까지 버리고 태양신 아폴로에게 돌아갔다. 그는 시저 중에 시저
였다. 군인이자 학자, 원대한 야망과 이상을 품은 사람, 또 다른 철
인 왕이었다. 그의 눈에는 그의 손짓에 따라 태양이 다시 떠오른
것처럼 보였다. 새들이 새벽에 노래하기 시작하듯이 신탁들은 다
시 말하기 시작했고, 이교주의는 되살아났고, 신들이 귀환했다.
그것은 이질적인 미신의 이상한 간주곡이 끝나는 순간처럼 보였
다. 그리고 거기에 단순한 미신의 간주곡이 있었던 한, 그것은 진
정 그 간주곡의 종말이었다. 그 미신이 한 황제의 취미이거나 한
세대의 유행이었던 한, 그것은 그 미신의 종말이었다. 만일 콘스
탄티누스와 함께 시작된 어떤 것이 실제로 있었다면, 그것은 율리
아누스와 함께 끝나고 말았던 것이다.
  그러나 끝나지 않은 무언가가 있었다. 그 역사적 시점에 세상을

거스르는 아타나시우스[28])가 등장한 것이다. 그는 교회 공의회들의 민주적 소동 위에 도전자로 나타난 것이다. 여기서 우리는 그 쟁점에 대해 잠시 생각해도 좋겠다. 왜냐하면 그 쟁점은 이 종교적 역사 전체와 관련이 있고, 또 현대세계는 그 전체적인 의미를 놓치고 있는 것 같기 때문이다. 우리는 그것을 이렇게 표현할 수 있다. 만일 계몽되고 진보적인 사람들이 습관적으로 빈약한 교리와 무의미한 분파적 싸움의 고약한 예로 비웃고 또 제기하는 문제가 있다면, 그것은 바로 "성자는 영원히 성부와 함께 계시다"는 아타나시우스의 주장이다. 다른 한편, 만일 동일한 진보주의자들이 교리 논쟁과 상관없이 항상 순수하고 간단한 기독교의 가르침으로 우리에게 제시하는 것이 있다면, 그것은 바로 "하나님은 사랑이다"라는 단 한 문장이다. 하지만 두 진술은 거의 동일하다. 적어도 전자는 후자가 없으면 난센스에 가깝다. 그 빈약한 교리는 아름다운 정서를 진술하는 논리적 방식일 뿐이다. 왜냐하면 만일 시작이 없는 존재, 만물보다 먼저 실재한 존재가 있다면, 그분은 사랑할 대상이 전혀 없을 때 과연 사랑이었다고 말할 수 있을까? 만일 그분이 상상할 수 없는 영원 내내 홀로 계셨다면, "그분은 사랑이다"라는 말이 무슨 의미가 있겠는가? 그런 미스터리를 정당화할 수 있는 유일한 것은 하나님의 본성 안에 자기표현과 비슷한

---

28 아타나시우스(295?-373)는 아리우스주의를 깨트리는 것을 관심사로 삼았다. 또한 성령의 지위에 대해 관심을 둔 최초의 사람이다. 아타나시우스의 책은 아우구스티누스가 회심할 때에도 큰 영향을 주었다. 저서로는 「아리우스주의를 논박함」, 「그리스인들을 반대함」, 「말씀의 성육신에 대하여」 등이 있다.

어떤 것이 있었다는 신비로운 개념이다. 이는 하나님이 어떤 존재를 낳고, 자기가 낳은 존재를 바라보는 상태를 말한다. 그런 개념이 없으면, 하나님의 궁극적인 본질을 사랑의 개념과 얽어놓는 것은 정말로 비논리적이다. 만일 현대인들이 진정 간단한 사랑의 종교를 원한다면, 그들은 그것을 아타나시우스 신조에서 찾아야 한다. 사실 참된 기독교의 나팔소리, 베들레헴이나 크리스마스가 상징하는 사랑과 단순함의 도전은, 아리우스의 냉담한 타협-오리게네스[29]의 '위계적 삼위일체[30]'를 자기 방식대로 절충하여 받아들여 '오직 성부만이 하나님'이라는 결론에 도달한 것(역주)-에 대한 아타나시우스의 도전에서보다 더 인상적이고 분명하게 울려 퍼진 적이 없다. 저 멀리서 우주를 통제하는 흐릿한 하나님, 곧 스토아주의자와 불가지론자의 하나님에 맞서 사랑의 하나님을 위해 실제로 싸우고 있었던 사람은 바로 아타나시우스였다. 바리새인과 사두개인들의 따분한 신에 맞서 거룩한 아들을 위해 싸운 사람도 바로 아타나시우스였다. 그는 하나님의 본성인 삼위일체 안에 있는 아름다운 상호의존과 친밀함의 균형을 위해 싸우고 있었고, 그것은 우리의 마음을 거룩한 가족(the Holy Family)의 삼위일체로 이끌어준다. 그의 교리는, 이 문구를 오해하지 않는다면, 심

---

**29** 오리게네스(185?–254?): 알렉산드리아 학파의 대표적 신학자. 플라톤 철학과 기독교를 종합하여 후세의 기독교 신비주의에 영향을 주었고, 6세기에 이르러 공식적으로 이단 판정을 받았다. 구약성경을 여러 성경과 대조하여 쓴 『헥사플라(Hexapla)』가 대표적인 저서다.
**30** 오리게네스는 '성부가 성자보다 뛰어나고 성자가 성령보다 뛰어나다'는 위계적 삼위일체를 가르쳤다.

지어 하나님을 거룩한 가족으로 바꾸어 놓는다.

순전히 기독교적인 이 교리는 다시 한 번 로마 제국에 반기를 들었고, 또 로마의 핍박에도 불구하고 다시 한 번 교회를 세웠다. 이는 로마 제국이 채택한 공식 종교가 무엇이었든지 간에 그와 다른 실재적이고 인격적인 힘이 세상에서 일하고 있었다는 증거이다. 이 힘은 로마의 공식 종교를 완전히 파괴했다. 그 힘은 자기의 길을 계속 갔고, 지금도 그 길을 걷고 있다. 우리가 살펴본 마니교와 아리우스주의가 겪은 과정을 똑같이 반복하는 다른 예들은 상당히 많다. 예를 들어, 몇 세기 후 이슬람교에서 나타난 고립되고 단순화된 신에 맞서 교회는 사랑의 논리적인 면에 해당하는 동일한 삼위일체 교리를 수호해야 했다. 그런데 십자군이 무엇을 위해 싸웠는지를 모르는 사람들이 있다. 그리고 마치 기독교가 기껏해야 헬레니즘이 쇠퇴하는 시기에 등장한 일종의 히브리 사상에 불과한 것처럼 말하는 이들도 있다. 그들은 초승달과 십자가 간의 전쟁에 매우 당혹스러워하는 것이 틀림없다. 만일 기독교가 기껏해야 다신론을 휩쓸어버리는 더 단순한 도덕에 불과했다면, 기독교가 이슬람교에 휩쓸려 들어가지 않았을 이유가 전혀 없다. 사실 이슬람교 자체는 기독교의 특성인 매우 인도적인 복잡한 교리에 반발한 야만적인 반작용이었다. 그 교리는 가족 내의 균형처럼 하나님 안에서의 균형에 관한 것이고, 이 균형은 그 교리를 온전한 상태로 만들고, 이 온전함은 문명의 영혼에 해당한다. 그리고 이 때문에 교회는 처음부터 그 시대의 온갖 사건들과 혼란과 상관없이 그 고유한 입장과 관점을 유지하고 있는 것이다. 이 때문에 교회는 좌파와 우파를 공정하게 다루고 마니교의 비관주의나 펠라기우스[31]의 낙관주의를 공격할 수 있었던 것이다. 교회는 마니교의 운동이 아니었다. 그것은 하나의 운동이 아니었기 때문이다. 교회는 공식적인 유행이 아니었다. 그것은 하나의 유행이 아니었기 때문이다. 교회는 여러 운동들과 유행들과 동시에 일어날 수 있는 것이었고, 그것들을 통제할 수 있고 그것들보다 더 오래 생존할 수 있는 것이었다.

이제는 그 유명한 이단 창시자들의 말을 들어보자. 그들은 오늘날 그들처럼 교회를 공격하는 동지들을 논파하려고 무덤에서 벌떡 일어날 수도 있다. 비판가들이 현재 주장하는 것 가운데 이 위대한 증인들이 부인할 수 없는 것이 하나도 없다. 현대의 비판가를 네 부류로 나눌 수 있다. 첫 번째 비판가는 "기독교는 단지 금욕주의와 반(反)자연적 영성으로 돌아가려는 운동이며, 삶과 사랑을 격렬히 부정하는 수도자들의 움직임일 뿐이다"라고 가볍게 말할 것이다. 그러나 위대한 신비주의자였던 마니는 그의 은밀한 보좌에서 이렇게 외칠 것이다. "이 기독교인들은 영적인 사람들로 불릴 권리가 없다! 그들은 금욕주의자라는 이름표를 달 자격도 없고! 그들은 인생의 저주와 가족의 온갖 추잡함과 타협한 자들이

---

31 펠라기우스(360?-420?)는 기독교인이 죄를 짓지 않고 살 수 있다고 주장했다. 인간의 자유의지를 강조하고 그리스도의 가르침과 본보기만 받아들일 뿐 그리스도의 구원과 세례를 인정하지 않았다. 아우구스티누스는 이러한 사상에 극심하게 반대하며 죽을 때까지 펠라기우스주의자들과 싸웠다.

다. 그들 때문에 세상은 여전히 결실과 수확으로 더럽고 늘어나는 인구로 오염되었다. 그들은 자연을 거스르는 운동이 아니었다. 그 렇지 않았다면 나의 자녀들은 그 운동을 이끌어서 승리하게 했을 것이다. 그러나 내가 한 번의 손짓으로 세상을 끝장낼 수 있었는 데, 그 멍청한 자들이 세상을 새롭게 하고 말았다."

그리고 두 번째 비판가는 이렇게 쓸 것이다. "교회는 단지 로 마 제국의 그림자에 불과하고, 어느 우연한 황제의 유행이며, 오 직 로마 권력의 망령으로 유럽에 남아있는 것일 뿐이다." 이때 가 톨릭 부제였던 아리우스가 망각의 세계에서 이렇게 대답할 것이 다. "말도 안 되는 소리! 만약 당신의 말이 맞으면 세상은 좀 더 합 리적인 내 종교를 따랐을 것이다. 내가 세운 종교는 선동자들과 황제에게 반항한 자들 앞에서 무너졌다. 나의 옹호자 중에는 로마 황제가 있었고 독수리의 영광이 나의 것이었다. 권력의 비호가 없 어서 내가 실패한 것이 아니다."

그리고 세 번째 부류의 비판가는 기독교 신조는 단지 지옥 불에 대한 공포 때문에 널리 퍼졌다고 주장할 것이다. "여기저기서 사 람들은 엄청난 신의 보복, 양심의 가책을 느끼는 가상의 악몽에서 도망하려고 애초에 불가능한 일을 시도했다. 그리고 그런 설명은 정통 교리에 담긴 무언가 두려운 것을 보는 사람들을 만족시킬 것 이다." 이때 이에 반대해 테르툴리아누스[32]가 무서운 목소리로 이

---

32 테르툴리아누스(Quintus Septimius Florens Tertullianus, 160?-220)는 라틴 신학의 아버 지였다. 처음에는 보편적인 교회를 지지하였으나 언젠가부터 몬타누스주의를 지지하였다.

렇게 외칠 것이다. "그렇다면 나는 왜 출교를 당했는가? 내가 모든 죄인은 지옥에 떨어진다고 선언했을 때, 어째서 그 얼간이들이 내게 불리한 판결을 내린 것인가? 그리고 내가 모든 배교자들에게 지옥의 위협을 가했을 때, 나를 좌절시켰던 그 힘의 정체는 무엇인가? 나처럼 여태껏 강경 노선을 걸었던 사람은 없다. 나의 신조는 그것이 불가능하기 때문에 믿는다(Credo Quia Impossibile)는 것이었다."

그리고 네 번째 부류의 주장은 이렇다. "이 모든 문제는 셈족[33]의 비밀 결사와 관련이 있었다. 그것은 더 온화하고 더 편안한 이방종교, 그 도시들과 가정의 수호신들을 뒤흔드는 유목민의 신의 새로운 침입이었다. 그리하여 질투심이 강한 유일신 종족들이 결국 그들의 질투하는 하나님의 자리를 확보할 수 있었다." 그러면 무함마드가 사막의 붉은 회오리바람 가운데 나타나서 이렇게 반박할 것이다. "질투심이 강한 하나님을 나만큼 열심히 섬긴 이가 있는가? 하나님을 하늘에 홀로 남겨두려고 나처럼 애쓴 사람이 있는가? 모세와 아브라함에게 나보다 더 경의를 표한 이가 있는가? 우상들과 이방종교의 조각상들과 싸워 나보다 더 많이 승리를 거둔 사람이 있는가? 그리고 살아 있는 것의 에너지로 나를 떠밀어 낸 이것은 무엇이었는가? 그 광기로 나를 시칠리아에서 쫓아내고

---

'세상의 종말이 코앞에 있으니 금욕생활을 엄격하게 하라'는 가르침을 지지한 것이다.
**33** 유대인과 무슬림 둘 다 셈족에 속한다.

스페인의 바위[34]에서 나의 깊은 뿌리를 찢어버릴 수 있었던 그것은 무엇이었는가? 각계각층의 수많은 사람이 모여 나의 멸망이 하나님의 뜻이라고 부르짖게 만든 것, 위대한 갓프리(Godfrey)[35]를 투석기에서 쏜 돌처럼 예루살렘 성벽으로 집어던진 것, 위대한 소비에스키(Sobieski)[36]를 벼락처럼 비엔나 성문으로 몰고 온 것은 도대체 무슨 종교인가? 나의 종교와 그토록 짝이 잘 맞았던 그 종교에는 당신이 생각하는 것보다 더 많은 것이 있었다고 나는 생각한다."

기독교 신앙은 광신주의였다고 주장하고픈 사람들은 영원히 당혹감에서 벗어나지 못한다. 그들의 설명에 따르면, 기독교는 아무 것에도 광신적이지 않고 모든 것에 반하는 광신으로 보일 수밖에 없다. 기독교는 금욕적이면서도 금욕주의자들과 싸우고, 로마적이면서도 로마에 반항했고, 유일신적이면서도 유일신 종교와 격렬하게 싸우고, 가혹함을 정죄할 때도 가혹하고, 광기로 설명되면 안 되는 하나의 수수께끼이다. 그리고 1600년 동안 그 모든 혁명을 거치면서 수많은 교육받은 유럽인들에게 합리적인 종교로

---

**34** 711년 4월 27일. 이슬람 군대는 지금의 스페인 남쪽 끝에 상륙했다. 그래서 이 지역의 이름이 '지브롤터'(Gibralter)가 되었다. 이슬람 군대를 지휘한 '타리크'(Tariq)가 처음 밟은 바위 언덕을 뜻하는 아라비아어 'Gibr Tariq'가 지브롤터로 변해 굳어졌기 때문이다.

**35** 부와용의 갓프리(Godfrey of Bouillon, 1060~1100)는 중세의 프랑크족의 기사다. 1096년부터 죽을 때까지 제1차 십자군 원정을 지휘한 지도자 중 한 명이다. 1099년에 예루살렘을 함락시킨 후, 예루살렘 왕국의 첫 번째 통치자가 되었다.

**36** 소비에스키(Jan III Sobieski, 1629~1696)는 폴란드-리투아니아 공화국의 가장 뛰어난 왕 중 한 사람으로 꼽힌다. 군사적으로 뛰어난 재능을 보였고, 1683년 비엔나 전투에서 터키인들을 크게 무찔렀다. 이 승리 이후, 교황은 소비에스키를 '유럽 기독교 문명의 구원자'라고 불렀다.

보이는 기독교는 도대체 어떤 종류의 광기일까? 사람들은 그 오랜 세월 동안 어떤 수수께끼 또는 어떤 역설, 또는 혼란한 사상에 즐거워하지 않는다. 나로서는 그런 것은 광기가 아니라 이성이라고, 만일 그것이 광신적이라면 그것은 이성을 위한 광신이고 모든 불합리한 것들에 반대하는 광신이라고밖에 설명할 수 없다. 이것이 내가 기독교에 대해 찾을 수 있는 유일한 설명이다. 기독교는 처음부터 매우 초연하고 무척 대담했고, 그 자체와 매우 비슷해 보이는 것들을 정죄했고, 그 존재에 꼭 필요해 보이는 세력들의 도움을 거절했고, 인간적인 면에서는 그 시대의 모든 열정을 공유하되 가장 중요한 순간에는 언제나 갑자기 그것들보다 높이 솟아오르고, 사람들이 기대했던 말은 결코 하지 않고 이미 했던 말은 결코 취소할 필요가 없는 종교였다. 나로서는 기독교가 마치 제우스의 머리에서 나온 아테나 여신처럼 정말로 하나님의 마음에서 나온 것이라고, 성숙하고 막강하며 심판과 전쟁을 위해 무장한 모습으로 등장한 것이라고 설명할 수밖에 없다.

# 이교주의로부터의 도피

둥근 모자를 쓰고 우산을 든 오늘날의 선
교사는 다소 웃음거리가 되어 버렸다. 세상 사람들은 선교사를 식
인종에게 쉽게 잡아먹힐 수 있는 인간으로, 식인종의 문화를 자
기네 문화보다 더 낮은 것으로 보는 편협한 인간으로 놀린다. 그
농담의 백미는 세상 사람들이 그 농담이 자기네를 가리키는 것임
을 알아채지 못한다는 점이다. 종교적인 축제에서 막 솥에 삶아져
서 먹힐 지경에 처한 사람에게 "당신은 왜 모든 종교를 똑같이 우
호적이고 형제 같은 것으로 여기지 않는가?"라고 묻는 것은 웃기
는 일이다. 그런데 좀 더 구식의 선교사를 향한 미묘한 비판이 있
다. 즉 그는 이교도들을 너무 폭넓게 일반화하고 무함마드와 멈

보 점보 사이의 차이점에 별로 주목하지 않는다는 것이다. 이런 불평이 특히 과거에는 일리가 있었을 것이다. 그러나 나의 주장은 현재는 지나칠 정도로 그와 정반대라는 것이다. 교수들은 신화를 지나치게 신학처럼 대우하고픈 유혹을 받고 있다. 즉, 철저한 사유 과정을 거쳤고 진지하게 견지되는 것들로 간주하고 싶은 것이다. 지식인들은 아시아의 무책임한 형이상학을 견지하는 다양한 학파들의 미묘한 차이를 너무 진지하게 여기고 싶은 유혹을 받는다. 무엇보다도, 그들은 '이교도와 맞서는 아퀴나스'(Aquinas contra Gentiles)[1]나 '세상과 맞서는 아타나시우스'(Athanasius contra mundum)[2]의 개념에 함축된 참된 진리를 놓치기 쉬운 유혹을 받고 있다.

만약 그 선교사가 자기는 기독교인이기에 예외적인 존재이고 나머지 종족들과 종교들은 몽땅 이교도로 분류될 수 있다고 말한다면, 그는 완전히 옳다. 물론 그 사람이 잘못된 정신으로 그런 말을 한다면 그는 영적으로 잘못된 것이다. 그러나 철학과 역사의 냉정한 빛에 비춰보면, 그는 지적으로 옳다. 그의 정신은 틀릴지 몰라도 그는 옳다는 뜻이다. 그는 설사 옳을 권리가 없을지라도

---

1 13세기의 스콜라 신학자였던 아퀴나스는 1259–64년에 이슬람교도와 유대인, 이단적인 기독교인에 대하여 가톨릭 신앙을 변증하는 『대이교도대전』(Summa de Veritate Catholicae Fidei Contra Gentiles)을 썼다. 체스터턴은 아퀴나스가 이처럼 다른 종교에 대항하여 기독교를 변호했다는 의미로 이 명칭을 썼다.

2 4세기의 교부이자 알렉산드리아의 주교였던 아타나시우스는 성자를 성부의 피조물로 본 아리우스에 맞서 성부와 성자는 동일한 본질의 하나님이라고 강력하게 주장했다. 로마 제국 전체가 아리우스의 주장으로 기울 때에도 아타나시우스는 자기주장을 굽히지 않았기에 사람들은 아타나시우스를 '세상과 맞서는 아타나시우스'라고 불렀다. 역사적으로 자기 목숨을 걸고 기독교 진리를 옹호한 대표자 중 한 사람으로 꼽는다.

옳다. 그 선교사가 그의 신조를 전파하는 외부 세계는 그 신조와 비슷한 신조들이 있는 곳이 아니라, 온갖 다양한 것들을 포괄하는 어떤 일반화에 종속되어 있는 곳이다. 어쨌든 그들을 이교도라고 부르면 기독교인들이 자만이나 위선에 빠질 위험이 너무나 크다. 그래서 어쩌면 단순하게 인류라고 부르는 편이 더 나을 것이다. 그러나 인류는 이교도로 남아있는 동안에는 이른바 '인류'의 폭넓은 특징들을 갖고 있다. 그런 특징들이 반드시 나쁜 것은 아니다. 일부는 기독교세계의 존경을 받을 만하다. 일부는 기독교세계에 흡수되어 변형되었다. 그러나 그 특징들은 기독교세계 이전에 있었고, 지금도 기독교세계 외부에 존재한다. 마치 바다가 배보다 먼저 있었고 배 둘레에 존재하는 것과 같다. 그리고 그 특징들은 바다처럼 강하고 보편적이고 오해의 소지가 없는 맛을 갖고 있다.

예를 들어, 그리스와 로마 문화를 연구해온 모든 학자들은 이구동성으로 하는 말이 있다. 고대 세계에서는 종교와 철학이 별개였다는 점에 동의한다는 것. 고대인들은 신들에 대한 진정한 믿음을 합리화하는 일과 깨닫는 일에 거의 노력을 기울이지 않았다. 철학자들 사이에 진실로 신들을 믿는 체하는 경우도 아주 드물었다. 반면에 특별한 경우가 아니면 어느 편도 상대편을 핍박할 열정이나 힘이 없었다. 그리고 학당에 있는 철학자와 사원에 있는 제사장 모두 자신의 사상이 온 세계를 망라할 것이라고 생각한 적이 없는 듯하다. 칼리돈(Calydon)[3]에서 아르테미스 여신에게 제사를 드리는 제사장은 언젠가 저 바다 너머의 사람들도 이시스 여신 대신 아르테미스 여신에게 제사를 드릴 것으로 생각한 것 같지 않다. 또한 신(新)피타고라스 학파의 채식주의 규율을 따르는 현자도 그 규율이 온 세상에 보급되어 에픽테토스[4]나 에피쿠로스의 방법을 밀어낼 것으로 생각한 것 같지 않다. 우리는 이를 관용이라 불러도 좋다. 나는 지금 어떤 논쟁을 다루는 게 아니라 어떤 분위기를 묘사하고 있다. 이 모든 내용은 모든 학자가 인정하는 것이다. 그러나 유식한 사람과 무식한 사람 모두 제대로 모르는 것이 있는데, 바로 이 내용이 오늘날의 모든 비(非)기독교 문명을 정확하게 묘사한다는 점이다. 특히 동양의 위대한 문명들에 대한 정확한 묘사이다. 동양의 이교주의는 현대의 비판가들이 인정하는 것보다 훨씬 더 한 통속이고, 이는 고대의 이교주의가 한 통속인 것과 같다. 전자는 다양한 색깔로 수놓은 페르시아 양탄자이고, 후자는 바둑판 모양으로 다양하게 만든 로마의 도로이다. 그러나 예수의 십자가 죽음으로 발생한 지진 때문에 그 도로를 가로질러 큰 균열이 생겼다.

아시아에서 자기 종교를 찾고 있는 현대 유럽인은 자기 종교

---

3 고대 그리스의 도시 이름으로 아이톨리아 지역의 아켈로스 강과 에베노스 강 사이에 있었다고 한다. 그리스 신화에 따르면 도시를 세운 칼리돈의 이름을 따서 도시 이름을 지었으며, 아르테미스 여신과 아폴로 신에게 헌정된 성스러운 지역으로 보았다.
4 에픽테토스는 로마 제정 시대의 스토아 철학자(50-138)였다. 있는 그대로의 '자연'을 인식하고 자신의 의지를 있는 그대로의 자연에 일치시키기 위한 수련이 철학이라고 가르쳤다.

의 렌즈로 아시아를 해석한다. 아시아의 종교는 무언가 다르고, 더 많은 것도 있고 더 적은 것도 있다. 그는 파도를 산으로 표시하는 등 바다의 지도를 육지처럼 그리는 사람과 비슷하다. 그 특성과 영구성을 이해하지 못하는 것이다. 아시아가 그 고유한 품위와 시와 고도의 문명을 지니고 있음은 분명한 사실이다. 그러나 아시아는 유럽처럼 도덕적 통치가 이뤄지는 영토들이 뚜렷이 구별되어 있는 곳, 가령, 아일랜드는 가톨릭이라거나 뉴잉글랜드는 퓨리턴이라고 말할 때처럼 모든 충성이 도덕의 견지에서 고려되는 그런 곳이 아니다. 아시아의 지도는 유럽처럼 종교별로 따로 표시되어 있지 않다. 아시아의 정신 상태는 뱀의 피부색처럼 훨씬 더 미묘하고, 더 상대적이며, 더 은밀하고, 더 다양하고, 변화가 심하다. 무슬림은 호전적인 기독교인과 가장 가깝다. 왜냐하면 무슬림은 서양 문명에서 온 외교 사절에 가까운 사람들이기 때문이다. 아시아의 심장부에 있는 무슬림은 유럽의 영혼을 상징한다. 그리고 무슬림은 공간적으로 아시아와 유럽 사이에 서 있는 만큼 시간적으로는 아시아와 기독교 사이에 있다. 이런 의미에서 아시아에 있는 무슬림들은 아시아에 있는 네스토리우스교도들과 비슷하다. 역사적으로 말하면, 이슬람교는 동양의 이단들 중에 최대의 이단이다. 이 종교는 상당히 고립되고 독특한 이스라엘에게 무언가를 빚졌지만, 비잔틴 제국과 기독교세계의 신학적 열정에 더 많은 빚을 졌다. 심지어 십자군 전쟁에도 무언가를 빚졌다. 이슬람교가 아시아에 빚진 것은 하나도 없다. 이 종교는 아시아의 오랜 전통적인 세계의 분위기, 아시아의 오랜 예의범절과 헤아릴 수 없는 철학들에는 아무것도 빚지지 않았다. 그토록 오래된 아시아는 이슬람교의 진입을 무언가 이질적이고 서구적이고 호전적인 것, 창처럼 자기를 찌르는 것으로 느꼈다.

비록 우리가 아시아의 여러 종교의 영역들을 추적해 점선으로 표시할지라도, 우리는 우리 종교에 속한 교리적이고 윤리적인 틀로 그것들을 해석할 가능성이 있다. 이는 마치 미국의 분위기를 모르는 유럽인이 미국의 각 주를 프랑스나 폴란드처럼 독립된 주권 국가로 오해하는 것과 같다. 또는 어떤 미국인이 그의 '고향'을 즐겁게 언급하면, 그 사람이 고대의 아테네나 로마의 시민처럼 그에게는 다른 국가가 없다는 뜻으로 말했다고 오해하는 것과 같다. 그 유럽인이 미국인에게도 특정한 종류의 충성심이 있다고 오해하듯이, 우리도 아시아인에게 특정한 종류의 충성심이 있다고 오해하는 것이다. 아시아에는 다른 종류의 충성심이 있다. 그것은 서구인들이 신자가 된다거나, 기독교인이 되려고 한다거나, 좋은 개신교인이 된다거나, 실천적인 가톨릭 신자가 된다고 말할 때의 충성심과 다르다. 충성심이 지적인 세계에서는 훨씬 더 모호하고 의심과 억측에 의해 달라진다. 도덕적인 세계에서는 훨씬 더 느슨하고 표류하는 것이다. 영국의 한 명문대에서 페르시아어를 가르치는 교수가 있는데, 서양을 공개적으로 경멸할 만큼 동양을 열정적으로 지지하는 그는 내 친구에게 이렇게 말했다. "자네는 동양 종교들을 절대로 이해하지 못할 걸세. 자네는 늘 종교를 윤리와 연관된 것으로 생각하기 때문이지. 하지만 그런 종류의 종교는 윤리와 아무런 관계가 없다네." 우리 대부분은 '더 높은 지혜'의 대가, '능력에 이르는 길'의 순례자, 동양의 비교(秘敎)에 속한 성자와 예언자 등 윤리와 전혀 상관없는 사람들을 알아왔다. 아시아의 도덕적 분위기는 무언가 다른 색채, 무언가 초연하고 무책임한 색채가 있고, 이슬람교의 분위기도 조금 그렇다. 이는 『하산』(Hassan)[5]의 분위기에서 매우 실제적으로 포착할 수 있다. 거기에는 매우 무시무시한 분위기도 있다. 그런 분위기는 오래된 아시아의 종교들을 대할 때 더욱 생생하게 느끼게 된다. 형이상학의 깊이보다 더 깊은 곳, 모든 장엄한 영적인 세계 아래 신비로운 명상의 심연 깊은 곳에 은밀하고 파악하기 힘들고 끔찍한 경박함이 있다. 그들은 마귀를 믿지 않기 때문이거나, 운명을 믿기 때문이거나, 여기서는 경험이 모든 것이고 영원한 삶은 전혀 다른 어떤 것이기 때문이다. 어떤 이유로든 아시아인은 우리와 전혀 다르다. 어디선가 이런 이야기를 읽은 적이 있다. 중세 페르시아에 서로 뜻이 잘 맞기로 유명한 친구들이 있었는데, 한 사람은 위대한 왕의 책임감 있고 존경받는 고위 관리가 되었고, 두 번째 친구는 포도주를 마시며 무함마드를 비웃는 비관주의자이자 에피쿠로스주의자인 시

---

5 페르시아의 시아파 신도들이 만든 신비극(劇)의 이름이다. 감정적으로 아주 강렬하게 고조된 분위기에서 상연하였기에 시아파와 적대 관계였던 수니파 신도들을 보호할 필요가 있었다. 이 극에 나오는 주인공은 시아파의 순교자들이다: 저자 주

인 오마르(Omar)[6]였고, 세 번째 인물은 '해쉬쉬'[7]라는 마약으로 자기 사람들을 미치게 만들어 단검으로 다른 사람들을 죽이게 했던 '산의 노인'(the Old Man of the Mountain)이었다. 거기서는 사람이 무슨 행동을 취하는지가 그리 중요하지 않다.

『하산』에 나오는 술탄은 그 세 사람을 모두 이해했을 것이다. 사실 술탄이 바로 그 세 사람이었다. 그런데 이런 종류의 보편주의자는 한 인격을 가질 수 없으니 그 자체가 바로 혼돈이다. 그는 선택할 수 없고, 싸울 수 없고, 뉘우칠 수 없고, 희망할 수 없다. 그는 이와 동일한 의미에서 무언가를 창조하고 있는 것이 아니다. 창조는 곧 버림을 뜻하기 때문이다. 기독교식으로 표현하면, 그는 자기 영혼을 만들고 있지 않은 것이다. 우리의 구원 교리는 사람이 조각상, 곧 날개를 단 승리의 조각상을 아름답게 만들려고 노력하는 그런 노동을 의미하기 때문이다. 그러려면 최종적인 선택이 있어야 한다. 사람은 돌을 버리지 않으면 조각상을 만들 수 없기 때문이다. 그리고 아시아의 형이상학의 배후에는 궁극적으로 이처럼 도덕과 상관없는 초(超)도덕성이 있다. 그 이유는 까마득히 오랜 세월이 흐르는 동안 인간의 정신을 초점에 이르게 할 것이 하나도 없었기 때문이다. 즉, 인간 정신에게 선택의 순간이 왔다는 사실을 알려줄 것이 전혀 없었다. 아시아인의 정신은 지나치게 영원 속에 살아왔다. 그 영혼은 너무나 불멸의 존재로 존속되어왔

---

6 오마르 하이얌(1048-1123)은 페르시아의 시인, 철학자, 수학자, 천문학자였다.
7 대마초를 농축해서 덩어리 형태로 만든 마약이다.

다. 그것이 치명적인 죄의 개념을 무시한다는 의미에서 그렇다. 그 정신은 죽음의 시간과 심판의 날을 충분히 알지 못했다는 의미에서 영원 속에 푹 빠져 있었다. 그리고 말 그대로 십자가를 충분히 알지 못했기 때문에 십자형을 지니지 못했다. 아시아가 매우 오래되었다는 말은 바로 이런 뜻이다. 그러나 엄밀히 말하면, 유럽도 아시아만큼 오래된 세계이다. 사실 어떤 의미에서는 어느 곳이든 다른 어느 곳만큼 오래되었다고 할 수 있다. 말하자면, 유럽은 단지 계속 늙어가기만 했다는 뜻이 아니다. 유럽은 다시 태어났다.

아시아는 스스로 자기 운명을 결정한 모든 인류를 대변한다. 그 광대한 영토와 그 다양한 인종, 과거에 이룬 고도의 성취와 어두운 사색의 깊이를 감안하면 아시아는 그 자체가 하나의 세계이다. 따라서 우리가 사용하는 세계라는 말의 의미를 대변하는 곳이다. 아시아는 대륙이기보다는 하나의 우주이다. 사람이 만든 세계이며 사람이 만든 놀라운 것들을 많이 갖고 있다. 그래서 아시아는 이교주의를 대표하는 동시에 기독교세계와 경쟁하는 지역으로 자리 잡고 있다. 그런데 우리가 죽을 운명을 얼핏 볼 수 있는 곳은 어디든지 그와 똑같은 이야기에 담긴 여러 단계를 보여준다. 아시아에서 길게 뻗어나간 곳에 있는 야만인들의 남쪽 군도들, 이름 없는 형상들로 가득 찬 암흑이 거주하는 아프리카의 심장부, 또는 실종된 종족들 중에 최후의 생존자들이 머물러 있는 선사시대 아메리카의 차가운 화산 지대 등 이 모두는 동일한 이야기를 갖고 있다. 때로는 그 동일한 이야기의 마지막 장들이다. 그 이야기는 바로 사람들이 스스로 만든 신화의 숲 속에 뒤엉켜있는 모습, 사람들이 스스로 만든 형이상학의 바다 속에 익사한 모습이다. 다신교 숭배자들은 가장 터무니없는 허구들에 싫증이 났다. 유일신 숭배자들은 가장 놀라운 진리들에 싫증이 났다. 여기저기의 악마 숭배자들은 하늘과 땅을 너무도 증오한 나머지 지옥에서 피난처를 찾으려 했다. 이것이 바로 인간의 타락이다. 로마 제국이 쇠퇴하기 시작하는 첫 순간에 우리의 선조들이 느꼈던 그 타락이다. 우리 역시 그 넓은 길로, 그 손쉬운 내리막길로 내려가고 있었고, 세상의 고도의 문명들이 즐비한 그 멋진 행렬을 따라가고 있었다.

그때 만약 교회가 그 세계에 들어오지 않았다면, 유럽은 현재 아시아의 모습과 다를 바가 없을 것이다. 물론 고대 세계와 같이 현대 세계에서도 눈에 띄는 인종과 환경의 진정한 차이점은 감안할 필요가 있다. 그러나 아무튼 우리가 대체로 변화 없는 아시아에 관해 얘기하는 까닭은 그 대륙이 큰 변화를 겪지 않았기 때문이다. 유럽의 이교주의도 그 최종 단계에 접어들었을 때 아시아처럼 변화 없는 상태가 될 조짐을 보였다. 이 말은 첫째, 철학의 새로운 학파들이나 분파들이 생기지 않을 것이라는 뜻이 아니다. 고대 세계에도 새로운 학파들이 생겼고 현재의 아시아에도 있기 때문이다. 둘째, 진정한 신비주의자들이나 환상을 보는 사람들이 없을 것이란 뜻이 아니다. 고대 세계에도 신비주의자들이 있었고 현재의 아시아에도 있기 때문이다. 셋째, 사회적 규약이 없을 것이란 뜻이 아니다. 고대 세계에도 사회적 규약이 있었고 현재의 아시아에도 있기 때문이다. 넷째, 선한 사람들이나 행복한 인생들이 없을 것이란 뜻이 아니다. 왜냐하면 하나님은 모든 사람에게 양심을 주셨고, 양심은 모든 사람에게 일종의 평화를 줄 수 있기 때문이다. 반면에, 만일 서양이 그런 변화를 겪지 않았다면, 이 모든 것들의 풍조와 비율이, 그리고 특히 선한 것과 악한 것의 비율이 지금의 변화 없는 동양과 똑같을 것이라는 뜻이다. 그리고 변화 없는 동양을 정직하게, 또 동정심을 품고 고찰하는 사람은 아무도 동양에 기독교 신앙이 제기하는 도전과 혁명과 조금이라도 비슷한 것이 있다고 믿을 수 없을 것이다.

요컨대, 만약 고전적인 이교주의가 지금까지 살아남았다면, 많은 것들도 그와 함께 살아남았을 것이다. 그리고 그런 것들은 우리가 동양 종교라고 부르는 것들과 무척 닮았을 것이다. 현재 아시아에 환생을 가르치는 힌두교도가 있듯이, 유럽에도 환생을 가르치는 피타고라스주의자들이 여전히 있을 것이다. 현재 아시아에 이성과 덕을 종교로 삼는 유학자들이 있는 것처럼, 유럽에도 이성과 덕을 종교로 삼는 스토아주의자들이 여전히 있을 것이다. 그리고 초월적 진리들, 곧 다른 사람들에게는 신비롭게 보이고 그들 사이에는 논쟁이 되는 것들의 의미를 연구하는 신플라톤주의자들이 여전히 있을 것이다. 마치 오늘날 아시아에 이런 초월주의를 연구하는 불교도들이 있는 것처럼 말이다. 아울러 외견상 태양신을 숭배하면서도 그들은 신적 원리를 숭배한다고 설명하는 지성적인 아폴로신 숭배자들도 여전히 있을 것이다. 지금 아시아에 외견상 태양을 숭배하면서도 그들은 신을 숭배한다고 설명하는 지성적인 파시(Parsi)교도들[8]이 있듯이 말이다. 현재 아시아에 사막에서 춤을 추는 더비쉬(Dervish)파[9]의 광적인 수도사들이 있듯이, 유럽에도 산에서 춤추는 광적인 디오니소스 숭배자들이 여전히 존재할 것이다. 이교적인 아시아와 마찬가지로 이교적인 유럽에서도 많은 군중이 여전히 신들을 섬기는 대중적 축제에 참여할 것이다. 지금도 군중이 숭배하는 지역적인 신들과 그 밖의 신들이 상당히 많을 것이다. 그리고 그런 신들을 믿기만 하는 사람들보다 실제로 숭배하는 사람들이 훨씬 더 많을 것이다. 끝으로, 신들을 정말로 믿고 또 숭배하는 사람들 역시 아주 많을 것이다. 그리고 신들이 악마라는 이유로 그 신들을 믿고 숭배하는 사람들도 여전히 많을 것이다. 칼리[10] 여신에게 은밀히 제물을 바치는 비밀 암살단이 지금도 인도에 있듯이, 유럽에는 몰록 신에게 몰래 제사를 지내는 레반트[11] 사람들도 여전히 있을 것이다. 마법도 여전히 많이 있을 터이고, 그 대다수는 흑마법일 것이다. 세네카가 상당히 존경을 받을 테고 네로도 상당히 모방할 것이다. 마치 중국인들이

---

**8** 8세기에 이슬람의 박해를 피해 조로아스터교의 신자들이 페르시아에서 인도로 피신하였다. 파시교도는 이들의 후손이다.

**9** 극도의 금욕 생활을 서약하는 이슬람교의 한 집단으로 예배 때 빠른 춤을 춘다.

**10** 원래는 인도 북동부에서 섬겼던 힌두교의 여신으로 뱀들에 둘러싸여 있고 해골들로 치장된 채 피를 뚝뚝 흘리는 모습으로 묘사된다. 예전에는 인신 제물을 받았고 지금은 피투성이의 음란한 의식으로 숭배를 받는다: 저자 주

**11** 팔레스타인, 시리아, 요르단 등의 지역을 일컫는 말이다.

공자의 가르침을 떠받드는 동시에 고문을 시행하듯이 말이다. 그리고 전반적으로, 야생적으로 자라거나 시들어버리는 전통들의 혼잡한 숲이 특이하고 이름도 없는 분위기의 폭넓은 침묵을 자아냈을 것이다. 그 분위기에 가장 가까운 이름은 바로 '무'(無)일 것이다. 이 모든 전통들은 좋든 나쁘든 간에 너무 오래되어 죽을 수 없는, 말로 다 할 수 없는 분위기를 풍길 것이다.

기독교세계가 없는 가운데 유럽을 점유했을 이런 것들 중에 기독교세계와 조금이라도 닮은 것은 하나도 없을 것이다. 피타고라스의 윤회설이 여전히 유럽에 있을 테니, 우리가 붓다의 가르침을 불교라고 부르듯 그것을 '피타고라스교'라고 부를 수 있을 것이다. 소크라테스의 고상한 금언들이 여전히 있을 것이기에, 우리가 공자의 가르침을 유교라고 하듯 그것을 '소크라테스교'라고 불러도 좋을 것이다. 그 대중적인 축일에는 사람들이 여전히 아도니스 신화에 대한 찬미가를 불렀듯이, 우리가 인도의 크리슈나(Krishna)[12] 신을 따르는 종교를 '크리슈나교'라고 부르듯 그것을 '아도니스교'라고 명명해도 좋을 것이다. 문학은 여전히 그리스 신화에 기반을 두고 있을 것이므로, 우리가 힌두교 신화를 종교라고 부르듯 그리스 신화를 종교라고 불러도 좋을 것이다. 우리는 그 종교에 속한 사람들이 수십만 또는 수백만이라고 말해도 좋을 텐데, 그런 신전을 자주 찾아간다든지 그런 신전들로 가득 찬 땅에

---

**12** 힌두교의 대단히 인기 있는 영웅 신. 비쉬누 신의 여러 화신 중 하나이다.

살고 있다는 의미에서 그렇다는 말이다. 그런데 우리가 피타고라스의 최후의 전통이나 남아 있는 아도니스 전설을 종교라고 부른다면, 우리는 그리스도의 교회를 가리키는 다른 어떤 이름을 찾아야 한다.

만일 누군가 오랜 세월에 걸쳐 보존된 철학적 격언이나 많은 사람이 자주 찾아가는 신화적인 사원들이 교회와 같은 부류와 범주에 속한다고 말한다면, 한 마디로 그렇지 않다고 대답하는 것으로 충분하다. 그리스와 로마의 오랜 문명 속에서 그런 것들을 본다면 아무도 교회와 같은 부류라고 생각하지 않을 것이다. 설사 그 문명이 이천 년 동안 더 지속되어 오늘까지 내려왔다 해도, 아무도 그런 것들이 교회와 같은 부류라고 생각하지 않을 것이다. 유럽의 고대 문명과 병행하던 동양의 이교 문명에서도 아무도 그런 것들이 교회와 같은 부류라고 합리적으로 생각할 수 없다. 이는 오늘날도 마찬가지다. 이런 철학과 신화 가운데 어떤 것도 교회와 비슷하지 않다. '전투하는 교회'와 닮은 것은 분명히 없다. 그리고 내가 다른 데서 보여주었듯이, 비록 이 법칙이 이미 입증되지 않았을지라도, 예외적인 사례가 그 법칙을 입증해줄 것이다. 그 법칙은 기독교 이전의 역사나 이교주의 역사는 전투하는 교회를 낳지 못한다는 것이다. 예외적인 사례는 바로 이슬람교이다. 이슬람교는 교회가 아니지만 적어도 전투적이기 때문이다. 그 이유는 바로 이슬람교가 기독교 이전의 종교가 아니고 따라서 이방 종교라고 할 수 없는 유일한 종교적 경쟁자이기 때문이다. 이슬람교는 기독교의 산물이었다. 비록 그것이 기독교의 부산물이고 또 나쁜 산물이긴 했지만 말이다. 이슬람교는 기독교를 모방하는 이단 내지는 모조품이었다. 퀘이커교가 교회의 평화 정신 같은 것을 갖고 있었듯이 무함마드주의가 교회의 전투적인 정신 같은 것을 갖고 있었던 것은 놀랄 일이 아니다. 기독교가 발생한 이후에는 그런 모방 종교나 확대 종교를 만드는 게 얼마든지 가능했다. 그러나 기독교가 발생하기 전에는 그런 것이 하나도 없었다.

전투하는 교회가 이처럼 유일무이한 이유는 온 세상을 구원하기 위해 행군하는 군대이기 때문이다. 온 세상이 구원받아야 할 그 속박상태는 이교적인 유럽의 상태처럼 현재 아시아의 상태가 잘 상징하는 것이다. 나는 단지 그들의 도덕적 또는 비도덕적인 상태만 말하는 것이 아니다. 사실 선교사가 "이교도들은 우상을 섬기고 부도덕하다"고 말할 때조차 계몽된 사람이 상상하는 것보다 그 자신에 대해 할 말이 훨씬 더 많다. 동양 종교, 심지어는 이슬람교까지 한두 번 경험해본 사람은 그 종교들이 깜짝 놀랄 정도로 윤리에 둔감하다는 것을 알게 된다. 예를 들어, 열정과 타락 사이의 경계선에 사실상 무관심하다는 점이다. 아시아는 신들뿐만 아니라 악마들로도 가득하다는 진술은 편견이 아니라 실제적인 경험에서 나오는 말이다. 그러나 내가 말하는 악은 마음속에 있다. 그리고 마음이 오랫동안 홀로 일했던 곳이면 어디나 악이 마음속에 있다. 모든 몽상과 사유가 무(無)인 동시에 필연성에 해당하는 공허함으로 끝나는 경우에는 그런 일이 발생한다. 이는 무질서 상태처럼 들리지만 노예상태이기도 하다. 이는 이미 아시아의 수레바퀴라고 불려온 윤회사상을 말한다. 윤회사상은 원인과 결과에 관한 순환 논증 또는 마음속에서 시작해서 끝나는 것들에 대한 순환론으로서 영혼이 그 틀을 깨고 나와 어디로 가든지 무언가를 하는 것이 불가능하다. 그리고 그것이 아시아 특유의 것만이 아니라는 점을 유념할 필요가 있다. 만약 유럽에 무슨 일이 발생하지 않았다면, 유럽인도 마찬가지였을 것이다. 만약 전투하는 교회가 행군하지 않았다면, 모든 사람이 제자리걸음을 했을 것이다. 만약 전투하는 교회가 징계를 감내하지 않았다면, 모든 사람이 노예상태를 견뎌야 했을 것이다.

그 보편적이되 투쟁하는 기독교 신앙이 세상에 가져온 것은 희망이었다. 신화와 철학의 공통점이 하나 있다면 둘 다 정말로 슬프다는 것이었다. 신화와 철학이 비록 신앙이나 자비의 뉘앙스를 갖고 있다 해도 이런 희망은 없었기 때문이다. 우리가 보기에 불교는 회의(懷疑)에 더 가까운 것 같아도 하나의 신앙이라 불러도 무방하겠다. 우리가 보기에 관세음보살은 매우 비관주의적인 동정인 것 같아도 '동정의 주', '자비의 주'라고 불러도 무방하겠다. 그러나 그런 종교들의 오랜 역사와 규모를 강조하는 이들은 그토록 오랜 세월 동안 그 종교들이 그 모든 지역을 실제적이고 호전적인 희망으로 채워주지 못했다는 사실을 인정해야 한다. 기독교세계에서는 희망이 사라진 적이 없다. 오히려 희망을 일시적인 우연에 초점을 맞춘 채 엉뚱하게, 터무니없이, 지나치게 품긴 했지만 말이다. 희망이 낳은 영구적인 혁명과 재건은 적어도 기독교세계의 사람들이 더 나은 정신을 갖고 있었다는 증거이다. 유럽은 실제로 독수리처럼 젊음을 새롭게 회복했다. 예컨대, 로마의 독수리가 나폴레옹 군단 위에 다시 솟아오른 모습, 또는 우리가 얼마 전 목격한 폴란드의 은색 독수리[13]가 솟아오른 모습이다. 그런데 폴란드의 경우에는 혁명이 항상 종교적 색채를 띠었다.[14] 나폴레옹은 스스로 종교와 화해하려고 했다. 종교는 그 희망에 가장 적대적인 사람들도 결코 떨쳐버릴 수 없는 것이었다. 왜냐하면 종교가 바로 희망의 원천이었기 때문이다. 그리고 그런 논쟁의 원인도 종교 자체에서 찾을 수 있다. 종교에 관해 논쟁하는 사람들조차 그 문제를 그 자체에서 찾는 경우는 드물다. 여기서는 지면 관계상 이에 대해 자세하게 다룰 수 없다. 하지만 화해에 대해서는, 곧 늘 반복되고 또 여전히 설명이 필요한 화해에 대해서는 한 마디 할 수 있겠다.

기독교 신학에서 유일하게 자유로운 부분은 바로 교리의 영역이다. 이 사실을 사람들이 깨닫기 전에는 신학의 자유화에 관한 논쟁이 끝나지 않을 것이다. 만약 교리가 믿을 수 없는 것이라면, 그 이유는 교리가 믿을 수 없을 만큼 자유롭기 때문이다. 만약 교리가 비합리적이라면, 그것은 교리가 이성적으로 정당화할 수 있

---

**13** 폴란드는 1919년에 다시 독립국가가 되었다. 폴란드의 상징은 하얀 독수리다.
**14** 폴란드는 966년에 가톨릭을 받아들였고, 현재도 법적으로 인구의 90% 이상이 가톨릭 신자다.

는 것보다 더 큰 자유를 우리에게 보장하기 때문이다. 분명한 예를 들자면, 우리가 자유의지(free will)라고 부르는 자유의 본질적인 형태이다. 한 사람이 자기의 자유를 부인함으로 자기의 자유로움을 보여준다고 말하는 것은 모순이다. 그러나 그 사람이 자기의 자유를 긍정하기 위해 초월적 교리를 긍정해야 한다는 것은 타당할 수 있다. 만약 사람이 선택의 능력을 갖고 태어났다면, 따라서 그는 초자연적인 창조의 능력, 곧 마치 죽은 사람을 일으킬 수 있거나 아직 생기지 않은 아이를 태어나게 할 수 능력을 갖고 있는 것이다. 이런 경우에 사람은 하나의 기적임에 틀림없다. 그리고 이런 경우에 그가 사람이 되려면 기적적인 존재가 되어야 함이 틀림없다. 그리고 그가 자유로운 사람이 되려면 더더욱 그런 존재가 되어야 한다. 그런데 그를 자유로운 사람이 되지 못하게 하되 더 자유로운 종교의 이름으로 그렇게 하는 것은 모순이다.

그런데 이 점은 스무 개의 다른 사안에도 해당된다. 하나님을 믿는 사람은 누구나 그분의 절대 주권을 믿어야 한다. 그런데 만일 그 주권에 정도가 있어서 관대하다거나 편협하다고 부를 수 있다면, 편협한 권세는 합리주의자들의 신이며 관대한 권세는 교리주의자들의 신인 것이 자명하다. 당신이 유일신론을 일원론으로 바꾸는 데 비례하여 그것을 독재로 바꾸는 셈이다. 과학자의 미지의 신이야말로 헤아릴 수 없는 목적과 불가피하고 바꿀 수 없는 법을 지닌 존재로서 전쟁터에서 멀리 떨어진 텐트에서 경직된 계획을 세우고 인류를 기계처럼 움직이는 프로이센의 전제 군주를 상기시킨다. 반면에 기적을 일으키고 기도에 응답하는 하나님은 백성의 하소연을 받아들이고, 의회에 경청하며, 백성 전체의 입장을 고려하는 관대하고 평판이 좋은 군주를 떠올린다. 나는 지금 이 개념이 다른 면에서도 합리적이라고 말하는 게 아니다. 사실 다른 면에서 흔히 생각하듯 비합리적이지는 않다. 왜냐하면 가장 현명하고 해박한 왕이 자기가 구원하고픈 백성의 행동에 따라 다르게 행동하는 것은 전혀 비합리적이지 않기 때문이다. 그런데 여기서 나는 관대함, 또는 자유롭고 폭넓은 행동 분위기의 일반적인 특징만 다룰 뿐이다. 그리고 이런 측면에서, 만일 일부가 왕을 변덕스럽다고 말한다면 우리가 보기에 그는 관대한 사람일 수밖에 없음이 분명하다. 가톨릭 신자는 산 사람과 죽은 사람을 위하여 드리는 기도에 효력이 있다고 믿고, 입헌 영연방과 비슷한 곳에서 자유 시민처럼 살고 있다고 느낀다. 일원론자야말로 단 하나의 냉혹한 법의 지배를 받고 술탄의 통치를 받는 노예처럼 살고 있다고 느낀다. 지금 우리가 정치에서 투표권을 가리킬 때 쓰는 '수프라기움'(suffragium)[15]은 원래 신학에서 기도를 가리킬 때 쓰던 말이었다. 중세에는 연옥에 있는 죽은 자가 살아있는 자의 대도(代禱)를 받는다고 생각했다. 기도는 최고주권자에게 호소할 수 있는 일종의 권리라는 의미에서, 전투하는 교회와 성도의 교제 전체가 신자들의 보편적 참정권에 그 토대를 둔다고 말할 수 있다.

---

15 '투표권'을 뜻하는 라틴어.

그러나 무엇보다도, 그것은 가장 엄청난 사건, 곧 우리 신조의 신곡(거룩한 희극)을 만들어낸 그 비극에 적용된다. 그리스도의 신성에 대한 교리, 곧 극단적이고 강력하고 놀라운 그 교리에 못 미치는 어떤 것도 나팔소리처럼 사람들의 마음을 완전히 뒤흔드는 효과를 내지 못할 것이다. 이는 왕이 친히 일개 병사처럼 대열에 합류하여 섬긴다는 뜻이다. 우리가 그 인물을 인간에 불과한 존재로 만든다면 우리는 그 이야기를 인간 이하의 것으로 만드는 셈이다. 우리는 사람의 마음을 실제로 찌르는 그 이야기의 요점을 제거하는 것이다. 그 이야기의 요점은 문자 그대로 창끝처럼 뾰족한 끝이었다. 선하고 지혜로운 사람들이 자기 견해를 지키고자 죽을 수 있다고 말하는 것은 세계를 인간화시키지 않는다. 이는 선량한 군인들이 쉽게 전사할 수 있다는 것이 군대에서 대서특필할 만한 소식이 아닌 것과 같다. 레오니다스(Leonidas) 왕[16]의 전사 소식은 앤(Anne) 여왕[17]의 사망 소식과 마찬가지로 뉴스거리가 아니다. 그리고 사람들은 영웅이 된다는 그런 의미의 사람들이 되려고 기독교를 기다린 것이 아니었다. 그런데 만일 우리가 잠시 관대하고 대중적이고 그림 같은 그런 것의 분위기를 묘사하고 있다면, 인간 본성을 조금만 알아도 사람의 아들들 또는 하나님의 종들의 어떤 고통도 주인이 종들을 대신해 고통을 당했다는 개념만큼 우리의

---

16 스파르타의 왕(재위 B.C. 487–480). 크세르크세스가 이끄는 페르시아군이 그리스 반도에 침입했을 때 스파르타군을 이끌고 테르모필레를 사수하다가 전사했다.
17 스튜어트 왕가 최후의 영국 여왕(재위 1702~1714). 스코틀랜드와 잉글랜드를 합병하여 대영제국을 만들었다.

가슴을 울리지 않는다는 것을 인식할 것이다. 그리고 이것은 신학적인 신이 선사한 것이지 과학적인 신이 준 것이 결코 아니다. 우주적 출정의 기지에 있는 번쩍이는 천막에 숨은 그 어떤 신비한 군주라도 전장의 맨 앞에서 다섯 상처를 지닌 대장의 천상의 기사도와는 도무지 비교할 수가 없다.

기독교 교리를 비난하는 사람들이 정말로 말하려는 것은 그 교리가 나쁘다는 뜻이 아니라 너무 좋아서 믿어지지 않는다는 뜻이다. 말하자면, 교리가 너무 자유로워서 진실일 것 같지 않다는 뜻이다. 교리가 사람에게 타락하도록 허용할 때는 너무 큰 자유를 주는 것이다. 교리가 하나님에게 죽도록 허용할 때는 그분에게조차 너무 큰 자유를 주는 것이다. 이는 지적인 회의론자들이 마땅히 말해야 하는 것이다. 그리고 나는 그런 주장에 일리가 있다는 것을 부인하고 싶지 않다. 그들의 주장에 따르면, 우주는 그 자체로 우주적인 감옥이다. 존재는 그 자체로 하나의 제약이자 통제이다. 그들이 인과관계를 사슬이라 부르는 것도 그만한 이유가 있다. 한마디로, 그들은 이런 것들을 믿을 수 없다는 뜻이지, 이런 것들이 믿을 만한 가치가 없다는 뜻이 아니다. 우리는 가볍지 않게, 하지만 문자 그대로 진리가 우리를 자유롭게 했다[18]고 말한다. 그들은 그 진리가 사람을 너무 자유롭게 하기 때문에 진리일 수 없다고 말한다. 회의론자들에게는 우리가 누리는 그런 자유를 믿

---

18 "진리를 알지니 진리가 너희를 자유롭게 하리라"(요 8:32).

는 것은 마치 요정 나라를 믿는 것과 같다. 사람들에게 의지가 있다는 생각을 품는 것은 마치 사람들에게 날개가 있다고 믿는 것과 마찬가지다. 사람이 자유롭게 무언가를 구하거나 하나님이 자유롭게 응답하신다고 믿는 것은 마치 산과 대화하는 다람쥐에 관한 우화를 받아들이는 것과 다를 게 없다. 이는 씩씩하고 합리적인 부정이라 내가 항상 존경을 표할 것이다. 그러나 나는 다음과 같은 사람들에게는 어떤 존경도 표하지 않겠다. 우선 날개를 자르고 다람쥐를 새장 안에 가두고, 사슬을 고정하고 자유를 거부하고, 우리에게 영원한 족쇄를 채우고 우주적 감옥의 문을 모두 닫은 후, 우리에게 우리의 해방은 꿈이며 우리의 감옥은 숙명이라고 말하는 사람들, 그리고 조용히 돌아서서 우리에게 더 자유로운 사상과 더 관대한 신학이 그들에게 있다고 말하는 사람들이다.

이 모든 것의 교훈은 예부터 내려오는 바, 종교는 곧 계시(啓示)라는 것이다. 달리 말해, 종교는 환상(vision)이고 믿음으로 받는 환상이다. 그러나 종교는 실재에 대한 환상이다. 신앙은 그 환상이 실재라는 확신이다. 그것이, 예컨대, 환상과 백일몽의 차이다. 그것이 종교와 신화의 차이다. 그것이 신앙과 인간적이고 다소 건전한 온갖 공상의 산물 간의 차이다. 이에 관해서는 신화를 다룰 때 살펴본 바 있다. 환상이란 단어를 적절히 사용할 때는 두 가지 의미가 내포되어 있다. 첫째, 환상은 매우 드물게 오고, 단 한 번만 올 가능성이 있다. 둘째, 환상은 어쩌면 영영 단 한 번만 올 수 있다. 백일몽은 매일 꿀 수 있다. 백일몽의 내용도 날마다 다를 수 있다. 양자의 차이는 유령 이야기를 들려주는 것과 실제로 유령을 만나는 것의 차이보다 더 크다.

그런데 만일 그 환상이 신화가 아니라면 그것은 철학도 아니다. 그것은 환상인지라 어떤 패턴이 아니고 그림이기 때문에 철학이 아닌 것이다. 그것은 모든 것을 추상적인 설명으로 환원하는 단순화의 작업이 아니다. 즉, 모든 것이 순환한다든지, 모든 것이 상대적이라거나, 모든 것이 불가피한 운명이라든지, 모든 것이 환영일 뿐이라는 그런 설명이 아니라는 뜻이다. 그것은 하나의 과정이 아니라 이야기다. 그것은 그림이나 이야기에 나타나는 그런 종류의 비율을 갖고 있다. 그것은 어떤 패턴이나 과정이 지닌 규칙적인 반복은 없고 그림이나 이야기처럼 설득력이 있다. 달리 말하면, 그것은 말 그대로 삶을 빼닮았다. 참으로 그것이 바로 삶이기 때문이다.

이 말의 뜻을 잘 보여주는 예는 악의 문제를 다루는 방식이다. 비관주의자들이 그러듯이, 검은색 바탕 위에 삶의 계획을 세운 뒤에 다소 우발적인, 또는 적어도 문자적 의미에서 하찮은 한 두 개의 반점을 허용하는 것은 무척 쉽다. 그리고 크리스천 사이언스 신자들이 그러듯이, 흰색 바탕 위에 또 다른 계획을 세운 뒤에 그런 반점들이나 얼룩은 부인하기 어렵다는 식으로 설명해버리는 것도 무척 쉽다. 끝으로, 가장 쉬운 방법은 이원론자들처럼 삶은 흰색과 검은색이 교차하는 체스 판과 같고, 검은색 판 위에 흰색 네모들이 있다거나 흰색 판 위에 검은색 네모들이 있다는 식으로 말하는 것이다. 그러나 누구나 마음속으로 이 세 가지 계획 중에 어느 것도 현실적인 삶과 같지 않다고 느낀다. 즉, 이 세 가지 세계들 중에 자기가 살 수 있는 세계는 없다고 생각하는 것이다. 무언가가 그에게 세계에 대한 궁극적 관념은 나쁘지 않고 중립적이지도 않다고 말해준다. 하늘이나 풀밭, 수학의 진리나 갓 낳은 알을 관찰하노라면 그는 위대한 기독교 철학자 토마스 아퀴나스의 말-"모든 존재는 그 자체로 선하다"-의 의미를 어렴풋이 느낄 수 있다. 다른 한편, 다른 무언가는 그에게 악을 하나의 점이나 얼룩으로 최소화하는 것은 비겁하고 한심하며 심지어 병적이라고 말해준다. 그는 낙관주의가 병적인 것임을 깨닫는다. 낙관주의는 심지어 비관주의보다 더 병적일 수도 있다. 그 사람이 그 모호하되 건전한 느낌을 계속 따라가면 악은 어떤 면에서 하나의 예외이되 거대한 예외라는 생각으로 귀결될 것이다. 그리고 궁극적으로 악은 하나의 침입이거나 오히려 반역에 가깝다는 생각에 이를 것이다. 그는 모든 것이 옳다거나 모든 것이 그르다고 생각하지 않고, 모든 것이 똑같이 옳고 그르다고 생각하지도 않는다. 반면에 그는 옳은 것은 옳을 권리가 있고 따라서 존재할 권리가 있지만, 틀린 것은 틀릴 권리가 없고 따라서 존재할 권리도 없다고 분명히 생각한다. 마귀는 세상의 임금이되 찬탈자이기도 하다. 그래서 그 사람은 믿음의 환상이 그에게 생생하게 보여줄 것을 어렴풋이 이해할 것이다. 즉, 하늘에서 반역이 일어났고 악한 존재가 하늘에서 도망쳐 자기가 창조할 수 없었던 우주를 망가뜨리고 파괴하려고 했던 그 이상한 이야기다. 이는 매우 이상한 이야기이고, 그 이야기의 비율들과 선들과 색채들은 예술적인 그림의 구성만큼 자의적이고 사실적이다. 그것은 우리가 실제로 그림에서 거대한 날개와 강렬한 색채의 깃털로 상징적으로 표현하는 일종의 환상이다. 즉, 떨어지는 별들과 한밤에 무장한 공작[19]에 대한 심연의 환상인 것이다. 그런데 그 이상한 이야기는 추상적인 도형보다 나은 작은 장점이 있다. 바로 그 이야기가 삶과 비슷하다는 것.

앞에서 한 말의 뜻을 잘 보여주는 또 다른 예는 이른바 진보의 문제에서 찾을 수 있다. 우리 시대의 가장 유능한 불가지론자 중 한 사람이 언젠가 내게 "당신은 인류가 더 나아질 것으로 보는가, 더 나빠질 것으로 보는가, 아니면 똑같을 것으로 보는가?"하고 물은 적이 있다. 그는 그 대안들이 모든 가능성을 포괄한다고 확신했다. 그는 그 대안이 패턴들만 포괄하고 그림들을 포괄하지 않았다는 사실, 그리고 과정들만 포괄하고 이야기들을 포괄하지 않았다는 사실을 알지 못했다. 그래서 내가 이렇게 물었다. "당신은 골더스 그린에 사는 스미스 씨가 서른 살과 마흔 살 사이에 더 나아질 것으로 보는가, 더 나빠질 것으로 보는가, 아니면 똑같을 것으로 보는가?" 그때 그의 머릿속에 그것은 스미스 씨에게 달려있다는 생각이 떠오른 것 같았다. 즉, 스미스 씨의 선택에 달려있다는

---

**19** '떨어지는 별들'은 사탄을 따르다가 하늘에서 쫓겨난 천사들을 가리키고, '한밤에 무장한 공작'은 사탄을 가리키는 것 같다. 공작새는 중동의 야지디(Yazidi)족이 숭배한 신 멜렉 타우스(Melek Taus)를 상징하는 동물로서, 18세기 이후 기독교인들과 이슬람교도들은 이 신을 사탄과 동일시했다.

것이다. 애초에 그에게는 그 문제가 인류의 선택에 달려있다는 사실이 전혀 떠오르지 않았던 것이다. 인류가 걸을 경로가 일직선이나 상승 곡선이나 하강 곡선 중 하나가 아니라, 마치 어떤 골짜기를 지나가는 사람이 자기가 가고 싶은 곳으로 가고, 선택한 곳에서 멈추고, 교회에 들어가거나 술에 취해 도랑에 빠질 수도 있는 그런 오솔길과 비슷하다는 생각을 하지 못한 것이다. 인간의 삶은 하나의 이야기, 곧 모험담이다. 그리고 우리의 믿음이란 환상에 비춰보면, 이는 하나님의 이야기에도 적용된다.

가톨릭 신앙은 신화와 철학 둘 다의 실현이기 때문에 유일한 화해라고 할 수 있다. 그 신앙은 하나의 이야기이고, 그런 의미에서 백 가지 이야기 중 하나이다. 그것만이 참된 이야기다. 그 신앙은 하나의 철학이고, 그런 의미에서 백 가지 철학 중 하나이다. 그것만이 삶과 비슷한 철학이다. 그러나 무엇보다도, 그것은 이야기들의 철학이라 부를 수밖에 없어서 하나의 화해이다. 수많은 동화를 지어낸 그 정상적인 이야기 본능은 모든 철학이 무시하는 그것이다. 단 하나만 빼놓고. 가톨릭 신앙은 그 일반적인 본능을 정당화해준다. 그 본능을 옹호하는 철학을 찾아주거나 그 본능 속에 있는 철학을 분석해준다. 모험담의 주인공이 자기 목숨을 구하려고 다양한 시험을 통과해야 하듯이, 이 철학 속의 인물도 다양한 시험을 거쳐 자기 영혼을 구원해야 한다. 두 경우 모두 설계의 조건 아래서 작동하는 자유 의지의 개념이 있다. 달리 말해, 어떤 목표가 있고 그 목표를 달성하는 것이 사람의 본분이다. 우리는 그러므로 그 사람이 목표를 이룰지 지켜보게 된다. 그런데 이 깊고 민주적이고 극적인 본능이 다른 모든 철학들에서는 조롱받고 무시당한다. 왜냐하면 이러한 철학들은 시작한 곳에서 명백히 끝나기 때문이다. 그러나 이야기라는 것은 본래 다르게 끝나게 되어 있다. 한 곳에서 시작하여 다른 곳에서 끝난다는 뜻이다.

붓다와 그의 윤회사상으로부터 아크나톤과 그의 태양 형상에 이르기까지, 수(數)를 추상화시킨 피타고라스부터 관례적인 종교를 주창한 공자에 이르기까지, 어떤 방식으로든 이야기의 영혼에 반하는 죄를 짓지 않는 철학은 하나도 없다. 그 가운데 이런 이야기, 시험, 모험, 자유인의 호된 시련의 개념을 제대로 파악하는 철학은 하나도 없다. 그 각각은, 말하자면, 이야기를 들려주는 본능을 굶어죽게 하고, 모험담으로 간주되는 인생을 망치는 어떤 짓을 한다. 예컨대, 이런 것들이다. 모험의 죽음에 해당하는 운명론(비관주의자나 낙관주의자), 또는 드라마의 죽음에 해당하는 초연한 무관심, 또는 등장인물들을 원자들로 분해하는 근본적인 회의주의, 또는 도덕적 결과에 대한 전망을 가로막는 유물론의 한계, 또는 도덕적 시험을 단조롭게 만드는 기계적인 반복, 또는 실제적인 시험조차 불안정하게 만드는 끝없는 상대주의 등이다. 세상에는 인간의 이야기라는 것이 있다. 그리고 인간의 이야기이기도 한 하나님의 이야기라는 것도 있다. 그러나 헤겔의 이야기나 일원론의 이야기, 상대주의 이야기나 결정론의 이야기와 같은 것은 없다. 그렇다, 모든 이야기는 – 싸구려 통속 소설이나 시시한 삼류 연애 소설까지- 그 속에 그들의 우주가 아닌 우리의 우주에 속하는 무언가를 갖고 있다. 짧은 이야기도 하나같이 창조로 시작해서 최후의 심판으로 끝나기 마련이다.

그리고 바로 그런 이유로 그리스도가 오기까지 신화와 철학이 서로 싸움을 벌였던 것이다. 그 때문에 아테네의 민주주의가 신들을 경외하는 마음에서 소크라테스를 죽였던 것이다. 그 때문에 떠돌아다니던 소피스트는 하나같이 신들보다 우월한 방식으로 얘기할 수 있을 때마다 소크라테스의 흉내를 냈던 것이다. 그 때문에 아케나텐은 추상적 사상을 위해 이집트의 거대한 신상들과 신전들을 무너뜨렸고, 그 때문에 밀려났던 제사장들은 훗날 승기를 잡고 돌아와서 그의 왕조를 짓밟았던 것이다. 그리고 그 때문에 불교가 스스로를 브라만교로부터 분리해야 했고, 그 때문에 기독교세계 바깥의 모든 시대와 나라에서는 철학과 제사장 사이의 불화가 영원히 이어졌던 것이다. 철학자가 일반적으로 더 이성적이라고 말하기는 쉽다. 하지만 제사장이 언제나 더 인기가 있다는 사실을 잊는 것은 더 쉽다. 왜냐하면 제사장은 사람들에게 이야기를 들려줬고, 철학자는 이야기들의 철학을 이해하지 못했기 때문이다. 그 철학은 그리스도의 이야기와 함께 세상 속으로 들어왔다.

그리고 이런 이유로 그것은 위에서 내려온 계시 또는 환상이어야만 했던 것이다. 이야기나 그림에 대한 이론을 생각해본 사람은 누구나 이 점을 쉽게 파악할 것이다. 세계에 관한 참된 이야기는 누군가로부터 다른 누군가에게 전달되어야 한다. 이야기는 그 본질상 누군가의 머릿속에 저절로 떠오르도록 내버려둘 수 없다. 한 편의 이야기는 비율과 변동, 뜻밖의 일, 특별한 배열 등이 있고, 이는 산수처럼 추상적인 규칙으로 만들어낼 수 없다. 우리는 아킬레우스가 헥토르의 몸을 돌려줄지 여부를 피타고라스의 정수론이나 반복 이론으로부터 추론할 수 없다. 그리고 우리는 단지 만물이 붓다의 수레바퀴를 따라 계속 회전한다는 말을 듣는 것으로부터 세상이 어떻게 그리스도의 몸을 되돌려 받게 될지를 스스로 추론할 수 없다. 혹자는 유클리드에 대해 들어본 적이 없어도 아마 유클리드의 명제를 이해할 수 있을 것이다. 그러나 유리디케 (Eurydice)[20]에 대해 들어본 적이 없으면 유리디케의 전설[21]을 이해하지 못할 것이다. 어쨌든 그는 그 이야기가 어떻게 끝날지, 오르페우스가 결국 패배했는지 여부를 확실히 알 수 없을 것이다. 그리고 우리 이야기의 결말, 곧 우리의 오르페우스가 패배하지 않고 죽은 상태에서 부활했다는 전설은 더더욱 추측하기 어려울 것이다.

요약하면 이렇다. 과거에 서로 싸우던 두 가지 성향을 만족시

---

**20** 고대 그리스 신화에 나오는 음유시인 오르페우스의 아내다.

**21** 어느 날 유리디케는 어떤 사악한 신을 피해 도망치다가 풀 속에서 독사에게 물려 죽었다. 오르페우스는 상심하여 저승으로 내려갔다. 거기서 하데스 신과 페르세포네 여신을 설득해서 아내를 되찾아 오고자 했다. 두 신은 유리디케를 내 주면서 오르페우스에게 조건을 걸었다. 이승으로 돌아가는 길에 절대로 뒤에 오는 아내를 돌아보면 안 된다는 내용이었다. 그러나 오르페우스는 불안한 마음에 결국 뒤를 돌아보았다. 오르페우스는 아내를 되찾는 데 실패하여 평생을 비통한 마음으로 살았다.

켜준 어떤 것 덕분에 세상의 온전한 모습이 회복되었고 사람의 영혼이 구원을 받았다. 이전까지 두 성향은 완전히 채워진 적이 없고 함께 채워진 적은 확실히 없었다. 그것은 한 편의 이야기라서 모험담을 향한 신화의 추구 욕구를 만족시켰고, 한 편의 참된 이야기라서 진리를 향한 철학의 추구 욕구를 만족시켰다. 이 때문에 그 이야기에 나오는 이상적인 등장인물은 역사상의 인물이어야 했다. 아무도 아도니스나 판(Pan)을 역사상의 인물로 생각하지 않았기 때문이다. 그런데 그 때문에 또한 그 역사상의 인물은 이상적인 등장인물이어야 했고, 심지어 다른 이상적인 등장인물들에게 주어졌던 많은 역할도 수행해야 했다. 그래서 그는 희생제물인 동시에 축제였고, 그래서 그는 자라는 포도나무나 떠오르는 태양의 문장(紋章)들 아래서 그 모습을 보였던 것이다. 우리는 그 사안에 대해 더 깊이 생각할수록 더더욱 이런 결론을 내리게 될 것이다. 만일 정말로 하나님이 계신다면, 그의 창조세계는 이처럼 세상에 진정한 모험담을 허락하지 않고는 결코 절정에 이를 수 없었을 것이라는 결론이다. 그렇지 않았다면, 인간 정신의 두 측면은 결코 만날 수 없었을 테고, 사람의 뇌는 갈라진 채 두 덩어리로 남았을 것이다. 뇌의 한 부분은 불가능한 꿈을 꾸고, 다른 부분은 똑같은 계산만 되풀이했을 것이다. 화가들은 무명인의 초상화를 영원히 그렸을 것이다. 현자들은 늘 무(無)로 끝나는 덧셈만 하염없이 했을 것이다. 그것은 오직 성육신만 건널 수 있는 심연이었다. 성육신은 하나님이 우리의 꿈을 실현한 사건이다. 그 이름이 제사장보다 더 많고 그 나이가 기독교세계보다 더 많은 그분이 그 간극 위에 서 있다. 그는 가장 막강한 다리 건설자인 폰티펙스 막시무스(Pontifex Maximus)[22]이다.

그러나 우리는 이제 동일한 전통 안에 있는 좀 더 기독교적인 상징으로 되돌아간다. 바로 딱 들어맞는 열쇠이다. 이 글은 역사적인 개요이지 신학적 개요가 아니다. 그래서 나의 책임은 기독교 신학을 자세히 변호하는 게 아니라, 단지 그 신학은 세부적으로 정당화되지 않으면 그 설계도 정당화될 수 없다는 사실을 지적하는 것이다. 열쇠처럼 말이다. 나는 이번 장에서 폭넓은 주장만 했지 왜 기독교 신조를 받아들여야 하는지에 대한 변증은 시도하지 않았다. 그러나 누가 왜 사람들이 그 신조를 받아들였고 또 지금도 받아들이는지를 묻는다면, 나는 그 밖의 다른 많은 질문에 대해서도 이렇게 답하겠다. 그것이 자물쇠에 딱 들어맞기 때문이고, 그것이 삶과 비슷하기 때문이라고. 기독교는 많은 이야기들 중 하나이지만, 그것만이 참된 이야기다. 그것은 많은 철학들 중 하나이지만, 그것만이 유일한 진리이다. 우리는 기독교를 받아들인다. 그리고 우리의 발밑에는 탄탄한 땅이 있고, 우리 앞에는 길이 열려 있다. 그것은 우리를 운명적인 꿈이나 우주적인 망상의 의식 속에 가둬놓지 않는다. 그것은 우리에게 믿기 어려운 하늘을 열어

---

22 '폰티펙스 막시무스'는 '가장 위대한 다리 건설자'를 뜻하는 라틴어로서, 기독교 이전의 고대 로마에서 최고 제사장을 가리켰다. 여기서는 '신과 인간 사이를 연결해 주는 사람'이라는 뜻으로 예수 그리스도를 가리키는 데 사용하였다.

줄 뿐 아니라, 일부에게는 똑같이 믿기 어려운 땅도 열어주고 그
것을 믿을 수 있게 만들어준다. 이는 설명하기 어려운 종류의 진
리이다. 하나의 사실이라서 그렇다. 그러나 우리가 증인들을 불러
올 수 있는 사실이다. 우리가 기독교인이자 가톨릭 신자인 이유는
우리가 열쇠를 경배하기 때문이 아니라 어떤 문을 통과했기 때문
이다. 그리고 산 자들의 땅 위에 부는 자유의 나팔소리인 그 바람
을 느꼈기 때문이다.

C·H·A·P·T·E·R 6

# 기독교 신앙의 다섯 차례 죽음

 이 책의 목적은 기독교의 역사를 추적하는
것이 아니다. 특히 내가 다른 책에서 자세히 쓰고 싶은 여러 논쟁
과 관련된 후기 기독교 역사를 다루는 것이 아니다. 이 책은 오직
이교적인 인류 속에 나타난 기독교는 유일무이한 것의 모든 특징
을 지녔고 심지어 초자연적인 것의 특징까지 갖고 있었다는
주장을 펼치는 책이다. 기독교는 다른 어떤 것과도 달랐다.
그리고 우리가 기독교를 더 공부할수록 그것은 다른 어느 것
과도 덜 비슷해 보인다. 그런데 기독교는 처음부터 이 순간까
지 드러낸 특이한 성격이 있는데, 이제 그 성격을 살펴보면서
이 책을 마무리하고자 한다.

나는 앞서 아시아와 고대 세계가 너무 오래되어 죽을 수 없는 분위기를 풍긴다고 말했다. 그러나 기독교세계는 그와 정반대의 운명을 지녀왔다. 기독교세계는 혁명을 연이어 겪었고 혁명이 일어날 때마다 기독교는 죽었다. 기독교는 여러 번 죽었다가 다시 살아났다. 왜냐하면 무덤에서 나오는 길을 아셨던 하나님을 믿었기 때문이다. 그런데 이런 역사를 특징짓는 첫 번째 놀라운 사실은 바로 이것이다. 유럽은 반복해서 전복되었고 각 혁명이 끝날 때마다 다시 기독교가 꼭대기에 있는 모습을 볼 수 있었다는 사실이다. 이 신앙은 낡은 종교가 아닌 새로운 종교로서 항상 시대를 바꾸고 있다. 하지만 거의 주목받지 못하는 어떤 관습 때문에 이 진실은 많은 사람의 눈에 가려져 있다. 아주 이상하게도, 그 관습은 그것을 무시하는 이들이 특히 간파했다고 주장하고 비난하는 그런 종류의 관습이다. 그들은 늘 사제와 예배의식은 종교의 본질이 아니고, 종교 조직은 텅 빈 껍데기가 될 수 있다고 우리에게 말한다. 그러나 그들은 그것이 얼마나 옳은 소리인지를 잘 모른다. 이는 너무나 옳아서 기독교세계의 역사에서 적어도 서너 번은 그 영혼이 기독교에서 빠져나간 듯이 보였다. 그리고 거의 모든 사람이 기독교가 끝날 것으로 예상했다. 이 사실은 중세를 비롯한 몇몇 시대에는 가려져 있었는데, 바로 그런 비판가들이 간파했다고 자랑하는 그 공식 종교 때문에 그랬다.

기독교는 어떤 르네상스 군주의 공식 종교로 또는 어떤 18세기 주교의 공식 종교로 남아있었다. 이는 어떤 고대 신화가 줄리어스 시저의 공식 종교로 또는 배교자 율리아누스 황제의 공식 종교로 남아있었던 것과 같다. 그러나 줄리어스의 경우와 율리아누스의 경우는 차이점이 있었다. 왜냐하면 그 어간에 교회가 그 특이한 경력을 시작했기 때문이다. 줄리어스와 같은 사람들이 공적으로는 영원히 주피터와 같은 신들을 경배하고 사적으로는 그런 신들을 비웃으면 안 될 이유가 없었다. 그러나 율리아누스가 기독교를 죽은 것으로 대했을 때, 그는 기독교가 다시 살아났다는 것을 발견했다. 아울러 주피터가 다시 살아날 기미는 조금도 없었다는 것도 우연히 알게 되었다. 율리아누스의 경우와 아리우스주의의 일화는 여기서 간단하게만 살펴볼 수 있는 일련의 실례들 중 첫 번째의 것이다. 흔히들 말하듯이, 아리우스주의는 그 특정한 콘스탄티누스의 미신(기독교)이 자연스럽게 사그라질 것으로 예상하게 만드는 모든 인간적인 모습을 갖고 있었다. 통상적인 단계들은 모두 거쳤다. 기독교 신조는 공경할 만한 것이 되었다. 그것이 의례적인 것이 되었고, 이후 이성적인 것으로 수정되었다. 그리고 합리주의자들은 오늘날처럼 마지막으로 그 신조의 남은 부분을 없앨 준비를 다 갖추었다. 그런데 기독교가 갑자기 다시 살아나서 그들을 물리친 사건은 그리스도가 죽었다 부활한 사건만큼 예상할 수 없었던 일이다. 하지만 이런 예는 수없이 많고 동시대에도 일어났다. 예를 들어, 아일랜드 선교사들이 유럽으로 몰려간 사건은 마치 젊은이들의 늙은 세계에 대한 뜻밖의 공격과 같은 느낌을 주고, 심지어 늙어가는 징조를 보인 교회에 대한 공격과 같았다.

그 선교사들 중 일부는 콘월[1] 해안에서 순교했다. 콘월 지방 고대 역사의 권위자 한 명이 나에게 그는 그들이 이교도들의 손에 죽었다고 생각한 적이 없고 (약간의 유머를 곁들여서) "미지근한 기독교인들의 손에 죽었다"고 생각한다고 했다.

이제 이 논의의 범위를 벗어나는 것이긴 해도 역사의 표면 아래 깊숙한 곳으로 내려가면, 우리는 기독교세계가 의심과 무관심 때문에 내부로부터 텅 비어버린 모습, 그래서 이교의 껍데기가 그토록 오랜 세월 유지되었듯이 오랜 기독교의 껍데기가 남아있는 그런 모습을 여러 차례 발견하게 될 것이다. 그러나 차이점이 있다면, 기독교세계는 그런 경우마다 아버지들의 신앙이 미지근할 때 아들들이 그 신앙에 대해 광적이었다는 사실이다. 이 사실은 르네상스에서 반(反)종교개혁으로 넘어가던 전환기에 분명히 드러난다. 그리고 18세기로부터 많은 가톨릭 부흥운동이 일어난 우리 시대로 넘어오던 전환기에도 확실히 드러난다. 그러나 나는 다른 많은 예들도 별도의 연구를 할 만한 가치가 있다고 생각한다.

기독교 신앙은 생존이 목표가 아니다. 그것은 마치 드루이드교[2]가 어떻게든 어디엔가 이천 년 동안 겨우 살아남은 것과 같지 않다. 이는 아시아 또는 고대 유럽에서 일어났을 법한 일로서 무관심이나 관용 덕분에 신화들과 철학들이 영원히 나란히 공존했던 그런 경우이다. 그 신앙은 명맥만 이어온 것이 아니다. 오히

---

1 영국 남서부에 있는 해안.
2 켈트족의 종교다. 켈트족의 제사장을 드루이드라고 불렀다.

려 빠르게 변하고 많은 제도가 영구히 사라지는 서구 세계에서 거듭해서 되돌아왔다. 유럽은 로마의 전통을 따라 항상 혁명과 재건을 시도했고, 보편적인 공화국을 다시 세우고자 노력했다. 그리고 혁명은 항상 이 오래된 반석을 버리는 것으로 시작했다가 그것을 주춧돌로 삼는 것으로 끝났다. 즉, 기독교를 쓰레기더미에서 다시 건져내 의사당의 면류관으로 삼았던 것이다. 스톤헨지에는 서 있는 돌들도 있고 쓰러진 돌들도 있다. 그리고 쓰러진 돌들은 그대로 누워 있을 것이다. 유럽 역사에서 드루이드교가 한두 세기마다 부흥했던 적은 없다. 젊은 드루이드교 사제들이 싱싱한 잔가지로 만든 관을 쓰고 솔즈베리 평원[3]에서 햇살을 받으며 춤추는 그런 부흥이 반복된 적이 없다는 뜻이다. 또 스톤헨지는 투박한 둥근 노르만 양식에서 바로크의 최후의 로코코 양식에 이르기까지 모든 건축술로 재건된 적이 없다. 드루이드교의 성지는 복구되었다가 파괴될 위험이 아예 없다.

그러나 서구 세계의 교회는 사물들이 너무 오래되어 죽을 수 없는 그런 세계에 몸담지 않았다. 오히려 사물들이 항상 젊어서 충분히 죽임을 당할 만한 그런 세계에 있었다. 그 결과 피상적으로 외부만 보면 교회는 종종 죽임을 당했던 것이다. 아니, 때로는 죽임을 당하지 않고 닳아버리기도 했다. 그리고 내가 묘사하기 어려운 어떤 사실이 따라오는데, 그래도 매우 생생하고 중요한 사실이

---

3 영국 남부에 있는 평원으로, 고대의 불가사의한 건축물 스톤헨지가 여기에 있다.

라고 생각하는 것이다. 유령은 사람의 그림자이고, 그런 의미에서 생명의 그림자인 것처럼, 이 끝없는 생명을 가로질러 일종의 죽음의 그림자가 간헐적으로 지나갔다. 죽음의 그림자는, 만일 그 생명이 죽을 운명이었다면 죽었을 만한 순간에 찾아왔다. 그것은 죽을 운명에 처한 모든 것을 시들어 죽게 했다. 만일 동물을 비유로 들 수 있다면, 뱀이 몸을 떨며 허물을 벗어버리고 앞으로 기어간 것이라고 말해도 좋다. 또는 고양이가 구백 구십 구개의 목숨 중에 하나를 잃고 경련을 일으킨 것과 같다고 할 수 있다. 좀 더 고상한 비유를 들자면, 시계가 종을 쳤지만 아무 일도 일어나지 않았다고 할 수 있다. 또는 종이 영원히 지연된 사형 집행을 위해 울렸다고 말해도 좋겠다.

12세기, 즉 누군가 멋지게 표현했듯이 율리아누스 황제가 죽음의 잠에서 깨어난 12세기 무렵, 유럽을 뒤덮었던 희미하고 거대한 불안은 무슨 의미가 있었을까? 암흑시대 이후 새벽의 여명이 밝아오던 때, 실재론에 반대해 유명론을 주장하는 깊은 회의주의가 이상하게도 왜 그처럼 일찍 등장했을까?[4] 왜냐하면 실재론이 유명론과 맞설 때, 사실상 합리주의 또는 우리가 합리주의라 부르는 것보다 더 파괴적인 것에 맞서는 실재론이었다고 말할 수 있기 때문이다. 이에 대한 답변은, 일부 사람들이 교회를 단지 로마 제국

---

**4** 유명론은 '소', '개' 등의 일반 명사를 통해 나타나는 보편자들이 인간의 정신이나 사물 속에 존재한다는 것을 부정한다. 그러므로 유명론자의 입장에서 하나의 보편자는 그저 하나의 단어일 뿐이다. 반대로, 실재론은 보편자들이 인간의 정신과 사물의 실재 모두에 존재한다고 주장한다.

의 일부로 생각했던 것처럼, 어떤 이들은 훗날 교회를 단지 암흑시대의 일부로 생각했던 것과 같다는 것이다. 로마 제국이 막을 내렸듯이 암흑시대도 막을 내렸다. 그리고 만일 교회가 밤의 그늘 중 하나였다면, 교회도 그들과 함께 떠났어야 했다. 그것은 유령의 죽음 같은 것 또는 죽음의 시뮬레이션이었다. 말하자면, 만일 유명론이 성공을 거두었다면, 그것은 마치 아리우스주의가 성공을 거둔 것과 같았을 테고, 그것은 기독교가 실패했다는 고백의 첫 마디가 되었을 것이다. 왜냐하면 유명론은 단순한 무신론보다 훨씬 더 근본적인 회의주의이기 때문이다. 암흑시대가 저물고 이른바 근대 세계의 대낮이 밝아왔을 때, 사람들이 공개적으로 제기한 질문이 그런 것이었다. 그 답변은 바로 아리스토텔레스의 자리에 앉은 아퀴나스, 그의 대교구를 위해 모든 지식을 섭취한 아퀴나스였다. 그리고 가장 낮은 계층인 농민과 농노까지 포함한 수많은 젊은이들이 스콜라 철학을 배우기 위해 유명 대학들 근처에서 낡아빠진 옷을 입고 입에 풀칠만 하며 살았다.

당시에 이슬람의 그림자 아래 서구 세계에서 돌아다니던 그 두려운 소문, 모든 오랜 모험담을 노르웨이나 헤브리데스(Hebrides)의 섬들5)을 활보하는 사라센6) 기사들의 모순된 이미지로 가득 채우는 그 두려운 소문은 무슨 의미가 있었을까? 오늘날 어떤 사람들이 은밀한 무신론자로 비난당하듯이, 내 기억이 정확하다면, 당

5 스코틀랜드 북서쪽의 섬들
6 '사막의 아들'이라는 뜻으로서 중세 유럽인이 이슬람교도를 부르던 이름이다.

시에 존 왕(King John)과 같은 서쪽 끝에 살던 사람들이 왜 은밀한 이슬람교도로 비난을 받았을까? 일부 권력자들은 왜 합리주의적인 아리스토텔레스의 아랍판(版)에 대해 그토록 경종을 울렸을까? 권력자들은 너무 늦은 때를 제외하면 그토록 경종을 울리는 경우가 드물다. 이에 대한 답변은 아마도 많은 사람이 마음속으로 이슬람교가 기독교세계를 정복하리라고, 이븐 루쉬드(Ibn Rushd)[7]의 사상이 안셀무스[8]의 사상보다 더 합리적이라고, 사라센 문화가 겉으로 보이듯 정말로 더 우월하다고 믿었기 때문이라고 할 수 있다. 여기서 다시금 우리는 한 세대 전체, 즉 더 늙은 세대가 매우 미심쩍고 낙담하고 지친 모습을 접하게 된다. 이슬람교의 도래는 공리주의가 천 년을 앞당겨 도래한 것과 같은 사건이었다. 많은 사람에게 그 사건은 상당히 타당하고 상당히 그럴 듯하고 상당히 일어날 법한 것으로 보였을 것이다. 만일 그랬다면, 그들은 실제로 일어난 일을 보고 깜짝 놀랐을 것이다. 실제로 일어난 일은 수많은 젊은이들이 젊음을 던져 이슬람 세력에 반격하려고 천둥처럼 지른 함성이었다. 바로 십자군 전쟁이다. 그것은 하나님의 재주꾼들인 성 프란치스코의 제자들이 노래를 부르며 온 세상을 떠돌아다닌 것이었다. 그것은 화살이 날아가는 듯 하늘로 솟아오르는 고딕 성당이었다. 그것은 세계가 깨어난 것이었다. 그

---

**7** 이븐 루쉬드(Ibn Rushd, 1126–1198)는 아랍의 철학자로서 아리스토텔레스 철학의 권위자다. 서양에서는 '아베로에스'(Averroes)로 알려졌다.
**8** 안셀무스(Anselm of Canterbury, 1033–1109)는 중세 철학자이자 신학자이다. 철저한 실재론을 펴며 유명론과 대립하였다.

러나 알비파 십자군 전쟁[9]을 생각해보면, 우리는 유럽 심장부에 생긴 균열과 기독교세계를 영원히 끝장낼 뻔했던 새로운 철학의 산사태를 접하게 된다. 그 경우에 그 새로운 철학은 또한 매우 오래된 철학이었다. 바로 비관주의였다. 그것은 아시아만큼 오래되었기 때문에 그럼에도 불구하고 현대적인 사상과 비슷했다. 대부분의 현대 사상처럼 말이다. 그 철학은 되돌아온 영지주의였다. 그런데 왜 영지주의가 되돌아왔을까? 왜냐하면 로마 제국의 말기와 같은 한 시대의 말기였기 때문이다. 그리고 교회의 종말이 될 뻔했다. 그 철학은 미래 위를 맴도는 쇼펜하우어[10]였고, 또한 죽은 상태에서 살아난 마니이기도 했다. 그 목적은 사람들로 죽음을 얻게 하고 그것을 더욱 풍성히 누리게 하기 위한 것이었다.

이런 현상은 르네상스의 경우에 더 뚜렷이 나타난다. 왜냐하면 그 시대는 우리와 훨씬 더 가깝고 사람들이 그에 관해 훨씬 더 많이 알기 때문이다. 그러나 그 실례에도 대다수 사람이 아는 것보다 더 많은 사실이 있다. 내가 별도로 연구하고픈 특별한 논쟁들을 제쳐놓더라도, 르네상스 시대는 그 논쟁들이 흔히 암시하는 것보다 훨씬 더 혼란스러운 시기였다. 개신교인들이 래티머

---

**9** 알비파 십자군 전쟁(Albigensian Crusade, 1209-29)은 가톨릭교회가 프랑스의 랑그도끄에 퍼져 있었던 카타리파 이단을 소멸하려고 일으킨 전쟁이다. 카타리파의 교리는 이원론과 영지주의를 바탕으로 하였다. 이 본문에서 체스터턴은 카타리파를 '되살아난 영지주의'라고 부른다. 카타리파는 프랑스 남부의 알비 지역에 많이 퍼져 있었기 때문에 또한 알비파라고도 한다.
**10** 아더 쇼펜하우어(Arthur Schopenhauer, 1788-1860)는 독일의 비관주의 철학자였다.

(Latimer)[11]를 개신교를 위한 순교자라고 부르면, 가톨릭 신자들은 캠피언(Campion)[12]을 가톨릭을 위한 순교자라고 응수한다. 그런데 그런 박해에서 죽은 많은 사람들은 단지 무신론이나 무정부주의나 악마숭배를 위한 순교자로 묘사될 수 있다는 것을 우리가 종종 잊어버린다. 그 세계는 우리의 세계만큼 거친 곳이었다. 당시에 세상을 떠돌던 사람들 중에는 하나님이 없다고 말하는 부류, 그 자신이 하나님이라고 말하는 부류, 아무도 알아들을 수 없는 말을 하는 부류 등이 있었다. 만일 우리가 르네상스 이후 시대의 대화를 들을 수 있다면, 우리는 아마도 많은 것을 부인하는 뻔뻔스러운 모습에 충격을 받을 것이다. 말로우(Marlowe)[13]의 말로 추정되는 진술들은 많은 지식인 술집들에서 나눈 대화의 전형이다. 종교개혁 이전에서 종교개혁 이후로 바뀌는 전환기에는 공중에 떠도는 따분한 질문들이 수없이 많았다. 하지만 다시금 결국 그 답변은 똑같은 것이었다. 당시는 마치 그리스도가 물 위를 걸었던 것처럼 기독교가 공중을 걷고 있던 시기였다.

그런데 이 모든 사례들은 먼 과거에 일어난 것이라 세부 내용으

---

**11** 휴 래티머(Hugh Latimer, 1485?~1555) 주교는 영국의 종교개혁자이자 순교자였다.

**12** 성 에드문드 캠피언(Edmund Campion, 1540~1581). 영국 예수회 수사로, 가톨릭에서 순교자로 여긴다. 가톨릭 신앙을 전파하고자 1580년경 영국에 잠입했다가 발각되었고, 엘리자베스 여왕에게 심문을 받은 뒤 처형되었다.

**13** 크리스토퍼 말로우(Christopher Marlowe, 1564~1593)는 16세기 영국의 극작가였다. 말로의 작품에는 중세 기독교적 우주의 거대한 질서와 틀에서 벗어나 자아와 자유를 찾으려는 개인들의 투쟁과 도전, 좌절과 두려움이 분명하게 드러난다. 당시의 문인들은 말로를 이단과 무신론에 빠진 위험하고 난폭한 사람으로 보았다.

로만 입증될 수 있을 뿐이다. 우리가 그 사실을 훨씬 더 분명히 볼 수 있는 사례는 르네상스의 이교주의가 기독교를 끝장냈고 기독교가 이상하게도 처음부터 다시 시작했던 경우이다. 그러나 우리가 그 사실을 가장 분명히 볼 수 있는 사례는 우리에게 가까운 시대에 일어나서 그 명백하고 자세한 증거가 가득한 경우이다. 바로 볼테르(Voltaire)[14]의 시대에 시작된 기독교의 큰 쇠퇴 현상이다. 그것은 바로 우리 자신의 사례이기 때문이고, 우리는 직접 그 쇠퇴의 쇠퇴를 목격했다. 볼테르 이후 이백 년은 4세기와 5세기 또는 12세기와 13세기처럼 우리 눈앞을 휙 지나가지 않는다. 우리 자신의 경우에는 우리가 이처럼 자주 반복되는 과정을 가까이서 볼 수 있다. 우리는 한 사회가 공식 종교를 폐지하지 않고도 그 근본적인 종교를 완전히 잃어버릴 수 있다는 것을 안다. 우리는 사람들이 주교들을 몰아내기 오래 전부터 모두 불가지론자가 될 수 있다는 것도 안다. 그리고 우리는 또한 이 최후의 종말에, 우리에게 정말로 최후의 종말로 보였던 그 종말에 도무지 믿기지 않는 일이 다시 발생했다는 것도 안다. 기독교 신앙은 늙은이보다 젊은 이들 사이에서 더 나은 추종자를 갖게 된 것이다. 입센(Ibsen)[15]이

---

14 볼테르는 필명 가운데 하나이고 본명은 '프랑수아 마리 아루에'(Franois-Marie Arouet, 1694-1778)였다. 프랑스의 대표적인 계몽주의 작가로서 기독교를 거세게 공격하였다. 무신론자는 아니었고 이신론자였으며 이성을 강조하였다.

15 헨릭 입센(Henrik Ibsen, 1828-1906)은 19세기 노르웨이의 대표적인 극작가이자 시인이었다. '현대 희곡의 아버지'로 평가받기도 한다. 체스터턴이 인용한 부분은 입센의 희곡 「건축사 솔네스」(The Master Builder, 1892)에 "언젠가 더 어린 세대가 내 사무실 문을 두드릴 것이다"라는 대사가 나온다.

문을 두드리는 새로운 세대를 거론했을 때, 그는 그것이 교회의 문일 것이라곤 전혀 예상하지 못했을 것이다.

이처럼 적어도 다섯 차례-아리우스의 시대와 알비파의 시대, 인문주의적인 회의주의자의 시대, 볼테르 이후의 시대, 그리고 찰스 다윈 이후의 시대-에 걸쳐 기독교는 완전히 끝장난 듯 보였다. 하지만 매번 결과는 정반대였다. 어떻게 완전히 무너졌는지, 그리고 어떻게 이상하게 역전되었는지를 알려면 우리 시대와 가장 가까운 사례를 자세히 살펴보면 된다.

영국의 옥스퍼드 운동과 이에 비견되는 프랑스의 가톨릭 부흥 운동에 대한 논의는 수없이 많았다. 그러나 그 가운데 우리에게 가장 단순한 사실을 일깨워준 경우는 무척 드물었다. 바로 뜻밖의 사건이었다는 사실이다. 그것은 뜻밖의 사건인 동시에 어리둥절한 사건이었다. 대다수 사람에게 마치 강물이 거꾸로 바다에서 산으로 올라가는 것처럼 보였기 때문이다. 18세기와 19세기 문헌을 읽어 보면, 거의 모든 사람이 종교가 강처럼 그 폭이 계속 넓어져서 마침내 무한한 바다에 이를 것임을 당연시했다는 것을 알 수 있다. 그들 중 일부는 종교가 파멸의 폭포 아래로 추락할 것으로 예상했고, 대부분은 종교가 넓어져서 평등과 관용의 바다로 흘러갈 것으로 예상했다. 그러나 그들 모두는 종교가 다시 등장하는 것은 마법처럼 믿기 어려운 불가사의라고 생각했다. 달리 말해, 대다수 보통 사람들은 신앙이 자유처럼 관용의 폭이 서서히 넓어질 것으로 생각한 것이다. 그리고 일부 앞서가는 사람들은 신앙이 완전히 평평해지진 않더라도 매우 빠르게 넓어질 것으로 예상했다. 기조(Guizot)[16]와 매콜리(Macaulay)[17]가 속했던 세계, 상업적 자유와 과학적 자유를 자랑하던 세계는 전무후무할 정도로 세계가 움직이는 방향에 대해 확신하고 있었다. 사람들은 그 방향에 대해 너무나 확신했고 진행 속도에 대해서만 의견이 달랐다. 다수는 자코뱅 혁명이 일어나 캔터베리 대주교를 단두대에 세우거나 차티스트(Chartist)[18] 폭동이 터져 교구 목사들의 목을 가로등에 매달 것으로 예측했고, 소수는 동정심을 품고 그렇게 예상했다. 그런데 천지개벽이 일어났다. 대주교는 목이 잘리는 대신 주교관 (冠)을 찾고 있었고, 목사들에게 합당한 존경심이 줄어들기는커녕 우리는 목사를 가톨릭교회의 사제만큼 존경해야 한다고 주장했다. 이런 현상은 그들이 품은 혁명의 비전을 혁명적으로 바꿔놓았고, 그들이 생각한 '거꾸로 뒤집힌 세상'을 다시 거꾸로 뒤집어 놓았다.

간단히 말해, 온 세상이 예전에는 그 흐름이 느린지, 빠른지에 대해 의견이 나뉘었지만 이제는 모호하지만 방대한 어떤 것이 그 흐름에 역행하고 있다는 사실을 의식하게 된 것이다. 그 현상에는

---

**16** 프랑수아 기조(Franois Guizot, 1787–1874)는 프랑스의 역사가이자 연설가이며 정치가였다. 1848년의 혁명 이전까지 프랑스 정치계에서 주도적인 영향력을 행사했다.

**17** 토마스 배빙턴 매콜리(Thomas Babington Macaulay, 1800–1859). 영국의 시인이자 역사가로 휘그당의 정치가였다.

**18** 차티스트 운동은 1838–1850년에 영국에서 일어난 사회 개혁 운동으로 세계 최초의 대규모 노동 운동으로 간주된다. 그 운동은 당시 사회 개혁에 미온적이던 기독교와 교회에 대해 매우 적대적이었다.

사실적으로 또 상징적으로 무언가 충격적인 면이 있었고, 그럴 만한 이유가 있었다. 죽은 것은 흐름을 따라 갈 수 있지만, 오직 살아 있는 것만 흐름을 거슬러갈 수 있다. 죽은 개는 질주하는 사냥개처럼 빠른 속도로 급류에 떠내려갈 수 있다. 그러나 오직 살아 있는 개만 물살을 거슬러 헤엄칠 수 있다. 종이배는 요정의 배처럼 뽐내면서 불어나는 물살을 탈 수 있지만, 만약 요정의 배가 물살을 거슬러 올라간다면, 그것은 요정들이 노를 젓기 때문이다. 외견상의 진보와 발전의 물결을 따라간 것들 가운데는 많은 선동가들이나 궤변가들이 있었는데, 이들의 열광적인 몸짓은 죽은 개의 다리가 소용돌이 속에서 흔들리는 것처럼 생명력이 없었다. 그리고 많은 철학은 종이배와 같아서 쉽게 납작하게 만들 수 있었다. 그런데 그 흐름을 따라간 살아있는 것들과 생명을 주는 것들은 그 행동으로 자기네가 살아있거나 생명을 준다는 것을 입증하지 못했다. 반면에 틀림없이 또 까닭을 모르게 살아있었던 것은 바로 그 다른 힘이었다. 강물에 역행하는 신비롭고 헤아릴 수 없는 에너지였던 것이다. 그것은 어떤 거대한 괴물의 움직임처럼 느껴졌다. 그리고 대다수는 그 힘을 선사시대의 괴물로 생각했기 때문에 그것은 분명히 살아있는 괴물이었다. 그럼에도 불구하고, 그것은 부자연스러운 것, 모순된 것이었고, 일부 사람에게는 희극적인 대이변이었다. 마치 전설적인 거대한 바다뱀이 갑자기 런던의 둥근 호수 위로 솟아오른 것 같았다. 그 바다뱀은 구불구불한 강에 살아야 더 자연스럽기 때문이다. 우리는 이 공상에 담긴 가벼운 요소를 놓치면 안 된다. 이것이 그 반전이 지닌 뜻밖의 성격을 보여주는 아주 명백한 증거의 하나이기 때문이다. 그 시대는 선사시대 동물들이 지닌 터무니없는 속성이 또한 역사적 의례에도 속했다고, 주교관과 (교황의) 삼중관은 노아 홍수 이전의 피조물의 뿔이나 관모(冠毛)와 비슷하다고, 그리고 원시 교회에 호소하는 것은 원시인처럼 옷을 입자는 것과 비슷하다고 정말로 생각했다.

세상은 그런 움직임에 대해 여전히 어리둥절해 한다. 무엇보다도, 그 힘이 여전히 활동하기 때문이다. 나는 다른 글에서 그 힘과 그에 따른 더 큰 결과를 겨냥한 임의의 비난들에 대해 무언가를 말한 적이 있다. 여기서는 그런 비판가들이 그 힘을 더욱 비난할수록 그 힘을 덜 설명하는 셈이라고 말하는 것으로 충분하다. 어느 의미에서 나의 관심사는 그 힘을 설명하진 못하더라도 적어도 설명의 방향을 제시하는 일이다. 그러나 무엇보다도, 나의 관심사는 그에 관한 특징 하나를 지적하는 일이다. 그 특징은 그런 사건이 예전에도 발생했고, 그것도 여러 번 발생했었다는 것이다.

이제 요약해보자. 지난 몇 세기 동안 기독교 교리가 묽어지는 현상을 본 것이 사실이라면, 아주 오래전에 목격했던 현상을 최근에 목격한 것일 뿐이라고 할 수 있다. 그리고 현대의 실례는 중세와 중세 이전의 실례들이 끝난 것처럼 끝났을 뿐이다. 기독교 교리는 약해진 신조가 사라지는 것으로 끝나지 않고 오히려 실제로 사라졌던 부분들이 되돌아오는 것으로 끝날 것이 이미 분명하고 날마다 더 분명해지고 있다. 그것은 아리우스주의의 타협이 끝났듯이, 유명론과의 타협과 알비파와의 타협이 끝났듯이 끝날 것이다. 그러나 현대의 사례에서 파악할 점은, 다른 모든 사례들과 마찬가지로, 되돌아오는 것은 비판가들이 말하는 단순화된 신학, 순화된 신학이 아니라 신학 그 자체라는 것이다. 교리가 중시되는 시대들의 특징은 신학 연구에 대한 열정이다. 신학은 하나님에 관한 학문이라서 그렇다. 그 이름 뒤에 신학 박사가 붙은 늙은 교수는 전형적인 따분한 인물이 되어버린 듯하다. 그런데 그 이유는 그 사람이 신학에 흥분해서가 아니라 신학이 따분해졌기 때문이었다. 정확한 이유는 그 사람이 아우구스티누스의 라틴어보다 플라우투스(Plautus)[19]의 라틴어에, 크리소스토모스[20]의 헬라어보다 크세노폰(Xenophon)[21]의 헬라어에 더 관심을 두었기 때문이다. 말하자면, 그 사람이 살아있는 전통보다 죽은 전통에 더 관심이 있었기 때문이다. 요컨대, 그 이유는 신학 교수가 바로 기독교 신앙이 약해진 시대에 흔한 전형적 인물이었기 때문이다. 그 이유는 사람들이 신학 박사의 멋진 비전, 열광적인 비전에 환호하지 않았기 때문이 아니다.

요즘에는 기독교가 하나의 정신(spirit)으로 남으면 좋겠다고 말하는 사람들이 있다. 이는 말 그대로 기독교가 유령(ghost)으로 남

---

**19** 티투스 마키우스 플라우투스(Titus Maccius Plautus, B.C. 254-184)는 로마의 극작가였다.
**20** 이오안네스 오 크리소스토모스(349?-407)는 콘스탄티노폴리스의 37대 대주교로서 뛰어난 설교자이자 신학자였다.
**21** 크세노폰(Xenophon, B.C. 430-354)은 그리스의 역사가이자 군인이고 소크라테스의 제자였다.

으면 좋겠다는 뜻이다. 그러나 기독교는 유령으로 남지 않을 것이다. 외견상의 죽음 이후에 따라오는 것은 그 그늘이 머물러 있는 것이 아니라 육체의 부활이다. 이런 사람들은 사람의 아들(人子)의 무덤 앞에서 경건한 눈물을 흘릴 준비는 되어 있어도, 다시금 아침 동산을 거니는 하나님의 아들을 맞을 준비는 되어 있지 않다. 최근에 이 사람들은, 실은 대다수 사람들이, 오래된 기독교의 촛불이 대낮의 햇빛 속으로 사라질 것이란 생각에 익숙해져 있었다. 그들 중 다수에게는 솔직히 기독교가 대낮의 햇빛 속에 타오르는 창백한 노란 촛불처럼 보였다. 그러므로 일곱 갈래의 촛대가 갑자기 기적의 나무처럼 하늘 높이 솟아올라 태양이 창백해질 때까지 활활 타오른 사건은 너무나 뜻밖의 일이었고, 따라서 더더욱 명명백백한 사건이었던 것이다.

그러나 다른 시대들은 대낮의 햇빛이 그 촛불을 정복하고 이후에 그 촛불이 햇빛을 정복하는 장면을 목격했다. 우리 시대 이전에도 거듭해서 사람들은 묽어진 교리에 만족하곤 했다. 그리고 거듭해서 그 묽어진 교리를 뒤따라서 붉은 포도주 원액이 마치 어둠을 뚫고 쏟아지는 주홍색 폭포처럼 다시 세상으로 흘러왔다. 그리고 우리는 조상들이 여러 번 했던 말을 오늘 다시 한 번 되풀이할 수밖에 없다. "옛날 옛적에 우리 조상들 또는 우리 민족의 창시자들은 그들이 꿈꾸던 대로 하나님의 피를 마셨다. 그 거대한 포도 수확의 힘이 결코 거인의 시대에 관한 전설이 아니었던 때로부터 오랜 세월이 흘렀다. 지금부터 수백 년 전에 포도주가 두 번째로 발효되는 어둠의 시대가 찾아왔다. 가톨릭의 포도주가 칼뱅주의의 식초로 변질된 것이었다. 그 쓴 식초마저 망각의 물과 세상의 파도에 씻기고 헹궈져 묽어진 후로도 오랜 세월이 지났다. 우리는 성실과 영으로 빚은 칼뱅주의 식초의 쓴 맛을 다시 보리라고 기대하지 않았고, 황금기에 대한 우리의 꿈속에서 자줏빛 포도원의 더 풍성하고 달콤한 포도주의 맛은 더더욱 기대하지 않았다. 날마다, 그리고 해마다 우리는 우리의 희망을 점점 더 낮추었고 우리의 확신도 줄어나갔다. 우리는 포도원과 포도주통이 거대한 물살에 잠기고 그 특별한 성분이 냈던 최후의 포도주 맛과 느낌이 회색빛 바다에서 보라색 얼룩처럼 점차 사라지는 모습을 지켜보는데 점점 익숙해졌다. 우리는 묽어지고, 용해되고, 물로 옅어지는 과정이 영원히 계속되는 모습을 목격하는데 익숙해진 것이다. 그러나 "그대는 지금까지 좋은 포도주를 두었소."[22]

이것이 바로 최종적인 사실이고, 모든 사실 중에 가장 특별한 사실이다. 기독교는 종종 죽었을 뿐만 아니라 종종 늙어서 죽기도 했다. 그것은 종종 죽임을 당했을 뿐만 아니라 종종 자연스런 죽음을 맞이하기도 했다. 자연스럽고 필연적인 종말에 이르렀다는 의미에서 그렇다. 기독교가 디오클레티아누스[23] 황제의 분노로부터 프랑스 혁명에 이르기까지 가장 야만적이고 가장 보편적인

---

**22** 요 2:10 참고. 가나의 혼인 잔치에서 연회장이 주인에게 한 말.
**23** 가이우스 아우렐리우스 발레리우스 디오클레티아누스(Gaius aurelius Valerius Diocletianus, 245-316, 재위 284-305)는 기독교를 가장 심하게 박해한 황제였다.

박해를 견디고 살아남았다는 것은 분명한 사실이다. 그런데 기독교는 더 이상하고 더 유별난 끈기를 갖고 있다. 전쟁 시대뿐 아니라 평화 시대에도 살아남은 것이다. 그것은 종종 죽었을 뿐 아니라 종종 타락하고 자주 부패하기도 했다. 하지만 그 자체의 약점과 그 자체의 항복에도 불구하고 살아남았다. 우리는 그리스도의 종말이 지닌 그 아름다움, 젊음과 죽음이 혼인한 그 사건의 아름다움에 대해 새삼 말할 필요가 없다. 그런데 이는 마치 그리스도가 백 살이 된 백발의 현자로 천수를 다 누리고 자연스레 죽은 다음, 하늘이 갈라지고 나팔소리가 울리면서 회춘해서 다시 살아난 것과 다름없다. 재발되는 약점을 안고 있는 인간적인 기독교가 때때로 세상의 권력과 과도하게 혼인했다는 말은 여태껏 충분히 했다. 그러나 설사 혼인을 했더라도 과부가 된 적이 아주 많았다. 기독교는 이상하게 불멸하는 종류의 과부이다. 어떤 적은 어느 순간에 기독교가 로마 황제들의 권력의 한 양상이었다고 말했을지 모른다. 오늘날 이 말은 기독교가 바로들의 권력의 한 양상이라 부르는 것처럼 이상하게 들린다. 어떤 적은 기독교가 중세 봉건제도의 공식 종교였을 뿐이라고 말했을지 모른다. 이제 이 말은 기독교가 고대 로마 제국의 장원제도와 함께 사라질 운명이었다는 주장만큼 설득력이 있다. 이 모든 것들은 사실 갈 데까지 가서 정상적으로 끝났다. 기독교 역시 그런 것들과 함께 끝날 수밖에 없는 것 같았다. 기독교는 끝났고, 기독교는 다시 시작했다.

"천지는 없어질지언정 내 말을 없어지지 아니하리라." 고대 문명은 당시 세상의 전부였다. 사람들은 햇빛이 끝날 것을 상상도 못했듯이 그 문명이 끝날 것은 상상도 하지 못했다. 그들은 다른 질서가 또 다른 세계에 있지 않는 한, 다른 질서를 상상할 수 없었다. 그 세계의 문명은 결국 사라졌지만 그 말은 사라지지 않았다. 암흑시대의 기나긴 밤 동안에 사람들에게 봉건제도가 너무도 익숙했기에 아무도 영주가 없는 자신의 모습을 상상할 수 없었다. 그리고 종교가 그 네트워크에 너무나 깊이 엮여 있어서 아무도 종교와 봉건제도가 갈가리 찢어질 것이라곤 생각하지 못했다. 봉건제도는 결국 중세 대중의 삶 속에서 너덜너덜해지고 썩어서 버려졌다. 그리고 새로운 자유가 찾아왔을 때 가장 신선한 최초의 힘은 바로 그 오래된 종교(기독교)였다. 봉건제도는 사라졌지만 그 말은 사라지지 않았다. 여러 면에서 그토록 완벽하고, 사람들의 우주적인 집과 같았던 그 중세 질서 전체가 자기 차례가 되자 점차 닳아서 없어지고 말았다. 그리고 그리스도의 말도 죽을 것이라고들 생각했다. 그 말은 르네상스의 찬란한 심연을 뚫고 계속 나아가서 오십 년 만에 그 모든 빛과 지식을 활용해 새로운 종교적 토대를 놓고, 새로운 변증을 개발하며, 새로운 성도들을 길러냈다. 이성의 시대에 와서는 기독교가 그 건조한 빛에 마침내 시들어버릴 것이라고들 생각했다. 혁명의 시대에는 그 지진 때문에 기독교가 사라질 것이라고들 생각했다. 과학은 잘 설명해서 기독교를 없애려고 했으나, 기독교는 여전히 살아남았다. 역사는 과거에 기독교를 발굴했는데, 기독교는 갑자기 미래에 나타났다. 오늘 기독교는 또다시 우리의 길 위에 서 있다. 그리고 우리가 기독교를 지켜보는 동안에도 그것은 계속 성장하고 있다.

만일 우리의 사회적 관계와 기록이 그 연속성을 보존한다면, 만일 사람들이 그토록 참담한 이야기에 담긴 축적된 사실들을 이성적으로 생각하는 법을 배운다면, 기독교의 적들마저 조만간에 끊임없이 이어진 그들의 실망으로부터 이제는 기독교의 죽음 같은 것을 찾지 말아야 한다는 점을 배우게 될 것이다. 그들이 계속 기독교와 싸울지 몰라도 그것은 대자연과 싸우는 것과 같고, 자연의 풍경과 싸우는 것 같고, 하늘과 싸우는 것과 같을 것이다. "천지는 없어질지언정 내 말은 없어지지 아니하리라." 그들은 기독교가 넘어지는 모습과 실수하는 모습을 보겠지만, 더 이상 기독교가 끝장나는 모습은 목격할 수 없을 것이다. 무감각하게, 무의식적으로, 그들은 그들의 말없는 기대를 통해 그 놀라운 예언의 상대적 조건을 충족하게 될 것이다. 그들은 너무나 자주 부질없이 소멸되었던 기독교의 소멸을 지켜보는 것을 잊어버리게 될 것이다. 그리고 본능적으로 먼저 혜성의 도래나 지구의 동결을 찾는 편이 낫다는 것을 배우게 될 터이다.

**결론**

# 이 책의 요약

나는 역사의 윤곽(an Outline of History)에 관해 쓰면서 이 훌륭한 표현을 한두 번 빌려오는 실례를 무릅썼다. 물론 특수한 진리와 특수한 오류를 다룬 이 책은 역사를 풍성하게 다방면으로 다룬 백과사전식 저서 – 웰스 씨의 『역사의 개요』(The Outline of History)[1] – 와 비교할 수 없다. 그런데도 이 표현을 빌린 분명한 이유가 있다. 역사의 윤곽이 백과사전식 저서에 영향을 미치기 때문이다. 웰스 씨가 들려준 세계의 이야기는 여기서 하나의 윤곽으로서만 비판될 수 있기 때문이다. 그리고 이상하게도, 나에게는 그것이 하나의 윤곽으로서 잘못된 것처럼 보인다. 그 책은 역사의 축적으로서 훌륭하고, 역사의 저장고나 보물창고로서 뛰어나고, 역사에 관한 체계적인 탐구로서 매혹적이고, 역사를 자세히 다룬 점이 아주 매력적이지만, 역사의 윤곽으로서는 매우 잘못되었다. 내가 보기에 그 책의 잘못된 점이 있다면 그것은 바로 그 윤곽이다. 단

---

1 『역사의 개요』는 H. G. Wells가 1919년에 쓴 책이다. 부제는 "인류 전체 이야기" 또는 "생명과 인류의 평이한 역사"다. 1300쪽이 넘으며, 출판 후 많은 사람이 애독하였다.

한 줄로 그려낼 수 있는 그런 윤곽을 말한다. 마치 윈스턴 처칠과 알프레드 몽드 경[2]의 캐리커처 사이의 모든 차이점을 만들어내는 그런 윤곽이다. 쉽고 간단하게 말해, 그것은 눈에 잘 띠는 것들, 실루엣을 단순하게 만드는 것들이다. 나는 여러 비율이 틀렸다고 생각한다. 확실한 것과 불확실한 것의 비율, 중요한 역할을 담당한 것과 작은 역할을 담당한 것의 비율, 일반적인 것과 특별한 것의 비율, 평균적인 것과 예외적인 것의 비율 등이 잘못되었다는 뜻이다.

나는 저명한 저술가에 대한 작은 비판으로 이 말을 하는 것은 아니다. 또 그럴만한 이유도 없다. 나 역시 그보다 훨씬 작은 작업을 하면서 그와 비슷한 실수를 범했다고 느끼기 때문이다. 내가 역사의 비율들에 관해 말하려는 요점, 그리고 내가 어떤 내용을 다른 내용보다 훨씬 더 자세하게 다룬 까닭을 독자에게 제대로 전달했는지 무척 의심스럽다. 그리고 내가 서론에서 제시한 계획을 확실히 달성했는지도 의문이다. 그래서 이 마지막 장에서 일종의 요약으로 이 글을 덧붙이는 바이다. 내가 주장한 것들은 내가 경시했거나 그냥 지나친 내용보다 역사의 윤곽에 더 필수적인 것이라고 확실히 믿는다. 우리가 과거를 그릴 때 인간이 자연 속으로, 또는 문명이 미개함 속으로, 또는 종교가 신화 속으로, 또는 기독교가 세상의 종교들 속으로 사라지는 식으로 그린다면 바르게 그

2 몽드(Alfred Moritz Mond, 1868-1930)는 영국의 남작으로 정치가, 실업가, 자본가였다.

린 것이라고 나는 생각하지 않는다. 요컨대, 나는 선들을 지워버리는 것이 역사의 윤곽을 만드는 최선의 방법이라고 생각하지 않는다. 그보다는 인류 이야기를 아주 단순하게 들려주는 것이 진실에 훨씬 더 가까울 것이라고 믿는다. 태양과 별들을 만든 사람에 관한 원시 신화, 또는 성스러운 원숭이 몸속에 들어간 신에 관한 원시 신화와 같은 것이 더 낫다는 뜻이다. 따라서 나는 앞서 나온 모든 내용을 현실적이고 웬만큼 균형 잡힌 진술로 요약하고자 한다. 한 마디로, 짧은 인류 이야기다.

가까운 별이 대낮처럼 밝은 빛을 비추는 어떤 땅에 움직이지 않는 것과 움직이는 것 등 매우 다양한 동식물이 살고 있다. 그들 가운데 한 종족이 있는데, 이는 다른 것들과 비교하면 신들의 종족(race of gods)이라 할 수 있다. 이 종족은 마귀의 종족(race of demons)처럼 행동할 수 있기 때문에 그 사실은 더욱 부각된다. 이 종족의 독특성은 새 한 마리가 자기 깃털을 뽐내는 것 같은 개별적인 환상이 아니다. 오히려 건실하고 다양한 측면이 있다. 그 독특성은 그것을 부정하는 사상들을 통해 오히려 입증된다. 이 낮은 세계의 신들, 곧 사람들이 세계와 다양한 방식으로 연결되어 있다는 것은 옳다. 그러나 이는 동일한 진리의 또 다른 측면이다. 사람들이 풀이 자라듯 자라고 짐승들이 걷듯 걷는다는 것은 그 일차적인 독특성을 뚜렷이 보여주는 부차적인 필요조건일 뿐이다. 이는 마법사가 어쨌든 사람의 모습을 갖고 있어야 한다든지, 요정들도 발이 없으면 춤출 수 없다고 말하는 것과 같다. 최근에는 이런 부차적인 유사성에만 온통 관심을 쏟고 중요한 사실을 전부 잊어버리는 것이 유행이 되었다. 사람이 다른 피조물들과 닮았다는 주장은 새로운 것이 아니다. 그렇다. 그런데 그 유사성은 오직 사람만이 볼 수 있다. 물고기는 공중의 새가 물고기 뼈의 패턴을 갖고 있는지 조사하지 않는다. 코끼리와 타조는 서로 골격을 비교하지 않는다. 사람은 우주와 하나라고 의식하기에 오히려 그는 철저히 고독한 존재이다. 사람이 만물과 연합되어 있다는 그 의식은 그를 모든 것으로부터 분리시키기에 충분하다.

　가시적인 세계의 반신(半神) 또는 마귀 같은 사람은 오직 그 자신만이 지폈던 불꽃, 그 독특한 빛으로 주변을 둘러봄으로써 그 세계를 가시적으로 만든다. 그는 자기 주변에 특정한 양식이나 유형의 세계가 펼쳐진 것을 본다. 그 세계는 특정한 규칙들이나 적어도 반복 작용에 의해 진행되는 듯 보인다. 그는 가시적인 손길이 없이 스스로를 세우는 녹색 건축물[3]을 본다. 그런데 그것은 보이지 않는 손가락이 공중에 이미 그린 설계도와 같은 매우 정확한 계획이나 패턴에 따라 스스로를 세운다. 그것은 요즘 제시되는 모호한 주장처럼 모호한 것이 아니다. 그것은 맹목적인 생명의 성장이나 암중모색이 아니다. 각 식물은 하나의 목적, 영광스럽고 빛나는 목적을 추구한다. 우리가 들판에서 두루 볼 수 있는 데이지꽃이나 민들레조차 그렇다. 그 모습 자체에는 푸른 성장 이상의

---

3 식물을 말한다.

것이 있다. 즉 그 꽃의 합목적성(finality)이 있는 것이다. 그것은 면류관들의 세계이다. 이러한 인상은, 그것이 환상이든 아니든 간에, 물질세계의 사상가들과 주인들에게 심오한 영향을 미쳐 대다수의 사람이 그 세계에 대해 특정한 관점을 취하게 되었다. 그들은 나무가 어떤 계획을 갖고 있는 것처럼 보였듯이 세계도 어떤 계획을 갖고 있다고, 옳든 그르든, 결론을 내렸다. 즉, 꽃처럼 어떤 목적과 면류관이 있다고 결론지은 것이다.

그런데 그 생각하는 종족은 그들이 생각할 능력이 있는 한, 이런 계획의 개념을 인정하면 좀 더 떨리고 두렵기도 한 또 다른 생각이 수반된다는 것이 분명해졌다. 만일 이런 것들이 정말로 설계되었다면, 이런 것들을 설계한 다른 누군가, 어떤 낯설고 비가시적인 존재가 있었다는 생각이다. 친구이기도 한 낯선 존재, 그들보다 먼저 존재했고 그들의 등장을 위해 나무와 언덕을 세운 존재, 하인이 불을 지피듯 그들의 발생에 대비해 해돋이를 지핀 신비롭고 은혜로운 존재가 있었다. 이처럼 우주에 의미를 부여하는 어떤 지성의 개념은 사람들의 지성 속에 점점 더 자리를 잡았다. 이 세계의 외적 설계에 관한 다른 어떤 논증보다 더 섬세하고 통찰력 있는 묵상과 경험에 의해 그런 개념을 점점 더 받아들이게 된 것이다. 그런데 나는 여기서 그 이야기를 가장 단순하고 구체적인 말로 표현하는데 관심이 있다. 그래서 이렇게 말하는 것으로 충분하겠다. 가장 현명한 자들을 포함한 대다수 사람은 세계는 그런 최종 목적이 있고 따라서 그런 최초의 원인을 갖고 있다는 결론에 도달했다는 것. 그러나 대다수 사람은 그 개념을 다루게 될 때 스스로를 가장 현명한 사람들로부터 분리시켰다. 따라서 그 개념을 다루는 두 가지 방식이 생겼고, 이 둘이 세계의 종교 역사 대부분을 차지하게 되었다.

다수파는 소수파처럼 모든 것 안에 부차적인 의미가 있다는, 그리고 세계의 비밀을 아는 낯선 주관자가 있다는 느낌을 강하게 받았다. 그런데 다수파, 즉 군중들은 자연스럽게 그런 느낌을 일종의 잡담으로 취급하는 경향을 보였다. 잡담은, 모든 잡담이 그렇듯, 상당히 많은 진리와 오류를 포함하고 있었다. 세상은 그 미지의 존재 또는 그의 아들들 또는 하인들 또는 메신저들에 관한 이야기들을 들려주기 시작했다. 그 가운데 일부는 실로 늙은 아낙네들의 이야기라고 부를 수도 있다. 세계의 여명기에 관한 까마득한 기억들, 아기 달이나 절반쯤 구운 산들에 대한 신화들 등이다. 그 가운데 일부는 여행객들의 이야기라고 부르는 편이 더 나을 것이다. 기적적인 치유나 죽은 사람에게 일어난 일에 대한 소문처럼 애매한 경험에서 나온 신기한 당대의 이야기들이다. 그 가운데 다수는 아마 진실한 이야기일 것이다. 즉, 상식을 가진 사람이 우주의 휘장 뒤에 정말로 어떤 경이로운 무언가가 있다고 다소 의식하게 만들기에 충분한 이야기들이다. 그러나 어떤 의미에서 그것은 겉으로 드러난 현상들로 지나갈 뿐이다. 비록 그 현상들이 불가사의한 현상으로 불린다 할지라도 그렇다. 그것은 나타난 현상의 문제이고 또 사라진 현상의 문제이다. 기껏해야 이런 신들은 유령들이다. 말하자면, 얼핏 보이는 것들이란 뜻이다. 우리 대다수에게 그런 이야기들은 얼핏 본 것에 대한 잡담일 뿐이다. 그리고 나머지 사람들에게는 온 세상이 뜬소문으로 가득하고, 그 가운데 대부분은 분명히 허구들이다. 신들과 유령들과 보이지 않는 왕들에 관한 이야기들 중 절대 다수는, 그 이야기 자체를 위해서가 아니라면, 적어도 그 주제 때문에 사람들의 입에 오르내렸다. 그런 이야기들은 그 주제가 영원한 관심사라는 증거이다. 그 이야기들은 다른 어떤 것에 대한 증거가 아니고 또 그런 의미를 지닌 것도 아니다. 그것들은 책 속에 매이지 않는, 또는 다른 어떤 틀에도 매이지 않는 신화 또는 시(詩)이다.

한편, 소수파인 현자들 또는 사상가들은 따로 한걸음 물러서서 그와 똑같이 기분 좋은 일에 착수했다. 그들은 세계의 설계도, 즉 모두가 어떤 계획이 있을 것으로 믿은 세계의 설계도를 그리고 있었다. 그들은 그 계획을 진지하게 제시하고 또 평가하고자 했다. 그들은 그들의 지성을, 그 신비로운 세계를 만들었던 그 지성에 직접 집중하고 있었다. 그것이 어떤 종류의 지성일지, 그 지성의 궁극적인 목적이 무엇일지에 대해 생각했던 것이다. 그들 중 일부는 그 지성을 인류가 일반적으로 만든 것보다 훨씬 더 비인격적인 것으로 만들었다. 일부는 그것을 거의 공백으로 단순화시켰다. 그리고 소수, 아니 극소수는 그것을 아예 의심했다. 좀 더 병적인 한두 사람은 그 지성이 악한 존재와 적일 수도 있다고 상상했다. 다른 부류에 속한 저급한 한두 사람은 신들 대신에 마귀들을 숭배했다. 그러나 이런 이론가들 대다수는 유신론자였다. 그리고 그들은 자연 속에서 도덕적 계획을 보았을 뿐 아니라 대체로 인류를 위한 도덕적 계획을 규정했다. 그들 중 대부분은 선한 일을 하는 선한 사람들이었고, 다양한 방식으로 기억되고 존경을 받았다. 그들은 서기관들이었다. 그래서 그들의 문서들은 다소 거룩한 경전들이 되었다. 그들은 법을 제정하는 사람들이었다. 그래서 그들의 전통은 법적 전통뿐 아니라 의식적 전통도 되었다. 우리는 그들이 신적인 영예를 받았다고 말해도 무방하다. 어떤 국가들에서는 왕들과 위대한 지도자들이 종종 신적인 영예를 받았다는 의미에서 그렇다. 요컨대, 다른 대중적인 정신, 전설과 잡담의 정신이 작동하는 곳이면 어디서나 그들은 신화의 신비로운 분위기에 둘러싸였다. 대중적인 시는 현자들을 성자들로 바꿔놓았다. 그러나 그게 전부였다. 현자들은 그들 자신으로 남았다. 사람들은 그들이 사람들이란 사실을 결코 잊지 않았고, 단지 그들이 영웅들로 받들어졌다는 의미에서 신들로 받들어졌을 뿐이다. 신성한 플라톤(Divine Plato)은 신성한 황제(Divus Caesar)처럼 하나의 칭호일 뿐이지 하나의 도그마가 아니었다. 신화적인 분위기가 더 짙었던 아시아에서는 현자가 신화적 존재의 모습을 지니게 되었으나, 그는 여전히 한 사람으로 남았다. 그는 특정한 계급의 사람 또는 특정한 학파의 사람으로 남아 인류로부터 큰 존경을 받았다. 그것은 철학자들의 계급 내지는 학파이다. 그들은 혼란스럽게 보이는 삶 속에서 질서를 찾아내려고 심혈을 기울인 사람들이었다. 그들은 세계의 배후에 있는 그 지성과 의미에 관한 가상적인 소문과 까마득한 전통들과 극단적인 특이한 경험들에 기대는 대신에 선험적으로 그 지성의 일차적 목적을 투사해보려고 노력했다. 그들은 마치 세계가 아직 안 만들어진 것처럼 상상하며 가능한 세계의 설계도를 종이에 그리려고 노력했던 것이다.

이 모든 것의 한가운데 엄청난 예외가 하나 우뚝 서 있다. 그것은 다른 어떤 것과도 같지 않다. 그것은 운명의 나팔소리처럼 최후의 것이되 또한 좋은 소식이기도 하다. 너무 좋아서 사실인 것 같지 않은 소식이다. 그것은 다름 아니라 세계를 만든 이 신비로운 창조자가 친히 그의 세계를 찾아왔다는 우렁찬 소리이다. 이 소리는 본래 보이지 않던 존재가 정말로, 최근에, 또는 역사적 시대의 중간기에 세상 속으로 걸어 들어왔다고 선포한다. 이는 사상가들이 그에 관해 이론들을 만들고 신화학자들이 신화들을 전수하는 존재로서 바로 '세계를 만든 사람'이다. 만물의 배후에 그런 고귀한 인격이 존재한다는 것은 가장 아름다운 전설들뿐 아니라 최고의 사상가들도 늘 암시했었다. 그러나 그들 중 누구도 바로 이런 종류의 존재를 암시한 적은 없었다. 다른 현자와 영웅들도 세상이 꿈꾸고 논쟁했던 바로 그 신비로운 주관자이자 창조자가 본인이라고 주장했다는 것은 한 마디로 거짓말이다. 그들 중 아무도 자기가 그런 존재라고 주장한 적이 없다. 그들이 세운 종파나 학파 중에 어느 것도 그들이 그런 존재라고 주장했다고 주장한 적이 없다. 어느 종교의 예언자를 막론하고 기껏 말했던 것은 자기가 그런 존재의 참된 종이라는 것이었다. 환상을 보는 사람이 기껏 말했던 것은 사람들이 그 영적 존재의 영광을 얼핏 포착할 수 있다는 것이었다. 또는 그보다 수준이 낮은 영적 존재들의 영광을 더 자주 얼핏 볼 수 있다고 했다. 어떤 원시 신화이든 이제껏 주장했던 것도 창조주가 현재 창조세계에 현존한다는 것이었다. 그러나 창조주가 호라티우스(Horace)[4]의 저녁 만찬 다음 장면에 등장해서 로마 제국의 일상생활에서 세리들과 관리들과 함께 대화를 나누었다는 것, 그리고 이 사실을 그 위대한 문명 전체가 천 년이 넘도록 확고히 주장했다는 것은 자연에 속한 다른 어떤 것과도 전혀 다른 소식이다. 그것은 사람이 개처럼 짖는 대신 최초의 뚜렷한 말을 사용한 이래 가장 위대하고 놀라운 소식이다. 이 이야기의 독특한 성격은 그것을 옹호하기 위해서 뿐 아니라 반대하기 위해서도 사용될 수 있다. 이 이야기를 유례없는 헛소리로 취급하기는 쉽겠지만, 그것은 비교종교학을 하찮은 것과 난센스로 만들어 버린다.

복음은 종말의 징조를 선포하며 바람처럼 달리는 메신저들과 함께 세상에 왔다. 그들이 지금도 달리고 있다고 말하는 것은 헛된 공상이 아니다. 가톨릭의 사제들과 신자들이 세상과 그 똑똑한 철학자들과 공상적인 이방 시인들을 어리둥절하게 하는 이유는

---

**4** 퀸투스 호라티우스 플라쿠스(Quintus Horatius Flaccus, B.C. 65-8)는 로마 아우구스투스 황제 시대의 중요한 서정 시인이다. 이 저녁 만찬은 호라티우스의 책 『풍자시들』(*Satires*) 2권 8장에 나오는 나시디에누스(Nasidienus)의 저녁 만찬을 가리키는 것 같다.

그들이 여전히 마치 메신저들인 것처럼 행동하기 때문이다. 메신저는 자기의 메시지가 어떤 것일지에 대해 꿈꾸지 않고, 그 메시지가 아마 이럴 것이라고 주장하지 않는다. 그는 메시지를 있는 그대로 전할 뿐이다. 그 메시지는 하나의 이론이나 공상이 아니라 하나의 사실이다. 일부러 기본적인 윤곽만 다루는 마지막 장에서 복음이 하나의 사실임을 자세히 입증하는 것은 적절하지 않다. 그러나 사람들이 어떤 사실을 다루듯이 이 메신저들이 복음을 다룬다는 점만 지적하고 싶을 뿐이다. 가톨릭 전통은 권위를 중시하고 교조주의를 고수한다고, 메시지를 철회하거나 수정하기를 거부한다고 비난을 받곤 하지만, 사실 이런 것들은 사실과 관련된 메시지를 가진 사람의 자연스러운 속성들이다. 나는 이 책을 요약하는 마지막 장에서 그 이상한 이야기의 단순한 선들을 다시금 흐릿하게 만들 수 있는 모든 복잡한 논쟁을 피하고 싶다. 나는 단지 그 중요한 선들을 표시하고, 특히 가장 중요한 선을 어디에 그어야 할지를 표시하고 싶다. 세상의 종교는 그 올바른 비율로 보자면, 신비주의의 미묘한 차이들 또는 신화가 어느 정도 합리적 형태를 지니는지에 따라 나눠지지 않는다. 세상의 종교는 복음의 메시지를 전하는 사람들과 아직 그 메시지를 듣지 못한 사람들이나 아직 믿을 수 없는 사람들 간의 경계선에 의해 나눠지는 것이다.

그러나 우리가 그 이상한 이야기의 용어들을 우리 시대의 더 구체적이고 복잡한 용어들로 번역할 때, 우리는 너무 친숙해서 오히려 왜곡된 이름들과 기억들로 가득하다는 것을 발견하게 된다. 예컨대, 우리가 어떤 나라에는 너무나 많은 무슬림이 있다고 말할 때, 그 말의 뜻은 너무나 많은 유일신 신자가 있다는 것이다. 그리고 그 말은 그 나라에 너무나 많은 사람이 있다는 뜻이다. 즉, 사람들이 오랫동안 품어온 생각-보이지 않는 통치자는 늘 보이지 않는 채로 있다-을 품은 사람들이 많다는 뜻이다. 그들은 특정한 문화의 관습과 함께, 그리고 특정한 입법자의 단순한 법률 아래서 그런 생각을 고수한다. 그런데 그 입법자가 리쿠르고스(Lycurgus)[5]나 솔론(Solon)[6]이라고 해도 그들은 그럴 것이다. 그들은 꼭 필요하고 고귀한 어떤 진리를 증언하는데, 그것이 결코 새로운 진리는 아니었다. 그들의 신조는 새로운 색채가 아니다. 그것은 인간의 다채로운 삶의 배경에 해당하는 중립적이고 평범한 회색이다. 무함마드는 동방박사처럼 새로운 별을 발견하지 않았다. 그는 그 자신의 특별한 창문을 통해 고대의 별빛이 쏟아지는 거대한 회색 들판을 얼핏 보았을 뿐이다.

그래서 우리가 그 나라에 너무나 많은 유생(儒生)이나 불교도가 있다고 말할 때, 그 말의 뜻은 그 나라에 너무나 많은 이방인이 있고 그 예언자들이 그들에게 보이지 않는 힘의 또 다른 모호한 유형을 가르쳐주었다는 것이다. 그 예언자들은 그 힘을 보이지 않게 만들 뿐 아니라 거의 비인격적으로 만들기도 한다. 우리가 그들은

---

5 리쿠르고스(B.C. 800?–730?)는 스파르타의 원로원을 만들고 법률을 제정했다는 전설적 인물이다.
6 솔론(B.C. 640?–560?)은 아테네의 정치가이자 입법자이고 시인이었다.

또한 사원들과 우상들과 제사장들과 정기적인 명절을 갖고 있다고 말할 때, 그것은 그런 부류의 이교도는 화려한 행사와 그림과 명절과 요정 이야기 등 대중적 요소를 받아들일 만큼 인간적인 존재라는 뜻이다. 이는 이방인들이 청교도들보다 더 분별력이 있다는 뜻이다. 그러나 이방인의 신들이 어떤 존재로 추정되든지, 제사장들이 어떤 말을 하도록 되어 있든지 간에, 그것은 달리는 복음의 메신저들이 전하는 메시지처럼 세상을 떠들썩하게 하는 비밀은 아니다. 복음의 메신저들 이외의 그 누구도 어떤 복음도 갖고 있지 않다. 그 밖의 누구든지 어떤 좋은 소식도 없다. 왜냐하면 다른 누구도 어떤 소식도 갖고 있지 않기 때문이다.

복음의 메신저들은 달리면서 추진력을 얻는다. 수많은 세월이 지나도 그들은 여전히 마치 어떤 일이 방금 발생한 것처럼 말한다. 그들은 메신저의 속력과 탄력을 잃지 않았다. 그들은 말하자면 증인의 야성적인 눈을 거의 잃지 않은 것이다. 그 메시지의 집단인 가톨릭교회에는 여전히 최근의 시급한 그 무엇, 즉 자살처럼 세상을 놀라게 하는 자기희생의 사건에 관해 말하는 거룩한 행위들이 있다. 그러나 그것은 자살이 아니고 비관적인 것도 아니다. 그것은 여전히 꽃과 새를 사랑했던 성 프란치스코만큼 낙관적인 사건이다. 그것은 정신적으로 최신 학설보다 더 새롭다. 그리고 그것은 새로운 승리를 눈앞에 두고 있는 것이 확실하다. 왜냐하면

이들이 섬기는 어머니[7]는 새로운 세대들이 일어나서 그녀를 복되다고 부를 때마다 더욱 아름다워지는 듯 보이기 때문이다. 우리는 때때로 세상이 늙어갈수록 교회는 더 젊어진다고 생각해도 무방하다.

왜냐하면 이것이 기적의 마지막 증거이기 때문이다. 그토록 초자연적인 것이 그토록 자연스러운 것이 되어야 했다는 것. 이는 외부에서 보면 그토록 독특한 것이 내부에서 보면 보편적인 것으로 보일 뿐이란 뜻이다. 일부 온건한 신학자들은 그 기적의 규모를 축소하는 것이 현명하다고 생각하지만, 나는 그렇게 하지 않았다. 오히려 나는 일부러 역사의 등뼈를 부러뜨린 일격과 같은 그 놀라운 사건에 대해 곰곰이 생각했다. 나는 그 사건을 신성모독, 곧 세상을 뒤흔들지 모르는 신성모독처럼 보는 유일신론자들, 무슬림, 또는 유대인을 무척 공감하는 편이다. 그러나 그것은 세상을 뒤흔들지 않았고 오히려 안정시켰다. 그 사실은 우리가 생각하면 할수록 더 확실하고 더 이상하게 보일 것이다. 비(非)신자들은 우리가 그들에게 요구하는 믿음의 행위를 무례하다고 주장하는데, 나는 그 주장이 정당하다고 생각한다. 신자라도 그 자신이 믿는 바를 잘 인식한다면 그의 머리가 빙빙 돌 것이라고 나는 생각한다. 그러나 신자는 현기증을 느끼지 않고 비신자들이 현기증을 느낀다. 우리는 비신자들의 머리가 모든 측면에서 빙빙 돌아서

---

**7** 성모 마리아를 가리킨다.

온갖 윤리와 심리로, 비관주의와 삶의 부정으로, 실용주의와 논리의 부정으로 빠지고, 악몽에서 그들의 징조를 찾고, 모순에서 그들의 잣대를 찾으며, 선악 너머 저 멀리 있는 것을 보고 두려워서 비명을 지르고, 2 더하기 2는 5가 되는 이상한 별들에 대해 속삭이는 모습을 본다. 한편, 첫눈에는 그 윤곽이 터무니없어 보이는 이 고독한 것은 그 내용이 견실하고 온전한 상태로 남아있다. 그것은 이 모든 매니아들의 중재자로 남아있고, 청교도들로부터 웃음을 구해냈던 것처럼 실용주의자들로부터 이성을 구해내고 있다. 거듭 말하건대, 나는 일부러 이 신앙의 도전적이고 교조적인 특성을 강조했다. 불가사의한 사실은 그토록 세상을 놀라게 하는 것이 어떻게 도전적이고 교조적인 특성을 유지하면서도 그처럼 완벽하게 정상적이고 자연스러운 것이 되었는가 하는 것이다. 그 사건 자체만 보더라도, 본인이 하나님이라고 말하는 사람은 본인이 유리(glass)라고 말하는 사람과 같은 부류에 속한다는 것을 나는 기꺼이 인정했다. 그러나 자기가 유리라고 말하는 사람은 온 세상을 위해 창문을 만드는 유리 제작자는 아니다. 그는 오랜 세월이 흐른 후에도 수정같이 맑고 빛나는 인물, 그 빛 속에서 모든 것이 수정처럼 맑은 그런 인물로 남지는 않는다.

그러나 이 광기는 온전한 상태를 유지해왔다. 다른 모든 것이 미쳤을 때에도 그 광기는 온전한 상태로 남았다. 그 정신병원은 시대가 바뀔 때마다 사람들이 계속해서 고향에 오듯 되돌아오는 장소가 되어왔다. 이것이 아직도 풀리지 않는 수수께끼이다. 느닷없이 나타난 비정상적인 것이 지금도 사람들이 거주할 만하고 그들을 맞이할 만한 것으로 남아있다는 사실이다. 어떤 회의론자가 기독교는 터무니없는 이야기라고 말해도 나는 신경 쓰지 않는다. 나로서는 그토록 흔들리는 탑이 어떻게 토대가 없이 그토록 오랫동안 서 있을 수 있는지 도무지 모르겠다. 그리고 그것이 어떻게 사람의 집이 될 수 있었는지, 아니 실제로 집이 되었는지는 더더욱 모르겠다. 만일 기독교가 잠시 나타났다 사라졌다면, 그것은 망상의 상태가 만든 최후의 도약으로, 그 지성이 하늘을 쳐서 부서진 궁극적 분위기의 궁극적 신화로 기억되거나 설명되었을 것이다. 그러나 그 지성은 부서지지 않았다. 그것은 세계가 와해되는 중에도 부서지지 않은 유일한 지성이다. 만일 그것이 오류라면, 그 오류는 하루도 지속되지 못했을 것 같다. 만일 그것이 황홀경에 불과하다면, 그런 황홀경은 한 시간도 넘기지 못할 것 같다. 그러나 기독교는 거의 이천 년의 세월 동안 그 생명을 유지해 왔다. 그리고 기독교 안의 세계는 그 바깥의 모든 세계보다 더 의식이 명료하고, 더 분별력 있고, 더 타당한 소망을 품고, 더 건강한 본능을 지니고, 운명과 죽음을 직면해도 더 유머러스하고 쾌활한 모습을 지녀왔다. 왜냐하면 그것은 놀라운 그리스도에게서 나온 기독교세계의 영혼이었기 때문이다. 그리고 그 영혼은 상식이었다. 우리는 감히 그리스도의 얼굴은 보지 못했지만 그분의 열매는 볼 수 있다. 그리고 그분의 열매로 우리는 그분을 알아야 한다. 그 열매들은 견실하고 그 풍성한 결실은 하나의 비유 그 이상이다.

그리고 이 슬픈 세상에서 사과나무에서 노는 소년들 또는 포도를 밟으며 평등한 합창을 부르는 사람들이 이 순간적이고 (이설을 허용치 않는) 불관용한 깨달음의 일정한 섬광 아래 있는 곳보다 더 행복한 곳은 없다. 번개는 그 빛을 영원하게 만들었다.

## 부록 : 1. 선사시대의 사람에 대하여

내가 앞에 쓴 내용을 다시 읽어보니 한 마디로 표현할 수 있는 내용을 주저리주저리 참 길게도 썼다는 느낌이 든다. 어떤 의미에서 이 연구는 피상적인 수준에 머무는 것이다. 즉, 정말로 연구될 필요가 있는 주제를 연구한 책이 아니라는 말이다. 오히려 금방 보고 돌아서면 잊어질 것을 상기시키는 책이라 할 수 있다. 말하자면, 이 책의 교훈은 처음 떠오른 생각이 최선이라서 섬광이 풍경 전체를 보여 줄 수 있다는 것이다. 마치 대낮의 빛 속에서는 다시 볼 수 없을 에펠탑이나 마터호른산[1]이 섬광 속에서는 우뚝 선 모습으로 나타나는 것과 같다. 나는 영원한 번개 이미지로 이 책을 끝냈다. 아아, 매우 다른 의미에서는 이 작은 섬광이 너무 오래 지속되고 말았다. 그런데 그 방법은 또한 실질적인 단점이 있어서 이 두 편의 부록을 덧붙이는 것이 좋겠다는 생각이 든다. 이는 지나치게 단순화하고 또 무지해서 무시하는 것처럼 보일지도 모르겠다. 특히 선사시대의 그림에 대한 대목이 그렇다는 느낌이 든다. 그 대목은 학자가 선사시대의 그림에서 배울 수 있는 모든 것을 다루지 않고 누구나 어떤 선사시대의 그림에서든지 배울 수 있는 단 한 가지만 다루었다. 이처럼 무지함의 견지에

---

1 마터호른산은 스위스와 이탈리아의 국경에 있다.

서 그것을 표현하려 했기 때문에 나 자신의 무지함이 과대하게 보일 수 있음을 나도 의식하고 있다. 내가 과학적 연구조사나 정보를 그럴듯하게 제시하지 않아서 마치 내가 원시 인간의 분류 단계에 대해 그 대목에 필요한 것밖에 모르는 듯한 인상을 줘서 조금 유감스럽다. 나는 물론 그 이야기가 정교하게 분류되어 있다는 사실을 안다. 그리고 우리가 그런 그림들과 연관시키는 크로마뇽인[2]이나 다른 인간들 이전에 많은 단계가 있었다는 것도 안다. 네안데르탈인[3]과 다른 인종들에 대한 최근 연구는 오히려 이 대목과 관련이 많은 교훈을 반복하는 경향이 있다. 사슴 그림을 그린 사람의 조상에 대한 최근 연구결과는 종교의 발전이 느렸다거나 늦었다는 주장에 대한 이 책의 입장에 대해 더해줄 것이 별로 없다. 학자들은, 사슴 그림이 종교적인 것이든 아니든 간에, 그 이전에 살았던 사람들이 이미 종교적 성향이 있었다고 주장하는 것 같다. 예컨대, 죽은 사람을 묻을 때 신비와 희망을 나타내는 의미심장한 상징물과 함께 묻었다는 사실이다. 이 점은 우리를 똑같은 주장으로 되돌아가게 한다. 이는 이전에 살았던 사람의 두개골의 측량으로는 접근할 수 없는 주장이다. 여기서 사람의 머리를 원숭이의 머리와 비교하는 것은 쓸데없는 짓이다. 만일 원숭이의 머릿속에 다른 원숭이가 하늘의 원숭이 집에 갈 수

---

2 약 사만오천 년 전의 후기 구석기 시대에 살았다. 뛰어난 동굴 벽화를 남긴 것으로 추정되는 원시인이다.

3 약 삼십오만 년 전에 유럽에 나타났다고 보는 고대 원시인이다.

있도록 돕기 위해 호두와 함께 그를 무덤에 묻고 싶은 생각이 떠오른 적이 없다면 말이다. 두개골을 거론하면 현대인의 두개골보다 훨씬 더 크고 더 정교한 크로마뇽인의 두개골에 관한 이야기가 생각난다. 그건 아주 우스운 이야기다. 왜냐하면 한 저명한 진화론자가 뒤늦게 자기 약점을 깨닫고는 한 표본에서 추론한 것이면 무엇이든 반대했다는 이야기다. 유일한 표본이 홀로 우리 조상이 우리보다 열등한 존재들이었음을 입증할 의무를 짊어진 것이다. 그 조상들이 우리보다 우월한 존재였음을 입증하는 듯한 유일한 두개골은 머리가 부어서 고통을 겪고 있는 것으로 간주된다.

## 부록 2. 권위와 정확성에 대하여

이 책은 대중적인 오류들, 종종 아주 통속적인 오류들에 대한 대중적인 비판서로 집필한 것인데, 내가 때로는 진지한 과학적 작업을 비웃는 듯한 인상을 준 것 같다. 그러나 그것은 내 의도와는 정반대이다. 나는 코끼리를 설명하는 과학자와 논쟁하는 게 아니라 그것을 교묘하게 설명하는 궤변가와 논쟁하고 있다. 사실 고대 그리스에서 소피스트들이 그랬듯, 지금도 궤변가들은 대중의 인기에 영합한다. 이들은 특히 유식한 사람에게 호소할 때 무지한 사람에게 호소력이 있다. 그러나 나는 진정한 유식자를 주제넘게 비판할 의도는 전혀 없다. 우리 모두는 많은 연구조사에 무한한 빚을 지고 있고, 특히 이런 문제들에 전념한 학자들의 최근 연구조사에 큰 빚을 진다. 나는 그런 연구들에서 이것저것을 골라냈을 뿐이다. 나는 나의 추상적 논증을 많은 인용문과 각주로 잔뜩 장식하지 않았는데, 그렇게 하면 저자가 실제보다 더 유식한 것처럼 보일 것이다. 그러나 어떤 경우에는 느슨하게 암시하면 나의 의도가 오해될 소지가 있다. 예를 들어, 초서(Chaucer)와 어린이 순교자에 대한 구절은 서투르게 표현되었다. 나는 단지 초서가 아마도 그 영국 성자를 염두에 두고 있었고, 초서가 그 이야기의 외국 판(版)을 제공했다는 뜻으로 한 말이다. 이와 마찬가지로, 신화를 다룬 장에서 두 진술이 연이어 나오는데 마치 유일신론에 대한 두 번째 이야기가 남태평양을 언급하는 듯한 인상을 준다. 하지만 아타호칸은 호주 원주민이 아니라 아메리카의 미개인에 속한다고 설명하고 싶다. 내가 가장 못마땅하게 여기는 '문명의 고대성'이란 제목이 붙은 장에서, 나는 이집트 군주제의 발달이 지닌 의미에 대해 나의 개인적 의견을 지나치게 부각시켜 마치 마이어스(J. L. Myres)[4] 교수의 학술서적에 나오는 군주제의 토대에 관한 사실들과 동일한 듯한 인상을 주었다. 그러나 내가 일부러 이런 혼동을 야기한 것은 아니다. 아울러 그 장의 나머지 부분에서도 인종에 대한 인류학적 고찰이 실제보다 덜 유용하다고 암시할 의도는 더더욱 없다. 엄격히 말해, 내가 여기서 제기한 비판은 상대적이다. 나는 피라미드가 사막의 행로보다 더 분명하다고 말할 수 있다. 물론 나보다 더 현명한 사람들은 나에게는 길 없는 사막으로 보이는 곳에서도 길을 발견할 수 있다는 점을 부인하지 않으면서 말이다.

---

4 존 린튼 마이어스(Sir John Linton Myres, 1869~1954)는 영국의 고고학자이자 고대사학자였다.

# 영원한 사람

**초판  1쇄 발행** 2020년  2월 21일
**개정판 1쇄 발행** 2024년 11월 29일

**지은이** G. K. 체스터턴
**옮긴이** 송동민, 서해동
**펴낸이** 정선숙

**펴낸곳** 협동조합 아바서원
**등록** 제 274251-0007344
**주소**  경기도 고양시 덕양구 391 DMC플렉스데시앙 JKB 1523호
**전화** 02-388-7944   **팩스** 02-389-7944
**이메일** abbabooks@hanmail.net

ⓒ 협동조합 아바서원, 2020

**ISBN** 979-11-90376-79-2 (03230)